LAS REGLAS DE ULPIANO

TEXTO LATINO-ESPAÑOL, ESTUDIO INTRODUCTORIO Y NOTAS EXPLICATIVAS A CARGO DE JULIO CÉSAR NAVARRO VILLEGAS

Amazon Mexico Services

A Marisol, esposa y amiga leal,
Por su cariño y paciencia.
Scis quia ego amo te.

SOBRE EL AUTOR

Julio César Navarro Villegas estudió la Licenciatura en Derecho en la UNAM, donde se graduó con mención honorífica en 1997. Por invitación de la Comunidad Europea realizó entre 2004 y 2006 la Maestría en Sistema Jurídico Romanista: Unificación del Derecho y Derecho de la Integración. Cursó la Maestría en Ciencias Jurídicas entre 2012 y 2014 en la Universidad Panamericana, y actualmente es becario del Doctorado en Derecho en esta Institución.

Ha sido titular de las asignaturas de Derecho Romano I y II en la Universidad Nacional Autónoma de México, la Universidad Panamericana y la Universidd Internacional de la Rioja; profesor titular de Derecho Eclesiástico del Estado en la Universidad Pontificia de México; ha impartido cursos de especialización sobre exégesis de las fuentes jurídicas romanas, bases de la argumentación jurídica y oratoria parlamentaria en la Universidad Nacional Autónoma de México; ha impartido seminarios sobre exégesis jurídica romana en la Universidad Panamericana; ha impartido cursos de latín jurídico en diversos estados de la República Mexicana; ha participado en congresos de Derecho Romano y Derecho Protocolario en México; ha sido conferencista de temas relacionados con el derecho romano y el humanismo clásico en diversas universidades nacionales; ha colaborado en la reforma a planes de estudio en la Universidad Pontificia de México; ha publicado diversos artículos en revistas especializadas del país; ha publicado en formato digital la obra del jurista Ulpiano "Libro único de las reglas"; de futura publicación electrónica serán obras dedicadas al Jesús histórico, al filósofo Séneca y a análisis sobre el Digesto de Justiniano.

Correo electrónico para sugerencias y opiniones: iusromanum@yahoo.com.mx

ÍNDICE

ESTUDIO INTRODUCTORIO

I. Datos biográficos de Ulpiano.

Cneo Domicio Annio Ulpiano forma parte del grupo de jurisconsultos de la época clásica tardía del Derecho Romano (130-230 d. C.); fue originario de *Tyr* (la antigua Tiro), la ciudad más celebrada e importante de Fenicia (hoy Líbano)[1], como él mismo lo reconoce orgullosamente en un pasaje del Digesto referente al censo:

Sciendum est, esse quandum colonias iuris Italici, ut est In Syria Phoenice splendidissima Tyriorum colonia, unde mihi origo est, nobilis regionibus, serie saecolorum antiquissima, armipotens, foederis, quod cum Romanis percussit, tenacissima; huic enim Divus Severus et Imperator noster, ob egregiam in rempublicam imperiumque Romanum insignem fidem, ius Italicum dedit[2].

(Se ha de saber, que hay algunas colonias de derecho itálico, como es en la Siria fenicia la muy ilustre colonia de los tirios, de donde soy originario, noble por sus regiones, antiquísima por una serie de siglos, poderosa en las armas, tenacísima en la alianza que hizo con los romanos; porque a ella le dio el derecho itálico el Divino Severo y Emperador nuestro por su egregia e insigne felicidad a la República y al Imperio Romano)[3].

---

[1] SMITH, William (Ed.), *A dictionary of greek and roman geography*, London, John Murray editor, 1878, vol. II, p. 1248-1252.

[2] Las citas del texto latino del Digesto están tomadas de MOMMSEN, Theodorus, et al., *Corpus Iuris Civilis*, Berlín, Weidmann editor, 5ª. Edición, 1889, vol. I.

[3] D. 50, 15, 1 pr. Las citas en idioma español del Digesto están tomadas de GARCÍA DEL CORRAL, Ildefonso, *Cuerpo del derecho civil romano*, 6

Con todo, estas palabras no prueban que fuese nativo de Tiro, sino, como señala Smith, más bien demuestran que sus ancestros lo eran[4], y que posteriormente emigraron hacia Roma gracias al *ius Italicum* de que gozaba su región, para así obtener las generaciones posteriores la ciudadanía romana, incluyendo a Ulpiano. Según Honoré, quizá el patriotismo del jurista hacia Tiro, pero también hacia Roma, se debió a una descendencia de mercaderes romanos o itálicos que se establecieron en la ciudad fenicia durante varias generaciones en calidad de *coloniarii*[5], y cuya hipótesis se basa en que el *nomen Domitius* es más común en las provincias occidentales que en las orientales, relacionado a su vez con varias familias senatoriales del siglo I d. C. ya desaparecidas.

Conocemos el nombre completo de nuestro jurista gracias un hallazgo realizado en el poblado marítimo de Santa Marinella, a unos minutos de la ciudad italiana de Civitavecchia. Dicho *comune*, llamado en la antigüedad *Punicum*, y posteriormente *Centumcellae*, se hallaba ubicado a tres kilómetros al sur de la colonia romana de *Castrum Novum*, surgida en el siglo III a. C. Esta ciudad de origen etrusco albergó una grandiosa villa marítima provista de puerto, posiblemente mandada levantar por Tiberio, y hoy englobada en la estructura del Castello Odescalchi. Hacia 1838 ó 1839, Donna Teresa Caetani, duquesa de Sarmoneta, permite realizar excavaciones en el promontorio de la antigua *Punicum*[6]. Durante las excavaciones, se halló por casualidad una inscripción realizada en una tubería de plomo que conducía agua a la villa (*fistula*),

---

volúmenes, Barcelona, Jaime Molinas editor, 1889. La importancia de Tiro en el contexto de la biografía de Ulpiano radica en que, durante la guerra civil que llevará a Septimio Severo al poder en el año 193 d. C., la ciudad fenicia le brindó su apoyo político. Tras la división de Siria en dos provincias, Tiro se convierte en la capital de *Syria Phoenix*, y más tarde Severo la convertirá en colonia romana, con el nombre de *Septimia Severa Metropolis*, asentando allí a los veteranos de la *Legio III Gallica*. Vid. HONORÉ, Tony, *Ulpian: pioneer of human rights*, Oxford, Oxford University Press, 2002, pp. 11-12.

[4] SMITH, William (Ed.), *Dictionary of greek and roman biography and mythology*, Boston, Little Brown & Co. editor, 1870, vol. III, p. 1279.

[5] HONORÉ, Tony, *op. cit.*, pp. 14-15.

[6] Sitio electrónico consultable:
http://www.archeoetruria.altervista.org/villaulpiano.html

actualmente expuesta en el museo regional[7], donde puede leerse lo siguiente:

CNDOMITIAN
NIULPIANI[8]

Aunque a primera vista un trozo de plomo con una serie de letras podría parecer el lugar menos apropiado para resolver el enigma del nombre de Ulpiano, o ser una fuente seria en donde cimentar aseveraciones de carácter institucional, ha habido una corriente de estudio de la antigüedad grecolatina que basa sus resultados en la interpretación de las inscripciones halladas por la geografía italiana. El respeto a la llamada "epigrafía" como rama de estudio auxiliar de la ciencia jurídica romanista quedó de antaño demostrado gracias a Theodor Kipp, quien en su estudio hoy ya clásico sobre las fuentes del Derecho Romano resalta la existencia de dos formas de éstas:

- Las fuentes de producción, o aquellas de donde surge el Derecho. Con mayor propiedad, se refiere a los órganos a través de los cuales se da la formación del Derecho: asambleas de la plebe, pretor, Senado, emperador, juristas, tribunales e incluso el pueblo mismo, que a través del uso y la costumbre afirma determinados principios jurídicos. No obstante ello, a estos factores no se les indica como fuentes del Derecho, sino los actos emanados de ellos, y a través de los cuales crean el Derecho: *leges*, *edicta*, *senatusconsulta*, *responsa prudentium*, *constitutiones* y *consuetudo*.

- Las fuentes de cognición, todo aquello de lo que puede obtenerse el conocimiento del Derecho. Aquí entra todo tipo de objetos que brinden datos directos o indirectos sobre la manera en que se aplicaba el *ius*, o bien ofrece datos de la

---

[7] Vid. Ministero dell'Istruzione, dell'Università e della ricerca / Ufficio scolastico Regionale per il Lazio, *Proyecto "Sulle orme di una Astarte"*, 2005-2006, p. 5.
[8] CIL XI, 3587=XV, 7773. Cfr. LIEBS, D. *Jurisprudenz*, en SALLMANN, K. (ed), *Die Literatur des Umbruchs: Von der römischen zur christlichen Literatur (117 bis 284 n. Chr.)*, München, Handbuch der latainishcen Liberatur der Antike, 1997, Ed. C. H. Beck'sche Verlagsbuchhandlung, p. 176.

vida cotidiana que permiten contextualizar la proyección del Derecho en el paradigma cultural que lo vio nacer y que vivió bajo él, como son las monedas, los textos escritos jurídicos o no jurídicos, las inscripciones conservadas en soporte material y que hayan resistido el paso del tiempo, como planchas de bronce, mármol, papiro o madera, los *grafiti*, etc.[9]

Visto lo anterior, la *fistula* de plomo hallada en Santa Marinella podría entrar en las fuentes de cognición del Derecho Romano, al contener una inscripción que quizá arroje luz sobre un aspecto que permita precisar el nombre de uno de los más célebres juristas de la antigüedad clásica tardía. Para lograrlo, debemos hacer uso de la teoría del nombre romano; gracias a ella podemos hallar la existencia de cuatro palabras en la inscripción, pudiéndolas separar de la siguiente manera:

CN·DOMITI·AN
NI·ULPIANI

Entre los nombres romanos, las letras "CN" representan la contracción del *praenomen* latino *Gnaeus*; el *praenomen* es lo que hoy llamaríamos "nombre propio" o "nombre de pila", y sirve para distinguir a los miembros de una misma familia al interior de la *domus*. Los romanos no fueron demasiado originales en la invención de *praenomina*, por lo que la lista de nombres propios que tenía un *paterfamilias* al momento de elegir el nombre de un nuevo hijo era bastante limitada, al carecer de importancia. Debido a ello, en las inscripciones siempre aparece escrito mediante una simple abreviatura o sigla, por ejemplo, *A* (*Aulus*), *Cn* (*Cnaeus*), *M* (*Marcus*), *Q* (*Quintus*) o *V* (*Vibius*)[10].

Posteriormente hallamos tres palabras en caso genitivo:

---

[9] KIPP, Theodor, *Le fonti del diritto romano: Introduzione allo studio delle istituzioni e della storia del diritto romano*, Bologna, Editorial Treves di P. Virano, 1897, p. 1.

[10] Vid., RAMÍREZ Sánchez, Manuel, *La epigrafía en la antigüedad clásica: Roma*. Sitio electrónico consultable: www.mramirez.webhpo.net; SMITH, W. (ed.), *Dictionary of green and roman antiquities, op. cit.*, pp. 659-662.

- la primera alude al *nomen gentilicium, Domitii.* El *nomen* es el "apellido" distintivo de todos los miembros que integran una *gens* (linaje o clan), y por esa razón se le denomina *nomen gentilicium.* Una familia romana es diferente a lo que nosotros entendemos hoy por familia romana, ya que dentro de una *gens* estaban incluidos todos aquellos que, de una u otra manera, formaban parte de ella: hijos naturales y adoptivos, clientes y libertos. Es el elemento más importante del nombre, pues denota el nombre originario de una familia. Los *nomina gentilicia* son numerosos, y por lo general se escriben completos en las inscripciones, y en ocasiones, se escriben abreviados si son fácilmente reconocibles: *AEL* (*Aelius*), *CL* (*Claudius*), *POMP* (*Pompeius*) o *IVL* (*Iulius*)[11].

- la segunda vendría a representar su *cognomen, Anni.* En su origen, el *cognomen* es uno de los elementos más "personales" del nombre. Sirve para distinguir a los miembros de un mismo linaje (*gens*). Si quisiéramos comparar el *cognomen* con algún elemento onomástico de nuestros días, sin duda el ejemplo más sencillo lo tenemos en nuestros "motes" o "apodos cariñosos", como "Juan el pequeño", "Dora la lista", "Pepe el cojo", etc. Los romanos usaron el *cognomen* con un sentido práctico similar. Por esta razón, algunos *cognomina* derivan de aspectos relativos al cuerpo y la mente, como *Cicer* (*-eris,* "garbanzo"), que dará lugar a la línea "Cicerón", y *Caligula* (diminutivo de *caliga,* "sandalia"); o bien del carácter, como *Tranquillus, cognomen* del escritor Suetonio que muestra cómo debió ser su carácter; o bien de aspectos relacionados con el origen, el calendario, la edad, el parentesco, objetos, etc. [12]

- la tercera corresponde a un *agnomen*[13], *Ulpiani.* El *agnomen* es una forma de *supranomen* (sobrenombre) que caracteriza a la *nobilitas.* Surge entre los siglo I y II d. C.,

---

[11] RAMÍREZ Sánchez, Manuel, *op. cit.,* p. 1
[12] *Ibíd.,* p. 2. Vid. KAJANTO, Iiro, *The latin cognomina,* Helsinki, Editorial G. Bretschneider, 1982, pp. 126-127.
[13] *Ibíd.,* p. 4.

ante la multiplicación de *cognomina* en una misma persona. Estos *cognomina* suplementarios, que los gramáticos del Bajo Imperio denominaron *agnomina*, se tomaban de los nombres de la madre, del abuelo materno, del padre adoptivo o de cualquier otro familiar.

En la adaptación de estilo final, el nombre impreso en la *fistula* de Civitavecchia podría leerse:

CN(AEI) DOMITI(I) ANNI(I) ULPIANI

(PROPIEDAD) DE CNEO DOMICIO ANNIO ULPIANO

Gracias al anterior hallazgo, hoy se considera que Ulpiano posiblemente adquirió en el siglo III d. C. la villa de *Punicum* como residencia de descanso veraniega, debido a su cercanía con Roma, o tal vez le fuese donada por el joven emperador. Por otro lado, la inscripción que demuestra la propiedad de las tuberías de plomo también nos permite conocer el posible nombre completo de nuestro jurista: Cneo Domicio Annio Ulpiano.

Debemos resaltar un aspecto curioso que a primera vista podría pasar inadvertido en la inscripción anterior. La terminación –*anus* en el nombre del jurista nos recuerda que entre las clases altas de la sociedad romana, como la senatorial o la ecuestre, a la que seguramente pertenecía el linaje del jurisconsulto, era muy frecuente la práctica de la adopción. La norma imponía que cuando alguien era adoptado, debía cambiar su *trianomina* por los de su nuevo padre. Como esto podía causar no pocas confusiones, se impuso la necesidad de utilizar un segundo *cognomen* que, generalmente, derivaba del *nomen* o *cognomen* del padre natural, donde la partícula –*anus* recordaba la familia de origen[14], como fue el caso de Cayo Octavio, quien tras ser adoptado *ex testamento* por Julio César, cambió su nombre a *Caius Iulius Caesar Octavianus*. En tal sentido, ¿es posible que el *agnomen Ulpianus* nos esté indicando la entrada del jurista a una poderosa familia romana por vía de *adoptio*? Tan sólo considérese esto: la gens *Domitia* fue de origen plebeya, aunque a fines de época republicana se le consideraba como perteneciente a

---

[14] Ibíd., p. 5

las más ilustres *gentes* romanas[15]. Según Smith, durante este periodo sólo hallamos en Roma dos ramas de esta *gens*, los Enobarbos y los Calvinos, y salvo algunos personajes desconocidos que se mencionan en pasajes aislados de las obras de Cicerón, no hay nadie sin un *cognomen* reconocible[16]. Si el *nomen gentilicium Domitius* desaparece en Occidente hacia el siglo I d. C., muy posiblemente una rama de esta *gens* emigró tiempo atrás a la región de Siria, donde tras asentarse continúa el linaje por Oriente. Sabemos que durante el principado de Nerón fue enviado para hacer frente a la amenaza de los partos el general *Gnaeus Domitius Corbulus*, quien se establece en Capadocia para representar la nueva política, más agresiva, de Roma en Oriente. Entre el 54 y el 63 d. C., al tiempo que enfrenta a los partos en diversas batallas, adquiere facultades como gobernador de la región. Con él se halla un legado, *Annius Vinicianus*, segundo de los nombres de Ulpiano. De seguir esta hipótesis, la familia de Ulpiano pertenecería con mucha probabilidad al sector ecuestre, y no a los sectores comerciales que comúnmente formaban el grueso de la plebe, como ha especulado Smith; algunos miembros de estos linajes probablemente se establecieron en Tiro como ciudadanos romanos, y preservaron un linaje que se extenderá hasta la época en que Ulpiano, apoyado en el *ius italicum* que obtiene su región en el siglo III d. C., emigra a Roma; probablemente su *nomen gentilicium* de origen era *Ulpius*, otro apellido influyente entre la *nobilitas* del siglo II d. C., cuyo más célebre portador fue el emperador Marco Ulpio Trajano; posiblemente adoptado al interior de linajes cruzados debido a uniones entre la *gens Domitia* y la *gens Annia*, ello le permitió iniciar una fulgurante carrera que le llevará a los peldaños más altos de la política imperial, apoyado en el peso de su *agnomen* transformado, gracias a una adopción, en *Ulpianus*, reminiscencia de un linaje no menos noble e influyente. Las líneas que siguen podrían confirmar esta hipótesis basada en la interpretación del nombre romano de nuestro jurista.

---

[15] Cfr. Cic., *Phil.*, 2, 29; Plin., *Nat. Hist.*, 7, 57; Val. Max., 6, 2, 8.
[16] SMITH, W. (ed.), *Dictionary of greek and roman biography and mythology, op. cit.*, vol. 1, 1061.

La fecha de su nacimiento es incierta; según Lampridio en la *Historia Augusta*, durante sus primeros años Ulpiano fue discípulo y después *adsessor* de Papiniano:

> *Paulum et Ulpianum in magno honore habuit, quos praefectos ab Heliogabalo alii dicunt factos, alii ab ipso. Nam et consiliariis Alexandri et magister scrinii Ulpianus fuisse perhibetur, qui tamen ambo assessores Papiniani fuisse dicuntur[17].*

> *(Tenía <Alejandro Severo> en gran aprecio a Paulo y Ulpiano, quienes, algunos dicen, fueron hechos prefectos por Heliogábalo, otros, por él mismo. Se dice también que Ulpiano estuvo entre los miembros del consejo de Alejandro y fue maestro escribano, sin embargo se dice de ambos que fueron asesores de Papiniano)[18].*

En su cargo de asesor legal, asistía a jueces y magistrados en sus quehaceres. Al pertenecer al *consilium principis*, detentaba el nombre de *consiliarius*, con una actividad muy amplia en el periodo clásico tardío[19]. Una idea de ello nos la brinda el jurista Julio Paulo en D. 1, 22, 1, cuando enumera en su monografía sobre los deberes de los *adsessores* la gama de quehaceres inherentes a su cargo:

> *Omne officium assessoris, quo iuris studiosi partibus suis funguntur, in his fere causis constat: in cognitionibus, postulationibus, libellis, edictis, decretis, epistolis.*

> *(Todo el cargo de asesor, que dentro de sus atribuciones ejercen los estudiosos del Derecho, consiste casi en estas cosas: en conocimientos, peticiones, libelos, edictos, decretos y cartas).*

---

[17] El texto latino está tomado de *Scriptores Historiae Augustae*, Cambridge, Editorial Harvard University Press, 6ª. Edición, 1993, Vol. II.

[18] Lamprid., *Alex. Sev.*, 26, 5-6.

[19] BERGER, Adolf, *Encyclopedic dictionary of roman law*, Philadelphia, The American Philosophical Society, 1a. reimp., 1980, p. 351.

De lo anterior se infiere que, mientras en un primer momento se dedica al estudio de la ciencia jurídica, lo que implica por cierto la producción de obras, Ulpiano también despliega una actividad burocrática de gran mérito, resolviendo controversias sometidas a la opinión del emperador, redacción y expedición de citaciones, acuerdos y sentencias, así como la publicación de disposiciones legales que lleven el aval del emperador para efectos de administrar y regir la imponente maquinaria en que se ha transformado el Imperio Romano. Por otro lado, su trabajo como *magister scrinii* le pone al frente de una oficina en la cancillería del Tardo Imperio[20] que controla alguna función específica, con toda probabilidad el *scrinium libellorum*, donde se recibía todo tipo de peticiones (*libelli*) dirigidas al emperador[21].

Algunas de sus obras jurídicas quizá fueron escritas durante el reinado conjunto de Septimio Severo y Antonino Caracala (211 d. C.), pero la mayor parte de ellas fueron escritas durante el imperio de Caracala (211-217 d. C.), especialmente sus dos obras principales, los *libri Ad edictum* y *Ad Sabinum*, cuando su maestro Papiniano era *praefectus praetorio*. De hecho, Lenel sugiere que el *Epitome Ulpiani* fue escrito durante dicho principado con base en el pasaje 17, 2 de la obra que hoy se presenta, al señalar que en una constitución imperial del divino Antonino todo bien caduco revierte al fisco[22].

Heliogábalo (218 – 222 d. C.) lo desterró, según la narración del historiador Lampridio[23]:

> *Nec distulit caedem consobrini: sed timens, ne Senatus ad aliquem se inclinaret, si ille consobrinum occidisset, iussit subito Senatum Urbe decedere: omensque etiam, quibus aut vehicula, aut servi deerant, subito proficisci iussi sunt; cum alii per baiulos, alii per fortuita animalia et mercede*

---

[20] Ibíd., p. 571.

[21] Ibíd., p. 692. Cfr. C. 12, 9.

[22] LENEL, Otto, *Palingenesia iuris civilis*, Leipzig, 1889, Vol. II, p. 1016, numeral 1.

[23] *Aelius Lampridius*, uno de los seis escritores de la *Historia Augusta*. Su nombre preside las biografías de Cómodo, Antonino Diadumeno, Heliogábalo y Alejandro Severo, de los cuales el primero y el tercero están inscritos para Diocleciano, el segundo no posee dedicatoria, y el cuarto a Constantino.

conducta veherentur. Sabinum consularem virum, ad quem libros Ulpianus scripsit, quod in Urbe remanisset, vocato centurione, molioribus verbis iussit occidi. Sed centurio, aure surdior, imperari sibi credidit, ut Urbe pelleretur; itaque fecit, sic vitium centurionis Sabino saluti fuit. Removit et Ulpianum iurisconsultum, ut bonum virum: et Silvinum rhetorem, quem magistrum Caesaris fecerat. Et Silvinus quidem occisus est, Ulpianus vero reservatus.

(No renunció al asesinato de su primo: pero primero, en caso de que el Senado se inclinase por otro si él mataba a su primo, ordenó de inmediato que el Senado abandonase la ciudad: incluso a todos los que carecían de literas o esclavos, se les ordenó de inmediato salir; algunos fueron sacados por cargadores, otros sobre animales que casualmente hallaban en su camino y que rentaban por un precio. Y como Sabino, personaje de rango consular, al que Ulpiano dedicó algunos libros, permaneció en la ciudad, mandando llamar a un centurión, <Heliogábalo> le ordenó que lo matase hablándole en voz baja. Pero el centurión, al estar totalmente sordo, creyó que se le ordenaba expulsarlo de la ciudad; así lo hizo, y el defecto del centurión salvó la vida de Sabino. También removió al jurisconsulto Ulpiano por ser un hombre recto, y a Silvino el retórico, al que había designado preceptor de <Alejandro Severo> César. A decir verdad, Silvino fue asesinado, pero Ulpiano fue salvado)[24].

Sin embargo, el 13 de marzo del 222 d. C., la guardia pretoriana asesina a Heliogábalo; sube al poder su sobrino Alejandro Severo, un joven de apenas 13 años. Hace volver a Ulpiano del exilio y lo nombra su principal asesor imperial; pese al silencio o la contradicción en que incurren las fuentes al respecto, ya señalando la influencia de la abuela de Severo, *Iulia Maesa*, y de su madre, *Iulia Mamaea*, ya haciendo pensar en que el joven Alejandro tomó de inmediato las riendas del imperio, en la mejor tradición de los grandes emperadores del pasado, la *Historia Augusta* resalta que el

---

[24] Lamprid., *Heliog.*, 16.

joven emperador sigue frecuentemente los consejos de Ulpiano para la administración del imperio:

Ulpianum pro tutore habuit

(Tuvo por tutor a Ulpiano)[25],

fungiendo éste como regente *de facto* durante los primeros meses del reinado de Alejandro Severo, brindando la asesoría y dirección necesarias para el adecuado funcionamiento del gobierno, pese a existir otros candidatos con mayor experiencia, tanto política como militar, y prefiriendo la emperatriz madre a un *eques* que poco a poco irá colocando, o colocándose, en el vértice del poder; un episodio narrado por Lampridio nos permite ver la autoridad de nuestro jurista sobre el emperador:

> *In animo habuit, omnibus officiis genus vestium proprium dare, et omnibus dignitatibus, ut a vestitu digno scerentur: et omnibus servis, ut in populo possent agnosci, ne quis seditiosus esset, simul ne servi ingenuis miscerentur. Sed hoc Ulpiano Pauloque displicuit, dicentubis, plurimum rixarum fore, si faciles essent hominess ad iniurias. Tum satis esse constituit, ut Equites Romani a Senatoribus clavi qualitate discernerentur. Paenulis intra Urbem frigoris causa ut senes uterentur permisit, cum id vestimenti genus semper itinerarium aut pluviae fuisset. Matronas tamen intra Urbem paenulis uti vetuit, in itinere permisit...*

---

[25] Lamprid., *Alex. Sever.*, 51. La situación de Alejandro Severo a su llegada al poder no fue del todo ajena a una tradición de jóvenes príncipes a los que sus madres les nombraban personas influyentes de su época para atender los asuntos primordiales del imperio, como fue el caso de Nerón Claudio César Augusto Germánico, hecho emperador a los 16 años, fuertemente influido durante la primera etapa de su reinado por su madre, Agripina, por su tutor, el filósofo Lucio Anneo Séneca, y por el prefecto del pretorio, Sexto Afranio Burro. Según Dión Casio en su Historia Romana, "al principio Agripina gobernó sobre todos los asuntos del imperio...", después "... Séneca y Burro tomaron todo el poder en sus manos...", hasta que "... tras la muerte de Británico, Séneca y Burro fueron desplazados" (56, 3-7).

(Tuvo la intención de asignar un tipo especial de prenda a todos los cargos, así como a todas las dignidades, para que pudiesen distinguirse por su vestimenta elevada; y también a todos los esclavos, para que pudiesen ser reconocidos entre el pueblo y no hubiese ninguno pendenciero, ni para que los esclavos se mezclasen con los ingenuos. Pero esta medida no satisfizo a Ulpiano y a Paulo, aseverando que provocaría una multitud de riñas si los hombres fuesen proclives a injuriarse. Por ende, bastó con declarar que los caballeros romanos se distinguieran de los senadores por la anchura de la banda púrpura. Se permitió que los ancianos usasen capas dentro de la ciudad en caso de frío, ya que este tipo de vestimenta había sido siempre para viajes o en caso de lluvia. Por otro lado, se prohibió a las matronas usar capas dentro de la ciudad, pero se les permitió <usarlas> durante un viaje...)[26].

Como prueba de su confianza, el emperador confirió a Ulpiano el importante cargo de *magister scriniorum*[27],

---

[26] Lamprid., *Alex. Sever.*, 27, 1-4.

[27] Al parecer, el cargo de *magister scriniorum* poseía gran cantidad de privilegios, a los que Teodosio y Valentiniano III agregaron otros nuevos en una constitución enviada al prefecto del pretorio de Oriente Zoilo en el quinto día de las calendas de marzo (6 de marzo) del 444 d. C.: *Viris spectabilibus magistris ómnium sacrorum scriniorum nostrae benevolantiae liberalitas tribuenda est, qui nostrae quodammodo assidere maiestati videntur. Ideoque post depositum etiam officium ab omni indictionis onere, seu civilium seu militarium iudicum, prorsus immunes esse praecipimus, ut nec ab amplissima quidem sede tui culminis eis ulla molestia super suspicendo quolibet gravamine privato vel publico penitus iniungatur. Hoc beneficium ad proximus etiam sacrorum scriniorum et exproximis volumus propagari; quinquaginta librarum auri officio tui culminis condemnatione mulctando, si quid adversus statuta clementiae nostrae innovari concesserit* (Se ha de conceder la liberalidad de nuestra benevolencia a los respetables varones maestres de todas las sacras secretarías, que en cierto modo parece que asesoran a nuestra majestad. Y por lo tanto, mandamos que también después de haber dejado su cargo estén completamente inmunes de toda carga de impuestos, ora de jueces civiles, ora de militares, de suerte que ni aun ciertamente por la amplia sede de tu alteza se les imponga absolutamente ninguna molestia para que acepten cualquier gravamen privado o público. Queremos que este beneficio se extienda también a los agregados de las sacras secretarías y a los ex agregados; debiendo ser castigado con la condena de cincuenta libras de oro el oficio de tu alteza, si hubiere

reintegrándolo a su puesto de *consiliarius*[28]; al poco tiempo, lo nombra *praefectus annonae*, encargándose de una función clave: el suministro de maíz a los mercados de Roma y del control de precios sobre dichos productos[29]; posiblemente comenzó a cubrir dicho

---

permitido que se haga alguna innovación contra las disposiciones de nuestra clemencia) (C. 12, 9).

[28] Smith, W., *Dictionary of greek and roman biography and mythology*, op. cit., p. 1279.

[29] Berger, A., *op. cit.*, p. 643. Al parecer, ya desde el siglo II a. C. existía ya un interés público por importar cantidades adecuadas de grano, aunque no era una magistratura regular, sino sólo una designación extraordinaria en caso de escasez. Cayo Graco introdujo el concepto de un interés permanente del gobierno por suministrar grano suficiente y barato como base mínima de la dieta romana, aunque antes de esta medida ya se buscaba el suministro en tiempo para cuestiones militares, así como el interés de las magistrados *cum imperio* por proporcionar alimento, mientras los *aediles* también participaban en la *cura urbis* (Livio, 30, 26; 31, 4; cfr. Cicerón, *De off.*, 2, 17, 58). Augusto, reconociendo la necesidad de controlar la distribución anonaria, creó el cargo de *praefectus annonae* en el año 6 d. C., eligiendo al funcionario de entre los miembros de la clase ecuestre y volviéndose con el tiempo una figura influyente (Dión Casio, 52, 24; cfr. D. 1, 2, 2, 33; 14, 1, 1, 18). Surge a partir de una hambruna del 22 a. C., cuando el Tíber se desbordó. La plebe apeló a Augusto para que se hiciera cargo de la situación (*Res gestae*, 5; Dión Casio, 54, 1, 3-4; Veleyo, 2, 89; Suetonio, *Aug.*, 52), adquiriendo así una nueva responsabilidad el naciente *princeps*. Siguiendo una política de "cooperación, no confrontación", designó a varios senadores *praefecti frumenti dandi* (Suet., *Aug.*, 37; Dión Casio, 54, 1, 4; *Res gestae*, 5), o *curatores frumenti*, para manejar la distribución (*Res gestae*, 18; Dión Casio, 54, 17; cfr. *Res gestae*, 15, 4; Suet., *Aug.*, 40), aun cuando los *aediles* seguían siendo responsables del suministro. Para Tiberio fue de interés imperial el suministro de alimento a la población (Tácito, *Ann.*, 2, 87; 3, 54, 6-8; 15, 36; cfr. *Ann.*, 4, 6, 6; 6, 13, 2; Veleyo, 2, 126, 3; Suet., *Tib.*, 34,1), por lo que el cargo va adquiriendo con el tiempo jurisdicción en cuestiones relacionadas con la administración de los alimentos (*cura annonae*) y castigaba las infracciones cometidas en el comercio de maíz, según se lee en C. 1, 44. El *praefectus annonae* estaba asistido por subordinados llamados *procuratores*, tanto en Italia como en las provincias, así como por uniones de comerciantes y transportistas de maíz, ya que Egipto y África eran las principales fuentes de suministro de maíz, tomándose medidas constantes para proteger tanto a estas regiones como a los proveedores. Vid., BUNSON, Matthew, *Encyclopedia of the roman empire*, New York, Editorial Facts on File, Inc., 2a. edición, 2002, pp. 19-20; ROBINSON, O. F., *Ancient Rome: City planning and administration*, New York, Editorial Routledge, colección "Taylor & Francis e-Library", 2005, pp. 125-138; SMITH, William (ed.), *Dictionary of greek and roman antiquities*, New York, Editorial Harper & Brothers, 3a. edición, 1882, p. 802.

cargo a partir del mes de marzo del 222 d. C., pues una constitución de Alejandro Severo emitida en el segundo día posterior a las calendas de abril (3 de abril), así lo reconoce:

Secundum responsum Domitii Ulpiani, praefecti annonae, iurisconsulti, amici mei, ea, quae stipulata est, quum moreretur, partem dimidiam dotis, cui velit, relinquere, reddi sibi, quum moreretur, eam partem dotis stipulata videtur.

(Según la respuesta del jurisconsulto Domicio Ulpiano, prefecto de las provisiones, amigo mío, la que estipuló para dejar cuando muriese la mitad de su dote a quien quisiera, parece que estipuló que se le restituya a ella esta parte de la dote cuando muriese)[30].

En pocos meses logra un cargo aún mayor: *praefectus praetorio*, el comandante de la unidad militar que, en la residencia imperial, fungía originalmente como guardaespaldas del emperador (*cohors preatoria*)[31]; gracias a la enorme influencia política del

---

[30] C. 8, 37, 4.

[31] Augusto creó el cargo; al inicio fue solo militar, y en comparación con lo que llegó a ser, poseía poco poder (Suet., *Oct.*, 49). Bajo Tiberio, quien volvió a Sejano comandante de las tropas pretorianas, el puesto adquirió mayor importancia, a grado tal que el poder de estos *praefecti* llegó a ser el segundo después del emperador (Tácito, *Ann.*, 4, 1, 2). Durante época republicana, la relación del *praefectus praetorio* con el emperador se compara a la del *magister equitem* frente al *dictator* (D. 1, 11, 1, pr.). Originalmente hubo dos prefectos; luego, en ocasiones uno, y en ocasiones dos; a partir de Cómodo, algunas veces tres (Lamprid., *Comm.*, 6) o hasta cuatro. Desde Severo a Diocleciano, los prefectos, al iguales que los visires orientales, tienen en sus manos la supervisión de todos las dependencias públicas imperiales, el palacio, el ejército, las finanzas y el derecho; también poseen un tribunal en donde deciden sobre cuestiones sometidas a su jurisdicción, y de cuyas sentencias no cabe apelación (D. 1, 11, 1; cfr. D. 12, 1, 40), y para entonces el cargo de *praefectus praetorio* no es exclusivo de oficiales militares, sino que lo ocupan distinguidos juristas, como Ulpiano y Papiniano. Por lo anterior, se infiere que el funcionario debía pertenecer a la clase de los *equites* (Suet., *Tit.*, 6; Lamprid., *Comm.*, 4), pero a partir de Alejandro Severo la dignidad de senador iba aparejada con el cargo (Lamprid., *Alex. Sev.*, 21). Al no poseer rango militar, el prefecto era honrado con los símbolos de poder de su oficio. Circulaba en una carroza dorada, portaba un manto ornado de púrpura, diferente sólo al del emperador en que al primero sólo le llegaba hasta las

cargo en sus relaciones con el Emperador, se le van otorgando gradualmente funciones administrativas y jurisdiccionales, incluso en materia penal, a partir del siglo III d. C[32]. Probablemente Ulpiano comenzó a fungir en tal cargo desde fines de noviembre del 222, pues otra constitución de Alejandro Severo, fechada en las calendas de diciembre (primer día de dicho mes), señala:

Ex divi Antonini Pii literis certa forma est, ut domini horreorum effractorum eiusmodi querelas deferentibus custodes exhibire necesse habeant, nec ultra periculo subiecti sint. Quod vos quoque adito praeside provinciae impetrabitis. Qui si maiorem animadversionem exigere rem deprehenderit, ad Domitium Ulpianum, praefectum praetorio et parentem meum, reos remittere curabit. Sed qui domini horreorum nominatim etiam custodiam repromiserunt, idem exhibere debent.

"hay cierta resolución en la carta del Divino Antonino Pío, en virtud de la cual los dueños de los graneros abiertos con fractura tienen necesidad de exhibir los guardas a los que deducen tales querellas, y no están sujetos además a otro riesgo. Lo que también impetraréis vosotros acudiendo al presidente de la provincia. El cual, si viere que el caso exige mayor corrección, cuidará de remitir los reos a Domicio Ulpiano, Prefecto del Pretorio, y padre mío. Pero los dueños de graneros, que especialmente prometieron también la custodia, deben responder de ella"[33].

---

rodillas, no hasta el suelo, usaba un tazón de plata en forma de tripié para recibir las peticiones, portaba espada, y su audiencia le honraba inclinando una rodilla. Vid. BUNSON, Matthew, *Encyclopedia of the roman empire, op. cit.*, pp. 449-450; SMITH, W., *Dictionary of greek and roman antiquities, op. cit.*, p. 802-803.

[32] BERGER, A., *op. cit.*, p. 643.

[33] C. 4, 65, 4. Cfr. Dión Casio 80, 1, 1, donde resalta que al jurista se le encomiendan "los demás asuntos del Imperio". La certeza del ejercicio de tales cargos prefecticios halla su fundamento en una inscripción dedicada a él en la ciudad de Tiro, que al tenor dice: *Domitio Ulpiano, praefecto / praetorio, eminentissimo viro / iurisconsulto ítem praefecto / annonae sacrae Urbis, Seberia / Felix Aug(usta) Tyror(um) col(onia) metropol(is), p(a)tria* (A Domicio Ulpiano, prefecto del pretorio, varón eminentísimo, jurisconsulto y prefecto de la sagrada anona de la ciudad, Se(v)eria Félix Augusta, colonia de los tiros, su patria). Cfr.

Con ello, Ulpiano deja la ciencia jurídica que había desarrollado en los años anteriores para involucrarse de lleno en la política imperial, no sin antes ordenar los asuntos dejados por sus antecesores, Flaviano y Cresto, funcionarios posiblemente apreciados por la casta militar, a quienes termina enviando a la muerte[34]. Zósimo, historiador griego que vivió en tiempos del joven Teodosio[35], nos lega en su obra *Historiarum libri VI* el ambiente de intrigas de la época en que Ulpiano llega al cargo de *praefectus praetorio*, en asociación con la emperatriz madre Mamea, pese al recelo de los militares:

... Alexandrum imperatorem designarunt, itidem ex familia Severi prognatum. Hic, quis et iuvenis adhuc esset, et egregia índole praeditus, fecit, ut omnes de imperio spes bonas conciperent, praefectis praetorio constitutis Flaviano et Chresto; viris nec rei militaris imperitis, et ad res togatas praeclare gerendas idoneis. Vero ubi Mamaea materi imperatoris, Ulpianus eis inspectorem praefecit, quasi consortem officii; quia et iurisconsultus esset praestantissimus, et recte rebús uti praesentibus, ac futura prospicere sollerter posset. Offensi milites, mortem homini clandestinam moliuntur. Id quod animadvertisset Mamaea, statimque; conatus illius praecipiendi causa, horum consiliorum auctores e medio sustulisset: soli Ulpiano praefectorum praetorio munus committitur[36].

(... proclamaron emperador a Alejandro, que también descendía del linaje de Severo. Éste, joven aún y de buen

---

L'Année Épigraphique: Revue des publications épigraphiques relatives a l'antiquité classique, París, 1988, CNRS, Université de Paris 1, 1051; *vid.* CONTRAFATTO, Valerio, *Santa Marinella: Ulpiano e la sua storia*, en *L'Aruspice: Notiziario del grupo archeologico del territorio Cerite*, año 5, número 1, abril de 2004, p. 4.
[34] Casio Dión 80, 2, 2.
[35] SMITH, W., *Dictionary of greek and roman biography and geography, op. cit.*, pp. 1334-1335.
[36] Zósimo, 1, 11. Las citas del texto latino están tomadas de *Zosimi Historiarum libri VI*, edición a cargo de Ioannes Leunclavius, 1736.

natural, hizo que todos concibieran alentadoras esperanzas en relación con su reinado; nombró prefectos del pretorio a Flaviano y Cresto, hombres no inexpertos en cuestiones militares y capaces de una eficaz gestión en tiempos de paz. Pero como Mamea, la madre del emperador, colocase junto a ellos a Ulpiano en calidad de árbitro y, en cierto sentido, de asociado al cargo, pues era un excelente legislador capaz de resolver eficazmente los problemas del momento y de prever con acierto los del porvenir; los soldados, irritados con él, traman secretamente su muerte. Percatándose de ello, Mamea se adelanta al intento y, a la vez, suprime a los conspiradores, con lo que Ulpiano se erige en jefe único de la prefectura del pretorio)[37].

Los diversos pasajes de la *Historia Augusta* que mencionan a nuestro jurista buscan delinear un intento historiográfico tendiente a mostrar el ascenso simultáneo de Alejandro y Ulpiano hacia la cúspide del imperio, así como un encumbramiento simultáneo en las carreras de este último y del jurista Julio Paulo, allanando el camino al segundo puesto más importante después del emperador, lo que sin duda demuestra la confianza que el joven emperador sentía por Ulpiano. Esa relación estrecha que mantuvo con Severo fue sin duda la clave de su carrera fulgurante a partir de su nombramiento como *praefectus praetorio*. Hasta ese momento había sido sobre todo un jurisconsulto, un asesor judicial, un burócrata de cierto renombre que había ocupado tan sólo una secretaría en la cancillería, y posiblemente alguna prefectura hoy desconocida a nosotros a comienzos del reinado de Heliogábalo. Pero sin duda alguna con Alejandro Severo ocupará un cargo reservado a senadores y équites, al cual llega sin haber realizado el *cursus honorum* por el que tradicionalmente se llegaba a ocupar dicha prefectura, y normalmente tras haber ocupado la prefectura de Egipto. Revisemos, pues, algunos pasajes relacionados con ese meteórico ascenso.

Así, en *Lamprid., Alex. Sever.*, 15, 6, leemos:

---

[37] Las citas en español están tomadas de ZÓSIMO, *Nueva historia*, Introducción, traducción y notas de José María Candau Morón, Madrid, Ed. Gredos, 1992, p. 33.

Negotia et causas prius a scriniorum principibus et doctissimis iuris peritis et sibi fidelibus, quorum primus tunc Ulpianus fuit, tractari ordinarique atque ita referri ad se praecepit.

(Dispuso que los asuntos y juicios fuesen primero tratados y arreglados por los príncipes de las secretarías y por doctísimos jurisperitos fieles a él, de los cuales el más notable entonces era Ulpiano, y después le fuesen remitidos).

En *Lamprid.*, *Alex. Sever.*, 27, 2, leemos:

In animo habuit, omnibus officiis genus vestium proprium dare, et omnibus dignitatibus, ut a vestitu digno scerentur: et omnibus servis, ut in populo possent agnosci, ne quis seditiosus esset, simul ne servi ingenuis miscerentur. Sed hoc Ulpiano Pauloque displicuit, dicentubis, plurimum rixarum fore, si faciles essent hominess ad iniurias. Tum satis esse constituit, ut Equites Romani a Senatoribus clavi qualitate discernerentur. Paenulis intra Urbem frigoris causa ut senes uterentur permisit, cum id vestimenti genus semper itinerarium aut pluviae fuisset. Matronas tamen intra Urbem paenulis uti vetuit, in itinere permisit...

(Tuvo la intención de asignar un tipo especial de prenda a todos los cargos, así como a todas las dignidades, para que pudiesen distinguirse por su vestimenta elevada; y también a todos los esclavos, para que pudiesen ser reconocidos entre el pueblo y no hubiese ninguno pendenciero, ni para que los esclavos se mezclasen con los ingenuos. Pero esta medida no satisfizo a Ulpiano y a Paulo, aseverando que provocaría una multitud de riñas si los hombres fuesen proclives a injuriarse. Por ende, bastó con declarar que los caballeros romanos se distinguieran de los senadores por la anchura de la banda púrpura. Se permitió que los ancianos usasen capas dentro de la ciudad en caso de frío, ya que este tipo de vestimenta había sido siempre para viajes o en caso de lluvia. Por otro lado, se prohibió a las matronas usar capas

dentro de la ciudad, pero se les permitió <usarlas> durante un viaje...)

En Lamprid., *Alex. Sev.*, 31, 2-3, leemos:

Post epistulas omnes amicos simul admisit, cum omnibus pariter est locutus, neque umquam solum quemquam nisi praefectum suum vidit, et quidem Ulpianum, ex assessore semper suo causa iustitiae singularis. Cum autem alterum adhibuit, et Ulpianum rogari iussit.

(Después de atender las peticiones atendía a todos los amigos, y hablaba con todos del mismo modo, y a ninguno recibía a solas salvo a su prefecto, esto es, a Ulpiano, que debido a su singular sentido de la justicia lo había tenido siempre por asesor suyo. Más aún, cuando mandaba llamar a alguien para consulta, también ordenaba que se llamase a Ulpiano).

En Lamprid., *Alex. Sev.*, 34, 6, leemos:

Cum inter suos convivaretur, aut Ulpianum aut doctos homines adhibebat, ut haberet fabulas litteratas, quibus se recreari dicebat et pasci.

(Cuando comía con los suyos, invitaba a Ulpiano o a otros doctos varones para tener charlas literarias, con las que decía que se recreaba y nutría).

En Lamprid., *Alex. Sev.*, 51, 4, leemos:

Ulpianum pro tutore habuit, primum repugnante matre deinde gratias agente, quem saepe a militum ira obiectu purpurae suae defendit, atque ideo sumus imperator fuit quod eius consiliis praecipue rem publicam rexit.

(Consideró a Ulpiano como tutor, lo que al inicio repugnó a su madre pero después le agradó, y lo protegió frecuentemente de la ira de los militares defendiéndolo con

su manto púrpura, y esto era así porque <Alejandro> gobernaba la república según sus consejos y fue un magnífico emperador).

En Lamprid., *Alex. Sev.*, 67, 2, leemos:

Iam illud insigne, quod solum intra Palatium praeter praefectum et Ulpianum quidem neminem vidit nec dedit alicui facultatem vel fumorum vendendorum de se vel sibi de aliis male loquendi, maxime occiso Turino, qui illum quasi fatuum et vecordem saepe vendiderat.

(Esto es algo insigne de mención, que <Alejandro> sólo autorizaba a estar en Palacio al prefecto del pretorio Ulpiano y a nadie más se lo permitía, ni dio oportunidad a alguien o de darle falsas noticias de él o de hablar mal de otros ante él, sobre todo tras la muerte de Turino, que frecuentemente le trataba como a un tonto e insensato).

En Lamprid., *Alex. Sev.*, 68, 1, leemos:

Et ut scias, qui viri in eius consilio fuerint: Fabius Sabinus, Sabini insignis viri filius, Cato temporis sui; Domitius Ulpianus, iuris peritissimus; Aelius Gordianus, Gordiani imperatoris parens, vir insignis; Iulius Paulus, iuris peritissimus; Claudius Venacus, orator amplissimus; Catilius Severus, cognatus eius, vir omnium doctissimus; Aelius Serenianus, ómnium vir sanctissimus; Quintilius Marcellus, quo meliorem ne historiae quidem continent.

(Y para que sepas qué hombres estuvieron en su consejo: Fabio Sabino, hijo del insigne varón Sabino, un Catón de su época; Domicio Ulpiano, sapientísimo del derecho; Elio Gordiano, pariente del emperador Gordiano, hombre insigne; Julio Paulo, sapientísimo del derecho; Claudio Venaco, distinguidísimo orador; Catilio Severo, pariente suyo, el más erudito de los hombres; Elio Sereniano, el más virtuoso de los hombres; Quintilio Marcelo, del que no puede hallarse mejor hombre en la historia).

Agreguemos a lo anterior las frases elogiosas que el emperador dedica al jurista de Tiro, como "amigo mío" o "padre mío", y con ello se demuestra la cercanía y preferencia de la que gozaba Ulpiano, situaciones que, sin duda alguna, le granjean los dos puestos más altos en la administración imperial; de hecho, la política de humanidad, sabiduría, justicia y certidumbre que se atribuye a Alejandro Severo fue sin duda comenzada por Ulpiano, en una política en la que se hizo creer, a través de la propaganda, que el poder senatorio había sido restaurado. Sin embargo, ello tal vez no le evita vivir bajo la amenaza de muerte por parte de la milicia, enfurecidos por la muerte de los prefectos Flaviano y Cresto, favorables a sus intereses, y muy posiblemente provenientes de su sector. Es muy probable que ese apoyo del poder civil a través del *consilium principis* culminaría en la muerte de Ulpiano.

En efecto, tan enorme poder no fue ajeno a las intrigas. Como ya hemos visto, su aversión por el desmesurado poder de los militares le atrajo la ira del sector castrense[38], y pese a la protección que gozaba del emperador, así como de la influyente emperatriz madre Julia Mamea, no pudo evitar la conjura mortal urdida en su contra a manos de los pretorianos[39]. Los relatos de los historiadores antiguos son dudosos, y en ciertos aspectos contradictorios, mas permiten darnos una idea en su conjunto de la situación dramática que desencadenó la muerte de Ulpiano, aunque no brindan fechas específicas o acontecimientos que puedan ser confrontados con otros relatos que permitan obtener datos precisos sobre los rangos de tiempo. Zósimo es parco en palabras, e incluso reconoce la falta de concordancia entre autores respecto a los motivos que desencadenaron el final:

---

[38] *Vid supra*, Lamprid., *Alex. Sev.*, 51, 4; Zósimo, 1, 11.

[39] El año de la muerte de Ulpiano varía, y es objeto de intensos debates entre doctrinarios; hemos elegido la propuesta de Mercogliano, quien a su vez se basa en los resultados obtenidos tras el análisis del *Papirum Oxy 2565*, desplazando de este modo la opción anticuada del 228 d. C., lo que permite una coherencia cronológica a la luz del seguimiento que venimos haciendo de nuestro jurista con base en las citas de las fuentes, aunque por ahora reconocemos la incertidumbre de la fecha exacta, ya que los autores antiguos no brindan datos ciertos que permitan una afirmación. Cfr. MERCOGLIANO, Felice, *Tituli ex corpore Ulpiano: Storia di un testo*, Nápoles, Ed. Jovene Editore, 1997, p. 105, n. 18.

Sed quod exercitibus un suspicionem venisset (quibus sane de causis, equidem accurate dicere non habeo: quando de ipsius voluntate diversa litteris prodita sunt) seditione mota trucidatur, quum ne ipse quidem imperator optime ei ferre posset.

(Incurrió, sin embargo, en la desconfianza del ejército (el porqué no me es posible exponerlo con exactitud, ya que acerca de sus proyectos corren entre los historiadores relatos divergentes), y así se promueve una sedición a resultas de la cual muere sin que la ayuda del emperador mismo bastase para salvarlo)[40]

Dión Casio advierte que la narración relacionada con la muerte de Ulpiano es inexacta debido a haberse ausentado de Roma por enfermedad y atención a diversos cargos públicos, no pudiendo recopilar fuentes confiables para este episodio trágico[41]. Con todo, sigue siendo uno de los más detallados:

Ulpiano corrigió muchas irregularidades llevadas a cabo por Sardanápalo; pero tras enviar a muerte a Flaviano y Cresto, habiéndolo logrado, a la larga fue asesinado también por los pretorianos, que lo atacaron de noche; y de nada le sirvió correr al palacio y refugiarse con el emperador y la madre de éste[42].

Smith resalta que al haber sucedido esto al poco de llegar Alejandro Severo al poder, la cita de Lampridio sobre la confianza que le mereció el consejo de Ulpiano durante su administración, demuestra solamente el descuido del escritor[43], lo que coincide con las recientes investigaciones que ubican la muerte de nuestro jurista en el año 223 d. C. Siguiendo a Smith, muy posiblemente el ascenso

---

[40] Zósimo, 1, 11 *in fine*.
[41] Dión Casio, 80, 1 y 2.
[42] Dión Casio, 80, 2, 2.
[43] SMITH, W., *Dictionary of greek and roman biography and mythology, op. cit.*, p. 1279.

de Ulpiano como *praefectus praetorio* inflamó una rebelión del sector castrense que duró tres días, en perjuicio de la población, aunque Dión Casio sólo lo deja entrever:

Incluso durante su vida <de Ulpiano> se desató un gran tumulto entre el pueblo y los pretorianos, por alguna pequeña causa, a resultas de lo cual pelearon durante tres días y hubo muchas muertes en ambos bandos. Los soldados, llevando la peor parte, buscaron por todos los medios quemar los edificios; y la población, temiendo que toda la ciudad fuese destruida, pactó contra su voluntad con ellos[44].

Dión Casio identifica al instigador de la conjura contra Ulpiano, Epagato, narrándonos su fatídico destino:

Aparte de estos acontecimientos, Epagato, de quien se cree que fue el principal responsable de la muerte de Ulpiano, fue enviado a Egipto, ostensiblemente como gobernador, pero en verdad para evitar algún disturbio que pudiese acaecer en Roma, como habría sucedido si hubiera sido castigado allí. De Egipto fue enviado a Creta y ejecutado[45].

Queda por dilucidar la posible fecha de la muerte de Ulpiano. Durante siglos se ha usado el año 228 d. C., unos seis años después del ascenso de Alejadro Severo al poder, como la fecha tradicional de dicho acontecimiento, y ello gracias a la propuesta hecha por Sábastin Lenain de Tillemonth en su obra *Histoire des empereurs romains et des autres princes* publicada en París en 1691, basado a su vez en Dión Casio 80, 1, 2-3, que al mencionar los cargos ocupados en otras regiones del imperio durante su vida confiesa:

Hasta aquí he descrito acontecimientos con la mayor precisión que he podido en cada circunstancia, pero para los siguientes no me ha sido posible ofrecer un relato preciso, debido a no haber pasado mucho tiempo en Roma. Pues, tras ir de Asia a Bitinia, caí enfermo, y de allí volví a toda prisa a

---

[44] Dión Casio, 80, 2, 3.
[45] Dión Casio, 80, 2, 4.

mi provincia en África. Luego, tras volver a Italia, fui enviado casi inmediatamente como gobernador primero a Dalmacia y luego a la Panonia, y aunque después volví a Roma y a la Campania, volví de inmediato a casa.

Por otro lado, Tillemonth usa el pasaje 80, 4, 2 para formular la hipotética muerte de Ulpiano en el 228 d. C.:

<Los soldados> se entregaron a tal licenciosidad y falta de disciplina, que los establecidos en Mesopotamia incluso se atrevieron a matar a su comandante, Flavio Heracleo, y los pretorianos se quejaron de mí ante Ulpiano, porque yo dirigí a los soldados de la Panonia con mano firme; y ellos exigieron mi deposición, debido al miedo de que alguno pudiera acusarles de someterse a un régimen similar al de las tropas de la Panonia.

Según Tillemonth, si los pretorianos se quejaron ante Ulpiano del severo régimen de Dión en Panonia, entonces Ulpiano debía seguir vivo hasta el año 227 ó 228, porque, como incluso ha llegado a señalar Millar[46] en un estudio reciente, siguiendo la tesis del autor francés, la duración del itinerario de Dión Casio tras el inicio del reinado de Alejandro Severo fue de, por lo menos, siete años, ubicando el gobierno del escritor en Panonia durante los años 226 a 228 d. C.

Sin embargo, el año ofrecido por Tillemonth no sólo es inconsistente con lo narrado por Lampridio en las citas de la *Historia Augusta* previamente revisadas[47], quien sostiene que Ulpiano ejerció gran influencia en la administración del imperio durante el primer periodo del reinado de Alejandro, sino que esto también se confirma por diversas citas de Dión Casio[48], que nos dejan entrever el inmediato ascenso y caída en desgracia del jurista. Así, pues, es ilógico que Ulpiano aún fuese prefecto del pretorio en un año tan

---

[46] MILLAR, Fergus, *A study of Cassius Dio*, Oxford, Editorial Clarendon Press, 1964, p. 23f.
[47] *Vid supra*, pp. 11-13.
[48] Dión Casio, 80, 1, 1; 80, 2, 2; 80, 2, 3; 80, 4, 2.

avanzado del reinado de Alejandro Severo como el 228 d. C., dejando una laguna al parecer imposible de colmar.

La respuesta a este enigma histórico se obtuvo gracias a un hallazgo fascinante en África.

En 1882, Egipto entró al dominio británico, aunque nominalmente seguía siendo parte del imperio otomano. Los arqueólogos del imperio victoriano comenzaron la excavación sistemática del país, marcando también el inicio de una depredación sobre objetos de arte del antiguo Egipto. En el invierno de 1986, los excavadores Bernard Grenfell y Arthur Hunt, colegas del Queen's College de Oxford realizaban trabajos en la región de El-Bahnasa, a 160 km. al suroeste de El Cairo, cuando hallaron una serie de papiros antiguos con texto griego, hoy conocidos como *Oxyrhynchus logia*, debido al nombre que el lugar tenía en la antigüedad, Oxirrinco[49]. Excavaciones posteriores sacaron a la luz una ingente cantidad de papiros de temática muy variada: textos religiosos de los primeros siglos del cristianismo, obras literarias, códices, edictos, registros, correspondencia oficial, registros del censo y del fisco, peticiones, documentos judiciales, ventas, contratos de arrendamiento, testamentos, recibos, libros de cuentas, inventarios, horóscopos y correspondencia privada, brindando todo ello una verdadera biblioteca de la antigüedad. Los eruditos han fechado esta documentación entre el periodo ptolemaico (siglo I a. C.) y todo el periodo romano de la historia egipcia hasta el siglo VI d. C.[50]

En el volumen XXXI de la colección Oxy hallamos el siguiente documento bajo el folio 2565:

---

[49] Vid., TAYLOR, Charles, *The Oxyrhynchus logia and the apocryphal gospels*, Oxford, Editorial Clarendon Press, 1889, pp. v-vi. Oxyrhynchus era el pueblo principal del *Nomos Oxyrynchites*, en el Bajo Egipto. El apelativo de la región y su capital se originó en un tipo de esturión que era objeto de veneración religiosa, y tenía un templo dedicado a él (Eliano, *Hist. Ant.*, 10, 46). El pueblo se erigía cerca de Cynópolis, entre la orilla occidental de Nilo y el canal Joseph. *Vid.* SMITH, W. (ed.), *Dictionary of greek and roman geography*, *op. cit.*, pp. 507-508.
[50] Un archivo detallado de la colección Oxyrhynchus puede ser consultado en el sitio electrónico Oxyrhynchus online image databe, dirección http://163.1.169.40/cgi-bin/library?site=localhost&a=p&p=about&c=POxy&ct=0&l=en&w=utf-8

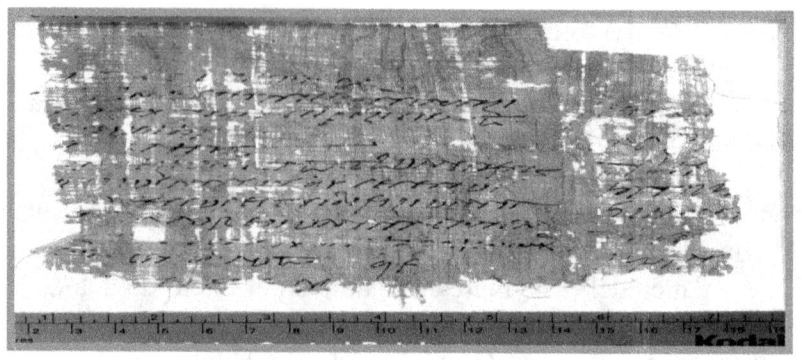

El documento posee un soporte de papiro rectangular compuesto de dos secciones sobrepuestas; sobre su anverso se aprecian diez líneas de texto latino en relativo estado de conservación; los bordes izquierdo y derecho aparecen corroídos, lo que hace ininteligible ciertas partes de la inscripción. Sus medidas son: 18.5 centímetros de largo; 7.6 centímetros de ancho y 0.09 centímetros de espesor. Posee dos inscripciones, la primera de las cuales dice:

[Iuli]an[o] et Crispino co(n)s(ulibus)
[an]n[o I]II Imperatoris Caesaris Marci Aurelii
[Sever]i Alexandri Pii Felicis Aug(usti)
[men]se Pauni die...
[Alex]a[nd]riae ad Aegyptum
[apud] M. Aurelium Epagathum pr(a)ef(ectum) Aeg(ypti)
[Au]relius Marsus q(ui) e(t) Serenus
[... p]rofessus est sibi filium na-
[tum es]se M. Aurelium Sarapionem
[...]l ... [.] ... m... και ὡς χ_λπαρ;ρηματίζει_ρπαρ;
[...] sua pri(die) Idus Aug(ustas) q(uae) f(uerunt)
[Grato] e[t] Seleucio co(n)s(ulibus)

La segunda inscripción, aneja al texto principal sobre su lado derecho, dice:

a...
Tiberi
Fort...

Filiam...
Theo
Iunias q[uae] f(uerunt)...[51]

La primera inscripción posee mayores elementos referenciales que permiten una traducción bastante aproximada, que podría ser de la siguiente manera:

Siendo cónsules Juliano y Crispino
En el tercer año del emperador César Marco Aurelio
Severo Alejandro, piadoso, feliz y Augusto,
En el día... del mes Pauni,
En Alejandría, cercana a Egipto,
Ante Marco Aurelio Epagato, prefecto de Egipto,
Marco Aurelio Marso, llamado también Sereno,
...declaró que de él ha nacido
un hijo, Marco Aurelio Sarapión
... () ¿su? ... (texto griego)
¿esposa? en el día anterior a los idus de agosto cuando fueron
cónsules Grato y Seleucio.

Por la redacción del texto se concluye que nos hallamos ante una *professio liberorum* o *professio natorum*, una declaración hecha por el padre, la madre o el abuelo ante la autoridad competente de la región sobre un recién nacido. Estos documentos servían en la antigüedad como testimonios del registro oficial de hijos romanos legítimos nacidos en *iustae nuptiae*, ordenado ya desde Augusto[52], el equivalente a nuestras actas de nacimiento. Podemos resaltar de esta *professio liberorum* tres aspectos cruciales:

a) Si consideramos que Alejandro Severo sube al poder el 13 de marzo del 222 d. C., según el calendario gregoriano, el tercer año de su reinado (*anno III Imperatoris Caesaris Marci Aurelii Severi Alexandri*) que se menciona en el documento como su fecha de expedición será el año 224 de nuestra era;

---

[51] BARNS, W. W. (ed.), *The Oxyrhynchus papyri*, London, 1966, vol. XXXI, p. 103.
[52] BERGER, A., *op. cit.*, p. 656.

b) El mes egipcio de *Pauni* corresponde al periodo comprendido entre el 26 de mayo y el 24 de junio del calendario gregoriano[53];

c) El funcionario ante quien se realiza la presentación del menor, Marco Aurelio Epagato, y del que se dice ostenta el cargo de prefecto de Egipto, reúne todas las características historiográficas que menciona Dión Casio en *Hist. Rom.* 80, 2, 4, identificado sin duda como el autor intelectual de la conjura mortal contra Ulpiano: *"Aparte de estos acontecimientos, Epagato, de quien se cree que fue el principal responsable de la muerte de Ulpiano, **fue enviado a Egipto, ostensiblemente como gobernador**, pero en verdad para evitar algún disturbio que pudiese acaecer en Roma, como habría sucedido si hubiera sido castigado allí. De Egipto fue enviado a Creta y ejecutado"*.

La *professio* contenida en el papiro *Oxy* 2565 ofrece una prueba indiscutible de que Epagato fungía como gobernador de Egipto para mediados del 224 d. C., lo que permite concluir que para ese entonces Ulpiano ya había fallecido. Podemos sugerir que Ulpiano posiblemente murió un año antes, en el verano del 223 d. C.,

---

[53] El calendario del Egipto faraónico era un *annus vagus* consistente en 12 meses de 30 días cada uno, agrupados en tres estaciones llamadas respectivamente "inundación" (*Akhet*), "germinación" (*Peret*) y "cosecha" (*Shemu*), con cinco días extras "en medio del año" (*ḥryw rnpt* o epagómenos) entre el cuarto mes del verano y el primero de la crecida. El año egipcio "comenzaba" a fines de agosto, con la crecida del Nilo, y así, tenemos que los meses correspondientes a la estación Ajet son, por su transcripción griega, *Thōth* (29 de agosto-27 de septiembre), *Phaōphi* (28 de septiembre-27 de octubre), *Hathyr* (28 de octubre-27 de noviembre) y *Choiak* (28 de noviembre- 26 de diciembre); los meses de la estación *Peret* son *Tybi* (27 de didiembre-25 de enero), *Mecheir* (26 de enero-24 de febrero), *Phamenōth* (25 de febrero-26 de marzo), *Pharmouthi* (27 de marzo-25 de abril), mientras que los meses de la estación *Shemu* son *Pachōn* (26 de abril-25 de mayo), *Payni* (26 de mayo-24 de junio), *Epeiph* (25 de junio-24 de julio) y *Mesorē* (25 de julio-23 de agosto). Cfr. BLACKBURN, Bonnie, *et al.*, *The Oxford companion to the year: An exploration of calendar customs and time reckoning*, Oxford, Ed. Oxford University Press, 1999, Pp. 708-709; BIRX, H. James (ed.), *Encyclopedia of time: Science, philosophy, theology and culture*, California, Ed. Sage Publications, 2009, p. 126; sitios electrónicos consultables: http://www.digitalegypt.ucl.ac.uk/chronology/calendar.html y http://www.egiptologia.org/ciencia/calendario/default.htm

quizá unos meses antes, a la luz de la fecha en que se emite la constitución de Severo del primero de diciembre del 222 donde ya se le denomina *"praefectus praetorio"*[54]; tuvo oportunidad de aconsejar y convivir un breve periodo con la familia imperial, para luego fallecer a manos de los pretorianos instigados por Epagato. Es posible que Alejandro Severo, pese al dolor que esta muerte le causase, debió someterse a los valores entendidos de la *realpolitik*, y negociar un cese de hostilidades con los militares, incluso mantener a Epagato en el puesto que dejase vacante nuestro jurista; posteriormente, como hábil salida política, hubo la necesidad de "requerir" los servicios de Epagato en Egipto, al que no podría ejecutarse en Roma a menos que el joven emperador desease un nuevo choque, quizá más sangriento aún, con el sector castrense, encabezado por un hombre tan poderoso y a la vez tan peligroso como Epagato. Se anunció oficialmente su traslado quizá hacia el verano u otoño del año 223 d. C., con el fin de mantenerlo alejado de la protección de los pretorianos, manteniendo en todo momento las apariencias que la situación exigía[55]. Tras un tiempo conveniente, y según el escueto relato de Dión, posiblemente se preparó su traslado en secreto a un sitio todavía más remoto, de difícil acceso a unos pretorianos que en Roma lo habrían protegido. Debidamente confinado en las "antípodas" de la política romana, se emitió con toda discreción la orden de ejecutar a Epagato en Creta... tal vez por el propio Alejandro Severo.

---

[54] C. 4, 65, 4.
[55] Cfr. MODRZEJEWSKI, Joseph, *Les préfets d'Égypte au debut du règne d'Alexandre Sévère*, en *Papyrologica Lugduno-Batava*, London, Institutum Papyrologicum Universitatis Lugduno-Batavae, vol. XVII, 1968, pp. 60-69, donde el autor realiza una cronología de los prefectos que gobernaron Egipto entre los años 222 y 225 d. C. Con base en el estudio de fuentes literarias, la interpretación epigráfica de piezas catalogadas en el *Corpus Inscriptionum Latinarum* y el análisis palingenésico de documentos varios contenidos en la biblioteca *Oxyrhyunchus*, ofrece los nombres de 5 personajes que ocuparon la prefectura egipcia en el periodo referido anteriormente: *L. Domitius Honoratus* (221- fines del verano/comienzos del otoño de 222); *M. Aedinius Julianus* (Fines del verano/comienzos del otoño de 222-verano de 223); ...*alerius* (verano de 223-¿comienzo de otoño?; *M. Aurelius Epagathus* (¿verano?/comienzo del otoño de 223-mayo/ junio de 224); *Tib. Claudius Herennianus* (junio de 224-225). Cfr. LIEBS, D., *op. cit.*, p. 176-177.

II. Ulpiano. Su época y su obra.

La época de los Antoninos y los Severos (96-235 d. C.) presenció los logros más altos del Derecho Romano, basándose en los fundamentos legados durante las últimas décadas de la República y las primeras del Imperio. El derecho de este periodo, llegado a nosotros a través de los textos recogidos por el emperador Justiniano, fue la piedra angular sobre la que se construyeron los sistemas legales modernos; e incluso en aquellos países donde el Derecho Romano no influyó formalmente sus sistemas jurídicos, principalmente los del mundo angloparlante, las obras de los juristas de la segunda mitad del siglo II y la primera parte del siglo III aún se citan en los tribunales.

Los juristas, entendidos como un grupo de hombres especializados en el conocimiento legal y particularmente hábiles en su aplicación, se ven involucrados a partir del siglo I d. C. en aspectos de la administración imperial, pero fue hasta la segunda mitad del siglo II en que se vieron totalmente integrados en aquélla, haciendo surgir un nuevo tipo de abogado-burócrata, un experto legal que con frecuencia detenta cargos imperiales[56]. Estos hombres no eran simples burócratas con entrenamiento legal. Continuaban ejerciendo la práctica profesional: asesoraban a litigantes y jueces, componían obras legales, se involucraban en debates públicos, quizá también transmitían su saber a discípulos. Mas la integración del jurista en la administración estatal trajo consigo un cambio de *status*. Con Adriano, éste era ahora un asunto de mérito profesional, no como sucedía en el siglo I, algo que dependía del nacimiento: pocos de los abogados prominentes del periodo provienen de familias senatorias, y la mayoría llegan de las provincias[57].

Este no fue solamente el periodo en que los abogados se integraron plenamente a la estructura administrativa del Estado. Entre el 130 y el 230 d. C., la ciencia legal alcanzó su apogeo. La mayoría de textos recogidos en el Digesto de Justiniano, compilados

---

[56] SCHULZ, Fritz, *History of roman legal science*, Oxford, Clarendon Press, 2a. ed., 1953, pp. 103-107.
[57] KUNKEL, Wolfgang, *Die römischen Juristen: Herkunft und soziale Stellung*, Köln, Ed. Böhlau, 1a. reimp., 2001, p. 290.

en la segunda mitad del siglo VI, proceden de aquel periodo, y es principalmente gracias a las obras de los juristas que hemos obtenido el conocimiento del Derecho Romano clásico, cuyo principal objetivo era el análisis detallado de instituciones legales específicas. En muchos de estos juristas, herederos de la tradición legal republicana, se advierte una cuidada educación helenística propia de la aristocracia romana culta, lo que permite afirmar a Schulz que este periodo bien podría ser *"the hellenistic period of Roman jurisprudence"*, quien a su vez considera que la influencia helénica fue muy importante por hallarse entonces la jurisprudencia romana suficientemente madura como para ser estimulada por la filosofía griega, sin verse desnaturalizada por ella:

"Roman legal science contained in intself great potentialities, but to release them and bring them into activity there was needed the solvent energy of greek forms" [58].

La ciencia jurídica clásica fue radicalmente individualista. Pese a tener la idea central de un *ius non controversum*[59], más allá de este nivel básico ninguna opinión jurídicas estaba fuera de duda. Aunque era muy común para un jurista referirse a obras legales previas, estas referencias no eran meras citas mayestáticas, ni la obra posterior era una simple capa acumulada a la sabiduría jurídica de generaciones previas. El jurista anterior quizá debió ser citado debido a considerársele poseedor de la razón; o bien se le citó porque se le consideró particularmente equivocado, y en consecuencia era instructivo desvelar la naturaleza de su error. Especialmente en la primera parte del siglo III d. C., se observa una disminución en cuanto a las enconadas discusiones doctrinales de otros tiempos entre escuelas jurídicas, como la casiana y la proculeyana, siendo la naturaleza de los eventuales comentarios algo que tuvo lugar en el pasado; por ejemplo, Ulpiano, Paulo o Papiniano no se declaran miembros de una u otra escuela, y aunque quizá siguiesen el punto de vista casiano o proculeyano en algún punto a debate, no se aliaban plenamente con las enseñanzas de alguna de esas escuelas[60].

---

[58] SCHULZ, Fritz, *op. cit.*, p. 38.
[59] Al respecto, Gayo resalta que "cuando todas las respuestas concuerdan en un sentido, entonces su parecer obtiene fuerza de ley" (Gai. 1, 7).

Ya no había una línea "oficial" a la que el jurista debiese adherirse. Esta individualidad de pensamiento coincidió con la individualidad de los juristas en su modo de pensar.

Los tres juristas más célebres del periodo de los Severos difícilmente podrían haber sido más diferentes en sus enfoques. Papiniano, el más respetado de los tres en las escuelas de Derecho bizantinas, es ingenioso y delicado, aunque su sutileza no siempre ha gustado a los eruditos más modernos[61]; Paulo resalta por su búsqueda de principios abstractos subyacentes, la cual no siempre es exitosa; y Ulpiano es tremendamente severo en sus ataques destructivos a la doctrina ortodoxa al momento de mostrar las inconsistencias en el razonamiento de otros juristas. Por otro lado, estos juristas no sólo se mantuvieron unidos por verse obligados a aceptar reglas o doctrinas legales específicas, ni por el compromiso a alguna metodología intelectual en particular; más bien, compartieron ciertas bases de fondo, y éstas les dieron una gran coherencia a sus esfuerzos. Para empezar, estaban interesados en explicar el Derecho y no en nociones filosóficas abstractas de justicia y otras por el estilo. Cierto que aparecen principios morales explícitos[62], pero éstos son invariablemente derivativos, y debido a su grandilocuencia retórica son poco más que trivialidades sin un papel serio en el esquema de las reglas y doctrinas legales concretas. Además, como hombres pensantes, los juristas poseían inevitablemente sus puntos de vista éticos con los que matizaban su visión sobre el derecho, como Ulpiano, en el que pueden hallarse rastros de pensamiento neoplatonista al momento de formular reglas legales específicas[63]; pero todo está muy implícito, y no hay un atisbo cierto en el *corpus* legal de que este tipo de especulaciones teóricas poseyesen algún

---

[60] LIEBS, D., *Rechtschulen und Rechtsunterricht im Prinzipat*, en *Aufstieg und Niedergang der Römischen Welt*, Berlin-New York, 1976, Ed. Walter de Gruyter & Co., Vol. 2, parte 15, pp. 243-275 y 283.

[61] Schulz, Fritz, *op. cit.*, 236, n. 6.

[62] Como ejemplos de ello tenemos la célebre definición de justicia que nos lega Ulpiano en D. 1, 1, 10, pr.: *Iustitia est constans et perpetua voluntas ius suum cuique tribuendi* (justicia es la constante y perpetua voluntad de dar a cada uno su derecho), o bien los preceptos esenciales que integran al derecho: *honeste vivere, alterum non laedere, suum cuique tribuendi* (vivir honestamente, no hacer daño a otro, dar a cada uno lo suyo) (D. 1, 1, 10, 1).

[63] HONORÉ, Tony, *op. cit.*, p. 82; FREZZA, P., *La cultura di Ulpiano*, en *SDHI*, Roma, Pontificia Università Lateranense, 1968, Vol. 34, pp. 363-375.

papel trascendente en el debate legal. Ciertamente, los juristas clásicos veían en el Derecho una dimensión filosófica importante[64]. Los juristas no sólo repetían y transmitían la sabiduría legal recibida; estaban comprometidos en descubrir los fundamentos racionales del Derecho, y donde era necesario, buscaban reconstruir el edificio legal para adecuarlo a esta base[65]. Bajo dicha tesitura, compartían la creencia de que el Derecho era un cuerpo de normas autoconsistentes que podía ser amalgamado en un todo coherente, idea que se hallaba al centro de la ciencia legal romana.

Tal armonización del sistema legal fue posible solamente gracias a la relativa falta de fuentes formales de cambio legal: el periodo clásico del Derecho Romano coincide con la laguna entre el eclipse de las antiguas fuentes del Derecho, como las *leges*, los *senatusconsulta* o los edictos magistratuales, y el rígido establecimiento de la legislación imperial como fuente única. Podríamos afirmar que coincidió con el periodo en que el poder legislativo del emperador sustituyó formalmente a las antiguas fuentes, pero cuando el ejercicio de ese poder imperial estaba relativamente constreñido y fuertemente influido por los propios juristas[66].

En tal sentido, es adecuada la reflexión de Ibbetson:

"El derecho clásico alto fue insustituible en cuanto a sus términos, aunque estuvo sujeto a presiones externas. La sutileza del pensamiento de Paulo, Papiniano y Ulpiano

---

[64] Ejemplo de ello es la reflexión ulpianea de cuño teleológico que dice: *"cuius merito quis nos sacerdotes appellet; iustitiam namque colimus, et boni et aequi notitiam profitemur, aequum ab iniquo separantes, licitum ab illicito discernentes, bonos non solum metu poenarum, verum etiam praemiorum quoque exhortatione efficere cupientes, veram, nisi fallor, philosophiam, non simulatam affectantes"* (por cuyo motivo alguien nos llama sacerdotes; pues cultivamos la justicia, profesamos el conocimiento de lo bueno y equitativo, separando lo justo de lo injusto, discerniendo lo lícito de lo ilícito, deseando hacer buenos a los hombres no sólo por el miedo de las penas sino también con la incitación de los premios, buscando con ansia, si no me engaño, la verdadera filosofía, no la aparente) (D. 1, 1, 1, 1).

[65] Honoré, Tony, *op. cit.*, pp. 30-31.

[66] Ibbetson, David., *High classical law*, en BOWMAN, Alan, *et al.* (eds.), *The Cambridge ancient history*, Cambridge, Ed. Cambridge University Press, 2ª. ed., 2007, Vol. XII, *op. cit.*, pp. 192-194.

demandaron una continuidad educativa si los pensadores de la siguiente generación querían desarrollarlo; pero la educación legal en Roma estaba totalmente desorganizada. Era necesaria una enorme indulgencia imperial si los hombres que serían funcionarios imperiales o bien abogados privados querían seguir creando doctrina legal; pero no todos los emperadores fueron tan indulgentes con los segundos. Y la pasividad política era esencial para que los juristas tuviesen el clima profesional adecuado para pensar profundamente sobre asuntos legales abstractos y complejos"[67].

En la época de los Severos (193-235 d. C.) sobresalen los nombres de Emilio Papiniano y sus discípulos, Julio Paulo y Domicio Ulpiano, como los más importantes juristas del llamado periodo "clásico alto", en el que se observa un involucramiento sin precedentes de expertos legales en el gobierno y la administración, atribuible en buena medida al ascenso de jovencísimos emperadores al trono imperial necesitados de asesores en un ámbito tan delicado para la gestión del *orbis romanus*. Dado el prestigio de los juristas de esta época y su actividad burocrática, es fácil entender por qué se propusieron una reorganización general del Derecho, y por qué sus fragmentos son tan importantes y numerosos en el Digesto de Justiniano[68]. D'Ors considera que Ulpiano parece tener una simpatía por la tradición sabiniana[69]. Ulpiano escribió obras de tipo repilogativo, de menor originalidad respecto a las de otros juristas, marcando el paso de la jurisprudencia clásica, dotada de notable vivacidad y creatividad, a la postclásica, menos original y caracterizada por la tendencia hacia la sistematización orgánica del material acumulado en los siglos anteriores, consecuencia natural de una época en la que la producción del derecho y la administración política-burocrática del imperio tendía a institucionalizar y legitimar

---

[67] *Ibíd.*, pp. 198-199.
[68] Cfr. LO CASCIO, Elio, *The age of the Severans*, en BOWMAN, Alan, *et al. op. cit.*, p. 148.
[69] D'ORS, Álvaro, *Derecho privado romano*, España, Ed. EUNSA, 8ª ed., 4ª reimp., 2003, §50.

el papel del emperador a través de los órganos tradicionales, pero al mismo tiempo reteniendo un absoluto poder discrecional que el paso del tiempo le había concedido a través de la *lex de imperio*, permitiéndole crear una maquinaria gestora de un imperio con casi 50 millones de habitantes.

Ulpiano y sus contemporáneos reflexionaron sobre la producción jurídica previa, a menudo caótica, recopilándola, ordenándola y subdividiéndola en amplios comentarios[70]. Grosso observa en ellos un carácter común, el de meros compiladores[71], y Burdese no deja de alabar su gran fecundidad, pero opina que fueron menos originales y profundos[72]. Schiavone vislumbra una clave en esta decadencia de la producción jurídica[73]: como "jurista/gran funcionario", Ulpiano recopiló las opiniones legales de los siglos de oro (y con frecuencia los manipuló sutilmente) en un vasto programa de "Severización" de la obra a él llegada, sometiéndola a un proceso de cristalización que decretaba el fin de una época y el inicio de otra, tal como en su momento sucedió con Salvio Juliano y la redacción del *edictum perpetuum* ordenada por Adriano (117 – 138 d. C.).

Orestano lo considera menos original que Paulo, pero más apreciable por la claridad y sencillez de su estilo, pudiendo decirse que en su obra de escritor infatigable, rico de problemas e ideas, no dejó sin explorar ningún campo del Derecho[74]; especialmente en sus dos obras más importantes, los comentarios *Ad edictum* y *Ad Sabinum*, Ulpiano demuestra un total dominio de toda la literatura jurídica de su época, y en especial de época clásica. Gracias a su estilo claro, presenta menos dificultades de comprensión que muchos de los demás juristas romanos compilados en el Digesto. Tal vez sea un poco difuso, si se compara, como ya dijimos, con Paulo, pero,

---

[70] LEVRERO, Roberta, *Il diritto e la giustizia*, en *Vita e costumi nel mondo romano antico*, vol. 25, Italia, Ed. Quasar, 2004, p. 54.

[71] GROSSO, Giuseppe, *Lezioni di storia del diritto romano*, Italia, Ed. Giapicchelli, 5ª ed., 2002, p. 402.

[72] BURDESE, Alberto, *Manuale di diritto privato romano*, Italia, Ed. UTET, 4ª ed., 2003, p. 41.

[73] SCHIAVONE, Aldo, *Il giurista*, en GIARDINA, Andrea, *L'uomo romano*, Italia, Ed. Laterza, 8ª ed., 2003, p. 97.

[74] ORESTANO, Riccardo, *Ulpiano*, en AZARA, Antonio, et al., *Novissimo Digesto italiano*, Torino, (año), Unione Tipografica Editrice Torinese, (vol.), pp. 1106.

como señala Smith, esto es más una ventaja que un obstáculo, al deber leer a los juristas romanos en fragmentos[75]. Las expresiones sencillas de Ulpiano, y la amplitud de muchos extractos de sus obras, vuelven el estudio de sus fragmentos una tarea mucho más sencilla que la de escritores como Papiniano. Su amplio conocimiento legal, el buen sentido que poseía y la disciplina de Ulpiano le colocan entre los primeros de los juristas romanos, ejerciendo una influencia notable en la jurisprudencia moderna de Occidente.

La obra de Ulpiano es vastísima; siguiendo a Liebs podemos resaltar los siguientes escritos[76]:

a) Obras dedicadas a comentar leyes o textos de otros juristas.

- *Ad edictum praetoris libri LXXXI*[77] (81 libros al edicto del pretor). De esta obra deriva la mayor parte de los escritos jurídicos clásicos hoy aceptados, y los compiladores del Digesto justinianeo se sirvieron ampliamente de su estructura. El grueso de la obra se redactó bajo Caracala; los últimos libros, poco más de 20, fueron compilados por una mano anónima tras la muerte del jurista; el primero se escribió bajo Macrino, y los siguiente cinco posiblemente bajo Septimio Severo. Tuvo acceso a los elementos que conformaron el *edictum perpetuum praetoris urbani*, así como a diversos senadoconsultos y constituciones imperiales para un confronto detallado. Al inicio de diversos párrafos se hace referencia a la palabra "edicto", y al final una breve

---

[75] SMITH, W., *Dictionary of greek and roman biography and mythology, op. cit.*, p. 1280

[76] LIEBS, D. op. cit., pp. 177-

[77] LENEL, *op. cit.*, vol. II, *Ulpianus*, párrafos 170-1756. Como obra literaria que permite la máxima amplitud de enfoques prácticos al momento de analizar detalladamente instituciones legales específicas, los trabajos dedicados a comentar el edicto del pretor urbano fueron bastante frecuentes en el periodo clásico alto del Derecho Romano, sin considerar lo imponente que pudo ser su redacción. Aparte de Ulpiano, Julio Paulo realizó una obra *Ad edictum* en 78 libros, aunque al parecer Pomponio los superó, pues se dice que llegó a escribir un comentario *Ad edictum* en 150 libros; cfr. LIEBS, D., *op. cit.*, pp. 144-150. Su importancia y centralidad fueron, sin duda, la consecuencia de haberse estructurado durante el reinado de Adriano un texto definitivo sobre el cual pudo construirse un comentario, aunque ya antes Labeón había escrito un comentario en más de 30 libros.

ratio edicti junto a pormenores específicos. Muchos casos planteados provienen de su experiencia profesional. Se remite con frecuencia a constituciones imperiales y particularmente a la literatura especializada, como Labeón, Pedio, Celso, Juliano, Pomponio, Marcelo y Papiniano, confrontándolos a cada paso; a través de obras de segunda mano, en especial de Pomponio y Labeón, cita trabajos y opiniones de juristas lejanos a él. Debatió gustosamente las opiniones no sólo en el sentido social y moral en que las concibieron los jurisconsultos, sino en el de las máximas jurídicas rectoras que él consideraba inherentes. Su lenguaje no es rebuscado ni abrupto, y aunque inclinado a lo superlativo, es transparente y expresivo.

- *Ad edictum aedilium curulium libri II* (2 libros dedicados al edicto de los ediles curules)[78];
- *Ad Masurium Sabinum libri LI* (51 libros dedicados a Masurio Sabino);[79]
- *Ad legem Aeliam Sentiam libri IV* (4 libros dedicados a la ley Elia Sencia)[80];
- *Ad legem Iuliam de adulteriis libri V* (5 libros dedicados a la ley Julia de adulterios)[81];
- *Ad legem Iuliam et Papiam libri XX* (20 libros dedicados a la ley Julia y Papia)[82].

b) Obras monográficas dedicadas a cuestiones públicas y procedimentales.
- *De officio consularium liber singularis?* (Libro único sobre el cargo de los consulares)[83];
- *De censibus libri VI* (6 libros sobre los censos)[84];
- *De officio proconsulis libri X* (10 libros sobre el cargo de procónsul)[85];

---

[78] Lenel, *op. cit.*, Vol. II, *Ulpianus*, párrafos 1757-1797.
[79] *Ibíd.*, párrafos 2421-2992.
[80] *Ibíd.*, párrafos 1933-1936.
[81] *Ibíd.*, párrafos 1937-1976.
[82] *Ibíd.*, párrafos 1977-2045.
[83] *Ibíd.*, párrafo 2046.
[84] *Ibíd.*, párrafos 19-25.

- *De officio quaestoris liber singularis* (Libro único sobre el cargo de cuestor)[86];
- *De officio consulis libri III* (3 libros sobre el cargo de cónsul)[87];
- *De officio praefecti urbi liber singularis* (Libro único sobre el cargo de prefecto de la ciudad)[88];
- *De officio praefecti vigilum liber singularis* (Libro único sobre el cargo de prefecto de los vigilantes)[89];
- *De officio praetoris tutelaris liber singularis* (Libro único sobre el cargo de pretor tutelar)[90];
- *Fideicommissorum libri VI* (6 libros de los fideicomisos)[91]
- *De officio curatoris rei publicae liber singularis* (Libro único sobre el cargo de curador de la república)[92];
- *De omnibus tribunalibus libri X* (10 libros sobre todos los tribunales)[93];
- *De appellationibus libri IV* (4 libros sobre apelaciones)[94].

c) Obras casuísticas.
- *Responsorum libri II* (2 libros de respuestas)[95];
- *Disputationum libri X* (10 libros de disputas)[96];
- *De sponsalibus liber singularis* (Libro único sobre los esponsales)[97].

d) Obras dedicadas a la enseñanza.
- *Institutionum libri II* (2 libros de instituciones)[98];
- *Regularum liber singularis*[99].

---

[85] *Ibíd.*, párrafos 2142-2251.
[86] *Ibíd.*, párrafos 2252-2253.
[87] *Ibíd.*, párrafos 2047-2072.
[88] *Ibíd.*, párrafos 2079-2080.
[89] *Ibíd.*, párrafo 2081.
[90] *Ibíd.*, párrafos 2082-2141.
[91] *Ibíd.*, párrafos 1846-1907.
[92] *Ibíd.*, párrafos 2073-2078.
[93] *Ibíd.*, párrafos 2254-2295.
[94] *Ibíd.*, párrafos 1-18.
[95] *Ibíd.*, párrafos 2387-2420.
[96] *Ibíd.*, párrafos 26-169.
[97] *Ibíd.*, párrafos 2993-2994.
[98] *Ibíd.*, párrafos 1908-1932.

Publicarum disputationum libri X[100].

La vastísima obra de los jurisperitos de época severiana como Ulpiano representó la fuente de la cual los compiladores sucesivos extrajeron material, así como el fundamento de las imponentes recopilaciones jurídicas justinianeas; de hecho, nuestro jurista es el más citado en el Digesto: 3003 fragmentos son suyos. Además, su nombre sirvió de inspiración para algunas obras hasta hoy consideradas "apócrifas", como el *Epitome Ulpiani* que hoy se presenta, o bien se le citó frecuentemente en textos jurídicos posteriores, como los *Fragmenta Vaticana*, del 318 d. C.

Por regla general, se le atribuye al mismo jurisconsulto un fragmento de *Institutiones* hallado en Viena en 1835 y conocido bajo el nombre de *Fragmentum Vindobonense*, así como otro fragmento intitulado *de iure fisci*, encontrado en Verona en 1816 con un palimpsesto que contenía las Instituciones de Gayo[101].

III. El *Ulpiani liber singularis regularum*.

Por el título elegido para la obra nos hallamos ante un manual de reglas jurídicas[102]. La *regula* es un principio legal abstracto de naturaleza general que se origina ya en la jurisprudencia, ya en una constitución imperial. *Regula est quae rem quae est breviter enarrat* ('regla' es la <frase> que describe brevemente una cosa que existe)[103]; en tal sentido, las reglas legales son formulaciones concisas del Derecho que poseen vigencia; *non ex regula ius sumatur, sed ex iure quod regula fiat* (el derecho no se extrae de la regla, sino que la regla surge del derecho), resaltando con esto, sin embargo, que la regla por

---

[99] *Ibíd.*, párrafos 2382-2386.
[100] C. 9, 41, 11; D. 24, 4; D. 1, 5, 16.
[101] PETIT, Eugene, *Tratado elemental de derecho romano*, México, 1977, Ed. Época, p. 70.
[102] De vez en cuando a la obra se le atribuye el nombre de *Tituli ex corpore Ulpiani, Liber singularis regularum, Regulae, Epitome Ulpiani* y también, de forma sencilla, el de *Fragmenta Ulpiani*. Hemos elegido el título que le concede Paul Krüger como mejor forma de representar la esencia del texto: una recopilación de aforismos jurídicos.
[103] D. 50, 17, 1.

sí sola no crea el derecho. En el lenguaje de las constituciones imperiales se usa un sinónimo, *norma*, aunque, como señala Berger, no lo usaron los juristas clásicos[104].

Por otro lado, dichos juristas criticaron en ocasiones las máximas legales creadas en el Derecho antiguo, ya que no eran aplicables en las evolucionadas relaciones económicas y para las necesidades de la vida legal.

Con todo, no dejó de reconocérseles valor en la compilación justinianea; así, el título final del Digesto (50, 17), intitulado *de diversis regulis iuris antiqui*, contiene un listado de reglas legales antiguas. Algunas son repeticiones de textos insertados en anteriores títulos del Digesto[105]; muchas de ellas se extrajeron del contexto original en el que las expresaron los escritores jurídicos antiguos, por lo que aplicaban como reglas generales cuando originalmente sólo se referían a situaciones específicas. Otras reglas legales de origen clásico se encuentran esparcidas por todo el Digesto[106], pero los compiladores limitan la aplicación general de algunas de ellas usando las palabras *plerumque* (frecuentemente) o *interdum* (algunas veces).

Podemos ver que el valor de las *regulae* en la mentalidad jurídica romana era de un valor relativo; si bien se consideraban una quintaesencia de la reflexión jurídica, no poseían por sí solas peso ni autoridad, sirviendo como guías en la aplicación del Derecho, marcando al mismo tiempo la pauta de espíritu equitativo en el ánimo del juzgador.

En época postclásica, y especialmente con Justiniano, se usa ya el vocablo norma para referirse a un principio legal, quedando desplazado el término *regula*.

La obra denominada *Tituli ex corpore Ulpiani*, o también conocida como *Epitome Ulpiani*, es un texto atribuido a Ulpiano, aunque la doctrina moderna continúa debatiendo su redacción hacia el siglo IV d. C., entre los años 320 y 342[107].

---

[104] BERGER, Adolf, *Encyclopedic dictionary of roman law*, op. cit., p. 672.

[105] Por citar un ejemplo, D. 50, 17, 30 = D. 35, 1, 15 *in fine*.

[106] Una visión panorámica de esos principios legales se puede encontrar en IGLESIAS-REDONDO, Juan, *Diccionario de definiciones y reglas de Derecho Romano*, España, 2005, Ed. Ariel, 2ª edición.

[107] Los *termini* se basan en CTh. 8, 16, 1 (del 31 de enero del 320), que el autor del

Probablemente en el siglo VI d. C. se adjuntó esta obra al *Breviarium Alaricianum*[108]. Luego, quizá a principios del siglo X, un copista, trabajando posiblemente en Fleury, transcribió parte del tratado del siglo VI –aparentemente no poseyó la primera parte, y tanto el inicio como el final se han perdido- junto con otros textos legales tardíos. Dicho escriba designó al texto con las palabras *incipiunt tituli ex corpore Ulpiani* ('comienzan los títulos de la obra esencial de Ulpiano'), sin brindar mayor información. Sus esfuerzos no tuvieron resonancia alguna durante la época medieval. Sin embargo, en 1549 Jean du Tillet[109] editó una primera versión (la llamada *editio princeps*) de los extractos de Ulpiano. Su versión se basaba en el único manuscrito que pudo descubrir, que luego desapareció durante algunos años para reaparecer finalmente como el *Codex Vaticanus Reginensis latinus 1128* (las fojas 190v a 202v contienen nuestro texto).

El manuscrito se reedita inmediatamente, entre otros por Cujacio[110], comenzando a dársele el título de *liber singularis*

---

texto aparentemente conocía, y CTh. 3, 12, 1 (del 31 de marzo del 342), que al parecer ya no le era conocido. Fritz Schulz aclara la incertidumbre en *Die Epitome Ulpiani des Codex Vaticanus Reginae 1128*, Bonn, 1926, p. 9. Obviamente, la última fecha no es tan sólida como la primera, como señala T. Honoré en *Ulpian*, Oxford, 1982, p. 107.

[108] Llamado también *Lex Romana Visigothorum*.

[109] Jean du Tillet, señor de La Bussière (150? - 1570), jurista, historiador y escribano del Parlamento de París. Fue uno de los primeros historiadores en haber tratado la historia de su país basándose en documentos de archivos públicos. La mayoría de sus obras vieron la luz después de haber muerto.

[110] Jacques Cujas (1520 – 1590), jurista francés considerado entre los más importantes de los humanistas legales o del llamado *mos gallicus*, la escuela francesa que propugnaba por abandonar la obra de los comentaristas medievales y concentrarse en precisar el texto correcto y el ambiente social de las obras originales del Derecho Romano. En 1554 se le designó profesor de derecho en Cahors, y un año después en Bourges. Valencia, Grenoble, Turín, París, fueron otras ciudades que ser vieron honradas con la presencia erudita de Cujas. Su mayor mérito como jurista fue haberse alejado de los comentaristas ignorantes del Derecho Romano para profundizar en el Derecho Romano en sí. Consultó gran cantidad de manuscritos, extendiendo su estudio más allá de la figura de Justiniano; recuperó y dio al mundo una parte del Código Teodosiano, el cual explicó; obtuvo el manuscrito de los *Basilica*, un resumen griego de Justiniano, publicado posteriormente por Fabrot. Realizó un comentario a las *Consuetudines Feudorum* y a algunos libros de las *Decretalia*. En los *Paratitla*, o resúmenes hechos del *Digesta*, y particularmente del *Codex Iustiniani*, condensó en pequeños

regularum tras la publicación en 1576 de la *editio princeps* de la *Collatio legum Mosaicarum et Romanarum* por Pithou[111] en París. A decir verdad, dicha compilación contiene tres pasajes –de los cuales dos corresponden al *Epitome Ulpiani* bajo la indicación *liber singularis regularum*, y que incluimos sin número al final del texto ulpianeo-.

El códice original de los *Tituli* se incorporó después al patrimonio bibliotecario de la reina Cristina de Suecia (1626-1689), obtenido de entre los libros provenientes de la rica biblioteca de Paolo Petau, este último al parecer en contacto con el ambiente cultural de Cujacio y que permitió preservarla al hijo del primero, Alessandro, hasta que murió en 1647[112]. La reina lo adquirió en 1650 y, tras su famosa conversión al catolicismo y abdicación al trono, se trasladó a Roma, haciendo llegar su inmensa biblioteca; al morir, el acervo pasó al cuidado del ejecutor testamentario, el cardenal Decio Azzolini, y luego por herencia al nieto de éste, el marqués Pompeo Azzolini. Finalmente, el cardenal Ottoboni adquirió la biblioteca completa, y tras ser electo pontífice en 1689 bajo el nombre de Alejandro VIII, la colocó en la Biblioteca Apostólica Vaticana, donde el *codex* de los *Tituli* se reubicó y adquirió su actual catalogación, el *Codex Vaticanus Reginensis latinus 1128*, perdiendo así su anterior clasificación de *Codex Reginae 377*.

La atención sobre el manuscrito vaticano surge gracias a la escuela histórica alemana, especialmente de Savigny[113], quien

---

axiomas los principios elementales del Derecho, brindando definiciones memorables por su claridad y precisión.

[111] Pierre Pithou (1539 – 1596), conocido también como Petrus Pitheous, jurista y erudito francés nacido en Troyes. Escribió varias obras legales e históricas, además de preparar ediciones de escritores antiguos. Su primera publicación fueron los *Adversariorum subsectorum libri II* (1565). En 1569 publica la *Historia Romana* de Landolfus Sagax, conocida después como *Historia Miscella*. Su contribución más valiosa a la ciencia histórica fue la edición de las *Leges Visigothorum* (1579); edita los *Capitula* de Carlomagno, Luis el Piadoso y Carlos el Calvo en 1588, ayudando a su hermano François a preparar la edición del *Corpus Iuris Canonici* de 1687. También curó ediciones de las sátiras de Juvenal y Persio (1585), así como las fábulas de Fedro (1596)

[112] Mercogliano señala que en el *ex libris* del texto Vaticano se lee: *Alexander Pauli filius Petavius Senator Parisienses anno 1647* (Alejandro Petau, hijo de Paulo, senador de París, en el año 1647). Cfr. MERCOGLIANO, Felice, op. Cit., p.6, n. 15.

investigó el texto en la propia Biblioteca Vaticana[114]. Comienza así una serie de estudios que constelan todo el siglo XIX, pues se estaba ante un documento considerado original de la experiencia jurisprudencial romana, prácticamente único hasta el descubrimiento del palimpsesto veronés de las *Institutiones* de Gayo. Ilustres romanistas, como Heimbach, Hugo[115] y Böcking[116], realizaron

---

[113] Friedrich Carl von Savigny, uno de los juristas más respetados e influyentes del siglo XIX. Nacido en Frankfurt en 1779, estudió en la Universidad de Marburgo bajo la guía de Anton Bauer Philipp Friedrich Weiss, obteniendo el grado universitario en 1800. Publicó en 1803 su célebre ensayo *Das Recht des Besitzes*. En 1808 el gobierno bávaro le nombra profesor ordinario de Derecho Romano en Landshut, y en 1810 obtiene la cátedra en la Universidad de Berlín. En 1814 publica su panfleto *Vom Beruf unserer Zeit für Gesetzgebung und Rechtswissenschaft* protestando contra el fenómeno de la codificación en respuesta al artículo de Thibaut que exigía la necesidad de crear un código alemán ajeno a la influencia de los sistemas legales extranjeros. Fundador de la *Zeitschrift für geschichtliche Rechtswissenschaft*, órgano oficial de la novedosa escuela que postulaba un estudio histórico del Derecho positivo como requisito previo a la comprensión adecuada de la ciencia jurídica. Dio a conocer el texto de las *Institutiones* de Gayo que previamente Niebuhr descubriera. Su prolífica obra escrita se centra en la historia del Derecho Romano, desde su nacimiento hasta principios del siglo XII, demostrando cómo este Derecho sobrevivía en las costumbres locales, en los pueblos, en la doctrina eclesiástica y en la enseñanza escolar, hasta su resurgimiento esplendoroso en Bolonia y otras ciudades italianas. Alternando su vida académica con una trayectoria pública prestigiosa entre 1817 y 1848, elabora su obra en ocho volúmenes sobre Derecho Romano *System des heutigen römischen Rechts* (1840-1849). Deja la docencia en 1842 al ser nombrado Alto Canciller y encabezar el sistema jurídico prusiano, donde realizó varias reformas importantes. En 1853 publica su tratado sobre contratos *Das Obligationenrecht*, donde bajo la influencia del Derecho Romano demuestra la necesidad de un tratamiento histórico del Derecho. Muere en Berlín en 1861.
[114] KRÜGER, Paul, *Ulpiani liber singularis regularum*, Berlín, 1878, Weidmann, p. 1.
[115] Gustav von Hugo, estudioso nacido en 1764. Obtuvo el grado universitario en Halle (1788), y en 1792 logra la cátedra en Göttingen. Su mérito mayor fue denunciar los males que los elementos romanos y germanos del derecho vigente conformaban un todo carente de crítica y separación, por lo que en la práctica era difícil discernir entre verdad histórica y fines prácticos. Al pasar de persona a persona se agregaban nuevos errores, e incluso el mejor de los maestros no podía escapar del falso método que se había vuelto tradicional. Con dicha labor se vuelve fundador de la escuela histórica de la jurisprudencia, continuada y desarrollada por Savigny.
[116] Eduard Böcking, célebre estudioso alemán (1802-1870) conocido por sus ediciones y comentarios a obras jurídicas de la antigüedad clásica. Obtuvo el grado

nuevas ediciones con importantes aportaciones al conocimiento de esta obra jurídica. Tras el descubrimiento del texto gayano por parte de Niebuhr[117] en 1816 en la Biblioteca Capitular de Verona, comienza un debate aún más encendido: el de las comparaciones entre textos y las dudas sobre la autenticidad de la obra ulpianea, las cuales no terminan a la fecha.

IV. El debate en torno a la autenticidad del *Ulpiani liber singularis regularum*.

El manuscrito vaticano se revela como el del copista del siglo X[118]. Como resultado de ello, unos dos tercios del texto del siglo IV aún están disponibles[119].

Sin embargo, aquí comienza la polémica. Se ha especulado insistentemente que el jurista del siglo IV estaba copiando algo, pero no se sabe con precisión qué era. Como ocurre en estos casos de textos antiquísimos, han surgido diversas teorías[120]. Resumimos las siguientes:

---

académico en 1826 con la tesis *De mancipii causis* en la Universidad de Berlín, y desde 1835 hasta su muerte es profesor de derecho en la Universidad de Bonn.

[117] Barthold Georg Niebuhr, estadista e historiador nacido en Copenhague (1776). Sus variados intereses académicos y políticos le llevan al cargo de historiógrafo real y profesor de la Universidad de Berlín. Comenzó su carrera docente con un curso sobre la historia de Roma, base de su monumental *Römische Geschichte*. En 1816 aceptó el cargo de embajador ante Roma, y al pasar por la biblioteca capitular de Verona descubrió las *Institutiones* de Gayo, largo tiempo perdidas; comunica el descubrimiento a Savigny, quien retomó la investigación. Durante su estancia en Roma descubrió y publicó fragmentos de Cicerón y Livio, así como colaboró en la preparación del *Beschreibung Roms* (Descripción de la ciudad de Roma). Renunció al cargo en 1823, estableciéndose en Bonn hasta el final de sus días, en 1831, y realizando importantes aportaciones al estudio de la historia antigua.

[118] SCHULZ, F., *op. cit.*, pp. 1-10.

[119] Para una estima del texto faltante, vid. NELSON, H. L. W., *Überlieferung. Aufbau und Stil von Gai Institutiones*, Leiden, 1981, p. 84.

[120] Existe una corriente que intenta fechar el texto previo, cualquiera que éste fuese, entre los años 211 y 262. Al respecto, vid. NELSON, *op. cit.*, pp. 88-92.

- el copista reproducía por extractos un *liber singularis regularum*, que por los pasajes del Digesto y de la *Collatio legum Mosaicarum et Romanarum* se atribuye a Ulpiano;
- dicho amanuense copiaba un documento titulado de este modo, pero su autor no era en realidad Ulpiano;
- el texto que tenía ante sí no era ni de Ulpiano ni de un pseudo-Ulpiano sino, por el contrario, una segunda edición, resumida, de las Instituciones de Gayo;
- no sintetizó ningún documento sino que realizó un acoplamiento de diversos textos anteriores, incluyendo a Gayo y Ulpiano (o un pseudo-Ulpiano);
- estaba copiando el epítome al *liber singularis regularum* de un pseudo-Ulpiano, realizado este a fines del siglo III, y al que se le agregó algo de Gayo;
- el texto del manuscrito vaticano es un extracto de un *corpus* previo y más grande de extractos realizados a varias obras anteriores de Ulpiano.

En 1997, Felice Mercogliano revisa detalladamente la tradición escrita en torno a la obra ulpianea que hoy se presenta, y tras realizar un confronto entre ésta y las Instituciones de Gayo, lo reputa auténtico, aunque con las naturales modificaciones y lagunas propias de un texto escrito a principios del siglo III d. C.[121]

V. Ubicación de la obra en el contexto de las fuentes jurídicas antiguas.

La obra a estudio representa un intento de agrupar una serie de instituciones y conceptos fundamentales del Derecho clásico que, para el momento en que se redacta, se encuentran dispersos y confusos. Hay una razón para ello: si avanzamos en el tiempo y nos ubicamos hacia el siglo IV d. C., existe ya un proliferar de epítomes[122] de las grandes obras jurisprudenciales clásicas, además de las

---

[121] Cfr. MERCOGLIANO, Felice, *Tituli ex corpore Ulpiano: Storia di un testo*, Nápoles, Ed. Jovene Editore, 1997, pp. 101-105.

[122] Resumen o compendio de algún libro más extenso, frecuentemente en forma comentada.

originales que ya de por sí son su inspiración. Tuvo que disciplinarse y burocratizarse el uso de esas grandes obras de la jurisprudencia anterior para evitar incertidumbres y abusos. Así, Constantino en el 321 d. C. prohíbe el uso de notas y comentarios a Ulpiano y Papiniano; Teodosio II y Valentiniano III emitieron una constitución denominada "Ley de Citas" que busca disciplinar todas las fuentes del Derecho. Dicho documento reconoce valor normativo a las obras de Papiniano, Paulo, Ulpiano, Modestino, Gayo, Escévola, Sabino, Juliano y Marcelo[123]. Llamado "tribunal de los muertos vivientes presidido por Papiniano", estuvo en vigor durante un siglo. En este documento se prohibió el uso de las *notae* (comentarios) a Ulpiano, de las cuales la obra hoy presentada se dice ser un probable ejemplo. En caso de contraste de opiniones, el juez debía seguir la opinión de la mayoría; si no había consenso, la de Ulpiano, y en caso de persistir la incertidumbre, el parecer que considerase mejor[124].

---

[123] CTh. 1, 4, 1. *Imperator Constantinus Augustus ad Maximum praefectum urbi. Perpetuas prudentium contentions eruere cupientes Ulpiani ac Pauli ac Papiniani notas, qui, dum ingenii laudem sectantur, non tam corrigere eum, quam depravare maluerunt, aboleri praecipimus.* CTh. 1, 4, 2. *Idem Augustus ad Maximum praefectum praetorio. Universa, quae scriptura Pauli continentur, recepta auctoritate firmanda sunt et omni veneratione celebranda. Ideoque sententiarum libros plenissima luce et perfectissima elocutione et iustissima iuris ratione succintos in iudiciis prolatos valere minime dubitatur.* CTh. 1, 4, 3. *Imperatores Theodosius et Valentinianus Augusti ad senatum urbis Romae. Post alia: Papiniani, Pauli, Gaii, Ulpiani atque Modestini scripta universa firmamus ita, ut Gaium quae Paulum, Ulpianum et cunctos comitetur auctoritas, lectionesque ex omni eius opere recitentur. Eorum quoque scientiam, quórum tractatus atque sententias praedicti omnes suis operibus miscuerunt, ratam esse censemus, ut Scaevolae, Sabini, Iuliani atque Marcelli, omniumque, quos illi celebrarunt, si tamen eorum libri, propter antiquitatis incertum, codicum collatione firmentur. Ubi autem sententiae proferuntur,*
[124] CTh. 1, 4, 3. *Imperatores Theodosius et Valentinianus Augusti ad senatum urbis Romae. Post alia: Papiniani, Pauli, Gaii, Ulpiani atque Modestini scripta universa firmamus ita, ut Gaium quae Paulum, Ulpianum et cunctos comitetur auctoritas, lectionesque ex omni eius opere recitentur. Eorum quoque scientiam, quórum tractatus atque sententias praedicti omnes suis operibus miscuerunt, ratam esse censemus, ut Scaevolae, Sabini, Iuliani atque Marcelli, omniumque, quos illi celebrarunt, si tamen eorum libri, propter antiquitatis incertum, codicum collatione firmentur. Ubi autem sententiae proferuntur, quorum par censetur auctoritas, quod seque debeat, eligat moderatio iudicantis. Pauli quoque sententias semper valere praecipimus.*

Visto de tal modo, el conjunto de *iura* (la jurisprudencia de siglos precedentes) tendría entonces un valor normativo en los límites y según los presupuestos fijados por la legislación imperial (*leges*), mientras que necesita hacerse referencia a la *lex* si queremos dar un fundamento al valor normativo de los *iura* previos. De hecho, en la época del Dominado (284 – 476 d. C.) sólo la *lex*, entendiéndose por tal las constituciones imperiales, producen efectos de Derecho. Baste pensar, por ejemplo, en el Digesto de Justiniano, reunión imponente de *iura*, que adquirió eficacia de ley sólo porque así lo estableció el emperador en la constitución *Tanta*[125].

Según lo anterior, vista la dificultad de usar directamente los *iura*, en los siglos IV y V d. C. se realizaron compilaciones y obrillas que, comentando obras jurídicas más complejas y en ocasiones inasequibles, permitían un conocimiento popular y expedito del pensamiento jurídico clásico. A buen seguro, el *tituli ex corpore Ulpiani* es uno de esos opúsculos que, siendo auténtico, sobrevivió exitosamente por su sencillez de exposición y claridad de conceptos.

A nosotros han llegado diversos epítomes que, pese a su carácter de proscritos y apócrifos en aquella época, son una fuente inapreciable de conocimiento del Derecho clásico. Así, tenemos como ejemplos de *iura*:

- Las *Pauli sententiae*, divididas en cinco libros;
- El propio *Tituli ex corpore Ulpiani* que ahora ofrecemos a la comunidad jurídica;
- El *Epitome Gai*, un resumen comentado de las Instituciones de Gayo;
- Los *Fragmenta Augustoduniensia*, comentario caracterizado por una paráfrasis modestísima y prolija;

---

[125] *De confirmatione Digestorum, Tanta,* 19: *Y así, venerad y observad estas leyes, quedando derogadas todas las antiguas, y nadie de vosotros se atreva a compararlas con las anteriores, o a investigar si algo en disonancia hay entre unas y otras, porque todo lo que aquí está puesto es lo único y solo que mandamos se observe. Y ni en juicio, ni en otra, contienda en que son necesarias las leyes, intente nadie recitar o mostrar algo, como no sea de las mismas Instituciones, de nuestro Digesto y de nuestras Constituciones, por nosotros compuestos o promulgados, si no quisiere sufrir, como infractor reo del crimen de falsedad, gravísimas penas, junto con el juez que concediere la audiencia de aquellas citas.*

Por otro lado, también se dio el fenómeno de redactar opúsculos que mezclaban *iura* y *leges*; algunos ejemplos son:

- Los *Fragmenta Vaticana*, reunión de *leges* (constituciones imperiales) y de *iura* (antecedentes legales de época clásica);
- La *Collatio legum Mosaicarum et Romanarum*, obra que compara el Derecho mosaico con el romano;
- La *consultatio veteris cuiusdam iurisconsulti*, obra de Derecho romano vulgar escrita a principios del siglo VI d. C. que reúne opiniones jurídicas, en su mayoría respuestas a casos concretos de Derecho, con ocasionales disertaciones teóricas de su anónimo autor[126].
- Los *Scholia sinaitica*, una serie de anotaciones a los libros de Ulpiano.

VI. Descripción de la obra.

El *Ulpiani liber singularis regularum* es un breve compendio de Derecho civil que expone en veintinueve títulos o capítulos reglas jurídico-procesales de ámbitos diversos. Su desarrollo es acorde a la visión didáctica de época clásica, y discurre así:

- Fuentes del derecho (sobreviviendo únicamente cuatro pasajes lagunosos que tratan sobre la *lex* y uno sobre la costumbre, pero faltando el plebiscito, el senadoconsulto, la constitución imperial, el edicto pretorio y las respuestas de los prudentes).
- Derecho de las personas, dividido en manumisiones (21 pasajes dedicados a los libertos, 12 dedicados al *statuliber*, 6 dedicados a los latinos, estos últimos con la parte final faltante); personas libres de potestad (2 pasajes); personas sujetas a potestad (10 pasajes con una sección perdida al final del capítulo); dote (17 pasajes faltando una sección al final del título); y donaciones entre cónyuges (4 pasajes);

---

[126] Una versión en español puede consultarse en VARGAS Valencia, Aurelia, *Consulta de un jurisconsulto antiguo*, México, 1991, Ed. UNAM, Colección *Biblioteca Latina Iuridica Mexicana*, p. V.

adopciones (8 pasajes); poder marital (1 pasaje con pérdida del texto previo y posterior a él); liberación de la potestad (5 pasajes con la parte final del apartado perdida); tutela (29 pasajes con una sección perdida antes del párrafo 5); curatela (4 pasajes, faltando una parte al final del título), y legislación matrimonial augustea (2 pasajes que detallan prohibiciones al ciudadano romano, con la parte final de ese título perdida; un pasaje referente a los plazos obligatorios para contraer matrimonio, con la parte final del título igualmente extraviada; 3 pasajes sobre los diezmos entre cónyuges; 4 pasajes dedicados a la sucesión entre marido y mujer, con la sección final del apartado mutilada; 3 pasajes dedicados a los bienes caducos, faltando la última parte del capítulo, y un pasaje dedicado al derecho sobre bienes caducos, desconociéndose la parte final de ese título).

- Bienes y derechos reales (21 pasajes con la última parte perdida).
- Derecho hereditario, dividido en formalidades del testamento (17 pasajes); modo de instituir herederos (un pasaje con la sección final del título mutilada); derechos hereditarios (34 pasajes); nulidad del testamento (10 pasajes); legados (34 pasajes); fideicomisos (18 pasajes); herederos legítimos *ab intestato* (9 pasajes); sucesiones de libertos (5 pasajes con ausencia de la parte final del apartado); posesión sucesoria (13 pasajes); bienes de libertos (7 pasajes con la parte final perdida).
- Dos pasajes existentes en fuentes alternas: uno referente a las obligaciones nacidas *ex delicto*, y otro más referente al derecho procesal, en el ámbito de la clasificación de las acciones.

La razón de crear una obra como esta la delinea Mercogliano de la siguiente manera[127]: un libro de *regulae* legales hubiese demandado un estilo particular, diferente de un tratado doctrinario como, digamos, las Instituciones de Gayo, considerado más una obra didáctica[128]. El estilo necesario para lo que se propuso Ulpiano es

---

[127] MERCOGLIANO, F., *op cit.*, pp. 101-105.

más burocrático, dirigido a permitir un aprendizaje fácil y rápido. Esto se necesitaba porque en el periodo severiano el conocimiento de la ley se había convertido en una *porta d'ingresso* a los pasillos del gobierno. La pericia legal de nuestro jurista pudo abrirle paso hacia la corte imperial, y en este sentido, según Mercogliano, el texto es auténticamente ulpianeo. Antes de su muerte en el 223, Ulpiano bien pudo haber escrito un manualito jurídico, "un tratado elemental de derecho privado romano en un latín simple, preciso y técnicamente seguro"[129].

En nuestra opinión, si bien el texto conserva la forma de un manualillo de conceptos fundamentales del Derecho, trasluce la mano genuinamente ulpianea: posee la característica de un breviario, un texto que busca resumir de manera inmediata obras más vastas revisadas o realizadas por el jurista que representaron la cristalización del Derecho clásico, con objeto de permitir a los noveles funcionarios una familiarización rápida y concretísima de los aspectos fundamentales del Derecho Romano, necesarios para la función burocrática que desempeñarían.

VII. Valor de la obra.

Frente a la imponente compilación justinianea del Digesto, el *liber singularis regularum* es ciertamente un opúsculo menor. Sin embargo, su carácter elemental, su forma expedita de tratar temas que en otras obras requieren una mayor profundización, nos habla ciertamente de una obra con carácter didáctico; pero, a diferencia de Gayo, que tiene un toque decididamente escolar, la obra que presentamos posee la forma de un "prontuario" o, digámoslo muy coloquialmente, de una "guía" escrita para ser consultada rápidamente en caso de "necesidad". Es el manual del funcionario o aspirante a funcionario judicial.

Dicho carácter se evidencia en el propio título que el anónimo copista del siglo X eligió: *tituli ex corpore Ulpiani*; la idea de colocar en "títulos" o capítulos una serie de tópicos explicativos

---

[128] Al respecto, vid. *Institutas de Gayo*, versión de Alfredo di Pietro, Buenos Aires, Ed. Abeledo-Perrot, 1997, pp. 33-38.

[129] MERCOGLIANO, F., *op. cit.*, p. 105.

de diversas instituciones jurídicas señala el carácter compilatorio de una obra, no tanto reflexivo o crítico. La sintaxis misma del *Epitome Ulpiani* tiende hacia este punto.

Entre esta obra y la que diversos doctrinarios creen que fue su inspiración, las *Institutiones* de Gayo, hallamos cierta similitud respecto al uso de una fuente prototípica común, posiblemente derivada del sistema muciano: el desarrollo de los temas, que arranca con el estudio de los sujetos de derecho y concluye con aspectos de índole procesal, aunque con las obvias diferencias que no pueden faltar entre un manual institucional de Derecho privado con objeto didáctico y un prontuario de reglas jurídicas. Así, por ejemplo, la exposición compacta y fluida de Ulpiano que sobre el tema de dote hallamos en Ulp. 6, 1-17 es altamente fragmentada en Gayo: a lo largo de sus cuatro comentarios, sólo siete pasajes están dedicados a comentar temas dotales, y de ellos, únicamente tres tienen su símil en el texto ulpianeo. Así, en su disertación sobre los tipos de tutela, Gayo marca ciertas situaciones excepcionales a la tutela legítima de las mujeres (*tutela mulierum*) en dos pasajes que tienen su símil en el texto ulpianeo. El primer párrafo versa sobre la posibilidad de que la mujer solicite al pretor la designación de un tutor con objeto de poder constituir la dote, y que al confrontarlos nos permite observar una parquedad del todo inesperada para el estilo amplio y didáctico de Gayo, pero que, por el contrario, en su símil en el *Epitome Ulpiani*, posee una riqueza de matices estilísticos muy propia del jurista de Tiro:

Ulp. 11, 20: Con fundamento en la Ley Julia de regulaciones matrimoniales, el pretor urbano puede designar tutor para la mujer <adulta> o para la doncella, si tiene por tutor legítimo a un menor de edad y que por razón de esta misma ley <la mujer> se obliga a contraer matrimonio y dar, declarar o prometer la dote. Pero luego el senado declaró que también en las provincias los gobernadores	Gai. 1, 178: También la Ley Julia sobre regulaciones matrimoniales le ha permitido a la mujer que está en la tutela legítima de un pupilo, pedir un tutor al pretor urbano a los efectos de la constitución de dote.

designasen tutores por la misma causa.

Ahora bien, ambos juristas abordan otra excepción que los equipara en cuanto al tratamiento del tema de tutela: la tutela de un demente o de un mudo sobre una mujer. Gayo lo trata del siguiente modo:

Ep. Ulp. 11, 21: Además, el senado declaró que había de designarse nuevo tutor para <efectos de> constituir la dote en sustitución de un tutor mudo o demente.

Gai. 1, 180: También la mujer sometida a la tutela legítima de un demente o de un mudo, en virtud de lo dispuesto por el senadoconsulto, puede pedir un tutor a los efectos de la constitución de dote.

Un tercer aspecto en el que coinciden las Instituciones de Gayo y el *Epitome Ulpiani* es la formalidad que reviste la *dictio dotis*, sólo que los dos juristas ubican el tema en ámbitos muy distintos. Gayo ubica la *dictio dotis* en el ámbito de las obligaciones *ex verbis*, mientras que Ulpiano remite el tema de la *dictio dotis* a un título dedicado específicamente a la dote, donde en 17 pasajes ofrece un resumen erudito de los tipos de dote, los plazos y condiciones de su devolución, así como las clases de retención, tópicos todos ellos ausentes en el tratamiento gayano, salvo en un solo pasaje donde ambos se equiparan:

Ep. Ulp. 6, 2: La mujer que está por casarse puede declarar <dar> dote, así como el deudor de la mujer, si ella le autoriza que lo haga; así mismo <lo puede hacer> un pariente

Gai. 3, 95a: Hay también otras obligaciones (que pueden ser contraídas sin que medie ninguna interrogación precedente, tal como ocurre cuando una mujer, sea en el momento de

masculino de la mujer emparentado de manera natural por línea de varón, como su padre o <su> abuelo paterno. Todos pueden dar o prometer dote.

comprometerse por una promesa solemne a ser la futura esposa, o sea al ya marido, hiciera la declaración de dote. Esta puede ser tanto respecto de las cosas muebles como de los fundos. Y no sólo se (puede) obligar por esta obligación la misma mujer, sino también su pater y) el deudor de la misma si por orden suya (el dinero que él le debía a ella por ser su acreedora en una promesa solemne, el mismo deudor hiciera) la declaración de dote. (Solamente estas tres personas se pueden obligar por la declaración de dote, haciéndola sin ninguna interrogación precedente). En cambio, cualquier otro no puede obligarse por este modo. Y si alguno quisiera prometer la dote por la mujer, se debe obligar de acuerdo con el derecho común (es decir, cuando la mujer es interrogada, responden y prometen la estipulación).

En esta línea, hay cuatro pasajes muy dispersos en las instituciones gayanas que retoman el tema dotal enmarcado en tópicos como la propiedad[130], los beneficios de la *Lex Cornelia de adpromissoribus* en materia de estipulaciones con fiadores (*adstipulatores*)[131], los elementos que conforman las *formulae* del

---

[130] Gai. 2, 63: "por la Ley Julia se prohíbe enajenar al marido el predio dotal contra la voluntad de la mujer, aun cuando el fundo sea suyo por haberle sido mancipado por causa de dote o adquirido por la *in iure cessio* o por haberlo usucapido…"

proceso clásico[132], y los tipos de *interdicta* concedidos *retinendae possessionis causa*[133], pero sin el seguimiento temático que observamos de manera fluida y concisa en el texto ulpianeo.

Algunos pasajes no tienen similitud alguna con las Instituciones gayanas, siendo más análogos con diversos textos de las obras de Ulpiano ubicables en el Digesto. Así, en materia de libertad establecida por testamento pero sujeta a condición, Ulpiano dedica algunos pasajes del libro IV de los comentarios a la obra del jurista Masurio Sabino a reflexionar teórica y prácticamente dicho tema, y que hallamos magistralmente resumidos en párrafos muy concretos del *Epitome Ulpiani*, conservando el espíritu del pensamiento vertido de forma original en la obra recogida en el Digesto:

Ep. Ulp. 2, 3: El *statuliber* lleva consigo la condición \<de libertad\> ya sea que se separe del heredero, ya sea que por \<derecho de\> uso alguien tome posesión \<de él\>	D. 40, 7, 2, pr.: El que adquiere la condición de *statuliber*, se halla en el caso de que, si es entregado, sea enajenado quedando a salvo la esperanza de libertad; si es usucapido, sea usucapido con su propia condición, y si es manumitido, no pierda la

---

[131] Gai. 3, 125: "en ciertos casos, esta ley [Cornelia] permite tomar garantía sin límites, como por ejemplo, cuando es tomada respecto de una dote, o de lo que es debido en virtud de un testamento o por orden del juez. Y además, la ley que ha ordenado el impuesto de la vigésima parte de las herencias, ha establecido que para las garantías relativas al mismo, la Ley Cornelia no tiene aplicación".

[132] Gai. 4, 44: "todas estas partes de la fórmula no se reencuentran simultáneamente, sino que algunas están presentes y otras no. Y así ocurre a veces que sólo se encuentra la *intentio*, como por ejemplo en las fórmulas prejudiciales, tales como aquellas por las cuales se trata de saber si alguien es liberto, o cuánto es el monto de la dote y muchas otras…"

[133] Gai. 4, 151: "pero el interdicto *utrubi* no solamente aprovecha la propia posesión, sino también la de un tercero cuando la misma se pueda justamente adicionar a la propia, como por ejemplo, la de aquel del cual se llegase a ser heredero, o la de aquel a quien se comprase, o de quien se recibiera en virtud de una donación o a título de dote…"

esperanza de ser liberto orcino. Pero el esclavo no alcanza la condición de *statuliber* antes de que haya sido adida la herencia por lo menos por uno de los instituidos. Mas si fuere entregado, o usucapido, o manumitido antes de la adición, se extingue la esperanza de la libertad estatuida.

Otro aspecto coincidente en cuanto a la libertad testamentaria sometida a condición es la hipótesis en la cual el heredero busca negar el cumplimiento de aquélla para así ver libre al esclavo. El parecer de Ulpiano al respecto es coincidente, aunque con un estilo tajante, concreto y nada concesivo en el *Epitome Ulpiani*, mientras que en la obra dedicada a Masurio Sabino opta por un estilo literario más cuidado y de profusión técnica:

Ep. Ulp. 2, 5: Si por alguna acción del heredero se evita al *statuliber* cumplir la condición, se le tiene por libre \<al esclavo\>, como si la condición se hubiese alcanzado.

D. 40, 7, 3, 1: Pero, ¿qué se deberá decir si se le hubiera mandado que cumpla la condición respecto a la persona del heredero? Si verdaderamente cumplió la condición, es libre inmediatamente, aun contra la voluntad del heredero; pero si el heredero no consiente que se cumpla, por ejemplo, ofrece los diez que se le había mandado dar, es libre sin duda alguna, porque se considera que consiste en el heredero que no cumpla la condición. Y poco importa que se los ofrezca del peculio, o recibidos de otros; porque está permitido que el esclavo llegue a la libertad.

La concretísima definición de dote expuesta en Ulp. 6, 3, que nunca menciona Gayo, se amplía en un fragmento del comentario *ad Sabinum* sobre la definición de dote asignada a la hija emancipada:

Ep. Ulp. 6, 3: La dote se designa 'profecticia' cuando el padre de la mujer la ha dado, o 'adventicia' cuando fue dada por alguien

D. 23, 3, 5, 11: Si el padre hubiere dado la dote por su hija emancipada, para nadie es dudoso, sin embargo, que la dote es profecticia, porque hace profecticia a la dote, no el derecho de potestad, sino el nombre del ascendiente, pero esto, solamente si la hubiere dado como ascendiente; mas si debiendo a la hija, la dio por voluntad de ésta, la dote es adventicia.

El trato preciso dado a la restitución de dote en Ulp. 6, 8 vuelve a discutirse de manera más amplia en el ámbito de los *pacta conventa* en D. 2, 14, 7, 5, donde se reflexionan tres hipótesis relacionadas con la tutela, la compraventa y la *dotis restitutio*:

Ep. Ulp. 6, 8: Si la dote se puede contar, pesar o medir debe regresarse en el plazo de uno, dos o tres años, a menos que se hubiese convenido su devolución inmediata. Las dotes restantes se devuelven al

D. 2, 14, 7, 5: Antes bien, <el nudo pacto> a veces forma la misma acción, como en los juicios de buena fe; porque solemos decir que los pactos convenidos se contienen en los juicios de buena fe. Mas esto se ha de entender así,

instante.

que si los pactos subsiguieron inmediatamente, estén comprendidos también por la parte del actor; mediando intervalo, ni lo estarán, ni valdrán, si demandare, a fin de que del pacto no nazca acción. Como, por ejemplo, se convino después del divorcio, que no se devolviera la dote en el tiempo de dilación establecido, sino inmediatamente; esto no valdrá, para que no nazca acción del pacto. Lo mismo escribe Marcelo...

La prohibición de donación entre cónyuges señalada en Ulp. 7, 1 tiene su símil en una cadena bien definida de textos en el libro XXXII de los comentarios a la obra de Masurio Sabino y en el libro II de las respuestas hallables en el Digesto:

Ep. Ulp. 7, 1: La donación entre marido y mujer no vale, a no ser que <se deba a> causas ciertas, como por causa de muerte o por la manumisión de un esclavo. También por constituciones de los príncipes se ha concedido a la mujer que done a su marido para que se vea honrado por el emperador con la dignidad senatorial, ecuestre u otra similar.

D. 24, 1, 1: Está admitido entre nosotros por la costumbre, que no sean válidas las donaciones entre marido y mujer. Pero se admitió esto, para que recíprocamente no se despojasen por su mutuo amor, no moderándose en las donaciones, sino haciéndolas respecto de sí con dispendiosa facilidad.

D. 24, 1, 3 pr.: Esta razón fue indicada también en la oración de nuestro emperador Antonino Augusto, porque dice así: "nuestros mayores prohibieron las donaciones entre marido y mujer, considerando el amor honesto en solas las almas, y mirando también por la fama de los que se unieron, para que no pareciese que por precio se conciliaba la concordia, o para que el mejor no viniese a pobreza, y el peor se hiciese más rico".

D. 24, 1, 7, 8: Uno donó a su mujer un esclavo para que lo manumitiese dentro de un año; si la mujer no secundase la voluntad, ¿le impondrá a él la libertad la constitución del Divino Marco, ya si vive el marido, ya también si hubiese fallecido? Y dice Papiniano, que habiéndose admitido la opinión de Sabino, que cree que entonces se hace el esclavo de aquél a quien se le dona, cuando hubiere comenzado a imponerse la libertad, y que por esto, aun si la mujer quisiera, no podría manumitirlo después de transcurrido el tiempo, con razón se dice que no tiene lugar la constitución, y que la voluntad del marido no puede dar lugar a la constitución, como quiera que pueda manumitir a su esclavo propio; cuya opinión también a mí me parece bien, porque el vendedor o el donador no quiere imponerse condición a sí mismo, ni puede, sino a aquel, que recibió; quedando, pues, el dominio en su poder, de ninguna manera tendrá efecto la constitución.

D. 24, 1, 9, 2: Se admitieron entre marido y mujer las donaciones por causa de muerte.

D. 21, 1, 11, 11: Dice el mismo <Juliano>, que si la donación hubiera sido hecha por causa de divorcio, es válida.

D. 21, 1, 40: Lo que por la mujer se confirió al marido para que alcanzase una dignidad, es válido solamente hasta cuanto es necesario para pagar la dignidad.

El tema de los tutores legítimos tratado en Ulp. 11, 3 se relaciona estrechamente con la motivación que hay en la figura de la sucesión hereditaria expuesta por nuestro jurista en el libro XXXVIII de los comentarios a Masurio Sabino, en D. 26, 4, 3 pr.:

Ep. Ulp. 11, 3: Los tutores legítimos son los que se originan de alguna ley; por superioridad se designan también como legítimos a los que se originan por <disposición de> la Ley de las Doce Tablas ya directamente, como los agnados, ya por derivación, como los patronos.

D. 26, 4, 3 pr.: La tutela legítima, que por la Ley de las Doce Tablas se defiere a los patronos, no está, a la verdad, deferida especial o nominalmente, sino por consecuencia de las herencias, que por la misma ley se dieron a los patronos.

El fragmento dedicado a la decadencia de la tutela legítima tras la *capitis deminutio* citada en Ulp. 11, 9 se encuentra con mayor detalle en los libros XXXVIII y XXXV de los comentarios a Sabino:

65

Ep. Ulp. 11, 9: La tutela legítima se pierde por *capitis deminutio*

D. 26, 4, 3, 9: Mas no solamente en caso de muerte, sino también en el de disminución de cabeza, debe admitirse la sucesión en la tutela legítima. Por lo cual, si el más próximo fue disminuido de cabeza, sucede en la administración de la tutela el que está después de él.

D. 24, 4, 5, 5: Si el tutor legítimo hubiera sido disminuido de cabeza, se ha de decir, que deja de ser tutor, y que ha lugar a la acción de tutela, finida la tutela.

La substitución tutelar magníficamente resumida en Ulp. 11, 23 merece un trato más cuidadoso en el libro XXXVII dedicado a comentar la obra de Masurio Sabino:

Ep. Ulp. 11, 23: El senado también autorizó que si el tutor del pupilo o la pupila fuese sospechoso de alejarse de la tutela o se excusase con causa justa, *debía designarse* otro tutor en sustitución.

D. 26, 2, 11, 1: Y si una vez se hubiere discernido la tutela al tutor testamentario, y después se hubiera excusado este tutor testamentario, aún decimos que se ha de nombrar otro en lugar del excusado, no que vuelve la tutela al tutor legítimo. 2. Lo mismo decimos, también si hubiere sido removido, porque también este sale precisamente para que se nombre otro. 3. Pero si hubiere fallecido el tutor nombrado en el testamento, la tutela vuelve al legítimo, porque en este caso deja de tener lugar el Senadoconsulto.

La prohibición decenviral para que el demente o el pródigo administren sus bienes, citada en Ulp. 12, 2, merece una reflexión más amplia en un pasaje del libro I de los comentarios a Sabino:

Ulp. 12, 2: Al demente y al pródigo, que están excluidos <de la administración> de sus bienes, la Ley de las Doce Tablas autoriza que tengan a sus agnados como curadores.

D. 27, 10, 1 pr.: Por la Ley de las Doce Tablas se prohíbe al loco la administración de sus bienes; lo que ciertamente se introdujo en un principio por la costumbre. Pero suelen hoy los pretores o los presidentes, si hubieren hallado un hombre tal, que no tiene ni tiempo, ni fin para los gastos, pero que consume sus bienes destrozándolos y disipándolos, darle un curador, a la manera del loco; y estarán ambos bajo curatela mientras tanto que el loco hubiere recobrado la salud, o aquel las buenas costumbres; y si esto sucediere, de derecho dejan de estar bajo la potestad de los curadores.

La prohibición de realizar testamento al que no esté seguro de su estado civil tratado en Ulp. 20, 11 se retoma en un pasaje del libro XII dedicado a comentar el edicto del pretor:

Ep. Ulp. 20, 11: Quien no esté seguro de su condición, (por

D. 28, 1, 15: Los que dudan o yerran sobre su propio estado no ejemplo, el que desconoce que su padre murió en el extranjero y es *sui iuris*), no puede hacer testamento pueden hacer testamento, según respondió por rescripto el Divino Pío.

D. 28, 3, 6, 8: Mas ninguno de estos, cuyos testamentos hemos dicho que se hacen írritos por una condena, es disminuido de cabeza, si hubiere apelado; y por lo tanto, ni se harán írritos los testamentos que antes hicieron, y podrán testar entonces; porque esto se dispuso muchísimas veces, y no se considerará, como los que dudan de su propio estado, no tienen la testamentifacción, porque están ciertos de su estado, y no están ellos interinamente ciertos de sí mismos.

El impedimento a los municipios para heredar que Ulpiano declara en 22, 5 halla su paralelo en un pasaje del libro XLIX dedicado a comentar el edicto del pretor en materia de libertos pertenecientes a una comunidad: D. 38, 3, 1, 1.

Ulp. 22, 5: No pueden instituirse como herederos a los municipios ni a los ciudadanos libres de un municipio, porque es una corporación incierta, y no pueden distinguirse de la totalidad ni conducirse como un heredero, como lo hacen los herederos: sin embargo, se concedió por senadoconsulto que puedan instituirse herederos por medio D. 38, 3 1, 1: Pero se duda si pueden en todo caso pedir la posesión de los bienes, pues mueve a ello que no pueden consentir; mas pueden pedir para sí habiendo pedido por medio de otro la posesión de los bienes. Pero por la misma razón por la que dispuso el Senado que se les pudiera restituir a ellos la herencia en virtud del

de sus libertos. Pero la herencia fideicomisaria puede restituirse a los ciudadanos del municipio; al menos así se prevé en el senadoconsulto. senadoconsulto Trebeliano, y por la misma razón por la que, instituidos ellos herederos por el liberto, adquiriesen la herencia, se ha de decir que piden también la posesión de los bienes

Los *tituli* denotan no sólo una constante atención por las actualizaciones del Derecho privado aportadas por las constituciones imperiales, sino también por la conservación de los fundamentos legislativos republicanos, como se observa en la singular frecuencia con que cita las normas decemvirales. En quince ocasiones alude a la Ley de las Doce Tablas: Ulp. 1, 9; 2, 4; 10, 1; 11, 3; 11, 14; 12, 1; 12, 2; 19, 17; 26, 1; 26, 7; 26, 8; 27, 5; 29, 1; 29, 5; 29, 6.

La verdadera congruencia de estructura de las *Institutiones* de Gayo se limita a la sucesión de materias, no así al orden de los pasajes de cada capítulo entre una y otra obra. Así, observamos que:

- Ulp. 2, 7 = Gai. 2, 263 y 267;
- Ulp. 2, 8 = Gai. 2, 266 y 267;
- Ulp. 2, 10 = Gai. 2, 264;
- Ulp. 2, 11 = Gai. 2, 265;
- Ulp. 3, 3 = Gai. 1, 29. 30 y 32a;
- Ulp. 3, 4 = Gai. 1, 35;
- Ulp. 3, 5 = Gai. 1, 32b;
- Ulp. 3, 6 = Gai. 1, 32c (así como 33 y 34 para reconstruir la parte faltante);
- Ulp. 5, 1 = Gai. 1, 55;
- Ulp. 5, 2 = Gai. 1, 56;
- Ulp. 5, 6 = Gai. 1, 59. 62 y 63;
- Ulp. 5, 7 = Gai. 1, 64;
- Ulp. 5, 8 = Gai. 1, 78;
- Ulp. 5, 9 = Gai. 1, 67 y 82;
- Ulp. 5, 10 = Gai. 1, 89;
- Ulp. 10, 1 = Gai. 1, 132 y 134;
- Ulp. 10, 2 = Gai. 1, 127;

- Ulp. 10, 3 = Gai. 1, 128;
- Ulp. 10, 4 = Gai. 1, 129 y 130;
- Ulp. 11, 1 = Gai. 1, 144. 188. 190 y 192;
- Ulp. 11, 2 = Gai. 1, 188;
- Ulp. 11, 3 = Gai. 1, 155;
- Ulp. 11, 4 = Gai. 1, 156;
- Ulp. 11, 5 = Gai. 1, 164 y 166;
- Ulp. 11, 6 = Gai. 1, 168;
- Ulp. 11, 7 = Gai. 1, 169 y 170;
- Ulp. 11, 8 = Gai. 1, 171;
- Ulp. 11, 9 = Gai. 1, 159;
- Ulp. 11, 11 = Gai. 1, 160;
- Ulp. 11, 12 = Gai. 1, 161;
- Ulp. 11, 13 = Gai. 1, 162;
- Ulp. 11, 15 = Gai. 1, 144;
- Ulp. 11, 18 = Gai. 1, 185;
- Ulp. 11, 19 = Gai. 1, 167;
- Ulp. 11, 20 = Gai. 1, 178 y 183;
- Ulp. 11, 21 = Gai. 1, 180;
- Ulp. 11, 22 = Gai. 1, 173. 174. 176 y 177;
- Ulp. 11, 23 = Gai. 1, 182;
- Ulp. 11, 24 = Gai. 1, 184;
- Ulp. 11, 25 = Gai. 1, 189;
- Ulp. 11, 28a = Gai. 1, 194;
- Ulp. 20, 2 = Gai. 2, 101-103;
- Ulp. 20, 3 = Gai. 2, 105;
- Ulp. 20, 9 = Gai. 2, 104 y 115;
- Ulp. 20, 12 = Gai. 2, 112;
- Ulp. 20, 15 = Gai. 1, 23 y 15;
- Ulp. 22, 2 = Gai. 1, 25;
- Ulp. 22, 3 = Gai. 1, 23. 2, 110 y 275;
- Ulp. 22, 4 = Gai. 2, 218. 286 y 287;
- Ulp. 22, 7 = 2, 186;
- Ulp. 22, 11 = Gai. 2, 153-155. 188;
- Ulp. 22, 12 = Gai. 2, 187 y 188;
- Ulp. 22, 13 = Gai. 2, 189 y 190;
- Ulp. 22, 24 = Gai. 2, 153 y 156-158;
- Ulp. 22, 25 = Gai. 2, 160-162;
- Ulp. 22, 34 = Gai. 2, 176-178;

- Ulp. 23, 6 = Gai. 2, 147-149;
- Ulp. 26, 1 = Gai. 3, 1-6 y 3, 9-11;
- Ulp. 26, 2 = Gai. 3, 7-8;
- Ulp. 26, 3 = Gai. 3, 13;
- Ulp. 26, 4 = Gai. 3, 16;
- Ulp. 26, 6 = Gai. 3, 14;
- Ulp. 26, 7 = Gai. 3, 24;
- Ulp. 27, 2 y 3 = Gai. 3, 60;
- Ulp. 27, 4 = Gai. 3, 61;
- Ulp. 27, 5 = Gai. 3, 27 y 51;
- Ulp. 28, 6 = Gai. 2, 119;
- Ulp. 28, 7 *in fine* = Gai. 2, 150;
- Ulp. 28, 9 = Gai. 3, 27 y 30;
- Ulp. 28, 12 = Gai. 3, 32 y 4, 34;
- Ulp. 28, 13 = Gai. 3, 36-37;
- Ulp. 29, 1 = Gai. 3, 40-41;
- Ulp. 29, 2 = Gai. 3, 43;
- Ulp. 29, 3 = Gai. 3, 44;
- Ulp. 29, 4 = Gai. 3, 45;
- Ulp. 29, 5 = Gai. 3, 46;
- Ulp. 29, 6 = Gai. 3, 50.

Hallamos una diferencia importante que mueve a favor de la originalidad del texto ulpianeo: Gayo desarrolla las materias con referencias comparatistas y frecuentes explicaciones, propias de un discurso fluido, adaptado a un plano didáctico de constantes referencias a la legislación imperial; por el contrario, en Ulpiano hallamos solamente reglas expuestas de una manera sobria, tajante y ajena a toda explicación isagógica, con objeto de un aprendizaje veloz y seguro, por ejemplo:

- La forma límpida y concreta como se desarrolla la *erroris causae probatio* con objeto de reconducir a los *liberi* hacia la *patria potestas*, expuesta en Ulp. 7, 4; mientras que Gayo se explaya en once pasajes para descubrir las sutilezas, en ocasiones farragosas, del mismo tema, estilo propio del enfoque didáctico.

- Los nueve pasajes sobrios que dedica Ulpiano al tema de las adopciones en el título VIII, mientras que Gayo aborda el tema en 1, 97-107;
- Ulp. 10, 3 frente a Gai. 1, 128;
- Ulp. 10, 4 frente a Gai. 1, 129;
- Ulp. 11, 12-13 en confronto con Gai. 1, 161 y 162;
- El pasaje perfectamente resumido sobre los negocios en que se requiere la *auctoritas tutoris mulierum* de Ulp. 11, 27 y que debe rastrearse en Gai. 2, 80. 85. 112 y 118; 3, 107 y 108;
- los 21 pasajes dedicados a los modos de adquirir la propiedad (título XIX) que hallamos, a su vez, en Gai. 2, 14a – 92, pero sin corresponder al orden ulpianeo y organizados de manera autónoma, propio del estilo didáctico que se contrapone al modo del códice vaticano, sin contar los primeros 14 pasajes gayanos que tratan la celebérrima clasificación escolástica sobre bienes;
- Ulp. 20, 2 frente a Gai. 2, 101-103, así como el resto del título ulpianeo, con características muy particulares que no dependen del tratamiento gayano, conserva al inicio la célebre definición de *testamentum*;
- Ulp. 22, 14 – 23 en relación con Gai. 2, 123 – 152;
- Los pasajes dedicados a la *cretio* (Ulp. 22, 25-32) y la *substitutio* (Ulp. 22, 33-34) tienen espacios mayores en Gai. 2, 164-173 y 2, 174-178, respectivamente;
- Ulp. 23, 7-8 y 10 tienen solamente puntos de contacto remotos y discordantes con Gai. 2, 179, 182, 183, 109 y 114;
- El título XXIV es una síntesis esencialmente contrapuntada de reglas veloces y fórmulas fulminantes sobre legados, mientras que Gayo realiza un tratamiento altamente detallado en 2, 191-245;
- En el mismo sentido, los 18 pasajes del título XXV resaltan por su precisión técnica ante la pausada reflexión que Gayo dedica en 2, 246-288.

En ciertos momentos, la ausencia de algunos pasajes en el texto original impide contextualizar adecuadamente la extensión real del título ulpianeo, aunque la parte existente confirma el estilo lacónico y concreto del jurista. Por ejemplo, el único pasaje del título IX que se refiere al poder marital (*manus*) es manifiestamente sintético en comparación con Gai. 1, 112, el cual brinda un panorama actualizador al referirse también a los *flamines Diales, Martiales, Quirinales* y al *rex sacrorum*, todos ellos ausentes en el códice vaticano; además,

- el pasaje dedicado a la institución de herederos (título XXI) revela una exposición autónoma y con una tipología más rica de fórmulas válidas, a diferencia de la que hace Gayo en 2, 117, más escolástica;
- Ulp. 22, 23 es una forma subordinante de construcción sintáctica, mientras que Gai. 2, 135 usa un desarrollo pedagógicamente eficaz, antiático y propio del manual didáctico, con la presencia de reenvíos internos y explicaciones tendientes a la comprensión escolar; Ulp. 23, 1 – 6 muestra un desarrollo puntual y meditado que, por el contrario, su símil gayano sólo toca esporádicamente en 2, 131; 2, 133 y 2, 138 – 149a;
- Ulp. 23, 7-8 y 10 tienen solamente puntos de contacto remotos y discordantes con Gai. 2, 179. 182. 183. 109 y 114.

Hay títulos dedicados especialmente a determinadas instituciones jurídicas que, por el contrario, Gayo jamás aborda en su tratado, demostrativo de que las *Institutiones* del profesor de Derecho del siglo II no fueron la inspiración directa del texto ulpianeo, como por ejemplo:

- el capítulo II, relativo al que espera la libertad por condición);
- el título XII, dedicado íntegramente a la curatela;
- el título XIII, que aborda la situación jurídica de los solteros, los ancianos sin hijos y los cabezas de familia solitarios);
- el título XIV, que detalla las sanciones de la *Lex Iulia de maritandis ordinibus*;

73

- el título XV, que medita sobre las décimas partes donadas entre familia;
- el título XVI, referente a la capacidad para recibir bienes entre marido y mujer;
- el título XVII, dedicado a la legislación caducaria;
- el título XVIII, que reflexiona sobre el derecho antiguo hacia los bienes caducos);

Por otro lado, determinados pasajes de los siguientes capítulos no aparecen tratados en ningún punto de las instituciones gayanas, reforzando la idea de la autenticidad del texto ulpianeo:

- Ulp. 20, 4 – 8. 10 – 11. 13 – 14 y 16;
- Ulp. 22, 5 – 6;
- Ulp. 26, 5 y 8;
- Ulp. 27, 1;
- Ulp. 28, 1 – 5;
- Ulp. 28, 7;
- Ulp. 28, 10 – 11.

VIII. Conclusiones.

1. El texto contenido en las páginas 190v a 202v del *Codex Vaticanus Reginensis latinus* 1128 posee las características estilísticas de las obras jurídicas de la época clásica alta, y pese a su estado fragmentado, la transcripción del siglo X fue lo más fiel posible al original del siglo III d. C.

2. La obra puede ser atribuida muy probablemente a Cneo Domicio Annio Ulpiano, quien la redactó en sus últimos meses de vida del año 223 d. C., mientras ocupaba el cargo de *praefectus pretorio* durante el principado de Septimio Severo.

3. Pese al debate sobre su autenticidad, especialmente a la luz de la hipótesis que lo considera una edición resumida de las *Institutiones* de Gayo, se observa en la estructura de la obra el intento de agrupar una serie de instituciones y conceptos básicos del

Derecho clásico que, por su carácter compilatorio, busca ser un prontuario de reglas precisas e inmediatas que ayuden a los nuevos funcionarios de la cancillería imperial a ejercer de mejor manera su labor, facilitándoles y familiarizándoles con un Derecho que comenzaba a verse como disperso y confuso a principios del siglo III d. C.

4. A diferencia de otras obras de cuño postclásico, como los *Fragmenta Vaticana* o las *Pauli Sententiae*, que se caracterizan por una ruptura en cuanto al orden en la presentación de temas, el *Epitome Ulpiani* conserva la forma expositiva propia de época clásica, inspirada sobre todo en el sistema sugerido por Quinto Mucio, iniciando por conceptos generales y fuentes del Derecho, pasando por el derecho de las personas y los bienes, y finalizando en el ámbito del derecho sucesorio, buscando resumir reflexiones de obras previas más amplias realizadas por Ulpiano.

5. El *Epitome Ulpiani* se diferencia totalmente de las *Institutiones* de Gayo en cuanto a la división de sus títulos y temáticas, en cuanto a la profundidad de temas que trata, a la exclusividad de temas que Ulpiano maneja en obras anteriores y que son ignorados por Gayo, al respeto de Ulpiano por la tradición ligada a la Ley de las XII Tablas, al estilo de redacción sobrio y concreto pero al mismo tiempo de precisión técnica en cuanto a la exposición de temas, propio de un dominio pormenorizado de los mismos, y al desarrollo de temas que Gayo nunca aborda en su tratado, permitiendo todo ello afirmar que estamos muy probablemente ante un texto original, redactado por Ulpiano a principios del siglo III d. C.

IX. Sobre la presente edición.

Por su enorme valor como fuente clásica del Derecho Romano, el *liber singularis regularum* ha sido editado en diversos momentos e idiomas. Así, las versiones latinas más importantes que podemos resaltar, aparte de las ya mencionadas en el apartado II, son:

- *Die epitome Ulpiani des Codex Vaticanus Reginae 1128* de Fritz Schulz, Bonn, 1926.
- *Tituli ex corpore Ulpiani* de V. Baviera en RICCOBONO, Salvatore, y ARANGIO Ruiz, Vincenzo (eds.), *Fontes Iuris Romani Anteiustiniani*, Vol. II, *Auctores*, 2ª. Ed., Firenze, S.A.G. Barbera, 1940, pp. 259 y ss.
- *Tituli ex corpore Ulpiani* de P. F. Girard y F. Senn contenida en *Textes de droit romain*, Paris, 1967, pp. 414 y ss.

Así mismo, encontramos importantes versiones traducidas como:

- La versión brindada por S. P. Scott en *The Civil Law, including the Twelve Tables, the Institutes of Gaius, the Rules of Ulpian, the Opinnions of Paulus, the Enactments of Justinian and the Constitutions of Leo*, Cincinnati, 1973.
- La versión en portugués intitulada *Regras de Ulpiano: Introdução, tradução, notas*, de G. Sciascia, Bauru, Clásicos Edipro, 2002, con notas actualizadas siguiendo el Código Civil de 2002.
- La versión anotada en inglés *The commentaries of Gaius and rules of Ulpian* de J. T. Abdy y Bryan Walker, Clark, New Jersey, 2005.
- La version en español intitulada *Reglas de Ulpiano: texto latino con una traducción* de Francisco Hernández Tejero, Ministerio de Justicia y Consejo Superior de Investigaciones Científicas, Madrid, 1946.

Los diversos estudios que el *liber singularis regularum* ha motivado en el siglo XX y el inicio del XXI son:

- ARANGIO RUIZ, V., *Sul liber singularis regularum. Appunti gaiani*, en *BIDR*, XXX, 1920, pp. 178 y ss.;
- ARANGIO RUIZ, V., *Rc all'edizione dello Schulz*, en BIDR, XXXV, 1927, pp. 191 y ss.;
- ALBERTARIO, E., *Tituli ex corpore Ulpiani*, en BIDR, XXXII, 1922, pp. 73 y ss. (reproducido en *Studi di diritto romano*, vol. V, Milano, 1937, pp. 491 y ss.);

- CANCELLI, F., *Tituli ex corpore Ulpiani*, en *NNDI*, XIX, 1973, Torino, pp. 392 y ss.;
- CRIFÒ, G., *Ulpiano. Esperienze e responsabilità del giurista*, en ANRW, 15, II, 1976, pp. 708 y ss.;
- VOLTERRA, *Le note di Cujas ai Tituli ex corpore Ulpiani*, en *Fetschrift für F. Wieacker zum 70. Geburstag*, Göttingen, 1978, pp. 296 y ss.;
- HONORÉ, T. *Ulpian*, Oxford, 1982.
- MERCOGLIANO, F., *Un'ipotesi sulla formazione dei Tituli ex corpore Ulpiani*, en *Index*, 18, 1990, pp. 185-207.
- MERCOGLIANO, F., *Tituli ex corpore Ulpiani. Storia di un testo*. Pubblicazioni della Facoltà di Giurisprudenza di Camerino, Napoli, 1997;
- LONGCHAMPS DE BÉRIER, F., *Rc* de Mercogliano, F., *Tituli ex corpore Ulpiani. Storia di un testo* (1997), en *JJP*, 27, 1997, pp. 175 y ss.;
- MERCOGLIANO, F., *Le "regulae iuris" del Liber singularis ulpianeo*, en *Index*, 26, 1998, pp. 352 y ss.;
- MARIA GIOMARO, A., *Rc* de Mercogliano, F., *Tituli ex corpore Ulpiani. Storia di un testo* (1997), en *Arch. Giur.*, 219, 1999, pp. 139 y ss.;
- HONORÉ, T., *Rc* de Mercogliano, F., *Tituli ex corpore Ulpiani. Storia di un testo* (1997), en *ZSS*, 117, 2000, pp. 525 y ss.;

La presente obra toma como fuente principal dos versiones que hemos procurado complementar entre sí para brindar al público lector una versión integral de esta importante fuente del Derecho:

- El *Ulpiani liber singularis regularum* según Paul Krüger editado por Paul Krüger, Theodor Mommsen y Wilhelm Studemund en *Collectio librorum iuris anteiustiniani in usum scholarum*, Berlín, 1878, Tomo II, pp. 12-24.

- El *De Ulpiani fragmentis*, editado por Ph. Edward Huschke en *Iurisprudentiae anteiustinianae quae supersunt in usum maxime academicum*, 5a. edición, Leipzig, 1886, pp. 588-636.

Como versión de control para la traducción ofrecida, tomamos la obra *The rules of Ulpian*, citada en la edición de S. P. Scott, *The Civil Law, including the Twelve Tables, the Institutes of Gaius, the Rules of Ulpian, the Opinnions of Paulus, the Enactments of Justinian and the Constitutions of Leo*, Cincinnati, 1973, consultable en el sitio electronico http://www.constitution.org/sps/sps.htm

VLPIANI LIBER
SINGVLARIS REGVLARVM

LIBRO ÚNICO DE LAS
REGLAS DE ULPIANO

DE LEGE ET MORE[1]
DE LA LEY Y LA COSTUMBRE

I. *Perfecta lex est, quae vetat aliquid fieri, et si factum sit, rescindit, qualis est lex... Imperfecta lex est, quae vetat aliquid fieri, et si factum sit, nec rescindit, nec poenam iniungit ei, qui contra legem fecit, qualis est lex Cincia, quae plus quam duo milia assium donari* prohibet, exceptis *personis* quibusdam *velut* cognatis, et si plus donatum sit, non rescindit[2].

1. *Ley[3] perfecta es la que prohíbe realizar algo, y en caso de realizarse, anula <totalmente el acto>, como es <el caso de> la Ley[4]. .. Ley imperfecta es la que prohíbe realizar algo, y en caso de realizarse, ni anula <el acto> ni impone una pena al que contravino a la ley[5], como es el caso de la Ley Cincia, que* prohíbe *recibir en donación más de dos mil ases,* con excepción de algunos *individuos como los* <parientes> consaguíneos, y si se ha donado de más, no anula <el acto>[6].

II. Minus quam perfecta lex est, quae vetat aliquid fieri, et si factum sit, non rescindit, sed poenam iniungit et, quo contra legem fecit; qualis est lex Furia testamentaria, quae plus quam mile asses legati nomine mortisve causa prohibet capere exceptas personas, et adversus eum, qui plus ceperit, quadrupli poenam constituit.

2. Una ley es menos que perfecta cuando prohíbe que se haga algo; no anula <el acto> si <éste> se realiza, pero impone una pena al que actuó contra la ley, como es <el caso de> la Ley Furia testamentaria que, salvo a algunas personas, prohíbe adquirir más de mil ases a título de legado *o* por causa *de muerte*, y quien contraviniéndola hubiese recibido <una cantidad mayor>, <se> le impone una pena cuadruplaria[7].

III. Lex aut rogatur, id est fertur; aut abrogatur, id est prior lex tollitur; aut derogatur, id est pars primae *legis* tollitur; aut subrogatur, id est adicitur aliquid primae legi; aut obrogatur, id est mutatur aliquid ex prima lege. * * * * *

3. Una ley o bien 'se propone', es decir, se presenta <a votación>; o bien 'se abroga', es decir, la ley anterior se elimina <en su totalidad>; o bien 'se deroga', es decir, una parte *de la ley* principal se suprime; o bien 'se subroga', es decir, se agrega algo a la ley principal; o bien 'se obroga', es decir, se cambia algo de la ley principal[8]. * * * * *

IV. Mores sunt tacitus consensus populi, longa consuetudine invetaratus.

4. Las costumbres son un acuerdo tácito del pueblo, arraigado por una larga práctica[9].

TITULUS I
DE LIBERTIS
TÍTULO I
DE LOS LIBERTOS

V. Libertorum genera sunt tria, cives Romani, Latini Iuniani, dediticiorum numero.

5. Hay tres tipos de libertos: ciudadanos romanos, latinos junianos, <y los considerados> en la categoría de los dediticios[10].

VI. Cives romani sunt liberti, qui legitime *manumissi sunt, id est aut vindicta aut legitimo* censu aut testamento, nullo iure inpediente.

6. Los libertos ciudadanos romanos son quienes legítimamente *han sido manumitidos por la vindicta,* por *legítimo* censo o por testamento, <siempre que> no exista ningún obstáculo legal[11].

VII. Vindicta manumittuntur apud magistratum *populi Romani,* velut consulem *praetoremve vel* proconsulem.

81

7. <Los esclavos> se manumiten por <medio de> la *vindicta* en presencia de un magistrado *del pueblo romano*, como <lo es> el cónsul, el procónsul *o pretor*[12].

VIII. Censu manumittebantur olim, qui lustrali censu Romae iussu dominorum inter cives Romanos censum profitebantur.

8. En otra época eran manumitidos por <medio de> censo quienes se declaraban entre los ciudadanos romanos durante el censo lustral de la ciudad <con la> previa autorización de sus amos[13].

IX. Ut testamento liberi sint, lex duodecim tabularum facit, quae confirmat *testamento datas libertates his verbis: UTI LEGASSIT SUAE REI, ITA IUS ESTO.*

9. La Ley de las Doce Tablas establece que los manumitidos por testamento sean libres, <pues> ésta confirma *las libertades otorgadas por testamento con estas palabras: LO QUE LEGASE DE SU PROPIEDAD, QUE ESE SEA EL DERECHO*[14].

X. *Latini sunt liberti, qui non legitime, velut inter amicos, nullo iure inpediente manumissi sunt, quos olim praetor tantum tuebatur in forma libertatis, nam ipso iure servi manebant.* Hodie autem ipso iure liberi sunt ex lege Iunia, qua lege Latini *Iuniani* nominati *sunt* inter amicos manumissi.

10. *Latinos son los libertos manumitidos ilegítimamente <siempre que> no exista ningún obstáculo legal, como <en el caso de la manumisión> entre amigos, que en otro tiempo el pretor sólo protegía de manera formal, porque de pleno derecho seguían <siendo> esclavos*[15]. Pero hoy son libres de pleno derecho por la Ley Junia[16], la cual denomina 'latinos' *junianos* a los manumitidos entre amigos.

XI. Dediticiorum numero sunt, qui poenae causa vincti sunt a domino, quibusve stig*mata in*scripta fuerunt, qui*ve* propter noxam torti nocentesque inventi sunt, quive traditi sunt, ut ferro aut cum bestiis depugnarent, vel *ob eam rem in ludum vel* custodiam coniencti fuerunt, deinde quoquo modo manumissi sunt. Idque lex *Aelia Sentia* facit.

11. Se encuentran en la categoría de los dediticios los <esclavos> encadenados por castigo <ordenado> por el amo, o los que fueron marcados, *o* los que por <causa de> un delito fueron atormentados y hallados culpables, o los que fueron entregados para que luchasen con la espada o contra las bestias, o los que fueron conducidos *por alguna razón a los juegos del circo o* a prisión y luego se les manumitió de cualquier manera. Así lo dice la Ley *Elia Sencia*[17].

XII. Eadem lege cautum est, ut minor triginta annorum servus vindicta manumissus civis Romanus non fiat, nisi apud consilium causa probata fuerit. *Pro*inde sine consilio manumissum *eius aetatis* servus manere putat; testamento vero manumissum p7erinde haberi iubet, atque si domini voluntate in libertate esset, ideoque Latinus fit.

12. En la misma ley se dispuso que el ciudadano romano no manumitiese al esclavo menor de treinta años, a no ser que existiese una causa fundada ante la asamblea; por tanto, se considera que permanece esclavo el *menor* manumitido sin <intervención de> el colegio[18]. Igualmente, ordena que se tenga al manumitido por testamento auténtico como si alcanzase la libertad por voluntad del amo, y por ello se vuelve latino.

XIII. Eadem lex eum dominum, qui minor viginti annorum est, prohibet servum manumittere, praeterquam si causam apud consilium probaverit.

13. Esta misma ley prohíbe al amo menor de veinte años manumitir al esclavo, salvo si expusiese ante la asamblea una causa <debidamente fundada>[19].

XIIIa. In consilio autem adhibentur *Romae quidem* quinque senatores et quinque equites Romani; in provinciis *vero* viginti reciperatores, cives Romani.

13a. Ahora bien, en la asamblea <realizada> *en Roma* se convocan a cinco senadores y cinco miembros del orden ecuestre; *mientras que* en las provincias <se convocan> a veinte recuperadores ciudadanos romanos[20].

XIV. Ab eo domino, qui solvendo non est, servus testamento liber esse iussus et heres institutus, etsi minor sit triginta annis, vel in ea causa sit, ut dediticius fieri debeat, civis Romanus et heres fit; si tamen alius ex eo testamento nemo heres sit. Quod si duo pluresve liberi heredesque esse iussi sint, primo loco scriptus liber et heres fit: quod et ipsum lex *Aelia Sent*ia facit.

14. El esclavo al que su amo insolvente ha ordenado por testamento que sea libre e instituido heredero, aunque sea menor de treinta años, o que por alguna causa deba volverse dediticio, se hace ciudadano romano y heredero, siempre que no haya otro heredero en el mismo testamento[21]. Si se ordenase que hubiese dos o más <esclavos> libres y herederos, será libre y heredero el escrito en primer lugar: esto también lo declara la ley *Elia Sencia*[22].

XV. Eadem lex in fraudem credito*rum vel* patroni manumittere prohibet.

15. La misma ley prohíbe manumitir en fraude de acreedores *o* del patrón[23].

XVI. Qui tantum in bonis, non etiam ex iure Quiritium servum habet, manumittendo Latinum facit. In bonis tantum alicuius servus est velut hoc modo, si civis Romanus a cive Romano servum emerit, isque traditus ei sit, neque tamen mancipatus ei, neque in iure cessus, neque ab ipso anno[24] possessus sit. Nam quamdiu horum quid *non* fit, is servus in bonis quidem emptoris, *ex iu*re Quiritium autem venditoris est.

16. Quien tiene un esclavo solamente en propiedad bonitaria pero no en propiedad quiritaria[25], al manumitirlo lo convierte en latino. Un esclavo está solamente en propiedad bonitaria de esta forma: cuando un ciudadano romano ha comprado de otro ciudadano romano un esclavo, y habiéndolo entregado éste <último> no lo emancipó[26], o bien no cedió sus derechos <de propiedad al adquirente>[27], o bien <el comprador> no ha poseído <al esclavo> durante un año[28]. Pues

mientras *no* ocurra alguna de estas <hipótesis>, aunque el adquirente tenga la propiedad bonitaria del esclavo, el vendedor tiene la quiritaria[29].

XVII. Mulier, quae in tutela est, item pupillus et pupilla *nisi tutore auctore* manumittere non possunt.

17. No pueden manumitir la mujer que está bajo tutela, así como el pupilo y la pupila *a menos que <lo> autorice el tutor*[30].

XVIII. Communem servum unus ex dominis manumittendo partem suam amittit, eaque aderescit socio; maxime si eo modo manumiserit, quo, si proprium haberet, civem Romanum facturus esset. Nam si inter amicos eum manumiserit, plerisque placet, eum nihil egisse.

18. Al manumitir <solemnemente> a un esclavo común, uno de los dueños renuncia a su parte <en copropiedad>, y ésta se añade a la del socio; particularmente, si <el segundo> lo manumitiese como si fuera de su propiedad, lo hará ciudadano romano. Porque la mayoría <de estudiosos> considera que si lo manumitiese entre amigos nada otorga[31].

XIX. Servus, in quo alterius est ususfructus, alterius proprietas, a proprietatis domino manumissus liber non fit, sed servus sine domino est.

19. En el caso que un esclavo <común> esté por una parte en usufructo y por la otra en propiedad, y fuese manumitido del poder dominical, no se libera, sino que es esclavo sin dueño.

XX. Post mortem heredis aut ante institutionem heredis testamento libertas dari non potest, excepto testamento militis.

20. La libertad por testamento no puede darse tras la muerte del heredero o antes de su institución, excepto en el testamento militar[32].

XXI. Inter medias heredum institutioones libertas data utrisque adeuntibus non valet; solo autem priore adeunte iure antiquo valet. Sed post legem Papiam Poppaeam, quae partem non adeuntis caducam facit, si quidem primus heres vel ius *liberorum vel ius* antiquum habeat, valere eam posse placuit; quod si non habeat, non valere constat, quod loco non adeuntis legatarii patres heredes fiunt. Sunt tamen, qui et hoc casu valere eam posse dicunt.

21. No vale la libertad otorgada entre una y otra institución de herederos habiendo aceptado ambos <poseer la herencia>; sin embargo, desde el derecho antiguo sólo vale <la manumisión> del primer aceptante. Pero después de la <publicación de la> ley Papia Popea[33], que considera sin dueño la parte del que aún no ha entrado en posesión, si el primer heredero tiene algún privilegio *de hijos o el derecho*[34] antiguo <de acumulación>, se decidió que podía hacer valer <la libertad>, pero si no lo tiene no consta que valga, pues los legatarios jefes de familia se vuelven herederos en sustitución del que no tomó la herencia. Con todo, hay quienes dicen que <la libertad> puede valer en este caso.

XXII. Qui testamento liber esse iussus est, mox, quam *vel* unus ex heredibus adierit hereditatem, liber fit.

22. Quien por testamento ha sido declarado libre, tan pronto como uno de los herederos hubiese aceptado la herencia, se hará libre[35].

XXIII. Iusta libertas testamento potest dari his servis, qui *et* testamenti faciendi et mortis tempore *ex iure* Quiritium testatoris fuerunt.

23. Puede concederse por testamento la justa libertad a los esclavos que *tanto* al momento de realizar el testamento como al momento de la muerte fueron <propiedad> quiritaria del testador[36].

XXIV. Lex Fufia Caninia iubet, testamento ex tribus servis non plures quam duos manumittit; *a quattor* usque ad decem dimidiam partem manumittere concedit; a decem usque ad triginta tertiam partem, ut tamen adhuc quinque manumittere liceat, aeque ut ex priori numero; a triginta usque ad centum quartam partem, aeque ut decem ex superiori numero liberari possint; a centum usque ad quingentos partem quintam, similiter ut ex antecedenti numero viginti quinque possint fieri liberi. Et denique praecipit, ne plures omnino quam centum ex cuiusquam testamento liberi fiant.

24. La ley Fufia Caninia[37] dispone que habiendo tres esclavos no se manumitan por testamento más de dos; *de cuatro* a diez concede manumitir la mitad; de diez a treinta la tercera parte, siendo lícito manumitir hasta cinco de la cantidad antes dicha; de treinta a cien la cuarta parte, pudiendo liberarse hasta diez de la cantidad mayor; de cien a quinientos la quinta parte, pudiendo hacerse libres veinticinco igualmente de la última cantidad. Y finalmente prescribió que no se liberasen en el mismo testamento más de cien <esclavos> a la vez[38].

XXV. Eadem lex cavet, ut libertates servis testamento nominatim dentur.

25. La misma ley previene que las libertades <otorgadas> a los esclavos por testamento sean de forma nominal[39].

TITULUS II
DE STATU LIBERO (VEL STATU LIBERIS)
TÍTULO II
DE LA ESPERA DE LIBERTAD POR CONDICIÓN

I. Qui sub conditione testamento liber esse iussus est, statu liberi appellatur,

1. Se denomina *statuliber* al <esclavo que es> declarado libre por testamento bajo <cierta> condición[40],

II. *quia* quamdiu pendet conditio, servus heredis, *cum extitit*, statim liber *est*.
2. *porque* mientras pende la condición, el esclavo es <propiedad> del heredero, <y> *cuando se extingue*, al instante *es* libre[41].

III. Statu liber seu alienetur ab herede, seu usu capiatur ab aliquo, libertatis conditionem secum trahit.
3. El *statuliber* lleva consigo la condición <de libertad> ya sea que se separe del heredero, ya sea que por <derecho de> uso alguien tome posesión <de él>[42].

IV. Sub hac conditione liber esse iussus: SI DECEM MILIA HEREDI DEDERIT, etsi ab herede abalienatus sit, emptori dando pecuniam ad libertatem perveniet; idque lex duodecim tabularum iubet.
4. La Ley de las Doce Tablas dispone que se libere <al esclavo> bajo esta condición: SI DIESE DIEZ MIL <sestercios> AL HEREDERO, <y> aunque el heredero lo haya vendido, dando la cantidad a su adquirente <el esclavo> alcanzará la libertad[43].

V. Si per heredem factum sit, quominus statu liber conditioni pareat, proinde fit liber, atque si condicio expleta fuisset.
5. Si por alguna acción del heredero se evita al *statuliber* cumplir la condición, se le tiene por libre <al esclavo>, como si la condición se hubiese alcanzado[44].

VI. *Set et* extraneo pecuniam dare iussus et liber esse si paratus sit dare, et is, cui iussus est dare, aut nolit accipere, aut antequam acceperit, moriatur, proinde fit liber ac si pecuniam dedisset.

6. *Pero también* habiéndose ordenado <al esclavo> dar cierta cantidad a un extraño para quedar libre, teniendo posibilidad de darlo, el que debiendo recibir no quiere hacerlo, o muere antes de haber recibido, igualmente se hace libre, como si se hubiese dado la cantidad[45].

VII. Libertas et directo potest dari hoc modo LIBER ESTO, LIBER SIT, LIBERUM ESSE IUBEO, et per fideicommissum, ut puta ROGO, FIDEI COMITTO HEREDIS MEI UT STICHUM SERVUM MANUMITTAT.
7. Puede darse la libertad <testamentaria> ya de forma directa, <como> QUE SE LIBERE, SEA LIBRE, AUTORIZO QUE SEA LIBRE[46], ya por fideicomiso, por ejemplo, RUEGO, CONFÍO A LA FE DE MI HEREDERO QUE MANUMITA AL ESCLAVO ESTICO[47].

VIII. Is, qui directo liber esse iussus est, testatoris *vel* orcinus fit libertus; is autem, cui per fideicommissum data est libertas, non testatoris, sed manumissoris fit libertus.
8. A quien se autoriza ser libre de forma directa se convierte en liberto *orcinus o* del testador[48]; pero al que se le da la libertad por fideicomiso se vuelve liberto del manumitente, no del testador[49].

IX. Cuius fidei committi potest ad rem aliquam praestandam, eiusdem etiam libertas fidei committi potest.
9. Quien puede realizar determinado acto confiando en la fe, también puede conceder la libertad <al esclavo> basado en la misma fe.

X. Per fideicommissum libertas dari potest tam proprio servo testatoris, quam heredis aut legatarii, vel cuiuslibet extranei servo.
10. La libertad por fideicomiso puede otorgarse al propio esclavo del testador, al del heredero, al del legatario o al esclavo de cualquier extraño[50].

XI. Alieno servo per fideicommissum data libertate si dominus eum iusto pretio non vendat, extinguitur libertas, quoniam nec pretii computatio pro libertate fieri potest.

11. La libertad se extingue si el amo no vende por un precio justo a un esclavo ajeno con <cláusula de> libertad dada por fideicomiso, porque no puede computarse el precio de la libertad[51].

XII. Libertas sicut dari, ita

et adim*itam* statim testamento quam codicillis testamento confirmatis potest; ut tamen eodem modo adimatur, quo et data est.

12. Así como puede concederse la libertad también puede retirarse, ya sea por testamento o por los codicilos derivados del testamento; sin embargo, debe retirarse del mismo modo en que se concedió[52].

TITULUS III
DE LATINIS
TÍTULO III
DE LOS LATINOS[53]

I. Latini ius Quiritium consequuntur his modis: beneficio principali, liberis, iteratione, militia, nave, aedificio, pistrino; praeterea ex senatus consulto mulier, quae sit ter enixa.

1. Los latinos alcanzan el derecho de los Quirites de estas formas: por favor imperial, por <tener> hijos, por repetición, por servicio militar, por <hechura de> barco, por <construcción de> edificio, por molienda; además, por senadoconsulto la mujer que ha sido madre tres veces[54].

II. Beneficio principali Latinus civitatem Romanam accipit, si ab imperatore ius Quiritium impetraverit.

2. El latino obtiene la ciudadanía romana por favor imperial, si consiguiese el derecho de los Quirites[55] de parte del emperador[56].

III. Liberis ius Quiritium consequitur Latinus, qui minor triginta annorum manumissionis tempore fuit: nam lege Iunia cautum est, ut si civem Romanam vel Latinam uxorem duxerit, testatione interposita, quod liberorum quaerendorum causa uxorem duxerit, postea filio filiave nato natave et anniculo facto, possit apud praetorem vel praesidem provinciae causam probare et fieri civis Romanus, tam ipse quam filius filiave eius et uxor; scilicet si et ipsa Latina sit; nam si uxor civis Romana sit, partus quoque civis Romanus est ex senatus consulto, quod auctore divo Hadriano factum est.

3. El latino menor de treinta años al momento de su manumisión obtiene el derecho de los quirites por <conducto de> sus hijos, pues en la ley Iunia[57] se previó que si tomaba como esposa a una ciudadana romana o a una latina, habiendo dado público testimonio de que se casó con el propósito de procrear hijos, luego de que haya nacido hijo o hija y pasado un año[58], puede probar su pretensión ante el pretor o el gobernador provincial y volverse ciudadano romano, así como su hijo o hija y su esposa[59]; por supuesto si ella misma es latina[60]; porque si es ciudadana romana, el fruto del parto es ciudadano romano por disposición de un senadoconsulto cuyo autor ha sido el divino Adriano[61].

IV. Iteratione fit civis Romanus, qui post latinitatem, quam acceperat maior triginta annorum iterum iuste manumissus est ab eo, cuius ex iure Quiritium servus fuit. Sed huic concessum est ex senatus consulto, etiam liberis ius Quiritium consequi.

4. Por repetición se convierte en ciudadano romano quien tras haber aceptado la latinidad, y siendo mayor de treinta años, es vuelto a manumitir solemnemente por quien lo tuvo como esclavo quiritario[62]. Pero además se le concedió por <disposición de> senadoconsulto que adquiriese el derecho de los Quirites[63] al <procrear> hijos[64].

V. Militia ius Quiritium accipit Latinus, *si* inter vigiles Romae sex annis militaverit, ex lege Visellia. At postea ex senatus consulto concessum est ei, ut, si triennio inter vigiles militaverit, ius Quiritium consequatur.

5. El latino adquiere el derecho de los Quirites por <medio de> servicio militar *si* hubiese servido seis años entre los vigilantes de Roma, según la ley Viselia[65]. Posteriormente, se concedió por senadoconsulto alcanzar el derecho de los Quirites[66] al que hubiese servido <tan sólo> tres años entre los vigilantes[67].

VI. Nave latinus civitatem Romanam accipit, si non minorem quam decem milium modiorum navem fabricaverit, et Romam sex annis frumentum portaverit, ex edicto divi Claudi. * * * * *
6. El latino adquiere la ciudadanía romana por <la construcción de> un barco, <es decir,> si fabricase un barco <con una capacidad> no menor a diez mil modios, y por un edicto del divino Claudio hubiese proporcionado <durante> seis años trigo a Roma[68]. * * * * *

TITULUS IV
DE HIS QUI SUI IURIS SUNT
TÍTULO IV
DE LOS QUE ESTÁN FUERA DE POTESTAD

I. Sui iuris sunt familiarum suarum principes, id est pater familiae, itemque mater familiae.
1. *Sui iuris* son los cabezas de familia, es decir, el padre de familia e igualmente la madre de familia[69].

II. Qui matre quidem *certa*, patre autem incerto nati sunt, spurii adpellantur.
2. Los nacidos de madre *conocida* pero de padre desconocido se denominan 'ilegítimos'[70].

TITULUS V
DE HIS QUI IN POTESTATE SUNT
TÍTULO V
DE LOS QUE ESTÁN SOMETIDOS A POTESTAD

I. In potestate sunt liberi parentum *ex* iusto matrimonio nati.
1. Los hijos nacidos *de* justo matrimonio están bajo la potestad de los padres[71].

II. Iustum matrimonium est, si inter eos, qui nuptias contrahunt, conubium sit, et tam masculus pubes quam femina *viri* potens sit, et utrique consentiant, si sui iuris sint, aut etiam parentes eorum, si in potestate sint.
2. Justo matrimonio es cuando se contraen nupcias entre los que tienen conubio[72], siendo el varón púber y la mujer capaz <de engendrar>[73], y cuando ambos consienten si son *sui iuris*, o bien sus padres, si están bajo <su> potestad[74].

III. Conubium est uxoris iure ducendae facultas.
3. Conubio es la facultad de tomar en matrimonio una esposa.

IV. Conubium habent cives Romani cum civibus Romanis; cum Latinis autem et peregrinis ita si concessum sit.
4. Tienen conubio los ciudadanos romanos con ciudadanos romanos[75]; también con latinos <colonos> y extranjeros si así se concediese[76].

V. Cum servis nullum est conubium.
5. El conubio es nulo entre esclavos[77].

VI. Inter parentes et liberos infinite, cuiuscumque gradus *sint*, conubium non est. Inter cognatos autem ex transverso gradu olim quidem usque ad quartum gradum matrimonia contrahi non poterant: nunc autem etiam ex tertio gradu licet uxorem ducere; sed tantum fratris filiam, non etiam sororis filiam. Aut amitam vel materteram, quamvis eodem gradu sint. Eam denique, quae noverca vel privigna vel nurus vel socrus nostra fuit, uxorem ducere non possumus.

6. No hay conubio entre progenitores e hijos hasta el infinito, sin importar el grado <en línea directa ascendente o descendente>[78]. Ahora bien, hace tiempo no podían contraer matrimonio los cognados por línea colateral hasta el cuarto grado[79]; <sin embargo,> hoy es lícito tomar esposa a partir del tercer grado, pero sólo a la hija del hermano y no a la hija de la hermana[80], o a la tía paterna o materna, aunque sean del mismo grado[81]. Así mismo, no podemos tomar como esposa a la que fue nuestra madrastra, hijastra, nuera o suegra[82].

VII. Si quis eam, quam non licet, uxorem duxerit, incestum matrimonium contrahit: ideoque liberi in potestate eius non fiunt, sed quasi vulgo concepti spurii sunt.

7. Si alguien hubiese tomado como esposa a la que no debía <por mandato de ley>, contrae un matrimonio incestuoso y por ello los hijos <habidos> no recaen en su potestad, sino que se consideran ilegítimos o concebidos de forma vulgar[83].

VIII. Conubio interveniente liberi semper patrem sequuntur: non interveniente conubio matris conditioni accedunt, excepto eo, *quod* ex peregrino et cive Romana peregrinus nascitur, quoniam lex Minicia ex alterutro peregrino natum deterioris parentis conditionem sequi iubet.

8. Los hijos habidos <dentro> de conubio siempre siguen <la condición de> el padre[84]: no mediando el conubio siguen la condición de la madre[85], excepto el *que* nació <como> extranjero de extranjero y ciudadana romana, pues la ley Minicia autoriza al nacido de extranjero a seguir la condición del progenitor inferior[86].

IX. Ex cive Romano et Latina Latinus nascitur, et ex libero et ancilla servus; quoniam, cum his casibus conubia non sint, partus sequitur matrem.

9. <Es> latino el nacido de ciudadano romano y latina[87], y esclavo <el nacido> de esclavo y esclava[88]; porque como en estos casos no hay conubio el producto del parto sigue <la condición de> la madre[89].

X. In his, qui iure contracto matrimonio nascuntur, conceptionis tempus spectatur: in his autem, qui non legitime concipiuntur, editionis; veluti si ancilla conceperit, deinde manumissa pariat, liberum parit; nam quoniam non legitime concepit, cum editionis tempore libera sit, partus quoque liber est. * * * * *

10. En los casos en que <los hijos> nacen de un matrimonio contraído legalmente, se debe tener en cuenta <la condición jurídica en> el momento de la concepción; sin embargo, en los casos en que no se concibieron <hijos> dentro de matrimonio legítimo, <se cuenta a partir> del nacimiento; por ejemplo, si una esclava hubiese quedado embarazada y luego ya manumitida da a luz, traerá <al mundo> un hijo libre, pues aunque no concibió legítimamente, al ser libre al momento del parto el producto nacerá también libre[90]. * * * * *

TITULUS VI
DE DOTIBUS
TÍTULO VI
DE LAS DOTES

I. Dos aut datur, aut dicitur, aut promittitur.
1. La dote se da, se declara o se promete[91].

II. Dotem dicere potest mulier, quae nuptura est, et debitor mulieris, si iussu eius dicat; *item* parens mulieris virilis sexus, per virilem sexum cognatione iunctus, velut pater, avus paternus. Dare, promittere dotem omnes possunt.

2. La mujer que está por casarse puede declarar <dar> dote, así como el deudor de la mujer, si ella le autoriza que lo haga[92]; *así mismo* <lo puede hacer> un pariente masculino de la mujer emparentado de manera natural por línea de varón, como su padre o <su> abuelo paterno[93]. Todos pueden dar o prometer dote.

III. Dos aut profecticia dicitur, id est quam pater mulieris dedit; aut adventicia, id est ea, quae a quovis alio data est.

3. La dote se designa 'profecticia' cuando el padre de la mujer la ha dado[94], o 'adventicia' cuando fue dada por alguien[95].

IV. Mortua in matrimonio muliere dos a patre profecta ad patrem revertitur, quintis in singulos liberos in infinitum relictis penes virum. Quod si pater non sit, apud maritum remanet.

4. La dote que procede del padre de una mujer muerta durante el matrimonio regresa al padre, reteniendo el esposo una quinta parte por cada hijo hasta el infinito[96]. Pero si el padre <ya> no vive, entonces el marido la retiene <toda>.

V. Adventicia autem dos semper penes maritum remanet, praeterquam si is, qui dedit, ut sibi redderetur, stipulatus fuerit; quae dos specialiter recepticia dicitur.

5. Ahora bien, la dote adventicia queda en poder del marido, excepto si quien la dio ha estipulado que se le devolvería, con lo que específicamente se le llamará 'recepticia'[97].

VI. Divortio facto si quidem sui iuris sit mulier, ipsa habet rei uxoriae actionem, id est dotis repetitionem; quodsi in potestate patris sit, pater adiuncta filiae persona habet actionem; nec interest, adventicia sit dos, an profecticia.

6. Habiéndose dado el divorcio, si la mujer es *sui iuris*, ésta tiene acción para reclamar la dote; pero si está bajo la potestad del padre, el padre junto con la hija tiene acción <para recuperar la dote>, sin importar si la dote es adventicia o profecticia[98].

VII. Post divortio defuncta muliere heredi eius actio non aliter datur, quam si moram in dote mulieri reddenda maritus fecerit.

7. Muriendo la mujer después del divorcio, no se concede acción a su heredero a menos que el marido hubiese incurrido en mora para devolver la dote a la esposa[99].

VIII. Dos si pondere, numero, mensura contineatur, annua, bima trima die redditur; nisi si ut praesens reddatur, convenerit. Reliquae dotes statim redduntur.

8. Si la dote se puede contar, pesar o medir[100] debe regresarse en el plazo de uno, dos o tres años, a menos que se hubiese convenido su devolución inmediata[101]. Las dotes restantes se devuelven al instante.

IX. Retentiones ex dote fiunt *aut propter liberos*, aut propter mores, aut propter impensas, aut propter res donatas, aut propter res amotas.

9. Las retenciones a la dote se realizan *por causa de los hijos*, de <malas> costumbres, de gastos <realizados>, de donaciones o de cosas sustraídas[102].

X. Propter liberos retentio fit, si culpa mulieris aut patris, cuius in potestate est, divortium factum sit; tunc enim singulorum liberorum nomine sextae retinentur ex dote; non plures tamen quam tres.

10. La retención <a la dote> por causa de los hijos procede si por culpa de la mujer o de su padre, bajo cuya potestad está, se llega a dar el divorcio; entonces se retendrá de la dote una sexta parte por cada hijo, <pero> no <deben retenerse> más de tres <sextas partes>[103].

XI. Sextarum retentione, *si* matrimonium repetitum *sit*, dos, quae semel functa est, amplius fungi non potest, nisi aliud matrimonium sit.

11. Tras la retención de las sextas partes, si se ha recomenzado el matrimonio[104], una vez devuelta la dote no puede volver a entregarse, a menos que se dé otro matrimonio[105].

XII. Morum nomine, graviorum quidem sextae retinentur; leviorum autem octava. Graviores mores sunt adulteria tantum; leviores omnes reliqui.

12. Por causa de agravio a las costumbres reténgase una sexta parte, y un octavo ante ofensa leve. El adulterio entra en los agravios[106] a las costumbres, todo lo demás <encuadra> en las ofensas leves[107].

XIII. Mariti mores puniuntur in ea quidem dote, quae annua die reddi debet, ita *ut* propter maiores mores praesentem dotem reddat, propter minores senum mensum die. In ea autem, quae praesens reddi solet, tantum ex fructibus iubetur reddere, quantum in illa dote, quae triennio redditur, repraesentatio facit.

13. A decir verdad, las conductas <inmorales> del marido se castigan <exigiéndole> la devolución de la dote en el plazo de un año[108], o bien que la devuelva inmediatamente por causa de ofensas graves, <o> en un plazo de seis meses por ofensas leves. Sin embargo, cuando suele devolverse inmediatamente, se <le> ordena pagar de los frutos una cantidad similar a la que se debería entregar en un plazo de <hasta> tres años si paga de inmediato.

XIV. Impensarum species sunt tres: aut enim necessariae dicuntur, aut utiles, aut voluptuosae.

14. Hay tres tipos de gastos: se les denomina necesarios, útiles o superfluos[109].

XV. Necessariae sunt impensae, quibus non factis dos deterior futura est, velut si quis ruinosas aedes refecerit.

15. Son gastos necesarios los que de no realizarse deterioran la cosa a futuro, por ejemplo, si alguien tuviese que reconstruir una edificación ruinosa[110].

XVI. Utiles sunt, quibus non factis quidem deterior dos non fuerit, factis autem fructuosior effecta est, veluti si *vir* vineta et oliveta fecerit.

16. Son útiles los que de no realizarse ciertamente no deterioran la dote, pero si se realizan la vuelven más productiva, por ejemplo, si *el varón* plantase unos olivares o unos viñedos[111].

XVII. Voluptuosae sunt, quibus neque omissis deterior dos fuerit, neque factis fructuosior effecta est; quod evenit in viridiariis et picturis similibusque rebus. * * * * *
17. Son superfluos los que si se omiten no deterioran la dote, o bien si se realizan no la vuelven más productiva, lo que sucede en el caso de <poner en la casa> jardines suntuosos, <realizar> pinturas <ornativas> y cosas similares[112]. * * * * *

TITULUS VII
DE IURE DONATIONUM INTER VIRUM ET UXOREM
TÍTULO VII
DEL DERECHO DE DONACIONES ENTRE MARIDO Y MUJER[113]

I. Inter virum et uxorem donatio non valet, nisi certis ex causis, id est mortis causa, divortii causa, servi manumittendi gratia. Hoc amplius principalibus constitutionibus concessum est mulieri in hoc donare viro suo, ut si ab imperatore lato clavo vel equo publico similive honore honoretur.
1. La donación entre marido y mujer no vale[114], a no ser que <se deba a> causas ciertas, como por causa de muerte[115] o por la manumisión de un esclavo[116]. También por constituciones de los príncipes se ha concedido a la mujer que done a su marido para que se vea honrado por el emperador con la dignidad senatorial, ecuestre u otra similar[117].

II. Si marito *uxor* divortii causa res amoverit, rerum quoque amotarum actione tenebitur.

2. Si por causa del divorcio el marido extrajese un bien, quedará obligado por la acción de cosas sustraídas[118].

III. Si maritus pro muliere se obligaverit vel in rem eius inpenderit, divortio facto eo nomine cavere sibi solet stipulatione tribunicia.

3. Si el marido se hubiese obligado por la mujer o hubiese gastado en algún bien suyo, y sobreviene el divorcio, suele precaverse en nombre suyo con la estipulación tribunicia.

IV. In potestate parentum sunt etiam hi liberi, quorum causa probata est, per errorem contracto matrimonio inter disparis condicionis personas: nam *senatus consulto si*ve civis Romanus Latinam aut peregrinam vel eam, quae dediticiorum numero est, quasi *civem Romanam* per ignorantiam uxorem duxerit, sive civis Romana per errorem peregrino vel ei, qui dediticiorum numero est, *aut quasi civi Romano* aut etiam quasi Latino ex lege *Aelia Senti*a nupta fuerit, *liberorum nomine, qui ex eo matrimonio procreati fuerint*, causa probata, civitas *Romana* datur tam liberis quam parentibus, praetor eos, qui dediticiorum numero sunt; et ex eo fiunt in potestate parentum liberi.

4. Los hijos también quedan bajo potestad paterna, habiéndolo probado en juicio[119], si por error se contrajo matrimonio entre personas de condición diferente: porque *por senadoconsulto[120]*, ya sea que un ciudadano romano desposase como *ciudadana romana* a una latina, a una extranjera o a una ubicada en la categoría de los dediticios ignorando <dicha condición>; ya sea que una ciudadana romana se hubiese casado por error con un extranjero o con alguien de clase dediticia *pensando que fuese ciudadano romano* o bien como si fuese un latino <así clasificado> por la Ley *Elia Sencia*, se otorga la ciudadanía romana tanto a los hijos como a sus padres, habiéndolo probado en juicio, con excepción de los dediticios; y de esta forma, *por consideración a los hijos procreados en dicho matrimonio[121]*, los hijos quedan bajo la potestad de sus padres[122].

TITULUS VIII
DE ADOPTIONIBUS
TÍTULO VIII
DE LAS ADOPCIONES

I. Non tantum naturales liberi in potestate parentum sunt, sed etiam adoptivi.

1. No sólo están bajo la potestad paterna los hijos naturales, sino también los adoptivos[123].

II. Adoptio fit aut per populum, aut per praetorem vel praesidem provinciae. Illa adoptio, quae per populum fit, specialiter arrogatio dicitur.

2. Ocurre la adopción por <decisión del> pueblo, por <autorización del> pretor o del gobernador de provincia[124]. En especial la adopción que se concede por <decisión del> pueblo se denomina arrogación[125].

III. Per populum qui sui iuris sunt arrogantur; per praetorem autem filii familiae a parentibus dantur in adoptionem.

3. Quienes son *sui iuris* quedan arrogados por <decisión del> pueblo, aunque también los hijos de familia son dados en adopción por sus padres a través de <autorización del> pretor[126].

IV. Arrogatio Romae *dumtaxat* fit; adoptio autem etiam in provinciis apud praesides.

4. La arrogación *solamente* se concede en Roma[127], mientras que la adopción <puede concederse> en las provincias ante los gobernadores[128].

V. Per praetorem vel praesidem provinciae adoptari tam masculi quam feminae, et tam puberes quam inpuberes possunt. Per populum vero *Romanum* feminae *ne* nunc quidem arrogantur; pupilli autem, *qui olim item* non poterant arrogari, nunc *causa cognita* possunt ex constitutione divi Antonini Pii.

5. Pueden adoptarse por <autorización del> pretor o gobernador de provincia tanto varones como mujeres, así como púberes o impúberes. Pero las mujeres *no* son hoy arrogadas por <decisión de> el pueblo *romano[129]*; tampoco los pupilos podían arrogarse *en otro tiempo*, pero ahora pueden <serlo>, <*previa*> *causa estudiada*, por constitución <imperial> del divino Antonino Pío[130].

VI. Hi qui generare non possunt, velut spado, utroque modo *possunt* adoptare; idem iuris est in persona caelibis.

6. Los que no pueden engendrar, como el impotente, pueden por el contrario adoptar[131]; idéntico derecho posee la persona célibe[132].

VII. Item is, qui filium non habet, in locum nepotis adoptare potest.

7. Igualmente el que no tiene hijo puede adoptar en calidad de nieto[133].

VIIa. Feminae vero neutro modo possunt adoptare, quoniam nec naturales liberos in potestate habent.

7a. Es verdad que las mujeres no pueden adoptar en ninguna forma, porque no tienen potestad <jurídica> sobre sus hijos naturales[134].

VIII. Si pater familiae arrugandum se dederit, liberi quoque eius quasi nepotes in potestate fiunt arrogatoris.

8. Si un padre de familia se hubiese entregado en arrogación, también sus hijos quedan bajo la potestad del arrogante como <si fueran> sus nietos[135].

TITULUS IX
DI HIS QUI IN MANU SUNT* * * * *
TÍTULO IX
DE LOS SOMETIDOS AL PODER MARITAL* * * *
*136

I. Farreo convenit uxor in manu certis verbis et testibus X praesentibus et sollemni sacrificio facto, in quo panis quoque farreus adhibetur. * * * * *

1. <La mujer > se casa bajo el poder del marido al pronunciar ciertas palabras <solemnes> en presencia de diez testigos y tras realizar un sacrificio solemne, en el cual también se consume un pan <sagrado> de trigo.* * * * *[137]

TITULUS X
QUI IN POTESTATE *MANU* MANCIPIOVE SUNT QUEMADMODUM EO IURE LIBERENTUR
TÍTULO X
DE QUÉ FORMA QUEDAN LIBRES LOS QUE ESTÁN BAJO POTESTAD, *PODER MARITAL* O PODER AJENO

I. Liberi parentum potestate liberantur emancipatione, id est si posteaquam mancipati fuerint, manumissi sint. Sed filius quidem ter mancipatus, ter manumissus sui iuris fit; id enim lex duodecim tabularum iubet his verbis: SI PATER FILIUM TER VENUNDUVIT, FILIUS A PATRE LIBER ESTO. Ceteri autem liberi praeter filium, tam masculi quam feminae, una mancipatione manumissioneque sui iuris fiunt.

1. Los hijos se liberan de la potestad paterna por emancipación, es decir, si después que fuesen emancipados se les manumite. Pero si el hijo se emancipa tres veces y se le manumite <otras> tres se

convierte en *sui iuris*; la Ley de las Doce Tablas lo sanciona con estas palabras: SI EL PADRE DIESE EN VENTA AL HIJO POR TRES VECES, QUE EL HIJO QUEDE LIBRE <DE LA POTESTAD> DEL PADRE[138]. Los otros descendientes, salvo el hijo <agnado>, sean varones o mujeres, se vuelven *sui iuris* con una <sola> emancipación y una manumisión[139].

II. Morte patris filius et filia sui iuris fiunt: morte autem avi nepotes ita demum sui iuris fiunt, si post mortem avi in potestate patris futuri non sunt, velut si moriente avo pater eorum aut etiam decessit aut de potestate dimissus est: nam si mortis avi tempore pater eorum in potestate eius sit, mortuo avo in patris sui potestate fiunt.

2. El hijo y la hija se convierten en *sui iuris* a la muerte del padre: los nietos se vuelven *sui iuris* a la muerte del abuelo sólo si tras la muerte del abuelo no recaen en la potestad del futuro padre <de familia>, por ejemplo, si muriendo el abuelo, también muriese su padre o bien haya sido liberado de la potestad: porque si al momento de morir el abuelo su padre está bajo potestad, tras la muerte del abuelo recaen en la potestad del padre[140].

III. Si patri vel filio aqua et igni interdictum sit, patria potestas tollitur, quia peregrinus fit is, cui aqua et igni interdictum est; neque autem peregrinus civem Romanum, neque civis Romanus peregrinum in potestate habere potest.

3. Si se aplicase la prohibición del agua y el fuego al padre o al hijo, la patria potestad desaparece, pues se vuelve extranjero al que se le prohíbe <usar> el agua y le fuego; así, ni el ciudadano romano puede tener bajo potestad a un extranjero ni el extranjero a un ciudadano romano[141].

IV. Si pater ab hostibus captus sit, quamvis servus hostium fiat, tamen cum reversus fuerit, omnia pristina iura iure postliminii. Sed quamdiu aput hostes est, patria potestas eius in filio interim pendebit; et cum reversus fuerit ab hostibus, in potestate filium habebit; si vero ibi decesserit, sui iuris filius erit. Filius quoque si captus fuerit ab hostibus, similiter propter ius postliminii patria potestas interim pendebit.

4. Si el padre fue capturado por los enemigos, aunque se convierta en esclavo de los enemigos recuperará todos sus derechos anteriores cuando hubiese vuelto por derecho de postliminio[142]. Pero mientras esté <prisionero> entre los enemigos se suspenderá la patria potestad sobre el hijo durante ese intervalo; y cuando hubiese vuelto <libre> de los enemigos, tendrá <nuevamente> la potestad sobre su hijo; pero si <el padre> hubiese muerto allí, el hijo será *sui iuris*. Igualmente si el hijo fuese capturado por los enemigos, por derecho de postliminio se suspenderá temporalmente la potestad paterna[143].

V. In potestate parentum esse desinunt et hi, qui Flamines Diales inaugurantur, et quae Virgines Vestae capiuntur. * * * * *

5. También dejan de estar bajo la potestad paterna los que se inician como sacerdotes de Júpiter[144] y las que obtienen el grado de Vírgenes de Vesta[145]. * * * * *

TITULUS XI
DE TUTELIS
TÍTULO XI
DE LAS TUTELAS

I. Tutores constituuntur tam masculis quam feminis: sed masculis quidem inpuberibus dumtaxat propter aetatis infirmitatem; feminis autem *tam* inpuberibus quam puberibus et propter sexus infirmitatem et propter forensium rerum ignorantiam.

1. Se designan tutores tanto para varones como para mujeres[146]: pero mientras que para los varones impúberes solamente <se hace> por su inconstancia <de carácter debido a> su edad[147], para las mujeres *tanto* impúberes como púberes <se hace> debido a la inconstancia de su sexo y a su ignorancia de las cuestiones públicas[148].

II. Tutores aut legitimi sunt, aut senatus consultis constituti, aut moribus introducti.
2. Los tutores o son legítimos, o designados por senadoconsulto o llevados <al cargo> por las costumbres[149].

III. Legitimi tutores sunt, qui*cunque* ex lege aliqua descendunt; per eminentiam autem legitimi dicuntur lege duodecim tabularum introducti, seu propalam, quales sunt agnati, seu per consequentiam, quales sunt patroni.
3. Los tutores legítimos son los que se originan de alguna ley; por superioridad se designan también como legítimos a los que se originan por <disposición de> la Ley de las Doce Tablas ya directamente, como los agnados, ya por derivación, como los patrones[150].

IV. Agnati sunt a patre cognati virilis sexus, per virilem sexum descendentes, eiusdem familiae, velut *a patre frates*, patrui, fratris filii, fratres patrueles.
4. Los agnados son los parientes de sexo masculino por vía de padre, y los descendientes por línea masculina de la misma familia, como los tíos paternos, los hermanos, los hijos del hermano y del tío paterno[151].

* * * * *V. Qui liberum caput, mancipatum sibi vel a pacente vel a coemptionatore, manumisit, per similitudinem patroni tutor efficitur, qui fiduciarius tutor appellatur.
* * * * * 5. Quien ha manumitido a una persona libre, emancipándola así del padre o del que la compra, se convierte en un tutor similar al patrón, llamándosele 'tutor fiduciario'[152].

VI. Legitimi tutores alii tutelam in iure cedere possunt.
6. Los tutores legítimos pueden ceder a otro su tutela en un proceso <judicial>[153].

VII. Is, cui tutela in iure cessat, cessicius tutor appellatur; qui sive mortuus fuerit, sive capite minutus, sive alii tutelam porro cesserit, redit ad legitimum tutorem tutela. Sed et si legitimus decesserit aut capite minutus fuerit, cessicia quoque tutela extinguitur.

7. Al que ha recibido la tutela en proceso <judicial> se le llama *tutor cessicius*[154]; quien hubiese muerto, o sufrido *capitis deminutio*[155], o cedido posteriormente su tutela a otra persona, devuelve la tutela al tutor legítimo. Pero si el <tutor> legítimo muriese o sufriese *capitis deminutio*, también se extingue la *tutela cessicia*[156].

VIII. Quantum ad agnatos pertinet, hodie cessicia tutela non procedit, quoniam permissum erat in iure cedere tutelam feminarum tantum, non etiam masculorum; feminarum autem legitimas tutelas lex Claudia sustulit, excepta tutela patronorum.

8. Respecto a los agnados, hoy ya no procede la tutela por cesión, porque <anteriormente> estaba permitido ceder en juicio la tutela de las mujeres, <pero> no la de los varones[157]; igualmente, la ley Claudia mantuvo las tutelas legítimas de mujeres, con excepción de la tutela patronal[158].

IX. Legitima tutela capitis diminutione amittitur.

9. La tutela legítima se pierde por *capitis deminutio*[159].

X. Capitis minutionis species sunt tres, maxima, media, minima.

10. Hay tres tipos de *capitis deminutio*: máxima, media, mínima.

XI. Maxima capitis deminutio est, per quam et civitas et libertas amittitur, veluti cum incensus aliquis venierit, aut mulier quod alieno servo se iunxerit, denuntiante domino eius ancilla facta fuerit ex senatus consulto Claudiano.

11. La *capitis deminutio maxima* es cuando se pierde la ciudadanía y la libertad[160], por ejemplo, cuando alguien quedó sin registro censal[161], o cuando una mujer se unió sexualmente con esclavo ajeno y al denunciar el amo la mujer se convierte en esclava por <disposición de> el senadoconsulto Claudiano[162].

107

XII. Media capitis deminutio dicitur, per quam, sola civitate amissa, libertas retinetur; quod fit in eo, cui aqua et igni interdicitur.

12. Se habla de *capitis deminutio media* cuando solamente se pierde la ciudadanía pero se conserva la libertad[163]; por ejemplo, cuando se prohíbe <a alguien> usar agua y fuego[164].

XIII. Minima capitis deminutio est, per quam, et civitate et libertate salva, status dumtaxat hominis mutatur; quod fit adoptione et in manum conventione.

13. Hay *capitis deminutio minima* cuando queda a salvo la ciudadanía y la libertad, y solamente cambia la situación <familiar> del sujeto[165], como sucede en la adopción y en la imposición del poder marital[166].

XIV. Testamento quoque nominatim tutores dati confirmatur eadem lege duodecim tabularum his verbis: UTI LEGASSIT SUPER PECUNIA TUTELAVE SUAE REI, ITA IUS ESTO: qui tutores dativi appellantur.

14. Los tutores designados expresamente por testamento también se confirman con estas palabras en la Ley de las Doce Tablas: LO QUE <un ciudadano> DISPUSIESE RESPECTO A DINERO O TUTELA DE SU PROPIEDAD, SEA LEGAL. A estos se les denomina 'tutores dativos'[167].

XV. *A parentibus* dari testamento tutores possunt liberis, qui in potestate sunt.

15. *Por parte de los ascendientes* pueden darse tutores testamentarios a los hijos que están bajo potestad[168].

XVI. Testamento tutores dari possunt hi, cum quibus testamenti faciendi ius est, praeter Latinum Iunianum; nam Latinus habet quidem testamenti factionem, sed tamen tutor dari non potest; id enim lex Iunia prohibet.

16. Pueden nombrarse como tutores testamentarios a los que posean derecho a realizar testamento[169], excepto al latino juniano; pues si bien el latino tiene facultad testamentaria[170], no puede nombrársele como tutor; así lo prohíbe la Ley Junia <Norbana>[171].

XVII. Si capite diminutus erit tutor testamento datur, non amittit tutelam; sed si abdicaverit se tutela, desinit esse tutor. Abdicare *se* tutela est dicere, nolle se tutorem esse; in iure cedere autem tutelam testamento datus non potest; nam et legitimus in iure cedere potest, abdicare se non potest.

17. Si el tutor designado por testamento sufriese *capitis deminutio*[172], no pierde la tutela a menos que abdicase de ella <y> desistiese ser tutor. Además, se usa el vocablo 'abdicar' *de* la tutela cuando <ya> no desea ser tutor; sin embargo, el <tutor> designado por testamento no puede ceder la tutela en juicio, porque así como el legítimo puede ceder<la> en juicio, <a su vez> no puede abdicar.

XVIII. Lex Atilia iubet, mulieribus pupillisve non habentibus tutores dari a praetore et maiore parte tribunorum plebis, quos tutores Atilianos appellamus. Sed quia lex Atilia Romae tantum locum habet, lege Iulia et Titia prospectum est, ut in provinciis quoque similiter a praesidibus earum dentur tutores.

18. La Ley Atilia autoriza que el pretor y la mayor parte de tribunos de la plebe designen tutores para las mujeres y los pupilos que no <lo> tengan, a los que denominamos 'tutores atilianos'[173]. Pero como la Ley Atilia solamente se aplica en Roma, en la Ley Julia y Ticia se toman medidas para que en las provincias sus gobernadores designen igualmente a los tutores[174].

XIX. Lex Iunia tutorem fieri iubet Latinae vel Latini impuberis eum, cuius ea *isve* ante

manumissionem *ex* iure Quiritium fuit.

19. La ley Junia autoriza que sea tutor de latina o latino impúber el que antes de la manumisión fue propietario quiritario de una *u otro*[175].

XX. Ex lege Iulia de maritandis ordinibus tutor datur a praetore urbis ei mulieri virginive, quam ex hac ipsa lege nubere oportet, ad dotem dandam, dicendam promittendamve, si legitimum tutorem pupillum habeat. Sed postea senatus censuit, ut etiam in provinciis quoque similiter a praesidibus earum ex eadem causa tutores dentur.

20. Con fundamento en la Ley Julia de regulaciones matrimoniales[176], el pretor urbano puede designar tutor para la mujer <adulta> o para la doncella, si tiene por tutor legítimo a un menor de edad y que por razón de esta misma ley <la mujer> se obliga a contraer matrimonio y dar, declarar o prometer la dote[177]. Pero luego el senado declaró que también en las provincias los gobernadores designasen tutores por la misma causa[178].

XXI. Praeterea etiam in locum muti furiosive tutoris alium dandum esse tutorem ad dotem constituendam, senatus censuit.

21. Además, el senado declaró que había de designarse nuevo tutor para <efectos de> constituir la dote en sustitución de un tutor mudo o demente[179].

XXII. *Generaliter* ex senatus consulto tutor datur mulieri ei, cuius tutor abest, praeterquam si patronus sit, qui abest: nam in locum patroni absentis a li*ber(ta tutor)* peti non potest, nisi ad hereditatem adeundam et nuptias contrahendas. Idemque permis*sum* et in pupillo patroni filio.

22. *Generalmente* por senadoconsulto se designa tutor para la mujer cuyo tutor está ausente[180], excepto si quien está ausente es el patrón[181]; porque *la liberta* no puede solicitar otro <*tutor*> en sustitución del patrón ausente, salvo para aceptar una herencia[182] y contraer nupcias. Al mismo tiempo también <se> autorizó <fungir como tutor> en <asuntos de> el pupilo al hijo del patrón <ausente>[183].

XXIII. Hoc amplius senatus censuit, ut si tutor pupilli pupillaeve suspectus a tutela submotus fuerit vel etiam iusta de causa excusatus, in locum eius tutor alius *detur*.

23. El senado también autorizó que si el tutor del pupilo o la pupila fuese sospechoso de alejarse de la tutela o se excusase con causa justa, *debía designarse* otro tutor en sustitución[184].

XXIV. Moribus tutor datur mulieri pupillove, qui cum tutore suo lege aut legitimo iudicio agere vult, ut auctore eo agat (ipse enim tutor in rem suam auctor fieri non potest), qui praetorius tutor dicitur, quia a praetore urbis dari consuevit.

24. De acuerdo a las costumbres \<antiguas\> se designa \<un nuevo\> tutor a la mujer o al pupilo que desea ejercitar juicio contra su tutor legítimo, para que \<este nuevo\> actúe como representante (pues el tutor \<original\> no puede ser designado representante en su propio juicio), llamándosele 'tutor pretoriano' porque se ha acostumbrado que lo designe el pretor urbano[185].

XXV. Pupillorum pupillarumque tutores et negotia gerunt et auctoritatem interponunt; mulierum autem tutores auctoritatem dumtaxat interponunt.

25. Los tutores de los pupilos y pupilas gestionan los negocios \<de éstos\> y otorgan su autorización[186]; pero los tutores de las mujeres \<adultas\> tan sólo otorgan su autorización[187].

XXVI. Si plures sint tutores, omnes in omni re debent auctoritatem accommodare, praeter eos, qui *testamento* dati sunt; nam ex his vel unius auctoritas sufficit.

26. Si hay varios tutores, todos deben otorgar su autorización en cada asunto, excepto los designados *por testamento*[188], porque de todos estos basta con la autorización de uno solo.

XXVII. Tutoris auctoritas necessaria est mulieribus quidem in his rebus: si lege aut legitimo iudicio agant, si se obligent, si civile negotium gerant, si libertae suae permittant in contubernio alieni servi morari, si rem mancipi abalienent. Pupillis autem hoc amplius etiam in rerum nec mancipi alienatione tutoris auctoritate opus est.

27. La autorización del tutor es necesaria para las mujeres en estos asuntos[189]: si deben actuar o comparecer en juicio, si llegan a obligarse <civilmente>[190], si gestionan algún negocio civil[191], si han de permitir a su liberta que viva en contubernio con otro esclavo[192], si deben enajenar una *res mancipi*[193]. Igualmente, en el caso de pupilos es necesaria la autorización del tutor en asuntos de enajenación de cosas *nec mancipi*[194].

XXVIII. Liberantur tutela masculi quidem pubertate: puberem autem Cassiani quidem eum esse dicunt, qui habitu corporis pubes apparet, id est qui generare possit; Proculeiani autem eum, qui quattordecim annos explevit; verum Prisco visum, eum puberem esse, in quem utrumque concurrit, et habitus corporis, et numerus annorum.

28. Los varones se liberan de la tutela con la pubertad: los casianos[195] dicen que el púber se hace libre cuando muestra rasgos <de dicha condición> en el cuerpo, es decir, cuando <ya> puede procrear[196]; por el contrario, los proculeyanos[197] <dicen que> cuando ha cumplido catorce años; pero Prisco[198] <considera> púber a aquél donde concurren ambas condiciones, tanto los rasgos corporales como la cantidad de años[199].

XXVIIIa. Feminae autem tutela *liberantur trium liberorum iure; libertae tantum, quae in patroni tutela sunt, quattor liberorum iure ab ea* liberantur.

28a. También las mujeres *se liberan* de la tutela *con el privilegio de tres hijos; las libertas que están bajo la tutela del patrón solamente* se liberan *de aquélla con el privilegio de cuatro hijos*[200].

TITULUS XII
DE CURATORIBUS
TÍTULO XII
DE LOS CURADORES[201]

I. Curatores aut legitimi sunt, id est qui ex lege duodecim tabularum dantur, aut honorarii, id est qui a praetore constituuntur.

1. Los curadores son legítimos, como los designados según la Ley de las Doce Tablas, o bien honorarios, como los constituidos por <indicación de> el pretor[202].

II. Lex duodecim tabularum furiosum, itemque prodigum, cui bonis interdictum sit, in curatione iubet esse agnatorum.
2. Al demente y al pródigo, que están excluidos <de la administración> de sus bienes[203], la Ley de las Doce Tablas autoriza que tengan a sus agnados como curadores[204].

III. A praetore constituitur curator, quem ipse praetor voluerit, libertinis prodigis, itemque ingenuis, qui ex testamento parentis heredes facti male dissipant bona: his enim ex lege curator dari non poterat, cum ingenuus quidem non ab intestato, sed ex testamento heres factus sit patri; libertinus autem nullo modo patri heres fieri possit, qui nec patrem habuisse videtur, cum servilis cognatio nulla sit.
3. El pretor designará curador a quien él desease, <para vigilar> a los libertos pródigos, así como a los ingenuos que habiendo heredado por testamento de su padre dilapidan en su perjuicio los bienes <de la sucesión>[205]: pues no pudo nombrarse para éstos un curador legítimo, ya que <por una parte> el ingenuo se vuelve heredero no tanto por sucesión intestamentaria, sino por testamento paterno; por otra parte el libertino no puede convertirse de ningún modo en heredero de un padre que se considera nunca tuvo, pues no existe ningún parentesco con esclavos.

IV. Praeterea *praetor ex lege Plaetoria* dat curatorem etiam ei, qui nuper pubes factus idonee negotia sua tueri non potest. * * * * *
4. Además, *por <disposición de> la ley Pletoria el pretor* concede curador a quien no puede cuidar sus negocios adecuadamente por haber alcanzado recientemente la pubertad[206]. * * * * *

TITULUS XIII
DE CAELIBE ORBO ET SOLITARIO PATRE
TÍTULO XIII
DEL SOLTERO, DEL ANCIANO SIN HIJOS
Y DEL CABEZA DE FAMILIA SOLITARIO

I. Lege Iulia prohibentur uxores ducere senatores quidem liberique eorum libertinas et quae ipsae quarumve pater materve artem ludicram fecerit;

1. En la Ley Julia[207] se prohíbe a los senadores y a sus hijos contraer matrimonio con libertas[208] y con toda \<mujer\> que se dedicase a las artes escénicas[209], o cuyo padre o madre también lo hiciese[210]; *percibir*, además de la décima parte, la dote dada a ella en legado[211].

II. idem *et* ceteri autem ingenui prohibentur *uxorem* ducere *palam* corpore quaestum facientem, *et* lenam, et a lenone lenave manumissam, et in adulterio deprehensam, et iudicio publico damnatam, et quae artem ludicram fecerit: adicit Mauricianum senatus consultum a senatu damnatam. * * * * *

2. todos los demás ingenuos también tienen prohibido casarse con \<quien\> se dedique a vender *públicamente* su cuerpo[212], como la lenona[213], la \<esclava prostituta\> manumitida por lenón o lenona, la mujer sorprendida en adulterio[214], la condenada en juicio público[215], o la que se dedica a las artes escénicas[216]; el senadoconsulto Mauriciano[217] agrega a la condenada por \<decisión del\> senado[218].*
* * * *

TITULUS XIV
DE POENA LEGIS IULIAE
TÍTULO XIV
DE LA PENA DE LA LEY JULIA

I. Feminis lex Iulia a morte viri anni tribuit vacationem, a divortio sex mensum: lex autem Papia a morte viri biennii, a repudio anni et sex mensum. * * * * *

1. La Ley Julia concedió a las mujeres un plazo <para contraer nuevas nupcias> de un año por muerte del marido y de seis meses por divorcio, mientras que la Ley Papia <concedió un plazo> de dos años por la muerte del marido y de año y medio por repudio[219]. * * * * *

TITULUS XV
DE DECIMIS
TÍTULO XV
DE LOS DIEZMOS[220]

I. Vir et uxor inter se matrimonii nomine decimam capere possunt. Quod si ex alio matrimonio liberos superstites habeant, praeter decimam, quam matrimonii nomine capiunt, totidem decimas pro numero liberorum accipiunt.

1. El marido y la mujer pueden percibir uno del otro la décima parte <de bienes> en nombre del matrimonio. Pero si tuviesen hijos supérstites de otro matrimonio, además de la décima parte que perciben en nombre del matrimonio, reciben otros tantos diezmos según la cantidad de hijos <ajenos>.

II. Item communis filius filiave post nominum diem amissus amissave unam decimam adicit; duo autem post nominum diem amissi duas decimas adiciunt.

2. También el hijo o la hija común que haya muerto pasado el día de imposición del nombre agrega otra décima parte; habiendo muerto dos <hijos> agregan dos décimas partes pasado el día de imposición del nombre[221].

III. Praeter decimam etiam usufructum tertiae partis bonorum *vir* et uxor capere possunt, et quandoque liberos habuerint, eiusdem partis proprietatem; hoc amplius mulier, praeter decimam, dotem *capere* potest legatam sibi.

3. Además de la décima parte, el marido y la mujer[222] pueden percibir el usufructo de la tercera parte de los bienes, y cuando tuviesen hijos, la propiedad de la parte citada; por extensión, la mujer puede percibir excepcionalmente la décima parte de la dote legada a ella.

TITULUS XVI
DE SOLIDI CAPACITATE INTER VIRUM ET UXOREM
TÍTULO XVI
DE LA CAPACIDAD PARA RECIBIR BIENES DEL MARIDO Y LA MUJER

I. Aliquando vir et uxor inter se solidum capere possunt, velut si uterque vel alteruter eorum nondum eius aetatis sint, a qua lex liberos exigit, id est si vir minnor annorum XXV sit, aut uxor annorum XX minor; item si utrique lege Papia finitos annos in matrimonio excesserint, id est vir LX annos, uxor L; item si cognati inter se coierint usque ad sextum gradum.

1. Algunas veces el marido y la mujer pueden percibir uno del otro la totalidad de bienes <en sucesión>; por ejemplo, si uno o los dos todavía no tienen la edad suficiente que exige la ley para <tener> hijos, es decir, si el varón es menor de veinticinco años, o la mujer es menor de veinte años; igualmente, si ambos excediesen el límite de edad para contraer matrimonio <fijado> en la Ley Papia[223], es decir,

el varón sesenta y la mujer cincuenta; igualmente, si los cognados se uniesen entre sí hasta el sexto grado[224].

Ia. Libera inter eos testamenti factio est, si ius liberorum a principe inpetraverint; aut si vir *rei publicae causa* absit, et donec abest et intra annum, postquam abesse desierit; aut si filium filiamve communem habeant, aut quattordecim annorum filium vel filiam duodecim amiserint; vel si duos trimos, vel tres post nominum diem amiserint, ut intra annum tamen et sex menses etiam unus cuiuscumque aetatis inpubes amissus solidi capiendi ius praestet. Item si post mortem viri intra decem menses uxor ex eo pepererit, solidum ex bonis eius capit.

1a. Hay libertad de realizar testamento en favor de uno de ellos, si por <disposición de> el príncipe se obtuviese el derecho a engendrar hijos; o si el esposo se ausenta *por causa de la república* y volviese en el plazo de un año[225]; o si tuviesen un hijo o hija común, o perdiesen un hijo de catorce años o una hija de doce; o si perdiesen dos hijos de tres años de edad, o tres <hijos> pasado el noveno día de <la imposición de> los nombres[226], o un hijo impúber de cualquier edad en el plazo de un año y seis meses, se obtendrá el derecho de recibir el total <de bienes>. Igualmente, si tras la muerte del marido, en un plazo de diez meses la esposa diese a luz <un hijo> de él, adquiere el total de sus bienes.

II. Aliquando nihil inter se capiunt: id est, si contra legem Iuliam Papiamque Poppaeam contraxerint matrimonium, verbi gratia si famosam *ingenuus* uxorem duxerit, aut libertinam senator.

2. Algunas veces no adquieren nada el uno del otro, esto es, cuando <dos personas> se uniesen en matrimonio contraviniendo a las leyes Julia y Papia Popea[227], por ejemplo si *un ingenuo* se llega a casar con mujer de mala reputación, o un senador con liberta[228].

III. Qui intra sexagesimum vel quae intra quinquagesimum neutri legi paruerit, licet ipsis legibus post hanc aetatem liberatus esset, perpetuis tamen poenis tenetur ex senatus consulto Persiciano.

117

3. Se le aplicarán las penas perpetuas <dispuestas> en el senadoconsulto Perniciano[229] al <varón> que a los sesenta años o a la <mujer> que a los cincuenta haya contravenido la disposición de la ley <Julia>[230], aunque por esas mismas leyes quede exento al superar esta edad.

IV. Sed Claudiano senatus consulto maior sexagenario si minorem quincuagenaria duxerit, perinde haberi iubetur, ac si minor sexaginta annorum duxisset uxorem. Quod si maior quinquagenaria minori sexagenario nupserit, *id* inpar matrimonium appellatur et senatus consulto Calvisiano iubetur non proficere ad capiendas hereditates et legata *aut* dotem. Itaque mortua muliere dos caduca erit. * * * * *

4. Pero por <disposición de> el senadoconsulto Claudiano si se casase un mayor de sesenta años con una menor de cincuenta, se considerará como si <ella> se uniese a un menor de sesenta años[231]. Por otro lado, si una mayor de cincuenta años se casase con un menor de sesenta, *a esto* se le denomina 'matrimonio desigual'[232], y por el senadoconsulto Calvisiano[233] se dispone no aprovecharse <de la situación> para adquirir las herencias y los legados o <bien> la dote, pues la dote se extingue con la muerte de la mujer[234]. * * * * *

TITULUS XVII
DE CADUCIS
TÍTULO XVII
DE LOS BIENES CADUCOS

I. Quod quis sibi testamento relictum, ita ut iure civili capere possit, aliqua ex causa non ceperit, caducum appellatur, veluti ceciderit ab eo: verbi gratia si caelibi vel Latino Iuniano legatum fuerit, nec intra dies centum vel caelebs legi paruerit, vel Latinus ius Quiritium consecutus sit; aut si ex parte heres scriptus vel legatarius ante apertas tabulas decesserit vel peregrinus factus sit. * * * * *

1. Lo que alguien abandona por testamento, de forma tal que pueda adquirir<se> por derecho civil, si por alguna razón no se lograse[235],

se le denomina 'caduco'[236], es decir, como si hubiese 'caído' <de las manos> de alguien, como cuando hubiese un legado para un soltero o un latino juniano, y en un plazo de cien días el célibe no tuviese hijos según la ley[237], o el latino no alcanzase el derecho de los Quirites[238], o cuando el heredero designado o el legatario a cierta porción <de bienes> muriese antes de la apertura de las tablillas <testamentarias> o se volviese extranjero[239]. * * * * *

II. Hodie ex constitutione imperatoris Antonini omnia caduca fisco vindicantur; sed servato iure antiquo liberis et parentibus.
2. Actualmente por constitución del emperador Antonino[240] todos los bienes caducos revierten al fisco[241]: preservándose por el derecho antiguo a los descendientes y ascendientes <del testador>.

III. Caduca cum suo onere fiunt: ideoque libertates et legata *vel* fideicommissa ab eo data, ex cuius persona hereditas caduca facta est, salva sunt: sed et legata et fideicommissa cum suo onere fiunt caduca. * * * * *
3. Los bienes caducos se extinguen con sus gravámenes[242]: por ello, las libertades y los legados *o* los fideicomisos concedidos por la persona cuya herencia queda caduca están a salvo[243]: naturalmente que tanto los legados como los fideicomisos caducan con sus gravámenes. * * * * *

TITULUS XVIII
QUI HABEANT IUS ANTIQUUM IN CADUCIS
TÍTULO XVIII
QUIÉNES TIENEN DERECHO ANTIGUO EN LOS BIENES CADUCOS

I. Item liberis et parentibus testatoris usque ad tertium gradum lex Papia ius antiquum dedit, ut heredibus illis institutis, quod quis ex eo testamento non capit, ad hos pertineat aut totum aut ex parte, prout pertinere possit. * * * * *

1. También la Ley Papia concedió el derecho de antigüedad a los descendientes y ascendientes del testador hasta el tercer grado, para que a los instituidos herederos aquello que alguno no obtuviese por testamento[244] les pertenezca a los demás todo o en parte, pudiendo extenderse en la medida...* * * * *

TITULUS XIX
DE DOMINIIS ET ADQUISITIONIBUS RERUM
TÍTULO XIX
DE LAS PROPIEDADES Y ADQUISICIONES
DE BIENES

I. Omnes res aut mancipi sunt aut nec mancipi. Mancipi res sunt praedia in Italico solo, *tam* rustica, qualis est fundus, quam urbana, qualis domus; item iura praediorum rusticorum, velut via, iter, actus, aquaeductus; item servi et quadrupedes, quae dorso collove domantur, velut boves, muli, equi, asini. Ceterae res nec mancipi sunt. Elefanti et camelli quamvis collo dorsove domentur, nec mancipi sunt, quoniam bestiarum numero sunt.

1. Todos los bienes son *mancipi* o *nec mancipi*[245]. Bienes *mancipi* son los predios en suelo itálico, *tanto* rústicos, por decir un fundo, como urbanos, por decir casas o servidumbres rústicas[246], como el derecho de vía, de paso o de conducción, así como el derecho a pasar agua <por predio ajeno>[247]; también esclavos o cuadrúpedos que se uncen del dorso o del cuello, como bovinos, mulas, caballos y asnos. Todos los demás bienes son *nec mancipi*[248]. Los elefantes y los camellos, aunque se unzan del dorso o del cuello, son *nec mancipi*, porque están en el grupo de bestias salvajes[249].

II. Singularum rerum dominium nobis adquiritur mancipatione, traditione, usucapione, in iure cessione, *adiudicatione*, lege.

2. Adquirimos la propiedad de las cosas individuales por emancipación, entrega, usucapión, cesión de derechos, *adjudicación*[250] y <disposición de la> ley.

III. Mancipatio propria species alienationis est rerum mancipi; eaque fit certis verbis, libripende et quinque testibus praesentibus.
3. La emancipación es una forma exclusiva de alienación de cosas *mancipi*; se realiza por medio de ciertas palabras <solemnes>, un portabalanza y cinco testigos presentes[251].

IV. Mancipatio locum habet inter cives Romanos et Latinos coloniarios Latinosque Iunianos eosque peregrinos, quibus commercium datum est.
4. La emancipación tiene lugar entre ciudadanos romanos[252], latinos colonos[253], latinos junianos[254] y extranjeros a los que se concede <el derecho a> el comercio.

V. Commercium est emendi vendundique invicem ius.
5. Comercio es el derecho de comprar y vender recíprocamente[255].

VI. Res mobiles non nisi praesentes mancipari possunt, et non plures simul quam quot manu capi possunt; immobiles autem etiam plures, et quae diversis locis sunt, mancipari possunt.
6. Los bienes muebles no se pueden emancipar más que entre <partes> presentes, y no más de lo que pueda sujetarse con la mano; ahora bien, los <bienes> inmuebles también pueden emanciparse, aunque <sean> varios <al mismo tiempo> y <estén> ubicados en diversos sitios[256].

VII. Traditio *aeque* propria est alienatio rerum nec mancipi. Harum *enim* rerum dominium ipsa traditione adprehendimus, scilicet si ex iusta causa traditae sint nobis.
7. *Igualmente*, la tradición[257] es una alienación particular de cosas *nec mancipi*[258]. La apropiación de estos bienes la obtenemos por la

propia entrega, naturalmente si nos son entregados por una causa justa[259].

VIII. Usucapione dominium adipiscimur tam mancipi rerum quam nec mancipi. Usucapio est autem dominii adeptio per continuationem possessionis anni vel biennii: rerum mobilium anni, immobilium bieennii.

8. Obtenemos la propiedad por usucapión tanto de bienes *mancipi* como de *nec mancipi*[260]. Ahora bien, la usucapión es la adquisición de la propiedad por posesión continua durante un año o dos años: un año para los bienes muebles, dos para los inmuebles[261].

IX. In iure cessio quoque communis alienatio est et mancipi rerum et nec mancipi. Quae fit per tres personas, in iure cedentis, vindicantis, addicentis:

9. La cesión de derecho también es una alienación tanto de bienes mancipables como de no mancipables. Se realiza por medio de tres personas: el cedente, el vindicante y el adjudicante:

X. in iure cedit dominus; vindicat is, qui ceditur; addicit praetor.

10. el dueño <del bien> cede los derechos; vindica <para sí> al que le ceden; el pretor adjudica[262].

XI. In iure cedi res etiam incorporales possunt, velut usus fructus et hereditas et tutela legitima libertae.

11. También pueden cederse los derechos de cosas incorporales[263], por ejemplo, el usufructo[264], la herencia[265], y la tutela legítima de la liberta[266].

XII. Hereditas in iure ceditur vel antequam adeatur, vel posteaquam adita fuerit:

12. La herencia se cede en derecho ya sea antes de aceptarla o después de haberla aceptado:

XIII. antequam adeatur, in iure cedi potest ab herede legitimo; posteaquam adita est, tam a legitimo quam ab eo, qui testamento heres scriptus est.

13. antes de ser aceptada, puede cederse en derecho por <medio del> heredero legítimo; después de haberla aceptado, tanto del <heredero> legítimo como del que ha sido designado heredero en el testamento[267].

XIV. Si antequam adeatur, hereditas in iure cessa sit, proinde heres fit, cui cessa est, ac si ipse heres legitimus esset; quod si posteaquam adita fuerit, in iure cessa sit, is, qui cessit, permanet heres, et ob id creditoribus defuncti manet obligatus; debita vero pereunt, id est debitores defuncti liberantur;

14. Si se cede en derecho la herencia antes de ser aceptada, se constituye heredero de la <herencia> que ha sido cedida, como si <éste> mismo fuese heredero legítimo; pero si después que fuese aceptada se cede en derecho, el que ha cedido permanece <como> heredero, y por ello permanece obligado con los acreedores del difunto; sin embargo, las deudas perecen, es decir, los deudores se liberan del difunto[268];

XV. res autem corporales, quasi singulae in iure cessae essent, transeunt ad eum, cui cessa est hereditas.

15. ahora bien, las cosas corporales pasan al que le fue cedida la herencia, como si se las hubiesen cedido una por una[269].

XVI. Adiudicatione dominium nanciscimur per formulam familiae herciscundae, quae locum habet inter coheredes; et per formulam communi dividundo, cui locus est inter socios; et per formulam finium regundorum, quae est inter vicinos. Nam si iudex uni ex coheredibus aut sociis aut vicinis rem aliquam adiudicaverit, statim illi adquiritur, sive mancipi sive nec mancipi sit.

16. Obtenemos la propiedad por adjudicación[270] a través de la fórmula <procesal>[271] de <acción de> partición patrimonial, que tiene lugar entre coherederos[272]; y por fórmula de <acción de>

división común, que tiene lugar entre socios[273]; y por fórmula de <acción de> límites trazados, que procede entre vecinos[274]. Porque si el juez adjudicase cierto bien a uno de los herederos o de los socios o de los vecinos, lo adquiere inmediatamente, sea <un bien> *mancipi* o *nec mancipi*[275].

XVII. Lege nobis adquiritur velut caducum vel ereptorium ex lege Papia Poppaea, item legatum ex lege duodecim tabularum, sive mancipi res sint sive nec mancipi.

17. Por ley se adquiere un bien, como uno caduco[276] o arrebatado por <disposición de> la Ley Papia Popea[277], así como uno legado por <disposición de> la Ley de las Doce Tablas[278], sea *res mancipi* o *nec mancipi*.

XVIII. Adquiritur autem nobis etiam per eas personas, quas in potestate, manu mancipiove habemus. Itaque si quid *eae* mancipio puta acceperint, aut traditum eis sit, vel stipulatae fuerint, ad nos pertinet;

18. Ahora bien, adquirimos <la propiedad> también por aquellas personas que tenemos bajo potestad, poder marital o *mancipium*[279]. Así pues, si hubiesen recibido algo por *mancipium*, o les hubiese sido entregado, o hubiesen estipulado <en su favor>, nos pertenece[280];

XIX. item si heredes institutae sint legatumve eis sit, et hereditatem iussu nostro adeuntes nobis adquirunt, et legatum ad nos pertinet.

19. también si se han instituido herederos o hay un legado para éstos, adquieren para nosotros la herencia <en calidad de> aceptantes con nuestra autorización, y el legado nos pertenece.

XX. Si servus alterius in bonis, alterium ex iure Quiritium sit, ex omnibus causis adquirit ei, cuius in bonis est.

20. Si existe un esclavo ajeno en propiedad bonitaria, y pertenece a otro por derecho de los Quirites, el que tiene la propiedad bonitaria adquiere <el bien> con toda razón[281].

XXI. Is, quem bona fide possidemus, sive liber sive alienus servus sit, nobis adquirit ex duabus causis tantum, id est, quod ex re nostra et quod operis suis adquirit: extra has autem causas aut sibi adquirit, si liber sit, aut domino, si alienus servus sit. Eadem sunt et in eo servo, in quo tantum usufructum habemus. * * * * *

21. El que poseemos de buena fe, sea libre o esclavo ajeno, adquiere para nosotros de dos maneras, es decir, lo que adquiere por nuestra propiedad y lo que adquiere por su trabajo[282]: fuera de estas causas adquiere para él mismo si es libre o para el amo si es esclavo ajeno[283]. En la misma situación se encuentra el esclavo del que tan sólo tenemos el usufructo[284]. * * * * *

TITULUS XX
DE TESTAMENTIS
TÍTULO XX
DE LOS TESTAMENTOS

I. Testamentum est mentis nostrae iusta contestatio in id sollemniter facta, ut post mortem nostram valeat.

1. Testamento es la justa atestación de nuestra voluntad hecha de manera solemne para que valga después de nuestra muerte[285].

II. Testamentorum genera fuerunt tria, unum, quod calatis comitiis, alterum, quod in procinctu, tertium, quod per aes et libram appellatum est. Sed illis duobus testamentis abollitis hodie solum in usu est, quod per aes et libram fit, id est per mancipationem imaginariam. In quo testamento libripens adhibetur et familiae emptor et non minus quam quinque testes, cum quibus testamenti factio est.

2. Hubo tres tipos de testamento, uno que era por convocación de los comicios, otro que era <propio> del campo de batalla[286] y un tercero que se denomina 'por cobre y balanza'[287]. Hoy solamente está

vigente el que se realiza por cobre y balanza, esto es, por emancipación imaginaria, habiéndose abolido los dos primeros[288]. En dicho testamento se convoca al portabalanza, al comprador del bien y a no menos de cinco testigos, con los cuales se formaliza la capacidad de testar[289].

III. Qui in potestate testatoris est aut familiae emptoris, testis aut libripens adhiberi non potest, quoniam familiae mancipatio inter testatorem et familiae emptorem fit, et domestici testes adhibendi non sunt.

3. Quien está bajo la potestad del testador o del adquirente del bien, no puede presentarse como testigo o portabalanza, porque la emancipación del bien se da entre testador y adquirente, y <por esto> los de casa no deben presentarse como testigos[290].

IV. Ob id *et* filio *familiae* familiam emente pater eius testis esse non potest;

4. Siendo *por un lado* adquirente el hijo *de familia* su padre no puede ser testigo;

V. *et* ex duobus fratribus, qui in eiusdem patris potestate sunt, alter familiae emptor, alter testis esse non potest, quoniam quod unus ex his mancipio accipit, adquirit patri, cui filius suus testis esse non debet.

5. *igualmente* de dos hermanos que están sometidos a la misma potestad paterna, uno no puede ser adquirente del bien y el otro el testigo, porque lo que uno recibe por *mancipium* lo adquiere para el padre, no debiendo ser su <otro> hijo testigo.

VI. *At* pater et *filius*, qui in potestate eius est, item duo fratres, qui in eiusdem patris potestate sunt, testes utrique, vel alter testis, alter libripens fieri possunt, alio familiam emente; quoniam nihil nocet ex una domo plures testes alieno negotio adhiberi.

6. *Mas* el padre y el *hijo* que está bajo su potestad, así como los dos hermanos que están sometidos a la potestad del mismo padre,

pueden fungir ambos como testigos, o uno de testigo y otro de portabalanza, <mientras> el tercero <funge> como adquirente del bien; porque <en> nada perjudica tomar varios testigos de una <misma> casa para <realizar> un negocio con un extraño[291].

VII. Mutus, surdus, furiosus, pupillus, femina neque familiae emptor esse, neque testis libripensve fieri potest.
7. El mudo, el sordo, el demente, el pupilo y la mujer no pueden ser adquirentes de un bien, ni tampoco pueden actuar como testigos o portabalanza[292].

VIII. Latinus Iunianus et familiae emptor et testis et libripens fieri potest, quoniam cum eo testamenti factio est.
8. El latino juniano puede volverse adquirente del bien, <ser> testigo o portabalanza, porque con él procede la capacidad para testar[293].

IX. In testamento, quod per aes et libram fit, duae res aguntur, familiae mancipatio et nuncupatio testamenti. Nuncupatur testamentum in hunc modum: tabulas testamenti testator tenens ita dicit: HAEC UT IN HIS TABULIS CERISVE SCRIPTA SUNT, ITA DO, ITA LEGO, ITA TESTOR; ITAQUE VOS, QUIRITES, TESTIMONIUM *MIHI* PERHIBETOTE. Quae nuncupatio et testatio vocatur.
9. En el testamento por cobre y balanza se realizan dos actos: la emancipación del bien y la declaración de testamento. El testamento se declara de este modo: el testador que sostiene las tablillas dice lo siguiente: LO QUE ESTÁ ESCRITO EN ESTAS TABLILLAS DE CERA LO DOY, LO LEGO, Y DECLARO <que es mi voluntad>; Y POR ELLO, QUIRITES, <pido que> *ME* DEN SU TESTIMONIO. A esto se denomina 'declaración' y 'atestiguamiento'[294].

X. Filius familiae testamentum facere non potest, quoniam nihil suum habet, ut testari de eo possit. Sed divus Augustus moribus constituit, ut filius familiae miles de eo peculio, quod in castris adquisivit, testamentum facere possit.

10. El hijo de familia no puede realizar testamento porque no posee nada suyo que pueda ser testado por él. Pero el divino Augusto dispone que el hijo de familia soldado puede realizar testamento del peculio que adquirió en servicio militar[295].

XI. Qui de statu suo incertus est (fac eo, quod patre peregre mortuo ignorat, se sui iuris esse) testamentum facere non potest.

11. Quien no esté seguro de su condición, (por ejemplo, el que desconoce que su padre murió en el extranjero y es *sui iuris*), no puede hacer testamento[296].

XII. Inpubes, licet sui iuris sit, facere testamentum non potest, quoniam nondum plenum iudicium animi habet.

12. El impúber, aunque sea *sui iuris*, no puede hacer testamento, porque todavía no posee pleno raciocinio[297].

XIII. Mutus, surdus, furiosus, itemque prodigus, cui lege bonis interdictum est, testamentum facere non possunt: mutus, quoniam verba nuncupationis loqui non potest; surdus, quoniam verba familiae emptoris exaudire non potest; furiosus, quoniam mentem non habet, ut testari de ea re possit; prodigus, quoniam commercio illi interdictum est, et ob id familiam mancipare non potest.

13. El mudo, el sordo, el demente y el pródigo, que por <decreto de> ley tienen prohibido disponer de sus bienes, no pueden hacer testamento: el mudo, porque no puede designar solemnemente heredero; el sordo, porque no puede escuchar las palabras del comprador del bien[298]; el demente porque no tiene raciocinio como para poder disponer de sus bienes[299]; el pródigo, porque tiene prohibido realizar <actos de> comercio, y por ello no puede emancipar un bien[300].

XIV. Latinus Iunianus, item is, qui dediticiorum numero est, testamentum facere non potest:

14. El latino juniano, así como el que se encuentra en la categoría de los dediticios, no puede realizar disposición testamentaria[301]:

XV. latinus quidem, quoniam nominatim lege Iunia prohibitus est; is autem, qui dediticiorum numero est, quoniam nec quasi civis Romanus testari potest, cum sit peregrinus, nec quasi peregrinus, quoniam nullius certae civitatis *civis* est, ut *secundum* leges civitatis suae testetur.

15. el latino porque tiene prohibición expresa de la Ley Junia[302]; y el que es considerado dediticio porque no puede recibir por testamento como ciudadano romano, aunque sea extranjero, ni como extranjero, pues no posee una ciudadanía cierta que le permita testar *según* las leyes de su nacionalidad[303].

XVI. Feminae post duodecimum annum aetatis testamenta facere possunt, tutore auctore, donec in tutela sunt.

16. Las mujeres pueden realizar testamento después de los doce años de edad, con la autorización del tutor, en tanto que están bajo tutela[304].

XVII. Servus publicus po*puli Romani pro peculii* parte dimidia testamenti faciendi habet ius.

17. El esclavo público <propiedad> *del pueblo romano*[305] tiene la facultad de realizar testamento *sobre* la mitad *de su peculio*[306].

TITULUS XXI
QUEMADMODUM HERES INSTITUI DEBEAT
TÍTULO XXI
DEL MODO EN QUE DEBE INSTITUIRSE UN HEREDERO

I. Heres institui recte potest his verbis: TITIUS HERES ESTO, TITIUS HERES SIT, TITIUM HEREDEM ESSE IUBEO; illa autem institutio HEREDEM INSTITUO, HEREDEM FACIO plerisque inprobata est. * * * * *

1. Puede instituirse legalmente heredero con estas palabras: TICIO DEBE SER HEREDERO, QUE SEA HEREDERO TICIO, AUTORIZO QUE TICIO SEA HEREDERO; por el contrario, la institución <del tipo> INSTITUYO HEREDERO, HAGO HEREDERO, es desaprobada por la mayoría <de autoridades>[307]. * * * * *

TITULUS XXII
QUI HEREDES INSTITUI POSSUNT
TÍTULO XXII
QUIÉNES PUEDEN SER INSTITUIDOS HEREDEROS

I. Heredes institui possunt, qui testamenti factionem cum testatore habent.

1. Pueden ser instituidos herederos los que poseen capacidad testamentaria con el testador[308].

II. Dediticiorum numero heres institui non potest, quia peregrinus est, cum quo testamenti factio non est.

2. No puede ser instituido heredero el de categoría dediticia, porque es un extranjero con el que no se tiene capacidad testamentaria[309].

III. *Latinus Iunianus heres institui potest; et* si quidem mortis testatoris tempore vel intra diem cretionis civis Romanus sit, heres esse potest; quodsi Latinus manserit, lege Iunia capere hereditatem prohibetur. Idem iuris est in persona caelibis propter legem Iuliam.

3. *El latino juniano puede ser instituido heredero;* y[310] si al momento de la muerte del testador o antes de <vencerse> el plazo para la aceptación de herencia se hiciese ciudadano, <el latino juniano>

puede ser heredero[311]; pero si continuase <siendo> latino, se prohíbe tomar posesión de la herencia por <disposición de> la Ley Junia[312].

IV. Incerta persona heres institui non potest, velut hoc modo: QUISQUIS PRIMUS AD FUNUS MEUM VENERIT, HERES ESTO; quoniam certum consilium debet esse testantis.

4. No puede instituirse como heredero a una persona incierta, como en este ejemplo: QUE SEA HEREDERO EL PRIMERO QUE LLEGASE A MI FUNERAL; porque debe existir una designación cierta <por parte> del que testa[313].

V. Nec municipium, nec municipes heredes institui possunt, quoniam incertum corpus est, et neque cerneri universi, neque pro herede gerere possunt, ut heredes fiant: senatus consulto tamen concessum est, ut a libertis suis heredes institui possint. Sed fideicommissa hereditas municipibus restitui potest; denique hoc senatus consulto prospectum est.

5. No pueden instituirse como herederos a los municipios ni a los ciudadanos libres de un municipio, porque es una corporación incierta, y no pueden distinguirse de la totalidad ni conducirse como un heredero, como lo hacen los herederos: sin embargo, se concedió por senadoconsulto que puedan instituirse herederos por medio de sus libertos[314]. Pero la herencia fideicomisaria puede restituirse a los ciudadanos del municipio; al menos así se prevé en el senadoconsulto[315].

VI. Deos heredes instituere non possumus praeter eos, quos senatus consultis constitutionibusve principum instituere concessum est, sicut Iovem Tarpeium, Apollinem Didỹmaeum Mileti, Martem in Gallia, Minervam Iliensem, Herculem Gaditanum, Dianam Efesiam, Matrem deorum Sipylenem, quae Smỹrnae colitur, et Caelestem Selenen deam Carthaginis.

6. No podemos instituir como herederos a los dioses excepto los permitidos por senadoconsulto o por las constituciones de los príncipes, como a Júpiter Tarpeo[316], a Apolo Didímeo de Mileto[317], a Marte en la Galia[318], a Minerva Iliense[319] (Troyana), a Hércules

Gaditano[320], a Diana de Éfeso[321], a la madre Cibilense de los dioses que hábita en Esmirna[322] y a la celeste diosa Selene de Cartago[323].

VII. Servos heredes instituere possumus, nostros cum libertate, alienos sine libertate, communes cum libertate vel sine libertate.
7. Podemos instituir herederos a los esclavos nuestros con <la concesión de> libertad[324], a los ajenos sin <la concesión de> libertad[325], <y> a los comunes con o sin <la concesión de> libertad[326].

VIII. Eum servum, qui tantum in bonis noster est, nec cum libertate heredem instituere possumus, quia Latinitatem consequitur, quod non proficit ad hereditatem capiendam.
8. Al esclavo que es nuestro solamente por propiedad bonitaria no podemos instituirlo heredero con <la concesión de> libertad, porque obtiene la latinidad, la cual no ayuda para apoderarse de la herencia[327].

IX. Alienos servos heredes instituere possumus eos tantum, quorum cum dominis testamenti factionem habemus.
9. Podemos instituir herederos sólo a los esclavos ajenos con cuyos amos tenemos capacidad de hacer testamento[328].

X. Communis servus cum libertate recte quidem heres instituitur quasi proprius pro parte nostra; sine libertate autem quasi alienus propter socii partem.
10. El esclavo común es instituido legalmente heredero con <la concesión de> libertad en cuanto a nuestra porción como si fuera propio[329]; pero <lo es> sin <la concesión de> libertad como ajeno respecto a la porción del socio.

XI. Proprius servus cum libertate heres institutus si quidem in eadem causa permanserit, ex testamento liber et heres fit, id est necessarius;
11. El esclavo propio instituido heredero con <la concesión de> libertad se vuelve libre y heredero por testamento si en verdad

permanece en dicha condición, es decir, <se le denomina heredero> necesario[330];

XII. quod si ab ipso testatore vivente manumissus vel alienatus sit, suo arbitrio vel iussu emptoris hereditatem adire potest. Sed si sine libertate sit institutus, omnino non consistit institutio.

12. pero si <el esclavo> es manumitido o adquirido por el mismo testador mientras vivía, puede aceptar la herencia del comprador con su voluntad <por ser liberto> o con autorización <del adquirente>[331]. Pero si fue instituido <heredero> sin <la concesión de> libertad, no tiene lugar en absoluto la institución[332].

XIII. Alienus servus heres institutus si quidem in ea causa permanserit, iussu domini debet hereditatem adire; quod si vivo testatore manumissus aut alienatus a domino fuerit, aut suo arbitrio aut iussu emptoris poterit adire hereditatem.

13. Si un esclavo ajeno instituido heredero permaneciese efectivamente en dicha condición, debe aceptar la herencia con autorización de <su> dueño; pero si fuese manumitido por el testador mientras vivía o adquirido por el dueño, podría aceptar la herencia por <manifestación de> voluntad suya o por autorización del amo[333].

XIV. Sui heredes *vel heredes* instituendi sunt vel exheredandi. Sui autem heredes sunt liberi, quos in potestate habemus, tam naturales quam adoptivi; item uxor, quae in manu est, et nurus, quae in manu est filii, quem in potestate habemus.

14. Los herederos propios *o los herederos <comunes>* deben instituirse o desheredarse. Los herederos propios son los hijos que tenemos bajo <nuestra> potestad, tanto naturales como adoptivos[334]; igualmente la esposa bajo poder marital y la nuera que está bajo el poder marital de <nuestro> hijo que tenemos bajo potestad.

XV. Postumi quoque liberi, id est, qui in utero sunt, si tales sunt, ut nati in potestate nostra futuri sint, suorum heredum numero sunt.

15. También los hijos póstumos, es decir, los que se encuentran en el útero, están <considerados> en el número de herederos <propios> como si ya estuviesen bajo nuestra potestad tras haber nacido[335].

XVI. Ex suis heredibus filius quidem neque heres institutus, neque nominatim exheredatus,
non patitur valere testamentum.
16. En verdad sólo puede <ser instituido> heredero un hijo o <ser> desheredado de <entre> los herederos propios expresamente, de lo contrario dicho testamento no vale[336].

XVII. Reliquae vero personae liberorum, velut filia, nepos, neptis, si praeteritae sint, valet testamentum, quo scriptis heredibus adcrescunt, suis quidem heredibus in partem virilem, extraneis autem in partem dimidiam.
17. Mas el testamento es válido si son pasados por alto el resto de los hijos, como la hija, el nieto o la nieta, aunque se añaden a los herederos inscritos; los herederos propios <tienen derecho> a <heredar> partes iguales y los extraños a <obtener> la mitad <restante>[337].

XVIII. Postumi quicunque liberi cuiuscumque sexus omissi, quod valuit testamentum, agnatione rumpunt.
18. También los hijos póstumos que han sido omitidos, sin importar su sexo, anulan por <causa de> agnación lo establecido en el testamento[338].

XIX. Eos, qui in utero sunt, si nati sui heredes nobis futuri sint, possumus instituere heredes: si quidem post mortem nostram nascantur, ex iure civili; si vero viventibus nobis, ex lege Iunia.
19. Si los que están en el útero han de nacer herederos nuestros, podemos instituirlos herederos: ahora bien, si llegan a nacer después de nuestra muerte <podemos hacerlo> por derecho civil, pero si <nacen> mientras vivimos, <podemos hacerlo> por la Ley Junia[339].

XX. Filius, qui in potestate est, si non instituatur heres, nominatim exheredari debet; reliqui sui heredes utriusque sexus aut nominatim aut inter ceteros.

20. Si no fuese instituido heredero el hijo que está <civilmente> bajo nuestra potestad, debe ser desheredado expresamente[340]; el resto de los herederos[341] <deben ser desheredados> ya expresamente o en conjunto sin importar su sexo[342].

XXI. Postumus filius nominatim exheredandus est; filia postuma ceteraeque postumae feminae vel nominatim vel inter ceteros; dummodo inter ceteros exheredatis aliquid legetur.

21. Hay que desheredar expresamente al hijo póstumo[343]; la hija póstuma y las demás <descendientes> de ella <pueden desheredarse> ya expresamente o en conjunto, pero se debe legar algo a los demás desheredados[344].

XXII. Nepotes et pronepotes ceterique masculi postumi praeter filium vel nominatim vel inter ceteros cum adiectione legati sunt exheredandi; sed tutius est tamen nominatim eos exheredari; et id observatur magis.

22. Excepto al hijo, se deben desheredar ya expresa o conjuntamente a los nietos, bisnietos y todos los demás <descendientes> póstumos varones <pero> incluyéndo<les> un legado[345]; con todo, es más seguro desheredarlos expresamente <uno por uno>; y esto se prácticamente mayormente.

XXIII. Emancipatos liberos *utriusque sexus* quamvis iure civili neque heredes instituere neque exheredare necesse sit, tamen praetor iubet, si non instituantur heredes, exheredari, masculos omnes nominatim, feminas vel *nominatim vel* inter ceteros; alioquin contra tabulas bonorum possessionem eis pollicetur.

23. Aunque por derecho civil no es necesario ni instituir herederos ni desheredar a los hijos emancipados *de cualquier sexo*[346], sin embargo el pretor autoriza desheredar a todos los varones de forma expresa y a las mujeres *de forma expresa*[347] o en forma conjunta

cuando no se han designado herederos; así y todo, se les concede la posesión de bienes contra las tablillas <testamentarias>[348].

XXIV. Inter necessarios heredes, id est servos cum libertate heredes scriptos, et suos et necessarios, id est liberos, qui in potestate sunt, iure civili nihil interest: nam utrique etiam inviti heredes sunt. Sed iure praetorio suis et necessariis heredibus abstinere se a parentis hereditate permittitur; necesariis autem tantum heredibus abstinendi potestas non datur.

24. Entre los herederos necesarios, es decir, los esclavos <designados> por escrito herederos con libertad <futura>[349] y los hijos propios y necesarios bajo potestad <paterna que también se considerarán herederos>[350], no hay diferencia según el derecho civil, pues ambos son <considerados> herederos incluso contra su voluntad. Pero por derecho honorario se permite rechazar la herencia paterna a los herederos propios y necesarios; sin embargo, no se concede la potestad de abstenerse a los que sólo son herederos necesarios[351].

XXIVa. Mancipatos liberos *ab eo, cuius in mancipio sunt, item* qui in re*mancipatione sunt, a parente cum libertate heredes scriptos praetor suorum loco habet; itaque et ipsis abstinendi potestas datur.*

24a. *El pretor coloca <en lugar de los herederos> a los hijos emancipados por quien los tiene en mancipium, así como quien los reemancipó <para sí>, cuando han sido inscritos herederos por el padre con <la consigna de> libertad; y de esta manera también se les concede a los mismos la facultad de rechazar <la herencia>[352].*

XXV. Extraneus heres siquidem cum cretione sit heres institutus, cernendo fit heres; si vero sine cretione, pro herede gerendo.

25. Si se instituye heredero a un tercero con derecho de aceptar la herencia, se vuelve heredero al declarar que la acepta[353]; pero si se <le> instituye sin tal derecho, <adquiere esa categoría> al comportarse como heredero[354].

136

XXVI. Pro herede gerit, qui rebus hereditariis tamquam dominus utitur, velut qui auctionem rerum hereditariarum facit, aut servis hereditariis cibaria dat.

26. Se comporta como heredero quien gestiona los bienes hereditarios como <si fuera> dueño, por ejemplo, el que realiza la <pública> almoneda de los bienes hereditarios o alimenta a los esclavos[355].

XXVII. Cretio est certorum dierum spatium, quod datur instituto heredi ad deliberandum, utrum expediat ei adire hereditatem nec ne, velut: TITIUS HERES ESTO CERNITOQUE IN DIEBUS CENTUM PROXIMIS, QUIBUS SCIERIS POTERISQUE. NISI ITA CREVERIS, EXHERES ESTO.

27. La *cretio* es un plazo de días ciertos que se otorga al heredero instituido para deliberar si toma la herencia o no, por ejemplo: QUE TICIO SEA <mi> HEREDERO Y DECLARE SU INTENCIÓN <de serlo> EN LOS PRÓXIMOS CIEN DÍAS TRAS HABERSE ENTERADO <de la designación> Y PUEDA HACERLO, O QUE SEA DESHEREDADO EN CASO DE NO DECIDIRSE[356].

XXVIII. Cernere est verba cretionis dicere ad hunc modum: *QUOD ME MEVIUS HEREDEM INSTITUIT, EAM HEREDITATEM ADEO CERNOQUE.*

28. 'Decidirse' es expresar la aceptación de herencia en esta forma: *COMO* MEVIO *ME* INSTITUYÓ HEREDERO, <en este momento> TOMO Y DECIDO <aceptar> LA HERENCIA[357].

XXIX. Sine cretione heres institutus si constituerit, nolle se heredem esse, statim excluditur ab hereditate, et amplius eam adire non potest.

29. Si el heredero designado se constituyese sin <expresar> la *cretio*, <se entiende que> no desea ser heredero y se excluye expresamente de la herencia, no pudiendo después tomarla[358].

XXX. Cum cretione vero heres institutus sicut cernendo fit heres, ita non aliter excluditur, quam si intra diem cretionis non creverit: ideoque etiamsi constituerit, nolle se heredem esse, tamen, si supersint dies cretionis, paenitentia actus cernendo heres fieri potest.

30. Así como el heredero designado se vuelve tal declarando su decisión, así tampoco se le impide <ejercer su derecho> a menos que <en> el <último> día de <hacer saber> su decisión no la externase: ahora bien, si <inicialmente> declarase no querer ser heredero pero queda <todavía cierto> plazo para <hacer saber> la decisión, <por> un acto de arrepentimiento puede hacerse heredero declarando <su voluntad>[359].

XXXI. Cretio aut vulgaris dicitur aut continua: vulgaris, in qua adiciuntur haec verba: QUIBUS SCIERIS POTERISQUE; continua, in qua non adiciuntur.

31. La *cretio* se denomina general o continua: general, cuando se agregan estas palabras: DESDE AQUELLA FECHA QUE LO SUPIESES Y PUDIESES <hacerlo>'; continua, cuando no se agregan[360].

XXXII. Ei, qui vulgarem cretionem habet, dies illi dumtaxat computantur, quibus sciit, se heredem institutum esse, et potuit cernere; ei vero, qui continuam habet cretionem, etiam illi dies computantur, quibus ignoravit se heredem institutum, aut scivit quidem, sed non potuit cernere.

32. Al que tiene una *cretio* general sólo le cuentan aquellos días en los cuales ha sabido su institución como heredero y pudo declararlo <expresamente>; pero al que tiene una *cretio* continua <también> le cuentan los días en que ignoraba haberse constituido heredero, o bien lo sabía pero no pudo expresar la aceptación[361].

XXXIII. Heredes aut instituti dicuntur aut substituti: *instituti,* qui primo gradu scripti sunt; substituti, qui secundo gradu vel sequentibus heredes scripti sunt, velut: TITIUS HERES ESTO CERNITOQUE IN DIEBUS PROXIMIS CENTUM, QUIBUS SCIES POTERISQUE. *QUOD NI* ITA CREVERIS, EXHERES

ESTO. TUNC MEVIUS HERES ESTO CERNITOQUE IN DIEBUS *CENTUM* et reliqua. Similiter et deinceps substitui potest.

33. Los herederos se dice que son instituidos o sustituidos: *instituidos* son los escritos en primer lugar; sustituidos son los escritos en segundo lugar o <designados como> herederos sucesivos[362], por ejemplo: QUE TICIO SEA MI HEREDERO Y DECLARE SU INTENCIÓN EN LOS PRÓXIMOS CIEN DÍAS TRAS ENTERARSE Y PODER HACERLO. QUE SEA DESHEREDADO SI NO LO HACE. QUE ENTONCES MEVIO SEA HEREDERO Y DECLARE SU INTENCIÓN EN *CIEN* DÍAS, y todo lo demás. Del mismo modo puede ser sustituido por otro[363].

XXXIV. Si sub inperfecta cretione heres institutus sit, id est non adiectis his verbis: SI NON CREVERIS, EXHERES ESTO, sed si ita: SI NON CREVERIS, TUNC MEVIUS HERES ESTO, cernendo quidem superior inferiorem excludit; non cernendo autem, sed pro herede gerendo in partem admittit substitutum: sed postea divus Marcus constituit, ut et pro herede gerendo ex asse fiat heres. Quodsi neque creverit, neque pro herede gesserit, ipse excluditur, et substitutus ex asse fit heres.

34. Si se instituyó heredero a través de una fórmula imperfecta, es decir, por no apegarse a estas palabras: SI NO DECLARASE QUE SEA DESHEREDADO, sino a estas: SI NO DECLARASE ENTONCES QUE MEVIO SEA HEREDERO, al declarar el primer <heredero se> excluye al substituto; al no declararse y comportarse como heredero, admite al substituto en forma proporcional: sin embargo, más tarde el divino Marco[364] decidió que al comportarse como heredero también se hiciese heredero universal. Pero si no declarase su aceptación[365] ni se comportase como heredero queda excluido, y el sustituto pasa a ser heredero universal[366].

TITULUS XXIII
QUEMADMODUM TESTAMENTA RUMPUNTUR
TÍTULO XXIII
DE QUÉ MODO SE ANULAN LOS TESTAMENTOS

I. Testamentum iure factum infirmatur duobus modis, si ruptum aut irritum factum sit.

1. El testamento realizado según la ley se invalida de dos modos, ya sea por que se anula o por que queda sin efecto[367].

II. Rumpitur testamentum mutatione, id est, si postea aliud testamentum iure factum sit; item agnatione, id est, si suus heres agnascatur, qui neque heres institutus, neque ut oportet exheredatus sit.

2. El testamento se anula por cambio, es decir, si con posterioridad llega a realizarse un nuevo testamento realizado póstumamente y no ha sido instituido según la ley; también por agnación, es decir, si el heredero propio nace heredero, ni al morir <el testador> lo ha desheredado[368].

III. Agnascitur suus heres aut agnascendo, aut adoptando, aut in manum conveniendo, aut in locum sui heredis succedendo, velut nepos mortuo filio vel emancipato, aut manumissione, id est, si filius ex prima secundave mancipatione manumissus reversus sit in patris potestatem.

3. El heredero propio <se considera> nacido póstumamente sea por <efectivo> nacimiento[369], por adopción[370], por adquisición del poder marital[371], por reemplazar a <otro> heredero propio, como el nieto muerto o el hijo emancipado[372], por manumisión, es decir, si por primera o segunda emancipación el hijo manumitido ha recaído en la potestad paterna[373].

IV. Irritum fit testamentum, si testator capite diminutus fuerit, aut si iure facto testamento nemo extiterit heres.

140

4. El testamento queda sin efectos[374] si el testador sufriese *capitis deminutio*[375], o si en el testamento realizado según la ley nadie fuese nombrado heredero[376].

V. Si is, qui testamentum fecit, ab hostibus captus sit, testamentum eius valet, si quidem reversus fuerit, iure postliminii; si vero ibi decesserit, ex lege Cornelia, quae perinde successionem eius confirmat, atque si in civitate decessisset.

5. Si el que realizó testamento fue capturado por los enemigos, su testamento vale en caso de que hubiese vuelto por razón de derecho de postliminio[377]; pero si allá hubiese muerto, <el testamento vale> por <disposición de> la Ley Cornelia[378], que igualmente ratifica la sucesión como si hubiese fallecido en la ciudad[379].

VI. Si septem signis testium signatum sit testamentum, licet iure civili ruptum vel irritum factum sit, praetor scriptis heredibus iuxta tabulas bonorum possessionem dat, si testator et civis Romanus et suae potestatis, cum moreretur, fuit; quam bonorum possessionem cum re, id est cum effectu, habent, si nemo alius iure heres sit.

6. Si un <nuevo> testamento ha sido cerrado con los sellos de siete testigos[380], es lícito por derecho civil que se anule o quede sin efectos <el anterior>; el pretor concede a los herederos inscritos <en el nuevo testamento> la posesión de bienes <como> añadidos a las tablillas <originales>, si al haber muerto el testador era ciudadano romano y *sui iuris*[381]; y obtienen la posesión de los bienes de forma definitiva, es decir, con efecto <jurídico pleno>, si no existe ningún otro heredero legítimo[382].

VII. Liberis inpuberibus in potestate manentibus, tam natis quam postumis, heredes substituere parentes possunt duplici modo, id est aut eo, quo extraneis, ut, si heredes non extiterint liberi, substitutus heres fiat; aut proprio iure, id est, *ut* si post mortem parentis heredes facti intra pubertatem decesserint, substitutus heres fiat.

7. Los padres pueden sustituir <como> herederos a los hijos impúberes que continúan bajo potestad[383], tanto nacidos <en vida> como póstumos, de dos maneras: o el heredero es sustituido por

extraños, como si no existiesen hijos herederos, o por propio derecho, *como* si después de la muerte del padre los herederos instituidos <por testamento> falleciesen durante la pubertad, <y así> el sustituto se convertirá en heredero[384].

VIII. Etiam exheredatis filiis substituere parentibus licet.
8. También es lícito que los padres sustituyan a los hijos desheredados[385].

IX. Quemvis, non aliter *tamen* inpuberi filio substituere quis heredem potest, quam si sibi heredem instituerit vel ipsum filium vel quemlibet alium.
9. De ningún modo alguien puede sustituir <como> heredero al hijo impúber salvo si se ha instituido <previamente heredero> al propio hijo o a cualquier otro[386].

X. Milites *quo* modo cumque fecerint testamenta, valent, id est sine legitima observatione. Nam principalibus constitutionibus permissum est illis, quo modo cumque vellent, quo modo cumque possent, testari. Sed quod testamentum miles contra iuris regulam fecit, ita demum valet, si vel in castris mortuus sit, vel post missionem intra annum.
10. Los testamentos que los soldados realizasen *en cualquier lugar* y manera valen, es decir, incluso sin la solemnidad de ley[387]. Porque les está permitido por las constituciones de los príncipes que realicen testamento de la forma que quieran y puedan[388]. Y así, el testamento que hiciese el soldado contra la regla de derecho vale[389], con la sola condición de que haya muerto o en el campamento o en <el plazo de> un año tras su licenciamiento[390].

TITULUS XXIV
DE LEGATIS
TÍTULO XXIV
DE LOS LEGADOS

I. Legatum est, quod legis modo, id est imperative testamentum relinquitur. Nam ea, quae precativo modo relinquuntur, fideicommissa vocantur.

1. Legado es lo que por disposición de ley, es decir, imperativamente, se deja por testamento[391]. Porque los <bienes> que se dejan a modo de súplica se denominan fideicomisos[392].

II. Legamus autem quattor modis: per vindacationem, per damnationem, sinendi modo, per praeceptionem.

2. Legamos de cuatro maneras: por vindicación, por obligación, en forma de permiso, por anticipación[393].

III. Per vindicationem his verbis legamus: DO LEGO, CAPITO, SUMITO, *SIBI* HABETO;

3. Legamos por vindicación con estas palabras: DOY Y LEGO, QUE COJA, QUE TOME, QUE TENGA *PARA SÍ*[394];

IV. per damnatioonem his verbis: HERES MEUS DAMNAS ESTO DARE, DATO, FACITO, HEREDEM MEUM DARE IUBEO;

4. <legamos> por obligación con estas palabras: QUE MI HEREDERO SE OBLIGUE A TRANSMITIR, QUE DÉ, QUE HAGA, ORDENO A MI HEREDERO DAR[395];

V. sinendi modo ita: HERES MEUS DAMNAS ESTO SINERE LUCIUM TITIUM SUMERE ILLAM REM SIBIQUE HABERE;

5. <legamos> en forma de permiso así: QUE MI HEREDERO SE OBLIGUE A PERMITIR A LUCIO TICIO TOMAR PARA SÍ TAL BIEN[396];

VI. per praeceptionem sic: LUCIUS TITIUS ILLAM REM PRAECIPITO.

6. <Legamos> por anticipación así: QUE LUCIO TICIO TOME ANTES EL BIEN[397].

VII. Per vindicationem legari possunt res, quae utroque tempore ex iure Quiritium testatoris fuerunt, mortis, et quo testamentum faciebat, praeterquam si pondere, numero, mensura contineantur; in his enim satis est, si vel mortis dumtaxat tempore *eius* fuerint ex iure Quiritium.

7. Se pueden legar por vindicación bienes que al mismo tiempo han sido propiedad quiritaria del testador <ahora> fallecido y que dispuso por testamento, excepto si se incluyeren <bienes> que se pesan, cuentan o miden; pues en éstos basta que al menos fuesen propiedad quiritaria al momento de la muerte[398].

VIII. Per damnationem omnes res legari possunt, etiam quae non sunt testatoris, dummodo tales sint, quae dari possint.

8. Se pueden legar cualesquiera bienes por obligación, incluso los que no son del testador, con tal que dichos <bienes> sean <de> los que puedan entregarse[399].

IX. Liber homo aut res populi aut sacra aut religiosa nec per damnationem legari potest, quoniam dari non potest.

9. Al hombre libre no puede legársele por obligación una cosa pública, sagrada o religiosa, pues no puede entregarse <ninguno de estos bienes>[400].

X. Sinendi modo legari possunt res propriae testatoris et heredis eius.

10. Pueden legarse en forma de permiso cosas propias del testador o de su heredero[401].

XI. Per praeceptionem legari possunt res, quae etiam per vindicationem.

11. Pueden legarse por anticipación bienes que también <pueden legarse> por vindicación[402].

XIa. Si ea res, quae non fuit utroque tempore testatoris ex iure Quiritium, per vindicationem legata sit, licet iure civili non valeat legatum, tamen senatus consulto Neroniano confirmatur; quo cautum est, ut quod minus *rat*is verbis legatum est, perinde sit ac si optimo iure legatum esset: optimum autem ius legati per damnationem est.

11a. Si se legase por vindicación un bien que al mismo tiempo no ha sido propiedad quiritaria del testador, es lícito que por derecho civil no valga el legado; no obstante ello, el senadoconsulto Neroniano[403] dispuso que lo legado en términos 'inusuales'[404] sea igualmente <válido>, como si se legase de pleno derecho: y el pleno derecho es el del legado por vindicación[405].

XII. Si duobus eadem res per vindicationem legata sit, sive coniunctim, velut TITIO ET SEIO HOMINEM STICHUM DO LEGO, *sive disiunctim, velut TITIO HOMINEM STICHUM DO LEGO, SEIO EUNDEM HOMINEM DO LEGO*, concursu partes fiunt; non concurrente altero pars eius iure civili alteri adcrescebat: sed post legem Papiam Poppaeam non capientis pars caduca fit.

12. Si se legase por vindicación un mismo bien a dos <sujetos>, o bien si <se diese> de forma conjunta, como <en este ejemplo>: LEGO Y DOY EL ESCLAVO ESTICO A TICIO, *o bien separadamente, por ejemplo: DOY Y LEGO EL ESCLAVO ESTICO A TICIO*[406]*,* DOY Y LEGO EL MISMO ESCLAVO A SEYO, <por derecho civil>[407] las partes se encontraban en concurso, mas al no aceptar uno aumentaba la parte del otro[408]: pero después de la Ley Papia Popea la parte del que no acepta queda sin dueño[409].

XIII. Si per damnationem eadem res duobus legata sit, si quidem coniunctim, singulis partes debentur et non capientis pars iure civili in hereditate remanebat, nunc autem caduca fit; quodsi disiunctim, singulis solidum debetur.

145

13. Cuando se legase a dos <sujetos> un mismo bien por obligación, si <se diese> de forma conjunta les son debidas cada una de las partes <respectivas>, y por derecho civil la parte del que no aceptaba permanecía en la herencia, pero ahora <con la Ley Papia Popea> queda sin dueño; mas si <se diese> de forma separada, a cada uno <de los legatarios> le es debida la totalidad de la suma[410].

XIV. Optione autem legati per vindicationem data, velut *TITIUS HOMINEM OPTATO, ELEGITO*, legatarii est electio, idemque est et si tacite *data sit optio hoc modo: TITIO HOMINEM DO LEGO. Si vero per damnationem, velut HERES MEUS DAMNAS ESTO TITIO HOMINEM DARE*, heredis electio est, *quem* velit dare.

14. Al concederse la opción del legado por vindicación, la elección es del legatario, por ejemplo: QUE *TICIO* ESCOJA, QUE ELIJA UN ESCLAVO, siendo igual si tácitamente *se da la opción de esta forma: DOY Y LEGO A TICIO UN ESCLAVO. Pero si <se concede> por obligación, por ejemplo, QUE MI HEREDERO SE OBLIGUE* A DAR UN ESCLAVO *A TICIO*[411], la elección es del heredero que quiso dar[412].

XV. Ante heredis institutionem legari non potest, quoniam *vi(s)* et potestas testamenti ab heredis institutione incipit.

15. No puede legarse antes de la institución de heredero, porque la *fuerza* y valor del testamento comienza desde la institución del heredero[413].

XVI. Etiam post mortem heredis legari non potest, ne ab heredis herede legari videatur, quod iuris civilis ratio non patitur. *In* mortis autem heredis tempus legari potest, velut CUM HERES MORIETUR.

16. No puede legarse después de la muerte del heredero, no parezca que se lega por el heredero del heredero, lo que no tolera la regla del derecho civil[414]. Sin embargo, puede legarse *al* momento de la muerte del heredero, por ejemplo: CUANDO MUERA EL HEREDERO[415].

XVII. Poenae causa legari non potest. Poenae autem causa legatur, quod coercendi heredis *causa* relinquitur, ut faciat quid aut non faciat, non ut *ad* legatarium pertineat, ut puta hoc modo: SI FILIAM TUAM IN MATRIMONIUM TITIO CONLOCAVERIS, DECEM MI*LIA* SEIO DATO.

17. No puede legarse por causa de un castigo. Sin embargo, se lega por causa de castigo cuando se deja <un legado> para impedir al heredero que haga o no haga algo que no tenga relación con el legatario, como en este ejemplo: SI DIESES A TU HIJA EN MATRIMONIO A TICIO, QUE SE DEN DIEZ MI*L* A SEYO[416].

XVIII. Incertae personae legari non potest, veluti QUICUMQUE FILIO MEO FILIAM SUAM IN MATRIMONIUM CONLOCAVERIT, EI *HERES MEUS* TOT MILIA DATO. Sub certa tamen demonstratione incertae personae legari potest, velut EX COGNATIS MEIS, QUI NUNC SUNT, QUI PRIMUS AD FUNUS MEUM VENERIT, EI HERES MEUS ILLUD DATO.

18. No puede legarse a una persona incierta, por ejemplo, QUE *MI HEREDERO* DÉ TANTOS MILES A CUALQUIERA QUE CASASE A SU HIJA CON MI HIJO[417]. Pero puede legarse a persona incierta por designación cierta, por ejemplo: QUE MI HEREDERO DÉ TANTO AL PRIMERO DE MIS PARIENTES QUE LLEGASE PRIMERO A MI FUNERAL.

XIX. Neque ex falsa demonstratione, neque ex falsa causa legatum infirmatur. Falsa demonstratio est velut *ILLUM* FUNDUM, QUEM A TITIO EMI, DO LEGO, cum is fundus a Titio emptus non sit. Falsa causa est velut TITIO, QUONIAM NEGOTIA MEA CURAVIT, FUNDUM DO LEGO, ut negotia eius numquam Titius curasset.

19. El legado no se anula por falsa designación o falsa causa. Falsa designación puede ser: DOY Y LEGO *AQUEL* FUNDO QUE ADQUIRÍ DE TICIO, cuando <en verdad> dicho fundo no se adquirió de Ticio[418]. Falsa causa puede ser: DOY LEGO UN FUNDO A TICIO PORQUE CUIDÓ DE MIS NEGOCIOS cuando <en verdad> Ticio nunca ha cuidado sus negocios[419].

XX. A legatario legari non potest.
20. No puede <exigirse> del legatario que haga <a su vez> un legado[420].

XXI. Legatum ab eo tantum dari potest, qui *heres institutus est*: ideoque filio familiae herede instituto vel servo, neque a patre neque a domino legari potest.
21. Solamente puede legar aquél que *es instituido heredero*: y así, ni el padre ni el amo puede legar al hijo de familia, al instituido heredero o al esclavo[421].

XXII. Heredi a semet ipso legari non potest.
22. Al heredero no puede legársele.

XXIII. Ei, qui in potestate, manu mancipiove est scripti heredis, sub conditione legari potest, ut requiratur, quo tempore dies legati cedit, *an* in potestate heredis non sit.
23. Quien está bajo potestad <paterna>, poder marital o *mancipium* del heredero instituido, puede legársele bajo condición, y requerir que al momento de ceder el legado no esté *ya* bajo potestad del heredero[422].

XXIV. Ei, cuius in potestate, manu mancipiove est heres scriptus, legari *potest etiam sine condicione: si tamen heres ab eo factus sit, legatum consequi* non potest.
24. Al que se le designa heredero estando bajo potestad <paterna>, poder marital o *mancipium, puede* legársele *incluso sin condición: pero si por él se ha hecho heredero, no puede adquirir el legado*[423].

XXV. Sicut singulae res legari possunt, ita universarum quoque summa, id est pars legari potest, quae species partitio *apellatur*: ut puta *hoc* modo: HERES MEUS CUM TITIO HEREDITATEM MEAM PARTITO, DIVIDITO; quo casu dimidia pars bonorum

Titio legata videtur: potest autem et alia pars, velut tertia velut quarta, legari.

25. Así como pueden legarse bienes uno por uno, así también puede legarse de manera universal[424], a lo que se *denomina partitio*[425], como en este ejemplo: QUE MI HEREDERO DIVIDA Y REPARTA MI HERENCIA CON TICIO; en cuyo caso se considera legada *a Ticio* la mitad de los bienes: igualmente puede legarse una parte diversa, como la tercera o la cuarta[426].

XXVI. Usufructus legari potest iure civili earum rerum, quarum salva substantia utendifruendi potestas est et facultas; et tam singularum rerum, quam plurium.

26. Por derecho civil se puede legar el usufructo de aquellos bienes en los que, <una vez> exceptuada la sustancia, puede existir la facultad y potestad de usar y disfrutar[427]; y <puede tratarse> tanto de bienes únicos como de una pluralidad.

XXVII. Senatus consulto cautum est, ut etiamsi earum rerum, quae in abusu contineantur, ut puta vini, olei, tritici usufructus legatus sit, legatario res tradantur, cautionibus interpositis de restituendis eis, cum usufructus ad legatarium pertinere desierit.

27. Se dispuso por senadoconsulto que aun cuando se haya legado el usufructo de aquellas cosas que se incluyen en <la facultad de> disfrute, como <en el caso> del vino, aceite, trigo, se entreguen las cosas al usufructuario con las garantías interpuestas para restituirlas <en igual cantidad> cuando el usufructo dejase de pertenecer al usufructuario[428].

XXVIII. Civitatibus omnibus, quae sub imperio populi Romani sunt, legari potest; idque a divo Nerva introductum, postea a senatu auctore Hadriano diligentius constitutum est.

28. Puede legarse a todas las ciudades que están bajo el imperio del pueblo romano[429]; <esta disposición> la introdujo el divino Nerva, después se instituyó más escrupulosamente por <decisión de> Senado, siendo autor <el emperador> Adriano.

XXIX. Legatum, quod datum est, adimi potest vel eodem testamento, vel codicillis testamento confirmatis; dum tamen eodem modo adimatur, quo modo datum est.

29. El legado que se entregó puede revocarse ya por testamento, ya por codicilos confirmados en el testamento; porque de la misma forma en que se revoca, de tal forma se entrega[430].

XXX. Ad heredem legatarii legata non aliter transeunt, nisi si iam die legatorum cedente legatarius decesserit.

30. Los legados pasan al heredero del legatario solamente si para el día en que se entreguen los legados el legatario ya ha fallecido[431].

XXXI. Legatorum, quae pure vel in diem certum relicta sunt, dies cedit antiquo quidem iure ex mortis testatoris tempore; per legem autem Papiam Poppaeam ex apertis tabulis testamenti; eorum vero, quae sub condiciones relicta sunt, cum conditio extiterit.

31. Respecto a los legados que se entregan inmediatamente o en fecha cierta, en el derecho antiguo se retrotrae la fecha al momento de la muerte del testador[432]; mas por <disposición de> la Ley Papia Popea <ahora es> desde la apertura de las tablillas testamentarias[433]; y respecto a los que se entregan por condición, cuando surgiese la condición[434].

XXXII. Lex Falcidia iubet, non plus quam dodrantem totius patrimonii legari, ut omnimodo quadrans integer apud heredem remaneat.

32. La Ley Falcidia autoriza dar en legado no más de tres cuartos del patrimonio total, de modo que el heredero conserve íntegra una cuarta parte[435].

XXXIII. Legatorum per *damnationem per* peram solutorum repetitio non est.

33. No existe repetición respecto a legados dados incorrectamente[436] *o por obligación*[437].

TITULUS XXV
DE FIDEICOMMISSIS
TÍTULO XXV
DE LOS FIDEICOMISOS

I. Fideicommissum est, quod non civilibus verbis, sed precative relinquitur, nec ex rigore iuris civilis proficiscitur, sed ex voluntate datur relinquentis.

1. Fideicomiso es lo que se deja no por medio de términos civiles, sino por <simple> petición <expresa>, y no emana del rigor del derecho civil, sino que se da por voluntad del que deja[438].

II. Verba fideicommissorum in usu fere haec sunt: FIDEICOMMITTO, PETO, VOLO DARI et similia.

2. Las palabras usadas en los fideicomisos son más o menos estas: CONFÍO EN TU BUENA FE, PIDO, QUIERO QUE SE DÉ y similares[439].

III. Etiam nutu relinqui *posse* fideicommissum usu receptum est.

3. Incluso se ha aceptado como costumbre *poder*[440] dejar fideicomiso con un simple gesto que manifieste la voluntad[441].

IV. Fideicommissum relinquere possunt, qui testamentum facere possunt, licet non fecerint: nam etiam intestato quis moriturus fideicommissum relinquere potest.

4. Pueden dejar fideicomiso quienes pueden realizar testamento, <pero también> se autoriza a quienes no lo hiciesen: porque el que está por morir intestado puede dejar fideicomiso[442].

V. *Eae* res per fideicommissum relinqui possunt, quae per damnationem legari possunt.

5. Pueden dejarse por fideicomiso *aquellos* bienes que también pueden legarse por obligación[443].

VI. Fideicommissa dari possunt his, quibus legari potest.

6. <También> pueden recibir fideicomisos los que pueden recibir legados[444].

VII. Latini Iuniani fideicommissum capere possunt, licet legatum capere non possint.

7. Los latinos junianos pueden adquirir un fideicomiso, <pero> es lícito que no puedan adquirir un legado[445].

VIII. Fideicommissum et ante heredis institutionem, et post mortem heredis, et codicillis etiam non confirmatis testamento dari potest, licet *ita* legari non possit.

8. Puede otorgarse fideicomiso antes de la institución de heredero, después de la muerte del heredero[446] y por codicilos confirmados por testamento[447], <pero> es lícito que *así* no pueda legarse[448].

IX. Item Graece fideicommissum scriptum valet, licet legatum Graece scriptum non valeat.

9. Igualmente vale el fideicomiso escrito en griego, pero es lícito que el legado escrito en griego no valga[449].

X. *Legatarii* vel filio, qui in potestate est, servove heredibus institutis, seu his legatum sit, patris vel domini fidei committi potest, quamvis ab eo legari non possit.

10. Puede confiarse a la fe del padre o del amo un legado dejado al hijo *del legatario*[450] que está bajo potestad, o al esclavo de los herederos designados, aunque no pueda recibir en legado.

XI. Qui testamento heres institutus est, codicillis etiam non confirmatis rogari potest, ut hereditatem totam vel ex parte alii restituat, quamvis directo heres instituit ne quidem confirmatis codicillis possit.

11. A quien fue instituido heredero por testamento puede solicitársele a través de codicilos no confirmados <por testamento> que restituya a otro la herencia <de forma> completa o en parte, aunque no puede instituirse directamente heredero por <esos mismos> codicilos confirmados[451].

XII. Fideicommissa non per formulas petuntur, ut legata, sed cognitione Romae quidem consulum aut praetoris, qui fideicommissarius vocatur; in provinciis vero praesidis provinciae.

12. Los fideicomisos no se piden por fórmula <procesal>, como los legados, sino que el procedimiento se realiza <directamente> ante el cónsul o el pretor en Roma, al cual se le llama '<pretor> fideicomisario'; pero en las provincias <conoce> el gobernador[452].

XIII. Poenae causa, *vel peregrino*, vel incertae personae ne quidem fideicommissa dari possunt.

13. No pueden otorgarse a nadie fideicomisos por causa de penalidad[453] o <en beneficio de> persona incierta[454], o <por ser> *extranjero*[455].

XIV. Is, qui rogatus est alii restituere hereditatem, lege quidem Falcidia *locum* non habente, quoniam non plus puta quam dodrantem restituere rogatus est, ex Trebelliano senatus consulto restituit, ut ei et in eum dentur actiones, cui restituuta est hereditas. Lege autem Falcidia interveniente, quoniam plus dodrantem vel etiam totam hereditatem restituere rogatus *est*, ex Pegasiano senatus consulto restituit, ut deducta parte quarta ipsi, qui scriptus est heres, et in ipsum actiones conserventur; is autem, qui recipit hereditatem, legatarii loco habeatur.

14. Al que se pide que restituya una herencia a otro, no realizándolo según <la *formalidad* de> la Ley Falcidia[456], porque no se pidió <expresamente> restituir más de tres cuartos <de los bienes>, <lo puede hacer> por <medio de> el senadoconsulto Trebeliano[457], para

que se concedan acciones en favor de y contra el que ha recibido la herencia. Pero en caso de intervenir la Ley Falcidia, <la cual ordena> al fideicomisario restituir más de tres cuartos <de los bienes> o toda la herencia, restituye con base en <lo dispuesto por> el senadoconsulto Pegasiano[458], para que deducida la cuarta parte del mismo, se conserven las acciones <pertinentes> en favor de y contra el heredero inscrito; pese a ello, quien recibe la herencia, queda en situación de legatario.

XV. Ex Pegasiano senatus consulto restituta hereditate commoda et incommoda hereditatis communicantur inter heredem et eum, cui reliquae partes restitutae sunt, interpositis stipulationibus ad exemplum partis et pro parte stipulationum. Partis autem et pro parte stipulationes proprie dicuntur, quae de lucro et damno communicando solent interponi inter heredem et legatarium partiarium, id est, cum quo partiri iussus est heres.

15. Por <disposición de> el senadoconsulto Pegasiano, <una vez> restituida la herencia, las ganancias y las pérdidas de la herencia se comparten entre el heredero y el que ha recibido las partes restantes habiéndose interpuesto <las respectivas> estipulaciones, como <sucede> en el caso de las estipulaciones *partis et pro parte*[459]. Precisamente, se denominan *partis et pro parte stipulationes* las que suelen interponerse para compartir beneficios y perjuicios entre heredero y legatario parciario, es decir, con quien es heredero compartido.

XVI. Si heres damnosam hereditatem dicat, cogitur a praetore adire et restituuere totam, ita ut ei et in eum, qui recipit hereditatem, actiones dentur, proinde atque si ex Trebelliano senatus consulto restituta fuisset. Idque ut ita fiat, Pegasiano senatus consulto cautum.

16. Si el heredero declara <que la> herencia <le es> perjudicial, el pretor le obliga a aceptarla y <luego a> restituirla toda para que se concedan las acciones en favor de y contra el que recibe la herencia, como si se hubiese restituido <según lo dispuesto> por el senadoconsulto Trebeliano[460]. Y así lo dispone igualmente el senadoconsulto Pegasiano[461].

XVII. Si quis in fraudem tacitam fidem adcommodaverit, ut non capienti fideicommissum restituat, nec quadrantem eum deducere senatus censuit, nec caducum vindicare ex eo testamento, si liberos habeant.

17. Si alguien prometiese de manera fraudulenta y secreta restituir el fideicomiso al que no lo toma[462], el senado autorizó que no deduzca su cuarta parte[463], ni que reclame la parte sin dueño del testamento, a menos que tenga hijos.

XVIII. Libertas dari potest per fideicommissum.
18. Puede otorgarse la libertad por fideicomiso[464].

TITULUS XXVI
DE LEGITIMIS HEREDIBUS
TÍTULO XXVI
DE LOS HEREDEROS LEGÍTIMOS

I. Intestatorum ingeniorum hereditates pertinent primum ad suos heredes, id est liberos, qui in potestate sunt, ceterosque, qui in liberorum loco sunt; si sui heredes non sint, ad consanguineos, id est fratres et sorores ex eodem patre; si nec hi sint, ad reliquos agnatos proximos, id est cognatos virilis sexus, per mares descendentes, eiusdem familiae: id enim cautum est lege duodecim tabularum hac: SI INTESTATO MORITUR, CUI SUUS HERES NON ESCIT, AGNATUS PROXIMUS FAMILIAM HABETO.

1. Las herencias de los ingenuos intestados pertenecen primero a sus herederos, es decir, a los hijos que están sometidos a potestad y a todos los que están en lugar de los hijos; si no existen herederos propios, a los <parientes> consanguíneos, es decir, a los hermanos y hermanas del mismo padre; si tampoco los hay, a los restantes agnados próximos, es decir, parientes de sexo masculino por <vía de> descendientes varones de la misma familia[465]; pues así se

155

sanciona en nuestra Ley de las Doce Tablas: SI SE MUERE INTESTADO Y NO HAY HEREDERO PROPIO, CONSÍDERESE AGNADO PRÓXIMO A LA FAMILIA[466].

Ia. *Si agnatus defuncti non sit, eadem lex duodecim tabularum gentiles ad hereditatem vocat his verbis: 'si agnatus nec escit, gentiles familias habento'. Nunc nec gentiles nec gentilicia iura in usu sunt.*
1a. *Si no existe <algún> agnado <próximo> del difunto, la misma Ley de las Doce Tablas convoca con estas palabras a los gentiles[467] para <recibir> la herencia: 'si no hay agnados, considérense <así> a los gentiles de una familia'. <Pero> actualmente ni los gentiles ni los derechos <sucesorios> gentilicios están en uso[468].*

II. Si defuncti sit filius, *et* ex altero filio iam mortuo nepos unus vel etiam plures, ad omnes hereditas pertinet, non ut in capita dividatur, sed in stirpes, id est, ut filius solus mediam partem habeat et nepotes, quotquot sunt, alteram dimidiam: aequum est enim, nepotes in patris sui locum succedere et eam partem habere, quam pater eorum, si viveret, habiturus esset.
2. Si existe un hijo del difunto, *y* uno o varios nietos de otro hijo muerto previamente, la herencia pertenece a todos, no para que se divida por persona, sino por estirpe, es decir, que el hijo único tenga la mitad y los demás nietos la otra mitad: porque es justo que los nietos sucedan en sustitución del padre y tengan su parte <respectiva>, como si su padre, estando vivo, hubiese recibido[469].

III. Quamdiu suus heres speratur heres fieri posse, tamdiu locus agnatis non est; velut si uxor defuncti praegnans sit, aut filius apud hostes sit.
3. Durante el tiempo que se tenga la esperanza de que el heredero propio pueda convertirse en heredero, no hay lugar para los agnados, por ejemplo, si la esposa del difunto está embarazada o el hijo se encuentra <prisionero> entre los enemigos[470].

IV. Agnatorum hereditates dividuntur in capita; velut si sit fratris filius et alterius fratris duo pluresve liberi, quotquot sunt ab utraque parte personae, tot fiunt portiones, ut singuli singulas capiant.

4. Las herencias de los agnados <próximos> se dividen por personas, por ejemplo, si existe el hijo de un hermano y dos o más de otro hermano, se crean tantas porciones según <los agnados> que haya por el lado de una u otra persona, para que así cada hijo reciba una <porción proporcional>[471].

V. Si plures eodem gradu sint agnati, et quidam eorum hereditatem ad se pertinere noluerint, vel antequam adierint, decesserint, eorum pars adcrescit his, qui adierint; quod si nemo eorum adierit, ad insequentem gradum ex lege hereditas non transmittitur, quoniam in legitimis hereditatibus successio non est.

5. Si existiesen más agnados en idéntico grado, y algunos de ellos no quisiesen tomar herencia, o antes de tomarla falleciesen, su porción se agrega a los que la aceptaron[472]. Pero si ninguno de ellos la aceptase, por ley no se transmite la herencia al grado sucesivo, porque no existe sucesión en las herencias legítimas[473].

VI. Ad feminas ultra consanguineorum gradum legitima hereditas non pertinet; itaque soror fratri sororive legitima heres fit, *amita vero vel fratris filia et deinceps legitima heres non fit.*

6. La herencia legítima no pertenece a las mujeres <que están> más allá del grado de <parientes> consanguíneos: por consiguiente, la hermana se convierte en la heredera legítima del hermano o la hermana, *pero la tía paterna o la hija del hermano y así sucesivamente no se convierte en heredera legítima*[474].

VII. Ad liberos matris intestatae hereditas sine in manum conventione ex lege duodecim tabularum non pertinebat, quia feminae suos heredes non habent; sed postea imperatorum Antonini et Commodi oratione in senatu recitata id actum est, ut matrum legitimae hereditates ad filios pertineant, exclusis consanguineis et reliquis agnatis.

7. Según la Ley de las Doce Tablas, la herencia de madre <fallecida> intestada y casada sin poder marital[475] no pertenecía a los hijos, porque las mujeres no tiene herederos propios[476]: pero después del discurso de los emperadores Antonino y Cómodo pronunciado ante el senado se logró que las herencias legítimas de madres casadas fuera del poder marital pertenezcan a los hijos, excluyéndose a los consanguíneos y demás agnados[477].

VIII. Intestati filii hereditas ad matrem ex lege duodecim tabularum non pertinet; sed si ius liberorum habeat, ingenua trium, libertina quattor, legitima heres fit ex senatus consulto Tertulliano; si tamen ei filio neque suus heres sit quive inter suos heredes ad bonorum possessionem a praetore vocatur, neque pater, ad quem lege hereditas bonorumve possessio cum re pertinet, neque frater consanguineus: quod si soror consanguinea sit, ad utrasque pertinere iubetur hereditas.

8. Según la ley de las Doce Tablas, la herencia del hijo intestado no pertenece a la madre[478]: pero si <ella> tiene *ius liberorum*[479], es ingenua con tres hijos o liberta con cuatro, por <disposición de> el senadoconsulto Tertuliano[480] se convierte en heredera legítima, a condición que no le sobreviva a su hijo un heredero propio o que el pretor llame a la *bonorum possessio* a cualquiera de los <otros> herederos propios[481], ni <que tenga> padre al que por ley le pertenezca la herencia o la *bonorum possessio cum re*[482], ni hermano consanguíneo: pero si existe una hermana consanguínea, se autoriza que la herencia pertenezca a las dos[483].

TITULUS XXVII
DE LIBERTORUM SUCCESSIONIBUS VEL BONIS
TÍTULO XXVII
DE LAS SUCESIONES O BIENES DE LOS LIBERTOS

I. Libertorum intestatorum hereditas primum ad suos heredes pertinet; deinde ad eos, quorum liberti sunt, velut patronum, patronam liberosve patroni.

1. La herencia de los libertos intestados pertenece primero a los herederos propios, luego a aquéllos de los que son libertos, por ejemplo, al patrón, a la patrona o a los hijos del patrón[484].

II. Si sit patronus et alterius patroni filius, ad solum patronum hereditas pertinet.

2. Si confluyen el patrón <original> y el hijo de otro patrón <clientelar>, la herencia pertenece solamente al patrón <original>.

III. Item patroni filius patroni nepotibus obstat.

3. Igualmente el hijo del patrón obstaculiza a los nietos del patrón[485].

IV. Ad liberos patronorum hereditas defuncti pertinet ita ut in capita, non in stirpes, dividatur.

4. La herencia del <liberto> difunto pertenece a los hijos de los patrones, para que se divida no por personas, sino por estirpes[486].

V. Legitimae hereditatis ius, quod ex lege duodecim tabularum descendit, capitis minutione amittitur. * * * * *

5. El derecho de herencia legítima, que según la Ley de las Doce Tablas se transmite, se extingue con la *capitis deminutio*[487]. * * * * *

TITULUS XXVIII
DE POSSESSIONIBUS DANDIS
TÍTULO XXVIII
SOBRE LAS FORMAS DE OTORGAR LA
POSESIÓN SUCESORIA

I. Bonorum possessio datur aut contra tabulas testamenti, aut *secundum* tabulas, *aut* intestati.
1. La *bonorum possessio*[488] se da *contra tabulas testamenti, secundum tabulas* o *intestati*[489].

II. Contra tabulas bonorum possessio datur, liberis *vel* emancipatis testamento praeteritis, licet legitimo *iure* non ad eos pertineat hereditas.
2. La *bonorum possessio contra tabulas* se otorga a los hijos *o* a los emancipados ignorados en el testamento, aunque no les pertenezca la herencia legítima[490].

III. Bonorum possessio contra tabulas liberis tam naturalibus quam adoptivis datur; sed naturalibus quidem *etiam* emancipatis, non tamen et illis, qui in adoptiva familia sunt; adoptivis autem his tantum, qui in potestate manserunt.
3. La *bonorum possessio contra tabulas* se otorga a hijos naturales y adoptivos[491]: pero <respecto a los primeros> sólo <se concede> a los hijos naturales emancipados[492], no así a los que <ahora ya> están en una familia adoptiva; mientras que para los adoptivos sólo <se otorga> a los que permanecieron bajo la potestad paterna[493].

IV. Emancipatis liberis ex edicto datur bonorum possessio, si parati sint cavere fratribus suis, qui in potestate manserunt, bona, quae moriente patre habuerunt, se conlaturos.
4. La *bonorum possessio contra tabulas* se otorga por medio de edicto a los hijos emancipados si están dispuestos a cuidar de los hermanos que permanecieron bajo potestad para que, al morir el padre, acumulen los bienes <de la masa hereditaria> que hubiese tenido con ellos <para la posterior división>[494].

V. Secundum tabulas bonorum posseessio datur scriptis heredibus, scilicet si eorum, quibus contra tabulas competit, nemo sit, aut petere *voluerit*.

5. La *possessio bonorum secundum tabulas* se concede a los herederos inscritos, obviamente si no existe ninguno que solicite la <*bonorum possessio*> *contra tabulas*, o que *desease* solicitarla[495].

VI. Etiamsi iure civili non valet testamentum, forte quod familiae mancipatio vel nuncupatio defuit, si signatum testamentum sit non minus quam septem testium civium Romanorum signis, bonorum possessio datur.
6. Aun cuando por derecho civil el testamento no valga, por ejemplo, cuando faltó la emancipación o designación de heredero, <o> si existe un testamento cerrado en el que hay no menos de siete sellos de testigos en calidad de ciudadanos romanos, se concede la *bonorum possessio*[496].

VII. Intestati datur bonorum possessio per septem gradus: primo gradu liberis; secundo legitimis heredibus; tertio proximis cognatis; quarto familiae patroni; *quinto* patrono, patronae, item liberis vel *parentibus* patroni patronaeve; sexto viro, uxori; septimo cognatis manumissoris, quibus per legem Furiam plus mile asses capere licet: et si nemo sit, ad quem bonorum possessio pertinere possit, aut sit quidem, sed ius suum omiserit, populo bona deferentur ex lege Iulia caducaria.
7. La *bonorum possessio intestati* se otorga a través de siete grados <de parentesco>[497]: en el primer grado, hijos naturales; en el segundo, herederos legítimos[498]; en el tercero, <parientes> consanguíneos próximos[499]; en el cuarto, familia del patrón[500]; en el quinto el patrón, la patrona, así como los hijos o los parientes del patrón o la patrona[501]; en el sexto, el marido o la esposa[502]; en el séptimo los consanguíneos del manumisor[503], a los cuales por <disposición de> la Ley Furia se les autoriza percibir más de mil ases[504]; y si no hay nadie a quien pueda asignarse la *bonorum possessio*, los bienes pasan al pueblo por <disposición de> la Ley Julia caducaria[505].

VIII. Liberis bonorum possessio datur tam his, qui in potestate usque in mortis tempus fuerunt, quam emancipatis; item adoptivis, non tamen etiam in adoptionem datis.

8. La *bonorum possessio liberis* se concede tanto a los <hijos> que estuvieron bajo potestad <paterna> hasta el momento de la muerte[506], como a los <hijos> emancipados[507], así como a los adoptivos, pero no a los dados en adopción[508].

IX. Proximi cognati bonorum possessionem accipiunt non solum per femenini sexus personam cognati, sed etiam agnati capite diminuti: nam licet legitimum ius agnatione capitis minutione amiserint, natura tamen cognati manent.

9. Los <parientes> consanguíneos próximos reciben la *bonorum possessio* no sólo por vía de personas del sexo femenino[509], sino también de un agnado caído en *capitis deminutio*: porque aunque hubiesen perdido el derecho legítimo de agnación, por naturaleza siguen siendo parientes consanguíneos[510].

X. Bonorum possessio datur parentibus et liberis intra annum, ex quo petere potuerunt; ceteris intra centum dies.

10. La *bonorum possessio* se concede tanto a parientes <ascendientes> como a hijos en el plazo de un año a partir del momento en que pudiesen reclamar, y a los demás <parientes consanguíneos> en el plazo de cien días.

XI. Qui omnes intra id tempus si non petierint bonorum possessionem, sequens gradus admittitur, perinde atque si superiores non essent; idque per septem gradus fit.

11. En caso de que, en dicho tiempo, todas las personas <pertenecientes a un grado> no reclamasen la *bonorum possessio*, se admite el grado siguiente, como si no existiesen los <parientes> ascendientes: y así <ocurre> a lo largo de siete grados.

XII. Hi, quibus ex successorio edicto bonorum possessio datur, heredes quidem non sunt, sed heredis loco constituuntur beneficio

162

praetoris. Ideoque seu ipsi agant, seu cum his agatur, ficticiis actionibus opus est, in quibus heredes esse finguntur.

12. A los que se concede la *bonorum possessio* por <medio de> edicto posesorio, ciertamente no son herederos, pero se colocan en lugar del heredero por beneficio del pretor[511]. Y por ello, ya sea que ellos mismos actúen en juicio o lo ejerciten contra ellos, es necesario que se inicien las acciones ficticias en las que fungen como herederos[512].

XIII. Bonorum possessio aut cum re datur, aut sine re: cum re, *cum is, qui accipit, accipit* cum effectu, *ut* bona retineat; sine re, cum alius iure civili evincere hereditatem possit; veluti si sit *scriptus* heres, intestati bonorum possessio sine re *est*, quoniam *script*us heres evincere hereditatem iure legitimo *potest*.

13. La *possessio bonorum* se concede ya sea *cum re* o *sine re*: *cum re, cuando* el que recibió *retiene* los bienes con plena eficacia; *sine re*, cuando otro puede recobrar la herencia por decisión judicial[513]; por ejemplo, si un heredero <*por derecho*> *propio* es omitido en el testamento, aunque a los herederos designados <en testamento> se les conceda la *bonorum possessio secundum tabulas*, ésta será sin embargo una *bonorum possessio sine re*, porque el heredero <*por derecho*> *propio* puede adquirir la herencia por derecho legítimo[514].

TITULUS XXIX
DE BONIS LIBERTORUM
TÍTULO XXIX
DE LOS BIENES DE LOS LIBERTOS

I. Civis Romani liberti hereditatem lex duodecim tabularum patrono defert, si intestato sine suo herede libertus decesserit: ideoque sive testamento facto decedat, licet suus heres ei non sit, seu intestato, et suus heres ei sit, quam*quam* non naturalis, sed uxor puta, quae in manu fuit, vel adoptivus filius, lex patrono nihil praestat. Sed ex edicto praetoris, seu testato libertus moriatur, ut tamen aut nihil aut minus quam partem dimidiam bonorum patrono relinquat, contra tabulas testamenti partis dimidiae bonorum possessio illi datur, nisi libertus aliquem ex naturalibus liberis successorem sibi relinquat; sive intestato decedat, et uxorem forte in manu vel adoptivum filium relinquat, aeque partis mediae bonorum possessio contra suos heredes patrono datur.

1. La Ley de las Doce Tablas otorga al patrón la herencia de un liberto ciudadano romano si el liberto falleciese intestado sin heredero: por ello, si muriese habiendo hecho testamento, aunque no tenga un heredero propio, o si muriese intestado y existiese un heredero propio, aunque no fuese natural, como la esposa que estuvo bajo el poder marital o bien un hijo adoptivo, la ley no otorga nada al patrón[515]. Pero por <disposición del> edicto pretorio, si el liberto muriese intestado, en forma tal que no deja nada al patrón o menos de la mitad <de bienes>, se le debe dar en *bonorum possessio contra tabulas* la mitad del testamento, a menos que el liberto otorgue a algún sucesor <proveniente> de los hijos naturales, o si eventualmente, muriendo intestado, deje <sus bienes> a la esposa *in manu* o al hijo adoptivo, se debe dar al patrón por equidad la *bonorum possessio* de la mitad<de bienes>[516].

II. In bonis libertae patrono nihil iuris ex edicto datur. Itaque *seu testata decedat, id*
tantum iuris patronus habet, quod ei testamento, ipso tutore auctore, datum est; seu intestata moriatur liberta, semper ad eum hereditas pertinet, licet liberi sint libertae, *qui* quoniam non sunt sui heredes matri, *non* obstant patrono.

2. Por <disposición del> edicto, ningún derecho se otorga al patrón sobre los bienes de una liberta[517]; así pues, *ya sea que muera testada, el patrón sólo tiene el derecho que se le concede por testamento para fungir como tutor con autoridad*[518]; o ya sea que la liberta muera intestada, la herencia siempre le pertenece a él aunque existan hijos de la liberta, porque *quienes* no son herederos propios de la madre *no* obstaculizan al patrón.

III. Lex Papia Poppaea postea libertas quattor liberorum iure tutela patronorum liberavit; et cum intulerit, iam posse eas sine auctoritate patronorum testari, prospexit, ut pro numero liberorum libertae superstitum virilis pars patrono debeatur.

3. Más tarde, la Ley Papia Popea[519] exentó a las libertas con cuatro hijos del derecho de tutela patronal; y al serles concedido el poder recibir por testamento sin autorización del patrón, <se> veló por conceder al patrón la parte correspondiente en proporción al número de hijos supérstites de la liberta[520].

IV. Liberi patroni virilis sexus eadem iura in bonis libertorum parentum suorum habent, quae et ipse patronus.

4. Los hijos varones del patrón tienen los mismos derechos paternos sobre los bienes de los libertos, como <si los tuviese> el propio patrón[521].

V. Feminae vero ex lege quidem duodecim tabularum *idem* ius habent, atque masculi patronorum liberi; contra tabulas autem testamenti liberti aut ab intestato contra suos heredes non naturales bonorum possessio eis non competit; sed si ius trium liberorum *meruerint*, etiam haec iura ex lege Papia Poppaea nanciscuntur.

5. Pero *también* por <disposición de> la Ley las Doce Tablas las <hijas> mujeres tienen igualmente derecho <a los bienes de los libertos>, como los hijos varones de los patrones. Sin embargo no les corresponde la *bonorum possessio contra tabulas* del testamento del liberto o *ab intestato* contra los herederos propios <que> no <son> naturales[522]: pero si *tuviesen* el *ius trium liberorum*, obtienen estos derechos por <disposición de> la Ley Papia Popea[523].

VI. Patronae *in* bonis libertorum illud ius tantum habebant, quod lex duodecim tabularum introduxit; sed postea lex Papia patronae *ingenuae* duobus liberis honoratae, libertinae tribus, id iuris dedit, quod patronus habet ex edicto.

6. Las patronas solamente tenían el derecho a los bienes de los libertos que introdujo la Ley de las Doce Tablas[524]; pero después la Ley Papia <Popea> concedió ese derecho a la patrona ingenua honrada con dos hijos <y> a la <patrona>[525] liberta con tres que tiene patrón por <disposición del> edicto <pretorio>.

165

VII. Item ingenuae trium liberorum iure honoratae eadem lex id ius dedit, quod ipsi patrono tribuit. * * * * *

7. También la misma ley concedió a la ingenua <honrada> con el *ius trium liberorum* el derecho que se otorga al propio patrón[526]. * * * * *

SINE NUMERO
DE INIURIIS
SIN NÚMERO
DE LAS INJURIAS[527]

Ulpianus libro singulari regularum sub titulo de iniuriis.- Iniuria, si quidem atrox, id est gravis, non est, sine iudicis arbitrio aestimatur. Atrocem autem aestimare solere praetorem idque colligi ex facto, ut puta si verberatus vel vulneratus quis fuerit. Et reliqua.

Ulpiano en el libro único de las reglas, en el título sobre las injurias[528]. - No se considera <que existe> injuria atroz[529], es decir, grave, si no es declarada por sentencia del juez. Pero al pretor <compete> estimar la atrocidad a partir de lo que se deduzca de la conducta, por ejemplo, si alguien fue azotado o golpeado[530]. Y lo demás.

SINE NUMERO
DE ACTIONIBUS
SIN NÚMERO
DE LAS ACCIONES[531]

Ulpianus libro singulari regularum.- Actionum genera sunt duo: in rem, quae dicitur vindicatio, et in personam, quae condictio appellatur. In rem actio est, per quam rem nostram, quem ab alio possidetur, petimus; et semper adversus eum est, qui rem possidet. In personam actio est, qua cum eo agimus, qui obligatus est nobis ad faciendum aliquid vel dandum; et semper adversus eundem locum habet.

1. Actionum autem quaedam ex contractu, quaedam ex facto, quaedam in factum sunt. Ex contractu actio est, quoties quis sui lucri causa cum aliquo contrahit, veluti emendo, vendendo, locando, conducendo, et ceteris similibus. Ex facto actio est, quoties ex eo teneri quis incipit, quod ipse adsimit, veluti furtum vel iuniuriam commisit, vel damnum dedit. In factum actio dicitur, qualis est, exempli gratia, actio, quae datur patrono adversus libertum, a quo contra Edictum Praetoris in ius vocatus est.

Ulpiano en el libro único de las reglas.- Existen dos tipos de acciones[532]: real, que se denomina vindicación, y personal, que se le llama restitución[533]. La acción real es <aquella> por la que pedimos una cosa nuestra que otro posee; y siempre es contra quien posee la cosa[534]. La acción personal es aquella por la exigimos realizar o dar algo de alguien que está obligado a nosotros[535]; y siempre tiene lugar directamente contra él[536].

1. Pero de las acciones, algunas <se originan> por contrato, algunas por el hecho, algunas contra el hecho. Existe acción por contrato cuando alguien contrata con otro por causa de lucro, como al comprar, vender, arrendar y otros casos similares. Existe acción por el hecho cuando alguien comienza a obligarse por aquello que él mismo realizó, por ejemplo, <cuando> cometió hurto o injuria, o provocó un daño. Se le llama acción contra el hecho, por ejemplo, a la que se concede al patrón contra el liberto, por quien es llamado a juicio contra el edicto del pretor.

2. Omnes autem actiones aut civiles dicuntur, aut honorariae.

2. Pero todas las acciones se denominan civiles u honorarias[537].

NOTAS

[1] El título no existe en el manuscrito original. Elegimos dar este nombre al proemio de la obra ulpianea para distinguirlo del resto del título I pues no guarda relación con el capítulo en estudio, referente a los libertos, pese a conservar la numeración de las versiones originales en los primeros cuatro pasajes.

[2] El pasaje se tradujo según la reconstrucción de Huschke. Krüger propone abrir este párrafo con la siguiente frase: *leges aut perfectae sunt aut imperfectae aut minus quam perfectae* (las leyes son o bien perfectas, o bien imperfectas o bien menos que perfectas).

[3] En sentido técnico y restringido, *lex* era para los romanos la norma solemnemente votada por el pueblo reunido en los *comītia*; a esta promulgación los romanos la denominaban *lex pūblica*; así lo leemos en Aulo Gelio: "Ateyo Capitón, expertísimo en derecho público y privado, definió lo que es la ley con estas palabras: 'Ley es el mandato general del pueblo o la plebe a solicitud de un magistrado' " (*Nottae Attīcae*, 10, 20, 2). Éste último era un *magistratus maior*, por ejemplo, un cónsul (Inst. 1, 2, 4), un pretor, un dictador, un decemviro o un tribuno militar con potestad consular, los cuales realizaban una *rogatio*. De manera resumida a esta noción inicial, *lex est quod populus iūbet atque constĭtuit* (la ley es lo que el pueblo ordena y establece) (Gai. 1, 3).

Isidoro brinda un concepto de amplio distingo: "ley es la constitución del pueblo, que sancionaron desde el inicio los antiguos junto con los plebeyos. Porque lo que el rey o el emperador ordena, se denomina constitución o edicto" (*Orig.*, 2, 10, 1).

Se el atribuye a la ley el primer lugar entre las diversas fuentes del derecho, como expresión directa de la voluntad popular: tanto así que de las otras fuentes (plebiscito, senadoconsulto, respuestas de los jurisprudentes, la costumbres inveterada) se dice que tienen "fuerza de ley" para dar a entender su plena eficacia (Cfr. Gai. 1, 4. 5. 7; D. 1, 3, 32).

La más famosa de las leyes romanas es la *Lex Duodecim Tabullarum* (Ley de las Doce Tablas), emitida en el 450 a. C.; Livio la llama fundamento de todo el derecho público y privado (*Ab urb. Cond.*, 3, 34, 6). Y de hecho tuvo una gran importancia tanto en uno como en otro ámbito; pero debe agregarse que muchas de sus disposiciones fueron objeto de amplias interpretaciones extensivas por parte de juristas posteriores, y que en el transcurso del tiempo no se tuvo cuidado de distinguir entre ley e interpretación: de ahí que los elogios a las Doce Tablas eran en realidad elogios a lo que la jurisprudencia había construido sobre el fundamento de aquéllas.

[4] El ejemplo de la ley perfecta está perdido. Se pueden mencionar en sustitución la *Lex Fufia* (o *Furia*) *Caninia* del 2 a. C. que rescinde la libertad testamentaria

cuando los nombres de los esclavos se escriben en círculo (*scriptis in orbem*), no pudiendo determinar el orden de preferencia (Gai. 1, 46; Inst. 1, 7); la *Lex Aelia Sentia* del 4 d. C., que entre otras regulaciones deja sin efecto toda manumisión en fraude de acreedores o del patrón cuando el deudor busca quedar en la insolvencia para sustraerse a las obligaciones contraídas (Gai. 1, 37; Inst. 1, 6, pr; D. 40, 9, 10); o bien la *Lex Falcidia de legatis* del 40 a. C., que impide al testador legar más de las tres cuartas partes de su patrimonio, obligándole a dejar al menos una cuarta parte al heredero, la denominada *quarta Falcidia* (Gai. 2, 227; D. 35, 2, 1 pr.).

⁵ Huschke restituyó la frase faltante aproximadamente en los términos de Cujacio y Schillinger.

Según el mismo Huschke, posiblemente en este punto existía una introducción general al derecho civil. Así, según Justiniano (inspirado a su vez en Ulpiano y Papiniano, cfr. D. 1, 6, 1, 1 y D. 1, 1, 7;), "nuestro derecho es escrito o no escrito, como entre los griegos las leyes son escritas o no escritas. Pertenecen al derecho escrito: la ley, el plebiscito, el senadoconsulto, las constituciones de los emperadores, los edictos de los magistrados, las respuestas de los prudentes" (Inst. 1, 2, 3). Cfr. D. 1, 2, 2, 12; Isid., *Orig.*, 5, 9, 2. Posteriormente vendría el apartado reconstruido de la naturaleza de la ley, y cuyas definiciones hemos asentado en la nota 3.

⁶ La *Lex Cincia de donationibus* o *de donis et muneribus* fue un plebiscito del año 204 a. C. que prohibía las donaciones cuando excedían un determinado monto, hoy desconocido. Quedaban exentos de la prohibición los parientes próximos del donante, como los cognados hasta el séptimo grado, por ejemplo, los sobrinos (Fr. Vat., 299); los afines hasta el sexto grado, como hijastros, suegro, suegra, yerno, nuera, marido y mujer, prometido y prometida, y en general los sometidos a *patria potestas, manus* o *mancipium* hasta el sexto grado, pueden adquirir por donación, quedando exentos de la disposición legal (Fr. Vat., 298; 300).

Otras disposiciones que regulaba eran: no se impedían las donaciones en contravención a la ley, pero el donante podía oponer la *exceptio legis Cinciae* si se le demandaba el pago. Una regulación especial prohibía a los abogados aceptar donaciones de sus clientes en pago por sus servicios profesionales.

⁷ Huschke reconstruye la frase con base en Gai. 2, 225 y 4, 23.

La *Lex Furia testamentaria* es de fecha incierta. Se señala un amplio margen para su aparición entre el 204 y el 169 a. C. Otros señalan de manera prudente los inicios del siglo II a. C. La mayoría de doctrinarios coinciden en ubicarla hacia el 200 a. C. Se atribuye su aparición al tribuno de la plebe Cayo Furio, según consta en Cic., *Pro Balbo*, 7, 21: *tulit apud maiores nostros legem C. Furiam de testamentis.* Fue la legislación más antigua para limitar los legados.

⁸ Definición bastante completa sobre los cambios que puede sufrir una ley, no trascendió por desgracia al derecho moderno; en su lugar, se adoptó el paradigma limitativo de Modestino: "una ley 'se deroga' o 'se abroga'. Se deroga una ley cuando se quita una parte; se abroga una ley cuando se elimina enteramente" (D. 50, 16, 102).

Existe en este punto una laguna de tamaño incierto en el documento Vaticano original. Es posbile que en dicho sitio hubiese algún párrafo, según Huschke, dedicado a las demás fuentes del derecho, que nosotros desarrollaremos. Así, "el plebiscito es lo que la plebe ordena y establece" (Gai. 1, 3; Justiniano agrega: "interrogándola un magistrado plebeyo, es decir, un tribuno"; cfr. Inst. 1, 2, 4).

Del senadoconsulto se dice que es "lo que el senado ordena y constituye; porque habiéndose aumentado de tal modo el pueblo romano, que era difícil convocarlo en una asamblea para la adopción de las leyes, pareció conveniente consultar al Senado en lugar de hacerlo al pueblo" (Inst. 1, 2, 5; cfr. Gai. 1, 4; D. 1, 3, 9).

Sobre constitución imperial, Justiniano, inspirado a su vez en Ulpiano (D. 1, 4, 1), señala: "la voluntad del príncipe tiene también fuerza de ley, porque por la Ley Regia, que lo ha constituido en su imperio, el pueblo le cede y traslada a él toda su fuerza y poder. Así, pues, todo lo que el emperador decide por un rescripto, juzga por un decreto u ordena por un edicto, hace ley: éstas son las que se llaman constituciones imperiales. Unas son personales, y no hacen ejemplo, pues no lo quiere el príncipe. El favor que concede al mérito, el castigo que impone, o el auxilio extraordinario que dispensa, no deben, en efecto salir de la persona a quien se dirigen. Otras son generales, y obligan a todos" (Inst. 1, 2, 6). Cfr. Gai. 1, 5, en donde hallamos un concepto clásico donde todavía no se ve acentuado el poder casi total del emperador que, para época tardoimperial, deja entrever Justiniano.

Sobre el edicto pretorio, Gayo señala que: "respecto al *ius edicendi* (derecho de publicar edictos), lo tienen los magistrados del pueblo Romano, pero su más amplio caso de aplicación se encuentra en los edictos de los dos pretores, el urbano y el peregrino, cuyas jurisdicciones son desempeñadas en las provincias por los gobernadores. También se advierte su aplicación en los edictos de los ediles curules, cuya jurisdicción en las provincias del pueblo Romano la tienen los cuestores, pero no ocurre lo mismo en las provincias imperiales, ya que a ellas no se envían cuestores y, por lo tanto, este edicto de los ediles no existe en esas provincias" (Gai. 1, 6). Cfr. Inst. 1, 2, 7.

Sobre este derecho pretorio, Papiniano dice: "es… el que por razón de utilidad pública introdujeron los pretores para corroborar, suplir o corregir el derecho civil; el cual se denomina también 'honorario', así llamado por el 'honor' (o cargo magistratual) de los pretores" (D. 1, 1, 7, 1). Debido a su labor creadora y transformadora, Marciano señala: "también el derecho honorario es viva voz del derecho civil" (*h. t.*, 8).

Inspirado en Gayo (1, 7), Justiniano habla de la siguiente fuente del derecho civil, la respuesta de los prudentes: "son las opiniones y sentencias de los que habían recibido el poder de fijar el derecho. Porque se había establecido antiguamente que las leyes fuesen públicamente interpretadas por ciertas personas, llamadas jurisconsultos, que recibían del príncipe el derecho de responder. Era tal la autoridad de sus opiniones y sentencias unánimes que, según las constituciones, no era permitido al juez separarse de sus respuestas" (Inst. 1, 2, 8). Cfr. D. 1, 2, 2, 5; 12; 47 y ss.

Finaliza así la disertación que Huschke considera perdida y, en consecuencia, se sigue hablando de la costumbre como última fuente del derecho.

[9] Ulpiano se refiere con la palabra *mores* a las *mores maiorum*, manifestación de *ius non scriptum* (Inst. 1, 2, 9) y la primera y más antigua fuente de Derecho.

Entendidas como el acuerdo común de todo pueblo que vive unidamente, al observarse efectivamente durante bastante tiempo (*mos inveteratus*) se convierten en *consuetudo* (BERGER, Adolf, *Encyclopedic dictionary of roman law*, The American Philosophical Society, Filadelfia, 1980, p. 587). Con el paso del tiempo, dicha *consuetudo* se convirtió en la serie de actos que los romanos denominaron *mores maiorum*, las "costumbres de los antepasados": ideas, usanzas, hábitos de conducta y tradiciones respetadas durante cierto tiempo por la generalidad de los ciudadanos, convencidos de su juridicidad, y siendo la fuente del llamado "derecho consuetudinario" (BERGER, A., *op. cit.*, p. 411); esto se traducirá en el ámbito social en costumbres y modos de vivir de familias y linajes.

En época cívica esta costumbre se refiere al comportamiento adecuado a normas que no están dictadas por leyes, y que sólo la práctica constante y general vuelve obligatorias (D. 1, 3, 33. 35). De ahí que con Justiniano adquiere culminación el concepto cuando dice: "las costumbres repetidas diariamente y aprobadas por el consentimiento de los que las siguen equivalen a leyes" (Inst. 1, 2, 9).

Los romanos atribuyen a la costumbre estas características: surge de forma espontánea, es decir, no tiene origen legislativo (Cic. *De inv.*, 2, 22, 67); consiste en una usanza de larga duración; recibe valor jurídico por el reconocimiento de los ciudadanos (*consensus omnium*), y no tiene necesidad de ser confirmada por la ley; por otro lado, tiene una eficacia similar a la de la ley (D. 1, 2, 32, 1).

Al inicio, la observancia espontánea de una norma de buen comportamiento dará pie a convertir esa norma en jurídica porque el uso reiterado la aceptó. Lo que es necesario es su generalización (y a este fin sirve el paso del tiempo): tras su difusión, uno no podrá refutar para sí lo que vale para todos. Así, Justiniano recuerda que el origen de los codicilos legalmente reconocidos (vid. infra, Ulp. 25, 18 y nota respectiva) se dio en la solicitud que un tal Lucio Léntulo hizo expresamente a Augusto para cumplir un fideicomiso por este medio; pidiendo el parecer de juristas eminentes sobre si esos codicilos eran armónicos con el Derecho, el jurista Trebacio aconsejó "admitirlo como muy útil y necesario para los ciudadanos, a causa de las grandes y prolongadas peregrinaciones que hacían entonces, durante las cuales, si había imposibilidad de hacer un testamento, al menos podrían hacerse codicilos. En adelante, habiendo hecho codicilos el mismo Labeón, nadie dudó desde entonces de que fuesen perfectamente admitidos en derecho" (Inst. 2, 29 pr.).

Isidoro brinda esta definición unificadora: "Costumbre es una práctica prolongada, de igual proporción a las costumbres <antiguas>. Pero <dicha práctica> es un derecho en cierto modo instituido por las costumbres, que sustituye a la ley cuando la ley falta..." (*Orig.*, 2, 10, 2).

Y a grado tal la costumbre tiene influencia sobre el Derecho, que la vigencia del primero depende de considerar válida para la época específica la disposición legal, lo que hace decir a Juliano: "está perfectísimamente admitido que las leyes se abroguen no sólo por el voto del legislador, sino también por el tácito consentimiento de todos por medio del desuso" (D. 1, 3, 32, 1).

[10] La definición tradicional de liberto la encontramos en D. 1, 5, 6: "libertos son los que han sido manumitidos de justa esclavitud"; las consecuencias de adquirir

dicha categoría las señala D. 38, 16, 3, 1: "Debemos entender por liberto al que alguien sacó de la esclavitud y le concedió la ciudadanía romana, ya de propia iniciativa o por necesidad, <o> porque se le encomendó la manumisión, pues también se le admite a la legítima herencia de éste".

Justiniano (Inst. 1, 5 pr.) brinda más detalles al respecto: "son libertos los que se han librado de una justa esclavitud por medio de la manumisión. La manumisión es el acto de dar la libertad; porque en tanto que uno es esclavo, está bajo la mano y potestad del señor: el poder de éste se libra por medio de la manumisión. Está disposición toma su origen del derecho de gentes; pues según el derecho natural, todos los hombres nacían libres, y no había manumisión, porque no se conocía la esclavitud. Pero cuando el derecho de gentes introdujo la esclavitud, se introdujo también en seguida el beneficio de la manumisión; y cuando en los tiempos primitivos todos los hombres eran iguales, se principiaron a dividir en tres especies, según el derecho de gentes: los libres; en oposición a éstos, los esclavos; y en tercer lugar los libertinos, que habían cesado de ser esclavos", texto inspirado en D. 1, 1, 4, el cual agrega que etimológicamente *manumissio* proviene de *manu missio*, concesión de libertad (por retiro de la *manus*, es decir, el poder que tiene el *dominus* sobre sus bienes).

De época clásica nos llega la clasificación de los libertos que señala el pasaje en análisis, similar en redacción a Gai. 1, 12: "... los libertos se dividen en tres clases: las ciudadanos romanos, los latinos y los dediticios". Como posteriormente se deduce, la primera especie (*cives romani*) corresponde a los manumitidos de manera solemne; la segunda (*latini*) es propia de los manumitidos por formas no solemnes, mientras que la tercera y última (*dediticii*) son los esclavos que sufren penas infamantes y, tras ser manumitidos, se obliga al amo a deshacerse de él.

Justiniano (Inst. 1, 5, 3) declara que efectivamente existen tres estados, ubicándolos con mayor precisión técnica: así, los que adquieren una libertad completa y legítima se hacen ciudadanos romanos; los que obtienen una libertad menor, por disposición de la Ley Junia Norbana, se vuelven latinos, mientras que los que adquieren una libertad ínfima integrarán la categoría dediticia. Sin embargo, declara Justiniano que esta última categoría ha caído totalmente en desuso para su época, por lo que se emite una constitución que la suprime totalmente. Suprime igualmente a los latinos junianos y, por último, concede a todos los libertos la ciudadanía romana.

[11] La reconstrucción es la propuesta por Huschke. Krüger omite *legitimo*.

Según Gayo (Gai. 1, 17) tres condiciones debían confluir para hacer del liberto un ciudadano romano: ser mayor de treinta años, que su *dominus* haya tenido sobre la propiedad quiritaria (civil) y haber sido manumitido por un modo justo y legítimo, ya por *vindicta*, censo o testamento, tal como señalan los párrafos siguientes de la obra.

[12] Adoptamos una idea ecléctica para reconstruir este pasaje con base en los textos de Huschke y Krüger.

En época clásica ciertas solemnidades dejan de observarse. Así, Hermogeniano (D. 40, 2, 23) declara que la manumisión puede realizarse ante los lictores guardando silencio el amo, pues aunque no se digan las palabras solemnes, se les tienen por dichas. Gayo (Gai. 1, 20 *in fine*) señala que, tratándose de esclavos mayores de treinta años, suele manumitírseles sin tener en cuenta el día, e incluso puede ocurrir ante el paso del pretor o del procónsul, cuando se dirigen al baño o al teatro; el propio Gayo (D. 40, 2, 7) señala incluso cuando el magistrado se pasea en litera o asiste a los juegos públicos (sean de circo, gladiatorios o agonales). Dicha formalidad llega a olvidarse incluso cuando, por ejemplo, el pretor autoriza la manumisión al encontrarse en la casa de campo del amo sin la presencia del lictor (D. 40, 2, 8).

[13] La tradición atribuye a Servio Tulio (578-535 a. c.) la instauración del censo (Livio, 1, 42); ordenó que los ciudadanos de Roma y la campiña se presentasen a realizar una declaración jurada de sus bienes y de los individuos de sus casas, expresando el valor de sus bienes y el lugar donde estaban; el vecindario del declarante; su edad y la de sus hijos; el nombre de su mujer, así como el número de esclavos y libertos. La enumeración de los individuos y la estimación de sus bienes sirvieron para dividir a todos los ciudadanos en clases y centurias (Livio, 1, 43). El último gran censo se realizó en el año 74 d. C., durante el principado de Vespasiano y Tito, por lo que esta forma de manumisión cayó finalmente en desuso.

[14] La reconstrucción es de Huschke, quien señala que el texto vaticano aparece sin indicar esta laguna.
La frase restituida se inspira en Ulp. 11, 14; D. 50, 16, 120 define esta frase en la siguiente forma: "en estas palabras de la Ley de las Doce Tablas, 'lo que legase de su propiedad, que ese sea el derecho', se considera una potestad otorgada amplísimamente, tanto para instituir heredero, para otorgar legados y libertades, así como para constituir turelas. Pero <su alcance> se ha restringido por la interpretación ya de las leyes, ya por la autoridad de los que instituyen el derecho <vigente>". Krüger propone reconstruir la parte final de la siguiente manera: *quae confirmat ea quae testator de suis rebus disposuerit* (que <ésta> confirma que el testador dispusiese <libremente> de sus bienes).

[15] La reconstrucción es de Huschke. Krüger considera que la siguiente frase fue mutilada: *qui non legitime manumissi erant, sed nuda dominorum voluntate libertate donati erant, olim quidem servi remanebant, praetor autem eos in libertatis possessione tuebatur* (los que no eran legítimamente manumitidos, sino que se les otorgaba la libertad por la simple voluntad de los amos, en tiempos antiguos ciertamente continuaban <siendo> esclavos, pero el pretor les protegía la posesión de su libertad).

[16] La *Lex Iunia Norbana* se emitió en el año 19 a. C., siendo cónsules Marco Junio Silano y Lucio Norbano Flaco. Según dicha ley, los esclavos manumitidos de manera informal o contraviniendo aquellas disposiciones que señalasen requisitos o restricciones específicos para las manumisiones, no se convertían en ciudadanos romanos, sino en *latini iuniani*. La enorme desventaja de dicha situación legal es que no podrían realizar testamento ni recibir nada por este medio. De ahí que quien les manumitiese mantenía el control sobre sus bienes.

[17] Huschke y Krüger reconstruyen el texto con base en Gai. 1, 13. El segundo omite *ob ea rem*, optando simplemente por agregar *vel in ludum*.

Gayo vuelve a los dediticios en otro pasaje afirmando: "de estos esclavos, pues, que han sufrido aquellos castigos tan humillantes decimos que cualquiera fuere el modo o la edad en la cual hayan sido manumitidos, y aunen el caso de que han pertenecido de pleno dominio a su amo, no pueden alcanzar nunca la condición de ciudadanos romanos ni de latinos, sino que en todos los casos los consideraremos siempre comprendidos en el número de los dediticios" (Gai. 1, 15). Tras denominarla "la peor especie de libertad" (*pessima libertas*), recuerda que ninguna disposición legal los protege: "ninguna ley, ningún senadoconsulto, ninguna constitución imprial les permite lograr el acceso a la ciudadanía romana" (Gai. 1, 26). Finalmente, señala su destino último: "no les está permitido habitar en Roma, ni en un radio de cien millas alrededor de la ciudad, y si contravinieran a tal prohibición, a ellos mismos y a sus bienes se les vende públicamente. La venta se debe realizar con la condición de que no han de servir como esclavos ni en la ciudad de Roma ni en un radio de cien millas, ni deben jamás ser manumitidos; y si fueran manumitidos, se convierten en esclavos del pueblo romano. Todas estas disposiciones están contenidas en la Ley Elia Sencia" (Gai. 1, 27).

La Lex Aelia Sentia fue emitida el año 4 d. C., durante el consulado de Sexto Elio Cato y Cayo Sencio Saturnino, encaminada a coartar en sus diversos capítulos la licencia excesiva de las manumisiones y a fijar la condición de los manumitidos, evitando así prostituir los derechos de la ciudadanía, previamente consagrados en la *Lex Furia Caninia*.

[18] En el mismo sentido, Gai. 1, 18.

[19] En el mismo sentido, Gai. 1, 38.

Causas justas de manumisión pueden ser: liberar a un hijo o una hija natural; a un hermano o hermana natural; a un niño recogido y educado (*alumnus*); al profesor del hijo (*paedagogus*); a un esclavo que le sirva de *procurator*, o a una esclava con la que se quiere casar (Gai. 1, 19); manumitir por vínculo de sangre (*cognatio*) (D. 40, 2, 12); liberar a un hermano de leche (*collactaneus*); a su ayo (*educator*); a su nodriza (*nutrix*), así como al hijo o hija de alguno de éstos; al acompañante (*capsarius*) que lleva los libros escolares del niño ingenuo, o bien al esclavo expresamente manumitido para esta función o para ser *procurator*, siempre que no sea menor de dieciocho años y que el manumitente no tenga un solo esclavo; finalmente, manumitir a una doncella o mujer adulta por causa de matrimonio, previo juramento de casarse con ella en un plazo de seis meses (D. 40, 2, 13; Inst. 1, 6, 5).

[20] Los *recuperatores* eran un tribunal compuesto por tres jueces para decidir sobre asuntos civiles de diversa índole (*actio iniuriarum, quaestiones status*), ejerciendo sus funciones de manera un tanto sumaria. Establecido originalmente en los tratados con naciones amigas, más tarde este tribunal se volvió competente en controversias entre romanos y peregrinos o bien sólo entre romanos. El procedimiento se realizaba *per formulas* y los *recuperatores* eran un jurado de ciudadanos que actuaban como *iudices* en la segunda etapa del juicio (*in iure*). Aparentemente no tenían delimitada con precisión su competencia; según la opinión dominante, las partes en el juicio tenían el derecho de elegir *recuperatores* o un solo juez (*unus iudex*). Los *recuperatores* también actuaban en los juicios

post-interdictales. En derecho postclásico no se menciona ya a los *recuperatores*, ni tampoco en la legislación justinianea.

[21] *Vid. infra*, Ulp. 22, 11 y nota respectiva.

[22] Sobre la *Lex Aelia Sentia, vid. supra*, nota 17 *in fine*. Cfr. Gai. 1, 21. La razón de este tipo de manumisión la brinda Justiniano: "pues era indispensable establecer que las personas que se hallasen en la miseria, y que no tuviesen otro sucesor, tuviesen al menos por heredero necesario a su esclavo, con el fin de que satisfaciese a los acreedores, o que, en caso de no hacerlo, vendiesen los acreedores los bienes hereditarios en nombre del esclavo, para que no padeciese injuria la memoria del difunto" (Inst. 1, 6, 1).

[23] En Gai. 1, 37 se señala que dicho acto carece de valor jurídico, impidiendo que el manumitido alcance la libertad. La disposición se amplia a los extranjeros, según un senadoconsulto provocado por Adriano (Gai. 1, 47). Cfr. Inst. 1, 6 pr.

[24] Krüger señala que una mano desconocida enmendó esta palabra en el texto original.

[25] La propiedad civil o quiritaria, reconocida por el *ius civile*.

[26] Una de las formas solemnes con que podía atribuirse a un individuo la propiedad de un bien era la *mancipatio* ante magistrado o gobernador provincial.

[27] Otra forma solemne de atribuir la propiedad era la *addictio* (adjudicación del bien) por medio de una *in iure cessio* (cesión de derechos) ante el magistrado o gobernador provincial.

[28] Cuando no se observan algunas de las dos formas anteriores de atribución propietaria, se habla de una *traditio* (entrega simple) de la cosa. Al carecer el acto de toda solemnidad, el *accipiens* (adquirente) debía consumar el plazo de un año señalado para la *usucapio* (usucapión) y así realizar el trámite que le permitía convertirse en propietario quiritario del bien.

[29] Gayo lo ejemplifica de este modo: "si un esclavo se encuentra en propiedad bonitaria tuya y es mío por propiedad quiritaria, tú sólo eres quien puede hacerlo latino, pero es a mí y no a ti a quien corresponde volverlo a manumitir y de ese modo se convierte en mi liberto" (Gai. 1, 35).

[30] Sobre tutela, vid. infra, Ulp. 11, 1 y nota respectiva.

[31] Cfr. PS 4, 12, 1 y 5.

[32] La razón la hallamos por analogía en Gai. 2, 229, cuando se señala la invalidez de los legados hechos antes de la institución de herederos, "ya que los testamentos, como es sabido, reciben su fuerza de la institución de heredero y es por esta razón que se entiende que ésta es el principio y fundamento de todo testamento"; luego, en Gai. 2, 230, se refiere al tema de las manumisiones del pasaje comentado: "por la misma razón es que no se pueden otorgar manumisiones antes de la institución de heredero".

También por analogía hallamos la razón de la invalidez de una manumisión tras la muerte del heredero. En Gai. 2, 232 se ejemplifica de este modo: "el legado hecho para después de la muerte del heredero es inútil, como por ejemplo de este modo: 'CUANDO MI HEREDERO HAYA MUERTO, DOY LEGO', o 'QUE ÉL DÉ'. Por el contrario, si se lega así es válido: 'CUANDO MI HEREDERO SE MUERA', ya que en este caso no se deja para después de la muerte del heredero, sino para su última hora. Tampoco puede legarse así: 'LA VÍSPERA DEL DÍA EN QUE MUERA MI HEREDERO', si bien no se ve ninguna razón valedera a favor de tal solución". Esta formalidad semánticamente precisa sirve de fundamento, por analogía, a la manumisión en Gai. 2, 233: "lo que acabamos de decir de los legados, lo entendemos aplicable también respecto de las manumisiones".

Sobre testamento militar, *vid. infra*, Ulp. 23, 10 y nota respectiva.

[33] Sobre la *Lex Pappia Poppaea*, *vid. infra*, nota 176.

[34] Krüger señala que, considerando a Theodor Mommsen, aquí podría usarse *patris*, leyéndose "o el derecho *de <ser> padre*".

[35] Marciano señala determinadas condiciones para lograr esta libertad: "compete la libertad dada por testamento, habiendo sido dada puramente, desde luego que hubiere sido adida la herencia aunque por uno solo de los herederos; mas si la libertad fue dada a término, o bajo condición, compete la libertad siempre y cuando hubiere llegado el término, o se hubiere cumplido la condición" (D. 40, 4, 23, 1). Ulpiano agrega en otro punto que basta haber "sido adida por aquel grado en que se mandó que fuese libre, y uno hubiera sido manumitido puramente" (*h. t.*, 25).

[36] Huschke señala que para que un esclavo menor de 30 años se convierta en latino por disposición de la *Lex Aelia Sentia*, basta que fuese propiedad quiritaria del testador al momento de morir éste, considerando esto una *iusta causa manumissionis* señalada en Ulp. 1, 12. Cfr. Gai. 2, 267: "Pero si se ha ordenado directamente la libertad en el testamento, como por ejemplo de este modo: 'QUE MI ESCLAVO ESTICO SEA LIBRE', o así: 'ORDENO QUE MI ESCLAVO ESTICO SEA LIBRE', entonces sí se hace liberto del testador mismo. Nadie puede adquirir la libertad por testamento sino en el caso de que haya estado en propiedad quiritaria del testador, tanto en el momento de hacerse el testamento como en el de la muerte".

Justiniano (Inst. 2, 24, 2) confirma esta regla y añade *in fine*: "la libertad se da directamente cuando el testador no encarga a nadie que manumita al esclavo, sino que quiere que adquiera la libertad por efecto del testamento". Cfr. Ulp. 2, 7 y 8.

[37] La *Lex Fufia* (o *Fusia* o *Furia*) *Caninia* (2 a. C.) se emitió durante el consulado de Sesto Furio Camilio y Cayo Caninio Galo para reprimir la licencia de las manumisiones y evitar que entrasen al goce de los derechos de la ciudadanía romana personas indignas. Augusto buscó impedir que una masa heterogénea de esclavos, muchos de ellos recién salidos de la cárcel y extranjeros, pudiesen deshonrar la República romana, contaminando de ese modo a los ciudadanos.

En el trasfondo social se halla una causa que seguramente motivó esta disposición: llevados por la vanidad de que a sus funerales asistiese un gran número de libertos, los amos manumitían indiscriminadamente a esclavos que testimoniarían su benevolencia, aspirando así al título de generosos después de morir. Un funeral en tal sentido sin duda era bastante llamativo, pues se acostumbraba que los libertos usasen un gorro de paño llamado *pileus*, un ornato propio de las exequias fúnebres. Justiniano abroga totalmente esta ley, señalando que "es bastante inhumano que los vivos tuviesen en cierto modo facultad de dar libertad a todos sus esclavos, a no ser que otra causa cualquiera lo impidiese, y privar a los que están próximos a la muerte de semejante facultad" (Inst. 1, 7).

[38] Si se faltaba a esta disposición dejando libres a más de cien esclavos, se entendían manumitidos solamente los nombrados en primer lugar hasta completar el número.

El texto del pasaje comentado es bastante similar a Gai. 1, 43, pero en el segundo se precisan otras cuestiones omitidas el primero. Así, "en cuanto al que sólo tiene uno o dos esclavos, como esta ley nada dice al respecto, tiene por ello la libre potestad de manumitirlos", además de resaltar, según la reconstrucción del texto gayano realizada por Krüger y Studemund, que la ley nada dice sobre el promedio a manumitir cuando se posean más de 500 esclavos, añadiendo que "sea cual fuere el número de esclavos, la ley prohíbe manumitir más de cien". Gayo aclara (1, 44) que esta ley no se aplica a manumisiones como la *vindicta*, la *censu* y la *inter amicos* donde se pretenda manumitir a la totalidad de esclavos, salvo que alguna causa impida la libertad.

[39] Es decir, mencionando expresamente el nombre del esclavo a manumitirse o, en su caso, el oficio: "se considera que se ordenó nominalmente que fuesen libres los que han sido designados evidentemente por su arte, su oficio o por cualquier otro modo, por ejemplo: 'mi administrador, mi despensero, mi cocinero, el hijo de mi esclavo Pánfilo'" (D. 40, 4, 24; cfr. Inst. 2, 20, 25). Para reforzar esta situación, el *senatusconsultum Orfitianum de manumissionibus*, expedido en el año 178 d. C., durante el consulado de Cornelio Escipión Orfito y Vecio Juliano Rufo (principado de Marco Aurelio y Cómodo), declaraba válidas las manumisiones de esclavos cuando su identidad pudiese ser establecida sin duda alguna, aunque no se les indicase por su nombre en el testamento, lo que suavizó el rigor de la *Lex Fufia Caninia*. La regla general es englobada adecuadamente en PS 4, 14, 1: "Según la Ley Fufia <Caninia>, los esclavos pueden ser manumitidos nominalmente por testamento. Se entiende 'manumitir nominalmente' <cuando se expresa> de este modo: 'QUE ESTICO SEA LIBRE'. Pero <cuando se declara> 'QUIERO QUE SEA LIBRE MI ADMINISTRADOR' o 'EL <HIJO> QUE NAZCA DE MI ESCLAVA', igualmente, por <disposición de> el senadoconsulto Orfitiano se reputa la libertad como si hubiese sido concedida nominalmente, pues la referencia por el oficio o el arte en nada cambia la designación, a menos que por azar sean muchos los que realicen el mismo trabajo, pues en tal caso se debe agregar el nombre, para que sea evidente a quién se ha referido el testador".

[40] Cfr. D. 40, 7, 1, pr.: "Es *statuliber* el que tiene la libertad estatuida y destinada a un plazo o a una condición". El *statuliber* debe cumplir la condición para alcanzar la libertad, siempre que nadie se lo impida y si fuese posible (D. 40, 7, 3 pr.).

[41] La reconstrucción es de Huschke. Señala que agregó la palabra *quia* porque puede confundirse con *is* (el qué), lo que descontextualizaría la secuencia lógica del pasaje. En dicho punto señala que el documento Vaticano tiene sobrescrita la palabra *statu liber*, lo que pasó a la edición de Tillet y posteriores. Krüger propone la siguiente lectura: *Statu liber, quamdiu pendet condicio, servus heredis est* (El que espera la libertad, mientras pende la condición, es esclavo del heredero). Gayo resalta la situación jurídica del *statuliber* comparándola con el legado *per*

vindicationem (Gai. 2, 200): "Existe una cuestión sobre a quién le pertence el legado *per vindicationem* hecho bajo una condición, mientras ésta esté pendiente. Nuestros maestros estiman que es del heredero, tal como ocurre en el caso del *statuliber*, es decir, de aquél a quien se le ha ordenado la libertad por un testamento pero bajo condición, y respecto del cual está aceptado que entre tanto se cumpla o no la condición, el mismo es esclavo del heredero..."

[42] Huschke reconstruye la frase *seu usu capiatur* como una opción ontermedia entre versiones divergentes: *sive suscipiatur* (o sea tomado para sí) y *sive usucapiatur* (o sea usucapido) del texto Vaticano.

Por otro lado, D. 40, 7, 2 pr. detalla otras circunstancias que en este pasaje se bosquejan sumariamente: "El que adquiere la condición de *statuliber* se halla en el caso de que, si es entregado, sea enajenado quedando a salvo la esperanza de la libertad; si es usucapido, sea usucapido con su propia condición, y si es manumitido, no pierda la esperanza de ser liberto orcino. Pero es esclavo no alcanza la condición de *statuliber* antes de que haya sido adida la herencia por lo menos por uno de los instituidos. Mas si fuere entregado, o usucapido, o manumitido antes de la adición, se extingue la esperanza de la libertad estatuida".

[43] Tres pasajes del Digesto iluminan con mayor profundidad este pasaje. En el primero se señala la transmisión al adquirente del deber de manumitir alcanzada la condición (D. 40, 7, 6, 3). El segundo pasaje ubica la posibilidad de libertad del *statuliber* dentro de las obligaciones de *dare*, no de *facere* (D. 40, 7, 6, 7). El tercero señala que, en caso de controversia respecto al heredero auténtico, cuando la sentencia reconoce como legítimo al instituido por testamento, el esclavo puede dar una cierta cantidad a éste para alcanzar finalmente la libertad que el testador ha decretado (D. 40, 7, 29, 1).

[44] Al respecto, cfr. D. 40, 7, 3, 1: "Si verdaderamente cumplió la condición, es libre verdaderamente, aun contra la voluntad del heredero; pero si el heredero no consiente que se cumpla, por ejemplo, ofrece los diez que se le había mandado dar, es libre sin duda alguna, porque se considera que consiste en el heredero que no cumpla la condición. Y poco importa que se los ofrezca del peculio, o recibidos de otros; porque está permitido que el esclavo llegue a la libertad aun dando dinero del peculio, ya si se le mandó que él mismo lo diera al heredero, ya si a otro".

[45] A mayor detalle, cfr. D. 40, 7, 3, 10: "Mas no solamente si el heredero causa mora para la libertad, sino también si la causa el tutor, el curador, el procurador, u otro cualquiera, respecto a cuya persona se ha de cumplir la condición, diremos que compete la libertad; y en verdad, respecto al *statuliber* observamos este privilegio, que basta que en él no consista que se cumpla la condición".

[46] Gayo lo explica de esta forma: "pero si se ha ordenado la libertad en el testamento, como por ejemplo de este modo, QUE MI ESCLAVO ESTICO SEA LIBRE, o así: ORDENO QUE MI ESCLAVO ESTICO SEA LIBRE, entonces sí se hace liberto del testador mismo. Nadie puede adquirir la libertad por testamento sino en el caso de que haya estado en propiedad quiritaria del testador, tanto en el momento de hacerse el testamento como en el del deceso" (Gai. 2, 267).

[47] Sobre fideicomiso, *vid. infra*, Ulp. 25, 1 y nota respectiva.
Sobre la parte final del pasaje, cfr. Gai. 2, 263: "Se puede también por fideicomiso

otorgar la libertad a un esclavo, rogando al heredero o al legatario manumitirlo". Ulpiano matiza algunas otras formas válidas: "HEREDERO, SI QUISIERES, ENCOMIENDO A TU FIDELIDAD QUE MANUMITAS A ESTICO, aunque ninguna otra cosa puede ser válida en un testamento según la voluntad del heredero" (D. 40, 5, 46 pr.), o bien 'SI ESTICO HUBIERE QUERIDO' se le puede dar la libertad (*h. t.*, 1); "mas también si se hubiera escrito así: SI SEYO QUISIERE, QUIERO QUE SEA LIBRE ESTICO, me parece que puede decirse que es válida la libertad, porque más bien es una condición, a la manera que si se me hubiese legado así: SI TICIO SUBIESE AL CAPITOLIO" (*h. t.*, 2). Por el contrario, si se dijese 'SI QUISIERE EL HEREDERO' será inválido, porque es una situación meramente potestativa, dependiente de la voluntad del fiduciario, aunque si éste manumite, el esclavo será libre (*h. t.*, 3).

[48] La frase *testatoris vel* es un agregado de Huschke, que no aparece en la versión de Krüger. Cfr. Ulp, 25, 18.
Para los romanos, la representación de la muerte en la época más arcaica se daba en la figura de *Mors*, una figura abstracta de los *indigitamenta*, conjunto tanto de nombres y fórmulas sacras con las que se invocaban a las divinidades para que fuesen propicias durante la celebración de los sacrificios públicos y privados (Censor., *De die natali*, 3), como de las propias divinidades, constituyendo una especie de letanía atribuida en la tradición a Numa Pompilio. Con el tiempo, y por influencia griega, el nombre cambió a *Orcus*, dios romano de los muertos, identificado con Hades o Plutón, e incluso con la forma del Caronte etrusco. Por extensión, *Orcus* era la forma de referirse al mundo inferior en la mitología grecolatina. De ahí la denominación *orcinus*: el liberto del que ahora habita en el mundo de los muertos.

[49] Cfr. Gai. 2, 266: "El esclavo manumitido por fideicomiso no se hace liberto del testador aun cuando hubiere sido esclavo suyo, sino que lo es del que lo manumite".

[50] Cfr. Gai. 2, 264: "Y en este caso no interesa que el testador ruegue manumitir a un esclavo suyo, a uno del heredero, o del legatario o aún al de un tercero", en relación con Gai. 2, 272: "Al esclavo ajeno no se le puede manumitir directamente, pero sí se le puece otorgar la libertad por fideicomiso".

[51] Este pasaje se puede complementar con lo dicho en Gai. 2, 265: "cuando se trate de un esclavo ajeno debe éste ser adquirido y manumitido. Y si ocurriera que el amo de dicho esclavo no lo vendiera, va de suyo que la libertad otorgada por el fideicomiso se extingue, ya que en este caso no se puede hacer intervenir el cómputo del precio".
Justiniano modificará esta regla, atenuando su rigor: "si el dueño se niega a venderlo (suponiendo que no haya recibido nada en virtud de las últimas disposiciones del difunto), el fideicomiso de la libertad no se extingue, sino sólo se difiere; porque el tiempo puede suministrar ocasión de comprar al esclavo y manumitirlo".

[52] Lo anterior siguiendo la regla fundamental de los legados contenida en Ulp. 24, 29.

[53] Se refiere a los latinos junianos manumitidos de forma no solemne y

considerados libertos sin ciudadanía por la *Lex Iunia Norbana* (*vid. supra*, nota 16).

[54] Con base en Gai. 1, 28, Huschke considera que se suprimió de este párrafo la frase inicial *Latini cives Romani fiunt, cum aliquo modo ius Quiritium consequuntur* (los latinos se convierten en ciudadanos romanos cuando obtienen por alguna forma el derecho de los Quirites).

La parte final del párrafo está mutilada y es ilegible; Krüger reconstruye la frase de este modo: *praeterea ex senatus consulto vulgo quae sit ter enixa* (además, por senadoconsulto la que vulgarmente ha sido madre tres veces). Huschke eligió para la parte final del pasaje la reconstrucción de Heimbach, adoptada en nuestra versión.

El senadoconsulto al que se alude en el pasaje es el *Tertullianum*, del año 157 d. C., durante el principado de Antonino Pío, siendo cónsules Quinto Fabio Tertulio y Licinio Sacerdo, y no como erróneamente se ha ubicado, durante el principado de Adriano (Inst. 3, 3, 2). Señalaba que la mujer adquiere el *ius liberorum* y, por ende, el retiro de la tutela perpetua sobre ella, cuando es madre por tres ocasiones (para el caso de ingenua o latina ingenua; PS 4, 9, 8) o cuatro (para el caso de latina liberta; *h. t.*, 7), siempre que hayan nacido vivos y en el tiempo de la gestación, considerado según Pitágoras entre los siete y los diez meses (*h. t.*, 1 y 5), pero no en un mismo parto, pues se considera como una sola vez, a menos que haya sido con intervalos (*h. t.*, 2; cfr. D. 50, 16, 137, donde no se matiza el aspecto de los hijos nacidos a intervalos, posiblemente omitido por los compiladores justinianeos por arcaico y contrario a los principios cristianos), además de no considerarse como parto legalmente adecuado si nacen deformes o en general contrarios a la forma humana (*h. t.*, 3).

[55] Es decir, la ciudadanía romana plena.

[56] La situación jurídica de estos latinos naturalizados no es mejor: según Gai. 3, 72, pese a conseguir la gracia imperial, quedan a salvo los derechos del patrono si la concesión de ciudadanía fue realizada contra la voluntad del segundo o ignorando el hecho, según constitución de Trajano, por lo que mientras el liberto viva será como los demás ciudadanos romanos libertos y sus hijos serán legítimos, pero al morir muere según el *ius Latinum* y sus hijos no serán herederos, teniendo sólo la *testamenti factio* para instituir heredero al patrón, o bien sustituirlo por otro si no quisiese.

Adriano consideró inequitativa esta situación, por lo que en un senadoconsulto ordenó se decretase que los que hubiesen conseguido la ciudadanía por gracia imperial, ignorándolo el patrón o contra su voluntad, si en virtud de lo dispuesto por la *Lex Aelia Sentia* (*vid. supra*, nota 17 *in fine*) o por el senadoconsulto hubiesen obtenido posteriormente esa situación, de modo tal que habiendo sido latinos lograsen la ciudadanía romana, se consideraría que adquirieron el derecho de los Quirites ya por la *Lex Aelia Sentia*, ya por el senadoconsulto.

Justiniano suprime estas limitaciones al latino juniano desapareciendo primero esta categoría (Inst. 1, 5, 3), seguido de una constitución del año 531 d. C. (C. 7, 6, 12; citada en Inst. 3, 7, 4 *in fine*) que abroga definitivamente toda vinculación con la misma a través de estas palabras: "y para que en lo sucesivo no penetre en nuestras leyes algún derecho de la libertad latina, calle la Ley Junia, deje de tener vigor el senadoconsulto Largiano y enmudezca el edicto del divino Trajano que les seguía; y si alguna otra ley o senadoconsulto, o incluso constitución habla de latinos, quede ella ineficaz en cuanto a esta parte, y la anterior triple vía de la libertad, que introducía múltiples confusiones, enseñe a andar desde ahora por un <único> sendero directo. Mas si alguna ley o constitución hiciere mención de la libertad, pero no de la latinidad, entiéndase que ella habla en pro de la ciudadanía romana".

Ahora bien, pese a la adquisición de la ciudadanía, quedaba el impedimento de la ingenuidad, es decir, el no haber nacido de ciudadano romano. Esta situación fue enmendada de dos maneras: por rescripto del emperador Adriano (D. 40, 10, 6), se autorizó el *ius annulorum* a los libertos, es decir, el privilegio de usar un anillo de oro, derecho éste reservado a los miembros del rango ecuestre, por lo que se les consideró ingenuos, aunque sobrevive el patronato, con los derechos inherentes al mismo. La otra forma fue la llamada *natalium restitutio*, es decir, cuando el emperador declara al liberto ingenuo (D. 40, 11, 2), restituyéndolo a su condición original de libre (*h.t.*, 3); para ello se requería el consentimiento del patrón (*h. t.*, 4), ya que en tal caso desaparecen los *iura patronatus* (*h. t.*, 5 pr).

[57] Se refiere a la *Lex Iunia Norbana*; *vid. supra*, nota 16.

[58] Mismo criterio sostenido en Gai. 1, 32a.

[59] Los hijos nacidos de este modo caen en la potestad del padre (Gai. 1, 95). Cfr. Gai. 1, 29, donde se señala que también puede ser una mujer de la misma condición; igualmente, se marca como requisito que dicho matrimonio deba estar atestiguado por al menos siete ciudadanos romanos púberes, es decir, mayores de 16 años y poseedores de los privilegios de derecho privado que brinda la ciudadanía romana, entre ellos el *ius actionis*, la posibilidad de actuar como parte en un proceso.

[60] *Vid. infra*, Ulp. 5, 9 y nota respectiva.

[61] En el mismo sentido, Gai. 1, 30 y 80. Gayo brinda otras situaciones importantes respecto a la adquisición de la ciudadanía de los latinos. Así, este derecho fue extendido a los latinos mayores de treinta años por el senadoconsulto Pegasiano, de época de Vespasiano (72 d. C.) (Gai. 1, 31); la madre del menor, sea latina o romana, podrá probar la circunstancia que señala el pasaje en caso de morir el latino (Gai. 1, 32).

[62] En el mismo sentido, Gai. 1, 35 cuando se refiere a quién le corresponde manumitir y adquirir los *iura patronatus* del nuevo liberto.

[63] *Vid. supra*, nota 55.

[64] El comentario final reitera lo ya dicho en el párrafo anterior, Ulp. 3, 1 y 3.

[65] Los *vigiles* eran una "brigada" antiincendios en Roma. Augusto (D. 1, 15, 3 pr.) creó siete divisiones (*cohortes*) de bomberos, con un total de setecientos hombres. Cada *cohors* tenía siete *centuriae* bajo el mando de sus respectivos tribunos, siendo su comandante el *praefectus vigilum*. Una *cohors* tenía asignados dos distritos en Roma. Los *vigiles* también tenían funciones policiales, especialmente de noche, contra incendiarios, ladrones, y delincuentes callejeros (*h. t.*, 1). Siguiendo a Mommsen, Huschke señala que los esclavos que en ese momento desempeñasen tal función no pueden considerarse plenamente en servicio militar,

y ello debido a que en leyes y senadoconsultos antiguos nunca se tuvo en mente tal situación, amén de ser un privilegio del derecho público reservado a los ciudadanos romanos. De hecho, el enrolamiento ilegal de alguien que no tenía permitido servir en el ejército (esclavos, condenados a las bestias, desertores) se castigaba con la muerte.

La *Lex Visellia* se publicó en el año 24 d. C. durante el principado de Tiberio, siendo cónsules Servio Cornelio Cétego y Lucio Viselio Varrón. Otros aspectos que dicha ley sancionaba eran: el castigo a los libertos que declarasen falsamente ser ingenuos, así como su exclusión de los cargos públicos, especialmente del decurionato.

[66] *Vid. supra*, nota 55.

[67] En confronto con otros pasajes, se señalan seis años sirviendo en la guardia de Roma (*vigiles*), pero se marcan tres años de servicio en el ejército (*militiae*) (Gai. 1, 32 b). La posible contradicción con lo señalado en el segundo párrafo de la nota 65 es sólo en el aspecto léxico: en realidad Gayo se refiere a un *officium militare*, es decir, un cargo de carácter público que puede ser de tipo castrense o civil, que en el segundo aspecto englobaba a los *vigiles*. De hecho, a partir de Constantino la palabra *militia*, influida por este uso, tiene un significado mucho más amplio, pues significaba también el empleo en la administración civil en las diversas oficinas imperiales y provinciales, organizadas militarmente. Así, en este periodo se realiza una división entre el servicio de las armas (*militia armata*) y el civil (*militia cohortalis, palatina* o simplemente *militia*), donde encuadra el oficio de *vigilis*.

[68] Gayo, a diferencia de Ulpiano, unifica la disposición claudiana señalando ambas condiciones, tanto la construcción de la nave como el plazo de transporte de trigo (Gai. 1, 32 c).

Se ha perdido una parte del fragmento a estudio que regulaba las otras formas de adquisición de ciudadanía ya señaladas en el pasaje 1. En sustitución, encontramos en las Instituciones de Gayo dos maneras: la primera, una disposición de Nerón para que el latino con un patrimonio mayor a 200,000 sestercios edificase en Roma una casa en la que invirtiese al menos la mitad de su patrimonio (Gai. 1, 33). Dicha concesión se vincula a las medidas que se tomaron tras el célebre incendio de Roma del 64 d. C. para lograr reconstruir la ciudad, arrasada en 11 de sus 14 distritos: "Señaló premios, conforme a la calidad y hacienda, de los que edificaban, con tal que se acabasen las casas y los aislados dentro del término establecido por él" (Tácito, *Ann.*, 15, 43).

La segunda forma de adquisición de ciudadanía para los latinos fue en época de Trajano (Gai. 1, 34): ejercer durante tres años el oficio de molinero (o panadero) y moler no menos de cien modios de trigo diarios.

[69] La regla contenida en este pasaje se detalla mejor en D. 1, 6, 4, donde Ulpiano brinda una clasificación de los ciudadanos romanos: "de los ciudadanos romanos unos son cabezas de familia, otros hijos de familia, unas son madres de familia, otras hijas de familia. Cabezas de familia son los que están bajo su propia potestad, ya sean púberes o impúberes. De modo semejante las madres de familia. Son hijos e hijas de familia los que están bajo potestad de otro, ya que quien nace de mí y de mi mujer está bajo mi potestad; también quien nace de mi hijo y de su

mujer, esto es, mi nieto y mi nieta, está igualmente bajo mi potestad, y lo mismo mi bisnieto y mi bisnieta, y sucesivamente los demás".

Posteriormente, el mismo jurista busca definir con precisión el concepto "familia" para entender el alcance de la frase "jefe" o "cabeza de familia" (D. 50, 16, 195, 2): "por derecho propio llamamos familia a muchas personas que, ya por naturaleza, ya de derecho, están sujetas a la potestad de uno solo, por ejemplo, el padre de familia, la madre de familia, el hijo de familia, la hija de familia y los demás que siguen en el lugar de estos, como los nietos, las nietas y demás descendientes. Pero se llama 'padre de familia' el que tiene dominio en la casa; y con razón es llamado con este nombre, aunque no tenga hijo; porque no designamos la sola persona de él, sino también su derecho. Finalmente llamamos padre de familia también al pupilo, y cuando muere el padre de familia, cuantos individuos hubieren estado sujetos a él comienzan a tener familia distinta; porque cada uno adquiere el título de padre de familia. Y lo mismo sucederá también en cuanto al que fue emancipado; porque también este, convertido en *sui iuris*, tiene familia propia". Ahora bien, de manera elegante y concisa define así a la madre de familia (*h. t.*, 5): "la mujer es cabeza y fin de su propia familia".

[70] Huschke considera que se omitió la siguiente frase entre este pasaje y el anterior: *sui iuris aut fiunt, velut emancipatione, aut nascuntur, velut ii, qui post mortem patris vel patre incerto nati sunt* (los *sui iuris* o bien se hacen, como en <en el caso de> la emancipación, o bien nacen, como los nacidos después de la muerte del padre o <los nacidos> de padre desconocido).

Modestino (D. 1, 5, 23) define de este modo a tales hijos: "se llaman concebidos ilegítimamente los que no pueden demostrar la paternidad, o los que pueden ciertamente hacerlo, pero tienen un padre que no les es lícito tener. Estos también se llaman también 'espurios', <del griego> παρά τήν σποράν (*para ten sporan*, 'al margen de la siembra')", incluyendo a los que, naciendo ingenuos, fueron reducidos a la esclavitud (C. 5, 18, 3). A su vez, Celso opina que el hijo ilegítimo sigue la condición jurídica de la madre (D. 1, 5, 19; opinión compartida por Ulpiano en *h. t.*, 24; cfr. Ulp. 5, 8), criterio que posteriormente Justiniano, en el 529 d. C. (C. 11, 47, 21) reconduce a los hijos nacidos de adscripticia (una forma de colonos del Bajo Imperio que estaban sujetos a la tierra de su señor que cultivaban) y esclavo.

Gayo abunda sobre esta materia al referirse a los nacidos de un matrimonio no reconocido por el derecho (*iniustae nuptiae*) o incestuoso (Gai. 1, 64): "si alguien ha contraído nupcias nefastas o incestuosas, se considera que no tiene ni mujer ni hijos, pues los que nacen de tal unión, aun cuando se piensa que tienen madre, la ley no les reconoce padre. Por eso no están sujetos a la *potestas* de éste, sino en la misma situación de aquellos concebidos por la madre en forma vulgar, los cuales no tienen padre, ya que éste es incierto. A estos hijos se les llama espurios (*spurii*), vocablo que o viene de una palabra griega, como si dijéramos hijos concebidos 'esporádicamente' (σποράδην, *sporaden*), o bien quiere decir hijos concebidos sin padre".

Isidoro (*Etim.*, 5, 23-25) brinda otros detalles interesantes para complementar la regla concisa de Ulpiano: "se denomina ilegítimo o bastardo (*nothus*) al que nace de padre noble y de madre <de condición> innoble, como <lo es> una concubina. Pero este vocablo griego también es diferente en latín. Entre nosotros, por el contrario, <se denomina> *spurius* (ilegítimo) al que nace de madre noble y de padre <de condición> innoble. También <se denomina> *spurius* al que nace de padre desconocido y de madre viuda, porque así como en la denominación *spurius* solamente <se alude> al hijo, pues los antiguos denominaban *spurium* al carácter mujeril <de un varón>, así en <el vocablo griego> άπο του σπορου (*apo tou sporou*, fuera del huerto) <se alude> al retoño, no al padre. Entre aquéllos <griegos> llamaban también Favonios a los animales, pues se piensa que conciben con ánimo esporádico (libertino, disoluto). De ahí que quienes no son <hijos> de legítimo matrimonio, siguen más <la condición de> la madre que <la de> el padre. Pero en latín *spurii* <da a entender> casi fuera de <toda> pureza, es decir, casi impuros". Esta situación se daba cuando el ciudadano romano contraía nupcias con alguien que por mandato de ley no debía hacerlo (*vid. infra*, Ulp. 5, 7).

Justiniano (Inst. 1, 10, 12) resalta que ante uniones ilegítimas o incestuosas no debe existir esposo, ni esposa, ni nupcias ni dote; los hijos están fuera de la potestad del padre y, por considerarse disuelta la unión, no hay lugar a pedir la dote. Esta regla la extiende en una constitución imperial del 530 d. C. (C. 1, 3, 45) a los presbíteros, diáconos y subdiáconos que sostienen relaciones amorosas, castigándolos con la expulsión del sacerdocio y reduciendo a la condición de espurios a los hijos de tales uniones, no pudiendo recibir por sucesión ni por donación, incluyendo a la madre o a personas interpósitas, y revirtiendo tales bienes a la Iglesia en caso de incumplimiento.

Se brindaban ciertas concesiones a los hijos ilegítimos: querellarse ante el testamento inoficioso de la madre (D. 5, 2, 29, 1); poder agregarse al orden de los decuriones (miembros del senado en un *municipium*) poseyendo costumbres y vida honestas (D. 50, 2, 3, 2), así como poder ser legitimados por el *paterfamilias* ya en época postclásica.

[71] Gayo coincide en dicho criterio al señalar de manera didáctica (Gai. 1, 55): "están sometidos a potestad nuestros hijos que hemos procreado en justas nupcias". Celso, a su vez, lo dice de forma más técnica: "cuando hay nupcias legítimas, los hijos siguen al padre" (D. 1, 5, 19).

Según Ulpiano (D. 1, 6, 6) hijo es el que nace del marido y de su mujer. La *patria potestas* es, en época romana, exclusivamente masculina, por lo que la mujer no tiene poder paterno sobre los hijos; y esa autoridad jurídica del padre se mantiene, incluso, en caso de locura (*h. t.*, 8).

Coincidiendo con Ulpiano, Justiniano (Inst. 1, 9, 3) declara: "el que nace de ti y de tu esposa se halla bajo tu potestad. También el que nace de tu hijo y de su esposa, es decir, tu nieto o tu nieta, y de la misma manera tu bisnieto o bisnieta, y así los demás. Mas el que nace de tu hija no se halla bajo tu potestad, sino bajo la de su padre".

La *patria potestas* es el poder de un jefe de familia (*paterfamilias*) sobre todos sus miembros, por ejemplo, sus hijos, tanto naturales como adoptivos (*filiifamilias*), o bien sobre la esposa de éstos, si la ceremonia de matrimonio se efectuaba por *conventio in manum*, quedando así bajo su poder (en la misma situación con respecto a la esposa). Originalmente ilimitada en los ámbitos judicial, económico y moral, la *patria potestas* se convirtió gradualmente en un poder en interés de las personas sometidas al mismo y que se concebía como una serie de deberes morales (*officia*) como la protección, el mantenimiento y la asistencia.

La *patria potestas* se adquiere sobre los hijos nacidos en legítimo matrimonio o por adopción de un hijo ajeno, ya sea por *adoptio* (un hijo *alieni iuris* ajeno) o por *arrogatio* (un *sui iuris* que acepta la potestad de *otro sui iuris*).

El *ius vitae necisque* del derecho primitivo se fue restringiendo cada vez más durante la época imperial, de forma tal que en el derecho justinianeo era solamente una reminiscencia histórica. Se impusieron igualmente restricciones al derecho del padre para abandonar al hijo (*ius exponiendi*). Solamente el *ius vendendi*, es decir, el derecho de vender al hijo que le volvía una *persona in mancipio* en Roma, y en esclavo cuando era vendido fuera de la ciudad, siguió vigente durante largo tiempo; bajo el derecho justinianeo se admitía vender al hijo solamente en caso de extrema pobreza paterna, pero el hijo podía rescatarse y liberarse pagando al comprador el precio que éste pago al padre.

Dentro de las facultades del *paterfamilias* se encuentra el poder entregar a un miembro de la familia para cubrir los daños que éste ha causado a un tercero (*noxae deditio*), así como conceder una cantidad de bienes para ser administrados por los sujetos a su potestad (*peculium*).

La *patria potestas* se extingue ante la *capitis deminutio* del *pater*, o bien liberándose el hijo del poder paterno, como en el caso de la *emancipatio*. Sin atender al consentimiento del padre, la extinción de la *patria potestas* se da cuando el hijo se convierte en sacerdote (*flamen Dialis*) o la hija en Virgen Vestal (vid. infra, Ulp. 10, 5 y notas respectivas). En el derecho justinianeo una persona que obtenía un alto puesto gubernamental o adquiría una dignidad en la jerarquía eclesial se liberaba del poder paterno.

[72] Sobre *conubium*, véase el pasaje siguiente.

En la esencia del *iustum matrimonium* se encuentran motivaciones de índole moral y social. Así, Modestino lo define como "la unión de hombre y mujer, comunidad para toda la vida, comunión de derecho divino y humano" (D. 23, 2, 1; se considera, sin embargo, interpolado). En tal orden de ideas, un diáfano principio de derecho concerniente al matrimonio lo brinda Ulpiano al decir: "no es la cohabitación, sino el consentimiento <de vivir como marido y mujer>, lo quehace al matrimonio" (D. 50, 17, 30; en el mismo sentido, D. 24, 1, 32, 13). Elemento básico en estos conceptos de matrimonio romano es la *affectio maritalis*, el afecto conyugal concebido como un estado mental continuo (no momentáneo). Presume la intención de vivir como marido y mujer de por vida, así como de procrear hijos legítimos, de ahí que "no basta un documento para que haya un matrimonio" (D. 39, 5, 31 pr.). Pese a que los pasajes citados se han considerado interpolados por diversos romanistas y, en consecuencia, se pretende eliminar la *affectio maritalis* del concepto, Berger considera esto un error.

Bajo dicho entendido, el matrimonio es una institución de fuerte impronta en la cultura romana. Sin embargo, jurídicamente no provocaba efecto alguno, aunque estuviese sancionado desde la religión por la ceremonia de *confarreatio* (vid.

supra, Ulp. 9, 1); considerado una situación de mero hecho, no de derecho, podía disolverse en época arcaico por voluntad del *paterfamilias*, y en épocas posteriores por muerte de algún cónyuge, por reducción a la esclavitud o pérdida de la ciudadanía, por *divortium* o por *repudium*. Así, aunque alabado por moralistas y juristas, el matrimonio no era una institución tan sólida como podría desprenderse a primera vista de los pasajes citados.

[73] Respecto al momento de la pubertad, cfr. Ulp. 11, 28. A mayor abundamiento sobre dicha situación, el problema se presenta especialmente en el varón, pues en cuanto a las niñas por razones de pudor se aceptó la edad de 12 años como la edad apta para poder engendrar. Las diversas escuelas de pensamiento jurídico enarbolaban opiniones contrarias sobre la pubertad varonil: los sabinianos opinaban que bastaba un examen físico por parte del *paterfamilias*, mientras los proculeyanos la estimaban en los 14 años. Los juristas de época tardorrepublicana e imperial tampoco coincidían: Mucio Escévola habla de 16 años (D. 40, 5. 41, 10 y 13), mientras que Javoleno Prisco optaba por la solución intermedia, edad y desarrollo físico. Justiniano pone fin a esa práctica del examen físico en una constitución del año 529 d. C.: "aboliendo la indecorosa práctica observada para observar la pubertad de los varones, mandamos: que así como se juzga que las mujeres son en todos los casos después de cumplidos los doce años, así también se consideren púberos los varones después de transcurridos catorce años, desapareciendo la deshonesta inspección de su cuerpo". Dicha opinión la reafirma en Inst. 1, 22 pr.

[74] De ahí la regla que transmite Paulo: "las nupcias no pueden subsistir si no consintieran todos, esto es, los que se unen, y aquellos bajo cuya potestad están" (D. 23, 2, 2). Respecto al *filiusfamilias*, el *pater* debe manifestar el consentimiento si no se encuentra presente el interesado: "el hijo de familia <en servicio> militar no contrae matrimonio sin la voluntad de su padre" (D. 23, 2, 35), no así respecto a la *filiafamilias*: "se entiende que el padre da siempre su consentimiento a la hija si no mostrase evidentemente su disenso" (D. 23, 1, 7, 1). En caso de *captivitas* del *pater*, no se requiere del consentimiento (D. 49, 15, 12, 3), pues siendo prisionero de guerra se consideran suspendidos sus derechos hasta en tanto vuelva a suelo romano para ejercer plenamente su capacidad jurídica. Con Augusto, tras la publicación de la *Lex Iulia de maritandis ordinibus* (*vid. infra*, nota 176), se otorgó al menos a la hija la facultad de asistir ante el magistrado para obligar al padre a otorgar su consentimiento (D. 23, 2, 19). Igualmente, si el padre sanguíneo estaba sometido a su vez a la *potestas* de su padre, era necesario el consentimiento de ambos (D. 23, 2, 16, 1), sobre todo para efectos del nombramiento de herederos propios (*vid. supra*, Ulp. 22, 14 y notas respectivas).

Recordemos que, en caso de que el *pater* del hijo contrayente también sea *filius*, se requiere el consentimiento del abuelo, pues es quien ejerce materialmente la *patria potestas* (D. 23, 2, 16, 1).

Gayo explica este pasaje de forma didáctica: "*de esta manera, los ciudadanos romanos tienen a sus hijos bajo su potestad* si han tomado por mujeres a ciudadanas romanas o aun latinas o extranjeras con quienes tengan el *conubium*, porque siendo efecto del conubium que los hijos sigan la condición del padre, resulta que ellos no solamente nacen ciudadanos romanos, sino también sujetos a la *patria potestas*" (Gai. 1, 56).

[75] *Iustum matrimonium* lo tenían los ciudadanos romanos *patricii*, quedando excluidos los plebeyos; sin embargo, derogando lo establecido por la Ley de las XII Tablas, el tribuno de la plebe Cayo Canuleyo expidió un plebiscito denominado *Lex Canuleia de conubio patrum et plebis* en el 445 a. C., durante el consulado de Marco Genucio y Cayo Curcio, otorgando a la plebe el derecho de conubio con los patricios.

[76] Gayo es prólijo en señalar una serie de circunstancias sobre esta segunda parte del pasaje. "Va de suyo que nosotros hablamos de aquellos entre los cuales no existe el *conubium*, pues de otro modo si un ciudadano romano ha tomado por mujer a una extranjera con la cual tuviera el *conubium*, como lo hemos dicho más arriba se ha contraido un *iustum matrimonium*, y por ello quien nace de esta unión es ciudadano romano y está sujeto a la *patria potestas*" (Gai. 1, 76). Ahora bien, un latino juniano (*vid. supra*, Ulp. 3, 3 y notas respectivas) puede probar una causa justificada de unión marital con una latina o ciudadana romana para comenzar a tener la *patria potestas* sobre el retoño (Gai. 1, 66 y 80 *in fine*), o bien si por error se casa con extranjera o dediticia creyéndola ciudadana romana y prueba su error (Gai. 1, 67); a la inversa, cuando la ciudadana romana contrae nupcias con extranjero y prueba su error, el marido y el hijo alcanzan la ciudadanía romana, surgiendo así la *patria potestas*, no así tratándose de un dediticio (Gai. 1, 68). La disposición de adquirir la *patria potestas* y la ciudadanía se extiende al matrimonio de latina con latino (Gai. 1, 69); de latino con extranjera (Gai. 1, 70); de ciudadano romano que se cree latino con una mujer latina o bien del que se cree extranjero con extranjera (Gai. 1, 71); del extranjero que se casa con ciudadana romana creyéndola extranjera (Gai. 1, 74). Dicha causal de error es fundamental, de lo contrario se considera "que se han unido con pleno conocimiento de su condición, [y] en ningún caso se puede corregir el vicio de este matrimonio" (Gai. 1, 75).

Ahora bien, sobre los extranjeros Gayo detalla una serie de hipótesis que clarifican el pasaje a estudio. El ciudadano romano que se casa con una extranjera que posee *conubium* se encuentra en *iustum matrimonium* (Gai. 1, 76), no así en el caso de ciudadana romana y extranjero que posee *conubium*, pues el hijo nacerá extranjero y *filius iustus* del padre (Gai. 1, 77), según la *Lex Minicia* (de época incierta, posiblemente hacia el 90 a. C.), que ordena que el hijo nacido de padres con un *status civitatis* diverso recibe el status inferior (Gai. 1, 78).

[77] La unión marital entre esclavos no es válida ante el *ius*; por carecer de ciudadanía y capacidad jurídica, el *servus* sólo "cohabita" con su pareja. Sin embargo, se da la necesidad de regular el parentesco entre esclavos: "no excusamos estas denominaciones, es decir, la de cognados, aun tratándose de esclavos; y así decimos también padres e hijos y hermanos de los esclavos; pero las cognaciones de los esclavos no están comprendidas en las leyes" (D. 38, 10, 10, 5).

Paulo señala una serie de circunstancias a observar para evitar uniones incestuosas: "el manumitido no tomará por mujer a su madre; y el mismo derecho rige respecto a su hermana y a la hija de su hermana. Por el contrario, lo mismo se ha de decir para que el padre no pueda casarse con la hija si hubieran sido manumitidos, aunque se dude que él sea su padre (D. 23, 2, 14, 2; en tal sentido, Inst. 1, 10, 10)". La prohibición se extiende a los hijos ilegítimos (*spurii*) alegando en todos estos casos el derecho natural y el pudor, "y es contra el pudor que tome por esposa a su hija (*idem*)".

El mismo Paulo señala la siguiente regla que complementa lo dicho en el pasaje a análisis: "entre esclavos y libres no puede contraerse matrimonio, sino <solamente existir> contubernio" (PS 2, 19, 6). Dicha prohibición se extiende al parentesco por afinidad: el hijo no puede desposar a la mujer que estuvo en contubernio con el *pater*, y al contrario, el padre no puede desposar a la que mantuvo contubernio con el hijo; igualmente, se prohíbe desposar a la madre de la que alguna vez fue esclava (D. 23, 2, 14, 3); Paulo cierra el pasaje con un llamado interesante: "tratándose de una situación dudosa es más acertado y prudente abstenerse de semejantes nupcias".

[78] En el mismo sentido, D. 23, 2, 53. Cfr. Coll. 6, 2, 1, donde este pasaje y el siguiente se identifican como *Ulpianus Libro Regularum Singulari sub titulo de nuptiis* (Ulpiano en el libro único de las reglas bajo el título de las nupcias).

Gayo ejemplifica didácticamente la concisión de la regla ulpianea: "no pueden contraer nupcias ni existe el *conubium* entre aquellas personas que están la una respecto de la otra en las relaciones de descendientes o de ascendientes como, por ejemplo, entre padre e hija, entre madre e hijo, entre abuelo y nieta; y si tales personas se unieran entre sí, se dice que han contraído nupcias nefastas e incestuosas. Y también es esto así que aun siendo la adopción el origen del parentesco entres ascendientes y descendientes, los interesados no pueden casarse entre sí, y el impedimento subsiste aun después de disuelta la adopción: así, yo no podría casarme con la mujer que ha comenzado a ocupar, por adopción –respecto a mí- el lugar de hija o de nieta, aun cuando la emancipase" (Gai. 1, 59). En el mismo sentido, D. 23, 2, 55 pr. e Inst. 1, 10, 1.

[79] La regla general respecto a las prohibiciones de contraer matrimonio entre colaterales la ilustra adecuadamente Gayo: "las nupcias están prohibidas entre hermano y hermana, ya sea que hayan nacido del mismo padre y de la misma madre, o sólo de uno de ellos. Si una mujer ha comenzado a ser mi hermana adoptiva, en tanto dure la adopción entre ella y yo no pueden realizarse nupcias, pero si la adopción se disolviera por emancipación, entonces sí puedo tomarla como esposa; lo mismo ocurre si yo mismo fuera emancipado, ningún impedimento habrá para las nupcias" (Gai. 1, 61; cfr. D. 23, 2, 17 pr). Justiniano (Inst. 1, 10, 2) complementa con la siguiente sentencia: "es, pues, constante que si alguno quiere adoptar a su yerno, debe antes emancipar a su hija; y si alguno quiere adoptar a su nuera, debe primero emancipar a su hijo".

[80] Gayo señala al respecto que esta costumbre se introdujo cuando el emperador Claudio (41-54 d. C.) tomó por mujer a Agripina, hija de su hermano Germánico (Gai. 1, 62); veamos el relato histórico que nos transmite Suetonio: "siendo todavía muy joven tuvo dos esposas: Emilia Lépida, bisnieta de Augusto, y Livia

Medulita, perteneciente a la antigua familia del dictador Camilo, y que había conservado el nombre de Camila. Repudió a la primera, virgen aún, porque sus padres habían caído en desgracia ante Augusto; la otra falleció de enfermedad el mismo día en que iba a celebrarse la boda. Casó más adelante con Plaucia Urgulanila, de familia triunfal, y luego con Elisa Petina, hija de un consular. De estas dos esposas se separó por divorcio; de Petina, por faltas ligeras; de Urgulanila se separó por sus innobles desórdenes, a los que se añadían también sospechas de homicidio. Contrajo después matrimonio con Valeria Mesalina, hija de su primo Barbato Masala; pero cuando supo que además de sus excesos y crímenes, se había atrevido a casarse con Cayo Silio y a consignar una dote en manos de los augures mandó darle muerte, jurando ante los pretorianos reunidos permanecer célibe, puesto que el matrimonio le resultaba tan mal, y dejarse matar por ellos si violaba su juramento. A pesar de ello, trató en breve su nueva unión con la misma Petina a quien había repudiado, y con Solia Paulina, que había estado casada con Cayo César. Pero las seducciones de su sobrina Agripina, hija de Germánico, ayudadas por el derecho de abrazarle y el frecuente trato, le inspiraron más profundo amor; sobornó entonces a los senadores, que en la primera reunión propusieron obligarle a casarse con ella, con el pretexto de que aquella unión era de importancia esencial para el Estado, y de dar así facultades a los demás ciudadanos para contraer iguales matrimonios, considerados hasta entonces incestuosos. Se casó con ella a la mañana siguiente, pero no encontró a nadie que quisiera seguir su ejemplo, exceptuando a un liberto y a un centurión primipilario, a cuyas bodas asistió Agripina" (Suet., 26).

Tácito narra otros detalles del inusitado acontecimiento (12, 5-7). Tras un discurso encaminado a disponer el ánimo de los senadores, los convence finalmente de aprobar el matrimonio entre él y Agripina, siendo igualmente aclamada tal decisión por el pueblo. "Entrando tras esto en el Senado, pide que se haga un decreto en el que se declaren lícitos de allí en adelante los casamientos entre tío y sobrina. Pese a todo, no se halló quien deseare semejantes bodas, sino un caballero romano llamado Tito Aledio Severo, y aun de este dijeron muchos que lo hizo en gracia y adulación de Agripina."

Sin embargo, tal disposición no se mantuvo. En el año 342, una constitución de Constancio y Constante ya sancionaba con la pena capital este tipo de uniones (C. Th. 3, 12, 1); fue abrogada finalmente por Justiniano (Inst. 1, 10, 3): "no es lícito casarse con la hija de su hermano o de su hermana, ni con la nieta de éstos, aunque estén en el cuarto grado…"

[81] Cfr. Coll. 6, 2, 2.

La prohibición se encuentra vigente ya con Justiniano (Inst. 1, 10, 5): "igualmente, no es lícito casarse con su tía paterna, aunque sea adoptiva, ni con su tía materna, porque están en la clase de ascendientes. Por la misma razón se prohíbe casarse con su tía segunda, ya sea paterna o materna".

[82] Cfr. Coll. 6, 2, 3.

Comparemos la regla ulpianea con el ejemplo que brinda Gayo (1, 63): "tampoco es lícito casarse con la tía carnal, paterna o materna. Igualmente me está prohibido contraer nupcias con quien en otro tiempo fue mi suegra o mi nuera o mi hijastra o

190

mi madrastra. Y decimos 'en otro tiempo' porque si aun subsisten las nupcias a las cuales se debe aquel parentesco, entonces es por otra razón que no puedo casarme, ya que una mujer no puede, al mismo tiempo, estar casada con dos maridos, ni un varón tener al mismo tiempo dos esposas".

Justiniano detalla adecuadamente cada situación; así, "por respeto a la afinidad, hay nupcias que deben estar prohibidas: así no es lícito casarse, ni con su hijastra ni con su nuera, porque una y otra están en la clase de hijas. Lo que sin embargo debe entenderse de la que ha sido tu nuera o tu hijastra. Porque si todavía es nuera tuya, es decir, si todavía se halla casada con tu hijo, habrá otra razón para que no puedas casarte con ella, porque ninguna puede ser mujer de dos maridos a un mismo tiempo. De la misma manera, si alguna es todavía tu hijastra, esto es, si su madre es todavía tu mujer, no podrás casarte con ella, porque no es lícito tener dos mujeres a un mismo tiempo" (Inst. 1, 10, 6).

Por otro lado, "de la misma manera no se puede tomar por mujer a su suegra o madrastra, porque se hallan en lugar de madre. Esto sólo tiene lugar después de disuelta la afinidad, porque en otro caso, y si todavía es tu madrastra, esto es, si todavía es mujer de tu padre, está prohibido por derecho de gentes que te cases con ella, porque no puede ésta casarse a un mismo tiempo con dos maridos. Del mismo modo si ella es todavía tu suegra, es decir, si su hija ese todavía tu mujer, no podrás casarte con aquélla, porque no es lícito tener dos mujeres a un tiempo" (*h. t.*, 7).

[83] Cfr. Coll. 6, 2, 4.

Sobre los hijos ilegítimos, *vid. supra*, Ulp. 4, 2 y nota respectiva.

[84] Es decir, nacen con las condiciones plenas de ciudadanos romanos: ser libres, ingenuos y en su momento libres; además, nacen bajo la potestad del padre; al respecto, cfr. Ulp. 5, 1 y nota respectiva.

[85] *Vid*. Ulp. 3, 9 y nota respectiva.

[86] Cfr. nota 76 *in fine*.

[87] *Vid. supra*, Ulp. 3, 3.

De manera didáctica Gayo aclara este pasaje: "si un ciudadano romano toma por mujer a una latina o a una extranjera ignorando su nacionalidad, creyéndola ciudadana romana, y engendra un hijo, éste no se encuentra sujeto a su *potestas* porque ni siquiera es ciudadano romano, sino latino o peregrino, es decir, de la misma condición que su madre, pues para seguir la condición del padre es necesario que entre sus progenitores exista el *conubium*. Pero un senadoconsulto le permite probar la causa de error y de este modo la mujer, lo mismo que el hijo, alcanzan la ciudadanía romana, y también desde ese mismo momento comienza el hijo a estar sujeto a la *patria potestas*. Sucede lo mismo si se ha tomado, por ignorancia, mujer de entre las que se encuentran en la categoría dediticia, sólo que en este caso la mujer no se hace ciudadana romana" (Gai. 1, 67).

La regla prescrita en este pasaje ya es tratada en Ulp. 3, 4 y notas respectivas.

[88] Al respecto, Gayo relaciona dicha filiación con un principio del *ius gentium*: "el hijo habido de una mujer esclava y de un hombre libre nace esclavo y, por el contrario, el hijo habido de unión de una mujer libre y de un esclavo nace libre" (Gai. 1, 82).

[89] Al respecto, cfr. Gai. 1, 87: "en aquellos casos en que el recién nacido sigue la condición de la madre y no del padre, es más que evidente que el hijo, aunque sea ciudadano romano, no queda sometido a su *patria potestas*".

[90] La situación de los hijos nacidos de un *contubernium* (*vid. supra*, nota 77) recibió una serie de consideraciones en época imperial; Gayo ilustra diversas circunstancias que ayudan a clarificar el pasaje ulpianeo: ciertamente el producto nacido de esclava y ciudadano romano nace ciudadano romano si ésta es manumitida solemnemente, pero no cae en la potestad paterna por ser una unión ilegítima (Gai. 1, 89); el didacta coincide en que hay que considerar, en el caso de uniones ilegítimas, el momento del nacimiento, pues si la madre es libre, "ellos son libres y no importa que cuando la madre los concibió hubiese sido esclava" (Gai. 1, 89). Por otro lado, si la mujer ciudadana romana es convertida en extranjera por una condena, y ocurre después el parto, el hijo será ciudadano romano si se concibió dentro de las *iustae nuptiae*, pero si fue matrimonio ilegítimo, el hijo nacerá extranjero (Gai. 1, 90); la situación es similar en el caso de una mujer reducida a la esclavitud con base en el senadoconsulto Claudiano tras haberse unido a un esclavo ajeno contra la voluntad de su *dominus* y pese a sus advertencias: si el hijo fue concebido dentro de *iustae nuptiae* nace ciudadano romano; si fue concebido de manera ilegítima, nace esclavo de aquel amo a quien ahora pertenece la madre esclava (Gai. 1, 91). Finalmente, si la extranjera concibe fuera de matrimonio y da a luz tras adquirir la ciudadanía romana, el hijo será ciudadano romano; pero si concibe de extranjero, según un senadoconsulto propuesto por Adriano (117-138 d. C.), el hijo será ciudadano romano cuando se otorgue al padre también la ciudadanía romana (Gai. 1, 92).

Ahora bien, Ulpiano rememora que, por medio de un rescripto, Adriano respondió que si una mujer libre es condenada a la pena máxima estando embarazada, dará luz a un libre, pudiendo conservar la vida hasta el parto (D. 1, 5, 18, 24). Dicho privilegio se extiende a las esclavas embarazadas que, inicialmente manumitidas, dan a luz y recaen en la esclavitud o son expulsadas de la ciudad, bastando al producto haber tenido madre libre en el tiempo de la gestación (D. 1, 5, 5, 3). Cfr. PS 2, 24, 1-3.

Justiniano sintetiza lo anterior diciendo que "basta que la madre sea libre en el momento del nacimiento, aunque fuese esclava en el de la concepción. Y si por el contrario ha concebido libre y parido esclava, se ha dispuesto que el hijo nazca libre, porque la desgracia de la madre no debe perjudicar al hijo que lleva en su seno" (Inst. 1, 4, pr).

[91] Álvaro D'Ors señala que esta tripartición es de cuño escolástico, no conocida en la primera parte de la época clásica: las llamadas *datio dotis*, *dictio dotis* y *promissio dotis*.

La dote (*dos*) es la serie de bienes dados al novio por parte de la novia o alguien más, principalmente su padre, con vistas a un futuro matrimonio. Llamada también *res uxoria*, normalmente se concedía antes de consumar el matrimonio, aunque también podía darse después, pero siempre bajo la idea de que "la entrega, no la escritura dotal, constituye la dote" (C. 5, 15, 1). En época clásica el esposo era el propietario legítimo de la dote; sin embargo, estaba limitado para disponer de ella pues se entendía que era entregada para el mantenimiento de la casa común, según el principio "debe haber dote donde haya cargas del matrimonio" (D. 23, 3, 56, 1) siendo obligatorio el regresarla en caso de separación a la esposa, al heredero o a un tercero, ya que "la dote es nula si no sirve a las cargas del matrimonio" (D. 23, 3, 76). Visto así, la propiedad del esposo era más bien formal, lo que hallaba expresión en la idea de que la *dos* se encuentra solo *in bonis mariti* (en propiedad bonitaria del marido). Con todo, podía administrar plenamente la dote, pero debía hacerlo como un *bonus paterfamilias* usando sus frutos.

Como cuestión de principio, el cónyuge no podía enajenar fundos que perteneciesen a la dote sin el consentimiento de la mujer, según la *Lex Iulia de fundo dotali* (parte de la legislación augustea contenida en la *Lex Iulia de adulteriis* del 18 a. C.; *vid. infra*, nota 176); el mismo principio operaba para la manumisión de esclavos que formasen parte de la dote. El marido era responsable del valor de los esclavos manumitidos sin autorización de la esposa.

Ulpiano señala que "no puede haber dote sin matrimonio" (D. 23, 3, 3); por ende, la dote que se constituye antes de consumarse el matrimonio se consideraba hecha bajo la condición de que la unión se daría (*si nuptiae fuerint secutae*).

La restitución de la dote procedía con la *actio ex stipulatu* si las provisiones concernientes a la restitución se incluían en la *stipulatio* del esposo (*cautio rei uxoriae*). Más tarde se admitieron acuerdos informales que regulaban los problemas relativos a la devolución de la dote, especialmente en caso de divorcio (*pactum nuptiale, pactum dotale, instrumentum dotale*). Generalmente se concedía una acción específica (*actio, iudicium rei uxoriae*) para recuperar la dote del marido, independientemente del acuerdo respectivo y con carácter perpetuo (D. 23, 3, 1). No hay certeza respecto a si la acción era *bonae fidei*, pero sin duda el juez debía considerar *ex aequo et bono* las cuestiones relacionadas con la restitución. Las reglas que regían la devolución distinguían entre si el matrimonio había terminado por muerte de uno de los cónyuges o por divorcio, y en este último caso si el culpable había sido el marido o la mujer. Al esposo se le concedía el *beneficium competentiae* y tenía el derecho de retener ciertas partes de la dote por diversas razones (cfr. Ulp. 6, 9 y ss.).

Justiniano introdujo reformas importantes. El problema de los derechos del marido sobre las *res dotales* se resolvió simplemente al concederle un usufructo, convirtiéndose la *actio rei uxoriae* en *actio bonae fidei*.

[92] Paulo ejemplifica adecuadamente este pasaje ulpianeo: "si bajo condición se prometiera la dote por un deudor de la mujer, y después, pero antes que el marido pudiera pedirla, hubiera el deudor dejado de ser solvente, parece más bien que el riesgo corresponda a la mujer; porque no se considera que el marido aceptó el crédito en tiempo en que no pudiere exigirlo. Pero si ya el deudor no fuere solvente cuando la prometiese bajo condición, el riesgo es del marido, porque se considera que a sabiendas admitió aquel crédito, tal cual era el principio de la obligación" (D. 23, 3, 41, 3).

[93] Esta forma es la denominada *dictio dotis*, la más común en la cultura romana. Celebrada durante los esponsales, era una promesa unilateral en la forma de una *stipulatio*: el aceptante se encuentra presente, mientras el constituyente realiza la declaración. De ahí surge la regla que consagra Paulo (D. 50, 16, 7): "se llama 'promesa' (*sponsio*) no sólo la hecha mediante interrogación del que se desposa, sino toda promesa de estipulación".

[94] En otro sitio (D. 23, 3, 5, pr) Ulpiano ahonda en el concepto: "dote profecticia es la que proviene del padre o de otro pariente, ya sea de sus bienes o de un acto suyo"; según el jurista, también recae en esta hipótesis la dote que dio el *procurator*; un tercero o un gestor de negocios (*negotiorum gestor*) con la aprobación del ascendiente (*h. t.*, 1); lo que dio un tercero en calidad de donación al padre (*h. t.*, 2); la cantidad llegada del curador de un demente o pródigo (*h. t.*, 3); la que decretó el pretor o el gobernador provincial que se diese de los bienes del padre, de lo tomado por los enemigos o cogido por los ladrones (*h. t.*, 4); lo prometido por el padre y cubierta por un fiador o deudor (*h. t.*, 7), o bien lo prometido por el hijo antes de la emancipación (*h. t.*, 10); lo dado por el padre a la hija emancipada bajo la regla "hace profecticia a la dote no el derecho de potestad, sino el nombre del ascendiente" (*h. t.*, 11); citando a Papiniano, cuando el padre, siendo curador de la hija emancipada, constituye la dote por ella (*h. t.*, 12), o bien el padre adoptivo, citando a Juliano (*h. t.*, 13); cuando el padre se vuelve heredero del que prometió la dote antes de las nupcias de la hija (*h. t.*, 14); al entregar un fundo ajeno comprado de buena fe (D. 23, 3, 6, 1).

[95] Se pueden mencionar las siguientes hipótesis dadas por Ulpiano para entender este pasaje: un tercero que en calidad de fiador promete y pagase la dote, aunque el padre no pueda recobrar del deudor principal la cantidad (D. 23, 3, 5, 6); cuando el padre debe a la hija emancipada y ésta autoriza transformar el adeudo en dote (*h. t.*, 11); cuando el padre se vuelve heredero del que prometió la dote después de las nupcias de la hija (*h. t.*, 14).

[96] Cfr. Fr. Vat. 108.

Pomponio explica el principio que sustenta la devolución de la dote ante la muerte de la hija: "por el derecho se socorrió al padre para que, perdida la hija, le sirviese como de consuelo si se le devolviese la dote dimanada de él, a fin de que no experimentase el quebranto de haber perdido la hija y el dinero" (D. 23, 3, 6 pr.)

[97] Cfr. D. 39, 6, 31, 2: "también la dote, que alguno estipula del marido para el caso de muerte de la mujer, se adquiere verdaderamente por causa de muerte".

[98] Consideremos algunas circunstancias: en caso de que el *paterfamilias* haya provocado el divorcio de la hija por medio del *repudium*, no será posible reclamar la dote, según Paulo, a menos que lo consienta la *filia*, pues no está permitido al padre acabar con un matrimonio (Fr. Vat., 116), incluso cuando la hija hubiese sido hecha rea en proceso, no debiendo existir dilación en la devolución de la dote (Fr. Vat., 119).

Un criterio a tomarse en cuenta es el señalado en una constitución imperial del 207 d. C., siendo emperadores Alejandro Severo y Caracala, cuando la esposa pide sea restituida la dote tras haberla deducido de los bienes incautados al padre por el fisco: "no puede quitarle esto a tu derecho, puesto que tampoco tu mismo padre podía exigir ni recibir la dote sin tu voluntad" (C. 5, 18, 2).

[99] En Fr. Vat. 112 se plantea un caso ilustrativo de esta regla ulpianea: "pregunto si, muerta Seya, la acción de los bienes dotales pasará a sus herederos, cuando el que había reclamado no era ni tutor de Seya, ni curador ni procurador ni representante procesal o actor de ella, ni tenía en absoluto acción. Paulo respondió que parecía que se reclamaba en nombre de la mujer *y que la acción de los bienes dotales podía perpetuarse por cualquiera*" (parte final insertada por un escritor anónimo). Cfr. D. 24, 3, 57.

Justiniano, en una constitución imperial del 530 d. C., confirma el derecho de obtener la dote a los herederos: "quédeles inalterables a los sucesores, y sin la mora de la transmisión, el derecho de acción de lo estipulado" (C. 5, 13, 1, 4).

[100] Los llamados bienes fungibles, como el dinero acuñado (*pecunia numerata*), el vino, el aceite, el trigo, el cobre, la plata, el oro (Gai. 3, 90).

[101] El tema lo retoma doctrinalmente Ulpiano en un pasaje del Digesto dedicado al estudio de los *pacta conventa*: "a veces, <el nudo pacto> forma la misma acción como en los juicios de buena fe; porque solemos decir que los pactos convenidos se contienen en los juicios de buena fe. Mas esto se ha de entender así, que si los pactos subsiguieron inmediatamente, estén también comprendidos por la parte del actor; mediando intervalo, ni lo estarán, ni valdrán, si demandare, a fin de que del pacto no nazca acción. Como, por ejemplo, se convino después del divorcio que no se devolviera la dote en el tiempo de dilación establecido, sino inmediatamente; esto no valdrá para que no nazca la acción del pacto. Lo mismo escribe Marcelo" (D. 2, 14, 7, 5).

Sin embargo, existe el beneficio de la representación, pues en otro punto Ulpiano señala: "y es verdad que en el legado de la dote hay el beneficio de la representación, aunque la dote se hubiese de entregar al cabo de un año" (D. 33, 4, 1, 2).

En una constitución del año 530 d. C., Justiniano dispone plazos específicos que modifican lo señalado en la regla ulpianea: "verifíquese la exacción de la dote no en el plazo de un año, de dos o de tres, sino en todo caso dentro de un año tratándose de bienes muebles, semovientes o incorporales; debiéndose restituir, por supuesto, inmediatamente los demás bienes que se hallan sobre el suelo, lo cual había sido común a una y otra acción…" (C. 5, 13, 1, 7).

[102] En la constitución previamente citada (*h. t.*, 5), Justiniano regula diversos abusos y contradicciones derivados de esta regla ulpianea: "enmudezca la retención por causa de los hijos, pues el mismo estímulo natural exhorta a los padres a la educación de sus hijos. No imaginen los maridos diverso género de culpa contra sus mujeres, para poder usar contra ellas esta misma retención, puesto que ya también en las constituciones imperiales se halla establecido qué debe hacerse si por culpa de la mujer se hubiese disuelto el matrimonio. Pero ni aun en los gastos hechos por los bienes de la dote nos parece que está bastante justificada la retención. Porque disminuyendo ciertamente los gastos necesarios la cuantía de la dote, pero no reteniéndose en la acción de los bienes de la mujer los gastos útiles de otra suerte que por voluntad de ésta no está fuera de propósito, si verdaderamente mediara la voluntad de la mujer, que por nuestra autoridad se le conceda al marido contra la esposa la acción de mandato, para que por ella se pueda asegurar lo que se gastó útilmente; y si no mediase la voluntad de la mujer, pero los bienes fueron administrados útilmente, basta contra ella la acción de negocios. Pero si los gastos fueron suntuarios, aunque hechos con la voluntad de ella, déjesele al marido la separación de la obra que hizo, pero sin quebranto de la cosa primitiva, de suerte que quede expedito el manejo de todas las retenciones, y la acción de lo estipulado no admita con razón ninguna retención conforme a su naturaleza".

[103] Dicha situación podría incluso acordarse desde el momento de constituirse el pacto dotal (Fr. Vat. 106). Por otro lado, Paulo opina que dichas retenciones también proceden en el caso del marido que repudia y, casándose nuevamente con la misma mujer, ésta se marcha de casa en una ausencia del cónyuge (*Ibíd.*, 107).

Otra circunstancia donde se aplica el mismo porcentaje de retención dotal se da cuando, estimadas las cosas dadas en dote y eviccionadas permaneciendo el matrimonio, compete al esposo la acción de lo comprado (*actio empti*) contra la esposa; y por eso pueden ser retenidas las sextas partes de esa cantidad que se dedujo para la estimación (Fr. Vat. 105).

[104] En la versión de Krüger esta frase se encuentra incluida en el pasaje anterior, pero bajo la redacción *sextae in retentione sunt, non in petitione* (las sextas partes se hallan en <calidad de> retención, no en <calidad de> petición); pretendiendo estar ligada de alguna manera con la retención por causa de los hijos, no se entiende su sentido en el contexto general del pasaje, por lo que Huschke considera que es alguna glosa del copista medieval añadida al documento

Vaticano. En consecuencia, hemos elegido la versión que ofrece Huschke para insertarla en una secuencia coherente al pasaje que analizamos.

[105] La situación de la posible incoherencia del fragmento se explica en la hipótesis de este pasaje de Marcelo: "opinan los más que cuando la misma mujer vuelve al mismo marido es éste el mismo matrimonio; y asiento la opinión de ellos si se hubieren reconciliado no mediando mucho tiempo, y si en el intermedio ella no se hubiese casado con otro o él no hubiere tomado a otra mujer, y mucho más si tampoco el marido hubiese devuelto la dote" (D. 23, 2, 33). Ulpiano la confirma de este modo: "si la mujer se hubiere divorciado, y después de contestada la acción de dote hubiere vuelto al matrimonio, expira el juicio y todo queda en su estado primitivo" (D. 24, 3, 19). Por otro lado, Papiniano considera que el juicio aceptado en virtud de la estipulación y que inciase un tercero que ha ofrecido la dote no se extingue si la mujer regresa tras el divorcio, ni tampoco procede la absolución judicial (D. 24, 3, 42, 3). Cfr. Fr. Vat. 107.

[106] Huschke considera que después de esta palabra se omitió el vocablo *uxoris*, "de la mujer".

[107] Conviene diferenciar el *adulterium* del *stuprum*. Papiniano señala al respecto: "la ley menciona promiscua y un tanto abusivamente el estupro y el adulterio; pero propiamente se comete adulterio en mujer casada, habiéndose formado la palabra por razón de parto concebido de otro, mas en doncella o en viuda se comete estupro, que los griegos llaman φζοράν (corrupción)" (D. 48, 5, 6, 1).

[108] Huschke señala que en el documento Vaticano aparece la frase *quae annua a die reddi debet* (<exigiéndole> la devolución de la dote a partir del plazo de un año), pero refiriéndose en realidad a las tres dotes, cada una previamente fijada al plazo de un año. En consecuencia, omite la partícula ablativa *a* por considerarla una iteración, inspirado a su vez en D. 33, 4, 1, 2.

[109] Considero que esta distinción se inspira en ideas epicureístas. En la visión de la Escuela del Jardín, la felicidad pasa por distinguir los diversos tipos de deseos que tiene el humano. Así, unos son naturales y necesarios (aquellos que eliminan el dolor, como la bebida para la sed); otros, naturales y no necesarios (los que sólo colorean el placer, pero no extirpan el dolor, como los alimentos refinados); finalmente, otros no son naturales ni necesarios, sino que nacen de la vana opinión (como las coronas y la dedicación de estatuas) (Diógenes Laercio, *Máximas capitales*, 29).

[110] El pasaje ulpianeo lo hallamos de manera similar en Paulo: "son gastos necesarios aquéllos sin los que, si no hubieran sido hechos, la cosa hubiera perecido o se hubiera deteriorado" (D. 50, 17, 79 pr.).

[111] Paulo ejemplifica con mayor detalle lo señalado en este pasaje: "dice Fulcinio que son gastos útiles los que mejoran la dote, no los que no dejan que se deteriore; con los que se adquiere renta para la mujer, así como la plantación de árboles más allá de lo que había sido necesario. Así mismo la enseñanza de los niños, por razón

de los cuales no conviene que sea gravada la mujer ignorándolo o contra su voluntad, para que no se vea obligada a privarse de un fundo o de esclavos. En estos gastos diremos que va la mayor parte de las veces comprendida la tahona y el granero agregado a la casa dotal" (D. 50, 17, 79, 1).

[112] Igualmente Paulo reflexiona sobre estos gastos: "son gastos voluptuarios los que solamente adornan la cosa, pero no aumentan el fruto, como son los jardines, los surtidores de agua, las incrustaciones, los embaldosados y las pinturas" (D. 50, 17, 79, 2).

Falta una parte del título que se refería a las retenciones hechas por las cosas donadas (*res donatae*) y las sustraídas (*res amotae*). Sobre las primeras, según Ulp. 7, 1 las donaciones entre marido y mujer están prohibidas (*vid. infra*, nota 114); por lo tanto, en caso de haberse donado bienes se permitiría retener de la dote el equivalente hasta lograr la restitución.

Acerca de las *res amotae*, Ulpiano las define como "no sólo las que amovió la mujer cuando hubiese tomado la resolución de divorciarse, sino también las que hubiese amovido estando casada, si las hubiese ocultado cuando se fuese" (D. 25, 2, 17, 1); se concede al marido la *actio rerum amotarum*, introducida según Paulo "contra aquélla que fue esposa, porque no pareció bien que contra ella pudiera ejercitarse la acción de robo"; algunos juristas, como Nerva y Casio, opinaban que no se comete ciertamente hurto, "porque el consorcio de vida [el matrimonio] la hace en cierto modo dueña"; otros, como Sabino y Próculo, opinaban que sí se comete hurto, "pero que por derecho positivo no procede la acción de hurto" (D. 25, 2, 1). Así, el marido podrá retener la dote en tanto se desarrolla el juicio para recuperar el valor de los objetos amovidos. La acción procede también cuando ladrones enviados por la esposa amoven bienes sin que ella intervenga y "aunque la cosa no hubiere ido a su poder" (*h. t.*, 19), incluso en el caso de esclavos enviados por la mujer (*h. t.*, 21, 1); cuando amove un bien comprado de buena fe por el marido o brinda auxilio al ladrón por causa de divorcio (*h. t.*, 20), o cuando amove bienes del marido gravemente enfermo y, tras divorciarse, éste se recupera (*h. t.*, 21 pr.).

Con todo, la acción procede igualmente contra el marido (cfr. Ulp. 7, 2). El propio Ulpiano, citando a Marcelo, señala que "ya si el marido expulsó de su casa a la mujer, ya si la mujer al marido, y amovieron cosas, están obligados por la acción de cosas amovidas" (D. 25, 2, 11 pr); la acción subsiste incluso cuando se rehace el matrimonio y posteriormente sobreviene un segundo divorcio (*h. t.*, 23), no así si tras la reconciliación persiste el segundo matrimonio (*h. t.*, 30). Por otro lado, no procede en caso de concubinato (*h. t.*, 17 pr.)

[113] Huschke opina que los párrafos incluidos en este título (con excepción del 4 por las razones vertidas en la nota 120) no son materias a ser tratadas de forma especial, sino solamente por considerar a las donaciones entre marido y mujer como una continuación del derecho de retención ya tratado en la parte final del título anterior.

[114] Sobre este aspecto se alegan diversas razones: Ulpiano, al tiempo que las señala carentes de validez, explica que ello se autorizó "para que recíprocamente no se despojasen por su mutuo amor, no moderándose en las donaciones, sino

haciéndolas respecto de sí con dispendiosa facilidad" (D. 24, 1, 1); posteriormente Paulo, citando a Sexto Cecilio, señala que "muchas veces sucedería que se disolverían los matrimonios si no donase el que pudiera, y por tal motivo acontecería que los matrimonios serían venales" (*h. t.*, 2). Posteriormente una *oratio* de Severo y Caracala del 206 d. C. confirma dicha prohibición bajo los siguientes argumentos: "nuestros antepasados prohibieron las donaciones entre marido y mujer considerando el amor honesto en tan sólo las almas, y mirando también por la fama de los que se unieron, para que no pareciese que por precio se conciliaba la concordia, o para que el mejor no viniese a pobreza y el peor se hiciese más rico" (*h. t.*, 3 pr.).

[115] Paulo señala las causas que pueden presumir una muerte: enfermedad grave, un viaje, una travesía marítima o una guerra (PS 2, 23, 1).

La razón de tales donaciones la brinda Gayo: "porque llega el efecto de la donación en un tiempo en el que dejan de ser marido y mujer" (D. 24, 1, 10). Cfr. D. 24, 1, 11.

[116] Al respecto, igualmente Paulo señala que "es permitida entre marido y mujer la donación a favor de una manumisión por el beneficio de la libertad, o porque ciertamente ninguno se beneficia pecuniariamente con ella; y en consecuencia, no está prohibido hacerse mutuas donaciones con objeto de manumitir esclavos" (PS 2, 23, 2). Cfr. C. 5, 16, 21.

Dicha donación procede desde el momento mismo de la muerte (*h. t.*, 6), pero no aplica al que, habiendo sido condenado a la esclavitud, nunca pueda salir de ella (D. 24, 1, 9 pr).

[117] Ulpiano retoma la idea en otro punto: "lo que por la mujer se confirió al marido para que alcanzase una dignidad, es válido solamente hasta cuanto es necesario para pagar la dignidad".

Esta parte del pasaje a estudio tiene que ver con la compra de dignidades o títulos, o bien con las cargas inherentes a la función pública. La calidad de patricio se adquiría por ser hijo nacido *ex iustis nuptiis* (vid. supra, Ulp. 5, 1 - 3) de padres patricios, o bien por adopción: la clase senatorial es la más representativa de tal sector. De hecho, el *latus clavus* o *laticlavus*, una banda ancha de color púrpura que se llevaba en la toga o la túnica, fue el rasgo característico de los senadores y sus hijos, por lo que este rango se indicaba con dichos vocablos. Así, en época imperial, la concesión por parte del emperador del grado senatorial se le llamaba *conferre latum clavum*.

Sin embargo, dicha categoría pierde mucho de su significado con el ascenso hacia el siglo II a. C. de noblezas basadas en el poder económico o la detentación de un alto cargo público, como los *equites*, caballeros o personas del rango ecuestre que, gracias a sus privilegios comerciales (prohibidos a los senadores) y a la recaudación de impuestos (como *publicani*), les permite adquirir gradualmente influencia en la administración y la política; a la larga, se rompe toda conexión respecto a su servicio en la caballería y se vuelve decisiva la posesión de una riqueza considerable. De hecho, la unión de senadores y caballeros conformó, en época republicana, el "partido" de los *optimates*, de fuerte cuño conservador, frente a los *populares*, grupo político de impronta plebeya en donde llegaron a participar no pocos patricios, como Cayo Julio César.

Augusto reorganiza el orden ecuestre, con lo que esta clase adquiere un mayor poder, ya que gracias a su influencia en la vida social y política logran adquirir altos cargos en la administración imperial: de hecho, el anillo de oro, que en época republicana era el rasgo distintivo de senadores y *equites* (el *ius anuli aurei*) se convirtió en un privilegio exclusivamente ecuestre, además de portar una banda angosta en el borde de la toga (*clavus angustus*).

Durante la época del Principado, el emperador confería la calidad de patricio a personas poseedoras de méritos especiales; a decir verdad, la obtención del rango senatorial podía hacerse por medio de solicitud (*impetrare latum clavum*) que implicaba el pago de una cantidad. En época del Alto Imperio, Constantino designó al patriciado (*patriciatus, patricia dignitas*) como un título honorífico personal (ya no hereditario) conferido por el emperador de manera vitalicia a los altos dignatarios (bajo el lema "alteza"), obteniendo además el privilegio del *latus clavus*; Justiniano posteriormente extiende a todos los que tuviesen el derecho a portar el título de *ilustris*, lo que implicaba quedar exentos de la *patria potestas*.
Por otro lado, como parte del *cursus honorum* (carrera política), se encargaba a determinados funcionarios la organización de los juegos públicos (*ludi*). Inicialmente fueron los ediles, hasta que en el año 22 a. C. Augusto confió la *cura ludorum* a los pretores. Si bien el Estado erogaba los gastos pertinentes para organizar estos juegos, con el paso del tiempo se volvieron más onerosos y los magistrados organizadores contribuían con su patrimonio para colmar el déficit, en ocasiones dilapidándolo con tal de hacerse del voto popular (cfr. Plutarco, *Caes.*, 5, 8-9, donde se narra que durante su edilidad, César organizó espectáculos de tal suntuosidad que acumuló ingentes deudas). Sin duda alguna, los maridos recibían financiamiento de muchas esposas pudientes para su campaña política, o para la obtención de los cargos honorarios citados, viéndose económica o socialmente beneficiadas con la adquisición de tales honores.
En este marco se inserta el pasaje a estudio. La constitución a que se refiere Ulpiano se emite durante el principado de Antonino Pío (138-161 d. C.), como señala Gayo: "fue admitida otra donación, que llamamos por causa de honor, como esta: si la mujer hiciese donación al marido para que pidiese la laticlavia (*latus clavus*), o para que fuese hecho del orden ecuestre, o por causa de los juegos" (D. 24, 1, 42). Sin embargo, se corría el riesgo de que la mujer no recuperarase el dinero en caso de no obtener el título o de mala inversión en los juegos (C. 5, 16, 22).
[118] La regla general la detalla el propio ulpiano en D. 25, 2, 7: "la mujer tendrá contra su marido la acción de las cosas amovidas, y puede compensarla la mujer con la acción que <a su vez> el marido quiera intentar por cosas amovidas"; en dicha acción se incluyen no sólo las existentes, sino las que por alguna razón dejaron de existir, pudiendo ser reclamadas por la *condictio* (*h. t.*, 17, 2 y 26) y sin poderse diferir en caso de adulterio (*h. t.*, 27). Por otro lado, pueden ejercerla incluso los herederos (*h. t.*, 21, 5).

Ahora bien, dicha acción engloba tanto el daño como el provecho perdido por el marido ante un bien extraído, valuándose según el valor que tuviese al momento de ser amovido, e implicando por otro lado la persecución de la cosa sin que ello implique un *furtum* (*h. t.*, 21, 3-5 y 29).

De cualquier manera, al marido puede ejecutar tanto la reivindicación como la *condictio* en el caso de cosas amovidas durante el matrimonio al ser poseídas sin justa causa (*h. t.*, 24-25).

Para mayores, detalles, *vid. supra*, nota 112 párrafo 3.

[119] Huschke señala que probablemente se omitió en este punto la frase *sive ex lege Aelia Sentia sive*... (ya <según lo dispuesto> por la Ley Elia Sencia, ya...).

[120] En la versión de Krüger no aparece el vocablo; Huschke lo inserta inspirado en Ulp. 3, 3 *in fine*.

[121] La inserción es de Huschke.

[122] Este pasaje, sin relación alguna con el actual título dedicado a las donaciones entre marido y mujer, y mucho menos con el anterior, dedicado a las dotes (título VI), bien puede relacionarse con el título V que trata de los individuos sujetos a potestad paterna. Huschke considera que quizá podría ubicarse después del párrafo 1 de dicho título, mientras que los títulos VI y VII fueron intercalados erróneamente por el copista anónimo, pues la coherencia del título V continúa naturalmente en el VIII, referente a las adopciones, siempre dentro del tema de familia y personas. A su vez, los títulos intercalados bien podrían colocarse después del relativo a la adquisición del poder marital (*manus*), es decir, el IX, más acorde al matrimonio y las cuestiones inherentes al mismo.

[123] La adopción surge como una forma necesaria de perpetuar los *sacra familiaria*, es decir, los ritos pertinentes a los difuntos (*manes* o *lares*) de una familia o linaje; sucedía que, en ocasiones, se encaraba la perspectiva de ver extinguida la familia por falta de descendencia masculina y morir sin una prole que venere a los ancestros representados en el *pontifex* casero, el *paterfamilias*. De ahí la necesidad de hacer entrar en una nueva familia a otra persona que perpetuase el culto privado que corría el riesgo de verse interrumpido.

Regla muy similar a la analizada la encontramos en Gai. 1, 97 e Inst. 1, 11 pr.

Recordemos que, según principio establecido por Paulo, "la adopción no otorga los derechos de sangre, sino los de agnación" (D. 1, 7, 23): así, los hijos no adquieren un simple parentesco consanguíneo, pues su inclusión solemne en la nueva familia les otorga pleno parentesco civil, con todos los derechos inherentes al mismo.

Los ciegos también pueden adoptar o ser adoptados (D. 1, 7, 9), mientras que el padre que está impedido para expresarse puede perfeccionar la adopción por medio de señales que otorguen plena convicción a su voluntad de hacerlo (*h. t.*, 29). Una vez consumado el procedimiento, las obligaciones que el padre original tenía sobre su *filius* las transmite al adoptante (*h. t.*, 45).

La adopción incluso puede otorgar la libertad, como en el caso del esclavo a quien su señor haya dado en un acto público el nombre de hijo (Inst. 1, 11, 12).

En caso de extinguirse la adopción, se extingue igualmente la *patria potestas* (*h. t.*, 13), no así la dignidad del adoptado ante una adopción, por lo que un ciudadano de clase senatorial permanecerá en tal categoría aunque fuese adoptado por un plebeyo (*h. t.*, 35).

Justiniano señala, por otro lado, que "el menor de edad no puede adoptar al mayor. Pues la adopción imita la naturaleza, según la cual es cosa monstruosa que sea el hijo mayor que el padre. Y así el que recibe un hijo por adopción o arrogación, debe tener más que él todo el tiempo de la pubertad, es decir, dieciocho años" (Inst. 1, 11, 4).

[124] En el mismo sentido, Gai. 1, 98.

[125] A través de la *adoptio* una persona que está bajo el poder paterno de un jefe de familia cae en la *patria potestas* de otro (*adoptator, pater adoptivus*). El cambio de familia (*mutatio familiae*) es la característica principal de la *adoptio*, mientras que en la *arrogatio* se da la fusión de dos familias, pues el *adrogatus* que es *sui iuris* entra a otra familia junto con todas las persona sujetas a su potestad. En ambos casos los efectos legales son similares; los adoptados tienen los mismos derechos (sucesión testamentaria) y deberes (*sacra*), como cualquier hijo natural.

[126] Esta forma de adopción la explica Gayo así: "es llamada *adrogatio* porque aquél que adopta es consultado (*rogatus est*), es decir, interrogado sobre si quiere que la persona a adoptar sea su hijo legítimo; el adoptado es interrogado sobre si consiente en ello y el pueblo también lo es para saber si quiere que esto sea así. Adoptamos por el *imperium* de un magistrado a aquellos que están bajo la *potestas* de un ascendiente, ya sea que lo estén en primer grado, como el hijo y la hija, o ya sea que lo estén en un grado inferior, como el nieto y la nieta, el bisnieto y la bisnieta" (Gai. 1, 99; D. 1, 7, 2 pr.).

No pueden arrogarse a muchos salvo justa causa, ni al liberto ajeno, ni un menor a un mayor que él (D. 1, 7, 15, 3); al que ha sido pupilo o sujeto a curatela para evitar la rendición de cuentas (*h. t.*, 17 pr.); al ausente o al que disiente (*h. t.*, 24). Por otro lado, no puede considerarse bajo la *patria potestas* del abuelo al individuo que el hijo ya emancipado adoptó (*h. t.*, 26).

Paulo describe una variable interesante: "si el hijo de familia fuese cónsul o gobernador de provincia, es cosa cierta que puede emanciparse o darse en adopción ante sí mismo" (D. 1, 7, 3).

En época imperial la arrogación ya no la otorgaba el pueblo reunido en comicios, sino la disposición expresa del príncipe (D. 1, 7, 2, 2).

[127] En época arcaica, la arrogación sólo podía hacerse ante los *comitia curiata*, reunión popular que tenía verificativo únicamente en Roma, de ahí la razón de esta disposición.

[128] En el mismo sentido, Gai. 1, 100.

Para la arrogación basta la voluntad del arrogado *sui iuris*, mientras que para la adopción se requiere también del consentimiento o la no contradicción del padre que dará a su hijo en adopción (D. 1, 7, 5). Ulpiano señala que el ausente no puede adoptar ni arrogar, ni siquiera por medio de representante (*h. t.*, 25, 1).

[129] Gayo expone una idea similar en 1, 101, de ahí que Huschke inserte la frase *ne nunc*; Krüger solamente agrega al final del enunciado el adverbio *non*.

La *adrogatio* está reservada únicamente a varones, pues estos serán los pontífices privados en la casa de su arrogante, además de ser los que perpetuarán el *nomen gentilicium* (apellido gentilicio) que se transmite por vía paterna. De ahí que la mujer *sui iuris* no puede ser arrogada porque no impone su apellido a la prole ni podrá presidir los *sacra familiaria* de la nueva casa. Sin embargo, al darse las arrogaciones por rescripto imperial, ocurría que podía arrogarse a mujeres por este medio legal (D. 1, 7, 21), según una constitución imperial emitida en época de Diocleciano y Maximiano (C. 8, 48, 8), entre los años 294 y 305 d. C.

[130] Encontramos una redacción similar en Gai. 1, 102. Es de ella donde Huschke reconstruye la frase; Krüger, por el contrario, propone la siguiente redacción: *pupilli antea quidem non poterant adrogari, nunc autem possunt ex constitutione divi Antonini* (anteriormente los pupilos tampoco podían ser arrogados, pero hoy pueden <hacerlo> por una constitución del divino Antonino).

La principal *iusta causa adoptionis* sería, según Di Pietro, el descartar todo vestigio de cálculo interesado por parte del arrogante, es decir, aprovecharse de un impúber rico *sui iuris* que, tras emanciparlo o desheredarlo, lo despojaba de sus bienes habidos antes de la arrogación. Como resultado, surge de la constitución Antoniana la *quarta divi Pii* o *quarta Antonina*, figura jurídica por medio de la cual un impúber que hubiese sido adoptado tenía el derecho a la cuarta parte de los bienes de su *arrogator* en caso de ser emancipado sin una causa justa o ilegalmente desheredado por aquél.

En época justinianea hallamos una serie de modificaciones que, sin embargo, conservan la *quarta Antonina*: "la arrogación de un impúber, hecha por rescripto del príncipe, no se permite sin conocimiento de causa, y se investiga si el motivo de ella es honesto, y si es ventajoso para el pupilo; y dicha adopción no se hace sino bajo ciertas condiciones, que son las siguientes: el arrogante debe dar caución a una persona pública de que si el pupilo muere antes de la pubertad, restituirá sus bienes a aquellos que sin la adopción lo habrían sucedido. Además no pueden emanciparlo sino probando ante el magistrado que ha merecido la emancipación; y entonces debe restituirle sus bienes. Mas si al morir el padre, lo desheredase, o en vida lo emancipa sin motivo, será condenado a dejarle la cuarta parte de sus propios bienes; lo que se entiende fuera de aquellos bienes que el pupilo transfirió al padre adoptivo, o que adquirió después" (Inst. 1, 11, 3).

[131] En el mismo sentido, Gai. 1, 103. Hemos usado en este pasaje la versión de Krüger, apegada al texto Vaticano. Huschke redacta esta frase en número singular. La palabra *spado* admite varios significados: puede referirse a una persona incapaz de dar hijos o bien a un castrado o eunuco. Hemos optado por el primer sentido, aunque Justiniano marca este distingo para autorizar la adopción: "los que no pueden engendrar, como los impotentes, pueden adoptar; pero no los castrados" (Inst. 1, 11, 9), usando para estos últimos el vocablo específico *castrati*. Bajo este supuesto también se puede arrogar para procurarse un heredero (D. 1, 7, 40, 2).

[132] Paulo detalla esta parte del fragmento de la siguiente forma: "también los que no tienen mujeres en matrimonio pueden adoptar hijos" (D. 1, 7, 30).

[133] Disposición similar encontramos en D. 1, 7, 37 pr. y en Inst. 1, 11, 6.

Pomponio brinda una reflexión al respecto: "se hacen las adopciones no sólo en calidad de hijos, sino también al modo de nietos, de suerte que alguno parezca ser nieto nuestro, como si hubiera nacido de un hijo nuestro o de otro desconocido" (*h. t.*, 43).

Justiniano amplia la disposición al señalar: "se puede adoptar en calidad de nieto, nieta, bisnieto o bisnieta, aunque alguno no tenga hijo" (Inst. 1, 11, 5).

[134] Huschke señala que este pasaje se encontraba ubicado al final del título, como si fuese 8a, en el texto Vaticano, pero que optó por colocarlo en este punto siguiendo el orden más natural de Gayo (cfr. Gai. 1, 103-104 y 107), correspondiente a las adopciones de los impotentes, célibes y mujeres, para finalizar con el estado civil que adquieren los adoptados y arrogados en la nueva familia. Krüger conserva el orden original del documento Vaticano.

Pese a las disposiciones que restringían la adopción en favor de las mujeres, el emperador Galba fue adoptado por la esposa de su padre (Suet., *Galba*, 4). Dicha disposición va relajándose con el paso del tiempo, de forma tal que en época de Diocleciano se emite una constitución imperial (291 d. C.) que señala: "es cierto que la mujer no puede arrogar, pues no tiene bajo su potestad ni a sus propios hijos. Mas como deseas consolarte ante los hijos que has perdido adoptando a tu hijastro en calidad de legítimo descendiente, accedemos a tus súplicas conforme a lo que hemos anotado, y permitimos que lo tengas en calidad de hijo natural y legítimo, como si hubiese nacido de ti" (C. 8, 48, 5). Justiniano retoma este criterio y afirma en su época: "la benevolencia del príncipie puede concederles permiso, como un medio de consolarlas en la pérdida de sus hijos" (Inst. 1, 11, 10).

[135] En igual sentido, Gai. 1, 107.

Justiniano recuerda que por dicha razón Augusto no quiso adoptar a Tiberio hasta que éste último adoptó a Germánico, con el fin de que inmediatamente después de realizada la adopción iniciase a ser Germánico nieto de Augusto (Inst. 1, 11, 11).

Esta disposición no sucede en la adopción, pues los nietos habidos del adoptado quedan bajo la potestad del abuelo natural (D. 1, 7, 40 pr).

[136] Previo a este título quizá existía otro relativo a la solemnidad que antecedía al matrimonio, los *sponsalia* o compromiso nupcial. Florentino los define como "la petición y recíproca promesa de futuro matrimonio" (D. 23, 1, 1). En el derecho arcaico el padre de la novia prometía su hija al futuro esposo o al padre de éste en la forma solemne de una *sponsio*, definida en dicho contexto por Paulo: "se llama *sponsio* no sólo la <promesa> hecha mediante interrogación del que se desposa, sino toda promesa de estipulación" (D. 50, 16, 7), por lo que esto implicaba una pregunta seguida de una respuesta. Posteriormente, el simple consentimiento bastaba para perfeccionar el compromiso (D. 23, 1, 4 pr; *h. t.*, 7, 1).

Los esponsales no eran vinculantes, e incluso se prohibía anexar al respectivo acuerdo una cláusula penal, pues según Paulo "se consideró deshonesto que los matrimonios futuros o ya contraídos fuesen ligados con el vínculo de una pena" (D. 45, 1, 134 pr.). Con todo, los esponsales tenían ciertos efectos legales, aunque de menor importancia. Así, la conclusión de un nuevo compromiso antes de cancelar el anterior acarreaba nota de infamia; el prometido podía perseguir judicialmente la ofensa personal (*iniuria*) hecha a la futura esposa (*vid. infra*, nota 528); la prometida no podía ser obligada a declarar contra su futuro suegro y viceversa, pero sí podía denunciar por adulterio a su prometido. En el siglo IV d. C. se ofrecía ya una garantía monetaria (*arra sponsalicia*) para cumplir con los *sponsalia*, de manera que quien rompiese el compromiso sin una causa justificada perdía el *arra* dada o debía entregar el doble de la cantidad recibida.

Los *sponsalia* se podían disolver por mutuo consentimiento o por declaración unilateral de una de las partes (*repudium*); ya en ciertas constituciones imperiales se consideran dentro de los *sponsalia* a los regalos dados entre comprometidos.

Ahora bien, Huschke señala que en esta laguna quizá se hallaban las diversas formas de matrimonio reconocidos en Roma, según el orden que hallamos en Gai. 1, 108-111. Tras reconocer que la *manus* es una institución eminentemente romana, se declara que sólo las mujeres están sujetas a este tipo de potestad masculina. De lo anterior se derivan tres formas por las cuales se puede adquirir este derecho: la primera y más antigua es por *usus*, el paso del tiempo que provoca la adquisición del derecho marital; durante un año debía permanecer casada con el marido, siendo una especie de usucapión que podía romperse ausentándose tres noches cada año (*trinoctium*), interrumpiendo de tal forma el *usus*. Está institución cayó en desuso a fines de época republicana.

La segunda forma es la *confarreatio*, descrita sucintamente en el pasaje llegado a nosotros, y que será explicado en la nota correspondiente. Del mismo modo se hará con la tercera forma, la *coemptio*.

[137] El ritual de la *confarreatio* es descrito con abundante detalle por Gayo (1, 112): "quedan las mujeres sujetas a la *manus* por el *farreum* mediante cierto género de sacrificio que se hace a Júpiter Farreo, en el cual se ofrece un pan de harina de trigo (*panis farreus*), de donde proviene el nombre de *confarreatio* dado a la ceremonia. Además, para completar regularmente este derecho es indispensable realizar otros muchos ritos y pronunciar ciertas palabras solemnes en presencia de diez testigos. Este derecho aún está vigente en nuestro tiempo, ya que los sacerdotes superiores, es decir, los de Júpiter (*flamines Dialis*), los de Marte (*Martiales*) y los de Quirino (*Quirinales*), así como el rey de los sacrificios (*rex sacrorum*) sólo pueden ser designados entre aquellos que han nacido de nupcias celebradas por *confarreatio* y ellos mismos no pueden ejercer su sacerdocio sin haberla efectuado".

El pasaje perdido quizá se refería a la tercera forma de adquirir la manus, por *coemptio*. Gayo señala que esto implica una *mancipatio* en la forma de una venta ficticia en presencia de no menos de cinco testigos ciudadanos romanos y un portabalanza (*libripens*) (Gai. 1, 113).

Por otro lado, la parte faltante al final del pasaje bien podría incluir los títulos VI y VII de la obra, intercalados quizá por error entre los títulos V y VIII. La razón puede deberse a una omisión del copista anónimo.

[138] Gayo detalla el procedimiento que Ulpiano omite por la necesidad de mostrar la esencia de esta *regula*: "el *pater* emancipa a su hijo a un tercero, el cual lo manumite por la *vindicta* y por ello retorna en consecuencia a la *potestas* del *pater*; éste vuelve a emanciparlo, ya al mismo que antes o a otro (pero la costumbre aceptada es que se lo emancipe al mismo) y éste nuevamente vuelve a manumitirlo por *vindicta*, retornando el hijo bajo la *patria potestas*; por tercera vez el *pater* lo emancipa ya al mismo o a otro (la costumbre aceptada es que se lo emancipe al mismo) y por esta *mancipatio* cesa de estar bajo la *potestas* del *pater*, aun cuando no sea manumitido y permanezca sujeto al *mancipium* <del tercero>" (Gai. 1, 132).

Posteriormente, una constitución de Diocleciano y Maximiano (293-304 d. C.) sienta el principio general de la emancipación: "los hijos se libran de la patria potestad no por el nudo consentimiento, sino por acto solemne o por accidente, y en las causas <judiciales> por las que movido el padre emancipó al hijo no se requiere sino la solemnidad del acto" (C. 8, 49, 3).

Justiniano economiza el procedimiento solemne, señalando: "en nuestra sabiduría, reformando este punto en una constitución, lo hemos mejorado; de suerte que, desechando la antigua ficción, los ascendientes no tendrán más que presentarse directamente ante los jueces o magistrados competentes, y allí podrán sacar de su potestad a sus hijos, sus hijas, sus nietos, nietas u otros. Y entonces, en conformidad con el edicto del pretor, se da al ascendiente, sobre los bienes del hijo que ha emancipado, los mismos derechos que se atribuyen al patrón sobre los bienes del manumitido y, además, si este hijo es impúber, el ascendiente se halla revestido de la tutela por emancipación" (Inst. 1, 12, 6).

[139] Gayo detalla adecuadamente esta regla ulpianea haciendo el contraste entre los descendientes varones y los demás: "*además, si los ascendientes dan a sus descendientes en adopción, cesan éstos de estar bajo su potestas. En el caso de que el hijo sea dado en adopción, las tres emancipaciones* y las dos manumisiones intermedias rehacen de la misma manera que cuando el *pater* lo libera de su *potestas* para que se vuelva *sui iuris*, pero luego de ello, o bien es remancipado al *pater* –y aquel que lo adopta lo vindica ante el pretor como si fuera hijo suyo, y en ausencia de una *contravindicatio* del *pater*, el pretor se lo adjudica al vindicante- o bien no es remancipado al *pater* y entonces el adoptante vindica de aquél respecto

del cual ésta en tercera *mancipatio*; pero es mucho más conveniente que sea remancipado al *pater*. Para las otras personas libres, en cambio, sean varones o mujeres, basta una sola *mancipatio*, pudiendo ser remancipado al *pater* o bien realizarse sin remancipación. Estos mismos procedimientos suelen practicarse en las provincias ante los gobernadores". (Gai. 1, 134).

[140] En el mismo sentido, Gai. 1, 127 e Inst. 1, 12 pr.

[141] La *interdictio aqua et igni* era la exclusión de un culpable de la vida social respecto a sus conciudadanos. Di Pietro señala que los condenados a pena capital podían escapar de ésta mediante un autoexilio, librándose así de sufrir en su patria el rigor de la ley: se "privaba" voluntariamente del techo, del agua y del fuego, forma metafórica para señalar que se carece de los elementos esenciales para vivir en la ciudad.

El senado o un magistrado superior pronunciaba esta *interdictio* cuando el acusado abandonaba la comunidad antes de ejecutar la sentencia condenatoria, conmutàndola por un exilio voluntario. En la práctica significaba una proscripción relacionada con pérdida de la ciudadanía y de los bienes. En caso de volver sin autorización el *interdictus* quedaba sin protección legal y era un proscrito. Cualquiera que lo encontrase dentro de las fronteras del país donde había sido condenado podía matarlo. Esta proscripción desapareció durante el Principado al reorganizarse el procedimiento penal, siendo ahora sustituida por la *deportatio in insulam* (D. 48, 22, 6 pr).

Respecto al pasaje ulpianeo, encontramos una versión más elaborada en Gai. 1, 128; Justiniano refleja la evolución señalada de la deportación a una isla como condena, pero resaltando que "si [los condenados] obtuviesen de la clemencia del príncipe una entera restitución, recobran su antiguo estado" (Inst. 1, 12, 1).

[142] Para una versión más detallada, cfr. Gai. 1, 129 e Inst. 1, 12, 5.

El *postliminium* es una institución derivada del *ius belli*, por el cual todo prisionero de guerra que cae en manos enemigas queda suspendido en el disfrute de sus derechos ciudadanos en tanto dure su cautiverio. Al respecto, Paulo brinda esta definición: "el postliminio es el derecho a recuperar de un extraño una cosa perdida y restituirla a su anterior estado, establecido por costumbre y por ley entre nosotros y los pueblos libres y reinos, pues lo que perdimos en la guerra o incluso sin ella, si lo recuperamos, se dice que lo recibimos en virtud del postliminio. Éste se introdujo por equidad natural, para que el retenido injustamente por extraños recuperase su antiguo estado, una vez que hubiese vuelto a sus propias fronteras" (D. 49, 15, 19 pr). En consecuencia, vuelto el prisionero se considera como que "estuvo en la ciudad <todo> el tiempo anterior <pasado en cautiverio>" (D. 49, 15, 16).

Justiniano dice lo siguiente sobre el origen de la palabra: "proviene de *limes* (suelo) y *pos* (después), de donde el individuo aprehendido por el enemigo y vuelto después a nuestras fronteras se dicen con razón *reversum post liminio* (vuelto después al suelo <patrio>)". En efecto, como el suelo de una casa es una especie de frontera, de la misma manera los antiguos han visto en la frontera de un imperio una especie de suelo, de donde se ha dicho *limes* (suelo), para decir frontera, límite; y de aquí *postliminium*, porque el cautivo vuelve al mismo suelo que había perdido. El que es recobrado de los enemigos vencidos se reputa que ha vuelto por postliminio" (Inst. 1, 12, 5).

Tiene, sin embargo, una serie de consecuencias civiles resaltables: a diferencia del poder paterno que puede retomarlo, su matrimonio, que se vio disuelto por el cautiverio, no renace; lo mismo se aplica a la posesión, por ser una situación de hecho, de ahí que deba realizar los actos pertinentes para readquirirla.

[143] Este derecho fue confirmado por un rescripto de Severo y Caracala, según D. 49, 15, 9.

[144] De manera genérica, los *flamines* eran los ministros de culto en la antigua Roma. Un *flamen* estaba asignado al servicio de una deidad específica, principalmente para la realización de sacrificios. Existía un total de quince *flamines* de los cuales tres eran *maiores* (de extracción patricia) y los demás *minores* (de extracción plebeya). El más alto en la jerarquía era el *flamen Dialis* (sacerdote de Júpiter), designado en época arcaica directamente por el *rex*. Debía haber nacido de matrimonio realizado por *confarreatio*, pudiendo tomar esposa (*flaminica Dialis*) solamente a la que hubiese nacido de otro matrimonio confarreaticio. Se le concedían una serie de privilegios, como el uso de la *sella curulis* (una curul en el senado), poseer una escolta de lictores, quedar exentos de la potetad paterna, etc., pero también diversas restricciones, como andar a caballo, ver un ejército armado, mostrarse sin vestimenta ritual en lugares públicos, etc. Ya en época imperial se crearon *flamines* especiales para el culto a los emperadores deificados (*augustales, claudiales, fluviales*, etc.)

[145] Sacerdotisas (originalmente cinco o menos, posteriormente seis) de la diosa Vesta, símbolo de la castidad. De hecho, la Vestal no podía casarse en tanto que debía mantenerse completamente devota a los *sacra* de la nueva "familia" que la había adoptado, Roma. Eran elegidas entre jovencitas de seis a diez años de edad, nacidas de familias patricias que hubiesen celebrado su matrimonio por *confarreatio*. Su principal deber era la custodia del fuego sagrado, símbolo del fogón del Estado, que ardía en el *aedes Vestae* del Foro Romano. Normalmente su servicio duraba treinta años, después del cual se les permitía abandonar el cargo y casarse.

Su situación jurídica era similar a la de los *pontifices* y *flamines*. No estaban sujetas a la *patria potestas* ni atadas a ningún lazo familiar, así como tampoco estaban obligadas a la *tutela mulierum*. Sin embargo, en caso de negligencia hacia sus deberes religiosos estaban sujetas a la jurisdicción de los pontífices; las faltas a la castidad se castigaban enterrándolas vivas.

Huschke resalta que la parte faltante podría tratar de las formas en que terminaba la *manus*; así, siguiendo a Gayo, "las mujeres cesan de estar sujetas a las *manus* del mismo modo como las hijas se liberan de la *patria potestas*; y así como a una hija le basta una sola *mancipatio* para liberarse de la *patria potestas*, así también para aquellas que están sometidas a la *manus*, una *mancipatio* hace cesar la *manus* y si luego de ella son manumitidas, entonces se convierten en *sui iuris*" (Gai. 1,

137); igualmente, en el caso de la *manus* adquirida por *coemptio* (cfr. nota 137 *in fine*), se constriñe al *coemptionator* para que la remancipe, o bien compeler al marido a la emancipación en caso de haber sido repudiada (Gai. 1, 137a).

Existe una tercera forma de poder jurídico sobre una persona, el *mancipium*. Siguiendo nuevamente a Gayo, "aquellos que están *in causa mancipi*, como están asimilados a los esclavos, se hacen *sui iuris* cuando son manumitidos por la *vindicta*, por censo o por testamento" (Gai. 1, 138). Sin embargo, se resalta que para los sometidos a este tipo de poder jurídico no operan las disposiciones de la *Lex Aelia Sentia* (cfr. nota 13) ni de la *Lex Fufia Caninia* (cfr. nota 37) (Gai. 1, 139); no está permitido maltratar a los sometidos al *mancipium*, pues de lo contrario se incurre en *iniuria*, ni tampoco es una situación jurídica perpetua, sino temporal (Gai. 1, 141), como en el caso de la mujer que sustituye tutor (Gai. 1, 115); en la formalidad a seguir para salir de la *patria potestas* y de la *manus* (Gai. 1, 118a), para poder emancipar al hijo (Gai. 1, 132), para poder adoptar (Gai. 1, 134), etc.

[146] Según Paulo, y tomando como base a Servio, "tutela es un poder y potestad sobre persona libre, otorgado y permitido por el derecho civil, para proteger a quien por razón de su edad no puede defenderse por sí mismo" (D. 26, 1, 1 pr.). Igualmente, Paulo señala que "se nombra tutor para <todas las acciones de la> persona, no para un asunto o un litigio" (D. 26, 7, 12, 3), lo que señala el carácter universal de esta figura jurídica. Se dice del tutor que actúa *domini loco*, en el lugar de dueño; de ahí que Gayo resalte que "el tutor debe prestar su autorización inmediatamente, estando presente en la realización del negocio" (D. 26, 8, 9, 5), para de ese modo, según Marcelino, no dejar indefenso al pupilo que podría verse perjudicado por su inexperiencia en cuestiones negociales (D. 26, 7, 30). Es por ello la necesidad de insistir en que el tutor debe brindar su *auctoritas* al pupilo que desea manumitir en el pasaje que ahora comentamos.

[147] Gayo brinda una mayor explicación al respecto, cuando afirma que "es conveniente a la razón natural que aquel que no ha alcanzado la perfección de edad esté regido por la tutela de un tercero" (Gai. 1, 189); a su vez, Justiniano declara respecto al tutor: "con el fin de que el que no ha llegado a mayor edad sea defendido por otro <de mayor experiencia>" (Inst. 1, 20, 6).

[148] La *tutela feminae puberis* o *tutela mulierum* fue una institución de protección de las mujeres *sui iuris* no sometidas a la *manus* del marido o a la *patria potestas* de su *paterfamilias*. La razón dada para dicha protección fue una, de la forma más políticamente correcta posible, *animi levitas* (Gai. 3, 144) de la mujer, una *infirmitas sexus* (Cic., *pro Mur.*, 12, 27), esto es, cierta inconstancia de carácter o ligereza de espíritu que les incapacita en la gestión de negocios y las actividades públicas, orillándoles a tener con ellas un tutor a perpetuidad que, *domini loco*, interponga su autorización y consejo para la mejor gestión de bienes o negocios. Si bien se apela a la costumbre antigua (*mores maiorum*) para brindar autoridad a la figura jurídica, Gayo reconoce en otro párrafo de sus Instituciones (1, 190) que "no se ve ninguna razón para que las mujeres que han alcanzado la mayoría de edad permanezcan en tutela, porque la creencia vulgar de que era equitativo que

estuvieran sometidas a la *auctoritas* de un tutor debido a que su ligereza de espíritu las lleva a frecuentes engaños, nos parece una razón más especiosa que verdadera. En efecto, las mujeres mayores tratan ellas mismas sus negocios y en aquellos casos en que el tutor interpone la *auctoritas*, ello ocurre por simple formalidad, y muchas veces hasta contra su voluntad, constreñido a ello por el pretor". Se deduce que para época clásica la *tutela mulierum* era *ficta*, y los testimonios epigráficos de época demuestran que las mujeres eran públicamente reconocidas no sólo por sus virtudes matronales, sino también por sus contribuciones a la vida pública de las ciudades, ya en materia negocial o religiosa: nada que ver con "el prejuicio de una diferencia natural entre hombre y mujer, de una inferioridad del cuerpo femenino" (QUADRATO, R., *Infirmitas sexus e levitas animi: il sesso "debole" nel linguaggio dei giuristi romani*, en SINI, F., *et al.* (coord.), *Scientia iuris e linguaggio nel sistema giuridico romano*, Italia, Ed. Giuffrè, 2002, p. 187).

Respecto a los actos en que interviente el *tutor mulierum*, podemos señalar: la *testamenti factio* (Gai. 1, 192), la enajenación de *res mancipi* y la adquisición de una obligación (Gai. 1, 192; Ulp. 11, 27); la aceptación de una sucesión (Gai. 1, 192); la realización de *in iure cessio* (Fr. Vat., 45) y de la *acceptilatio* (Gai. 2, 85); la manumisión de esclavos (Ulp. 1, 17; D. 26, 8, 16), o la actuación en juicios legítimos (Ulp. 2, 27).

La *tutela mulierum* seguía vigente con Diocleciano, pero ya no se le menciona en el Código Teodosiano, ni tampoco con Justiniano. Es posible que haya desaparecido entre los siglos IV y V d. C.

[149] Si bien Ulpiano brinda una clasificación puntual y técnica, no es la definitiva. Ya Gayo resalta que la clasificación de los tutores ha sido motivo de larga disputa en su época, habiendo duda entre los mismos juristas: Quinto Mucio Escévola consideraba que existían cinco tipos de tutela; Servio Sulpicio Rufo decía que existían tres; Labeón habla de dos; otros hablan de existir tantos géneros de tutela como especies (Gai. 1, 188).

[150] Estos se originan cuando muere una persona sin haber hecho testamento donde señalase un tutor para sus agnados; la Ley de las XII Tablas ya señalaba a los agnados como primeros tutores legítimos (Gai. 1, 155; Inst. 1, 15 pr.).

[151] En tal sentido, Inst. 3, 2, 1.

Gayo marca la diferencia con los parientes consanguíneos: "en cambio, aquellos cuyo parentesco proviene de persona del sexo femenino no son agnados, sino parientes por derecho natural, cognados. Es por esto que entre el tío materno y el hijo de la hermana no hay agnación sino cognación. Igualmente, el hijo de mi tía paterna o materna no es mi agnado sino mi cognado (y recíprocamente estoy respecto de ellos en la misma situación de parentesco), porque los hijos siguen la familia del *pater*, no la de la madre" (Gai. 1, 156; cfr. Inst. 1, 15, 1). Voci (*Istituzioni di diritto romano*, Milán, Ed. Giuffrè, 6ª. Edición, 2004, p. 84 n. 4) señala que esta definición no debe mover a engaño, pues sólo es para efectos de mostrar quiénes pueden ser tutores. En igualdad de circunstancias están la hija soltera y la esposa casadas *in manu* con el varón agnante.

[152] Huschke considera que al principio de este pasaje se omitieron aquellos

agnados que, por el lugar en la línea de parentesco, debían ocupar el cargo de tutores; Gayo señala que deben ser "aquéllos que están en el grado más próximo..." (1, 164, muy corrompido); Justiniano agrega: "o si hay muchos del mismo grado, pertenece a todos", pudiendo entonces darse el caso de una tutela conjunta (Inst. 1, 16, 7).

El pasaje a estudio se refiere a los que adquieren la tutela sobre impúberes emancipados, tomando como ejemplo la tutela de los patronos (vid. infra, Ulp. 11, 19); según Gayo, se denomina fiduciaria porque "nos son atribuidos [los menores] cuando hemos emancipado a una persona libre que nos ha sido dada *in mancipio* por un ascendiente o por un *coemptionator*" (Gai. 1, 166).

Justiniano observa mayor detalle respecto a la tutela fiduciaria: "cuando un ascendiente emancipa antes de su pubertad a su hijo o a su hija, a su nieto o a su nieta, u otros, queda revestido de su tutela legítima. Muerto éste, y si deja hijos varones, éstos se hacen tutores fiduciarios de los hijos de aquél, o de otros. ¡Sin embargo, a la muerte del patrono, tutor legítimo, sus hijos son, como él, tutores legítimos! Esta diferencia procede de que el hijo del difunto, si no hubiese sido emancipado en vida de su padre, a la muerte de éste habría sido *sui iuris*, sin pasar bajo la potestad de sus hermanos, y por tanto no está bajo su tutela legítima. Pero el liberto, si hubiese permanecido esclavo, siempre habría estado sometido bajo el mismo título a los hijos del señor, después de la muerte de este último. Sin embargo, estas personas son llamadas a la tutela si han llegado a la edad de completa capacidad, regla que nuestra constitución ha mandado observar generalmente para todas las tutelas y curatelas" (Inst. 1, 19).

[153] Gayo señala algunos distingos a tener en cuenta: "a los agnados, a los patronos y a los manumitentes de hombres libres les está permitido ceder ante el magistrado la tutela de las mujeres a un tercero; por el contrario, no está permitido ceder la tutela de los pupilos, ya que no es considerada onerosa pues cesa en el momento de la pubertad" (Gai. 1, 168).

[154] Idéntica definición hallamos en Gai. 1, 169.

[155] *Vid. infra*, Ulp. 11, 10-14.

[156] Sobre el tutor cesionario, cfr. Gai. 1, 170.

[157] *Vid. supra*, nota 153.

[158] En el mismo sentido, cfr. Gai. 1, 171.

La *Lex Claudia de tutelis* dispuso sostener la tutela legítima de las mujeres, prohibiendo que se cediera. Se dictó durante el principado de Claudio (41-54 d. C.), siendo confundida en ocasiones con el *senatusconsultum Claudianum de tutela mulierum*, que igualmente prohibía ceder la tutela de las mujeres.

[159] La *capitis deminutio* era el menoscabo de *caput* (estado civil de una persona que implica la capacidad legal para concluir legalmente transacciones válidas y ser sujeto de derechos reconocidos por la ley) a través de la pérdida de uno de estos tres elementos: libertad, ciudadanía romana o pertenencia a una familia romana (D. 4, 5, 11), siendo, según Gayo, "un cambio (*permutatio*) del *status* (categoría jurídico / civil) anterior" (Gai. 1, 159; en el mismo sentido, Inst. 1, 16 pr).

[160] Paulo (D. 4, 5, 11) agrega la condición de miembro de una familia.

Contrario sensu, el esclavo que es manumitido no sufre *capitis deminutio*, porque no tenía condición civil (Inst. 1, 16, 4).

[161] Sobre el censo, *vid. supra*, nota 13. En época arcaica, aquel que evitaba aparecer en el censo para sustraerse a la contribución tributaria era reducido a la esclavitud.

Justiniano señala otros casos de *capitis deminutio maxima* (Inst. 1, 16, 1): los que se vuelven esclavos de la pena (*servi poenae*) por una sentencia atroz; los libertos condenados como ingratos por sus patronos; los libres que se dejan vender como esclavos para participar del precio de la venta.

[162] El *senatusconsultum Claudianum de muliere servo alieno coniuncta*, del año 52 d. C., ordenaba que la ingenua que viviera en contubernio con un esclavo, fuese adjudicada con todos sus bienes al dueño del segundo por decreto del pretor, si requerida por tres veces la separación, continuase la mujer en la relación ilícita; y que permaneciese en calidad de liberta si el señor del esclavo lo permitía. Respecto al nombre de 'Claudiano' unos dicen que lo tomó del emperador Claudio, bajo cuyo gobierno fue expedido, y otros que de cierto liberto suyo llamado Claudio Palante. Aunque rápidamente cayó en desuso, Vespasiano lo restableció, siendo derogada la pena finalmente por Justiniano.

[163] A esta forma se le denomina igualmente *minor* (menor) (Gai. 1, 161).

[164] Sobre la *interdctio aqua et igni*, *vid. supra*, nota 139. Justiniano señala como ejemplo adicional la *deportatio in insulam* (deportación a una isla) (Inst. 1, 16, 2), que a su vez suspende los derechos de cognación (*h. t.*, 6).

[165] Hemos agregado la palabra "familiar" en concordancia con Gai. 1, 162.

Justiniano aclara que "no hay *capitis deminutio* respecto de aquellos cuya dignidad se muda más bien que el estado, ni por consiguiente respecto del senador que es excluido del Senado" (Inst. 1, 16, 5).

[166] Gayo señala otros ejemplos ilustradores: las mujeres que contraen matrimonio por *coemptio* (*vid. supra*, nota 121); los dados y manumitidos *in mancipio* (*vid. supra*, nota 143 párrafo 4; cfr. Gai. 1, 162). Justiniano agrega como ejemplo la *arrogatio* (Inst. 1, 16, 3; *vid. supra*, notas 126-128), aclarando que esta *capitis deminutio* no extingue los derechos de cognación (*h. t.*, 6).

[167] También, según el mismo Ulpiano, puede otorgarse tutor testamentario a través de codicilos confirmados por testamento (D. 26, 2, 3 pr.); Justiniano aclara que "se puede nombrar tutor no sólo al padre de familia, sino también al hijo de familia" (Inst. 1, 14, pr).

[168] La reconstrucción realizada por Huschke es con base en Gai. 1, 144 ("a los ascendientes les está permitido dar tutores por testamento a los descendientes sometidos a su *patria potestas*...") y Fr. Vat. 229 ("a los padres está permitido designar por testamento tutores a sus hijos que permanecen bajo su potestad...").

Este derecho, según Gayo, ya estaba consagrado desde la Ley de las XII Tablas (D. 26, 2, 1, pr).

[169] Paulo confirma la regla en D. 26, 2, 21.

[170] *Vid. infra*, 20, 8.

[171] En idéntico sentido, cfr. Gai. 1, 23 y Ulp. 20, 14; en Fr. Vat. 193 se retoma una reflexión de Ulpiano: "a ejemplo de los ciudadanos romanos, es conveniente que los latinos junianos estén excusados <de la tutela por testamento>".

Sobre la *Lex Iunia Norbana*, vid. *supra*, nota 16.

[172] Huschke señala que esta disminución es la mínima; ello con base en D. 4, 5, 7 pr.: "la disminución de cabeza tampoco hace perder las tutelas, excepto aquellas que se defieren a personas puestas bajo potestad de otro [esto es, por *capitis deminutio minima*]"; e igualmente con fundamento en Inst. 1, 22, 4: "y aun la disminución de cabeza del tutor, por la que se pierde la libertad o la ciudadanía, hace que perezca toda tutela. Mas la disminución mínima de cabeza, como si se diese en adopción, sólo hace perecer la tutela legítima, pero no las demás".

[173] La *Lex Atilia de tutore dando* fue un plebiscito del año 186 a. C. propuesto por el tribuno de la plebe Lucio Atilio Régulo. Originalmente instituido para nombrar tutor a los menores de edad, se cree que dicha ley extendió su disposición a imponer a la madre la necesidad de pedir tutor para sus hijos impúberes dentro del año de la muerte de su marido.

[174] La *Lex Iulia Titia*, de fecha desconocida, se expidió según el rito antiguo (*rogatio*) siendo cónsules Cayo Censor Octaviano y Marco Ticio Rufo. Al igual que este pasaje analizado, Gayo (1, 185) y Justiniano (Inst. 1, 20 pr.) denominan a esta ley *Iulia et Titia*; diversos estudiosos, llevados por la conjunción *et*, han creído que hubo dos leyes distintas sobre el particular: una Julia más moderna y otra Ticia anterior, rogada por el tribuno de la plebe Quinto Ticio. En ocasiones también a esta ley se le conoce como *Vilia et Titia*.

[175] Gayo brinda un ejemplo clarificador de la presente regla ulpianea: "en cuanto a la tutela de las latinas y de los latinos impúberes, no siempre pertenece a los manumitentes e hijos de los mismos, sino solamente a los que tuvieron antes de la manumisión la propiedad quiritaria (vid. supra, nota 25) *sobre los esclavos; se sigue de aquí que si una esclava* es tuya *de acuerdo al derecho quiritario* pero yo la tengo en propiedad bonitaria (vid. supra, Ulp. 1, 19), soy yo y no tú quien puede hacerla latina al manumitirla y hacerme corresponder sus bienes, pero es a ti a quien corresponde su tutela; así se establece en la Ley Junia <Norbana>. También si la esclava se hace latina de aquel que la tenía en propiedad bonitaria y también en propiedad quiritaria, entonces la atribución de sus bienes y de la tutela le corresponden a dicha persona" (Gai. 1, 167).

[176] La *Lex Iulia de maritandis ordinibus* del 18 a. C. es también conocida como *Leges Iulia et Papia*; tuvo como objetivo principal aumentar la población y rehacer el erario, disminuida considerablemente la primera por las guerras y colonizaciones, y exhausto el segundo con los enormes gastos en tiempos de Julio César. Habiéndose aplicado de forma insuficiente, Augusto procuró multiplicar los matrimonios, otorgando premios a los padres de más hijos, dando mayor preferencia a los casados, e imponiendo penas severas a los célibes. Debido a la fuerte oposición que semejantes medidas levantaron en su momento, los efectos de dicha ley se fueron aplazando, hasta que, no sin agrias intrigas, Octavio mandó promulgar dicha ley a los cónsules suplentes Marco Papio Mutilo y Quinto Popeo Segundo, de quienes adquirió su nuevo nombre, *Lex Pappia Poppaea*.

[177] Gayo brinda una versión, inesperada en su estilo amplio y didáctico, muy concreta de esta regla ulpianea en Gai. 1, 178: "también la *Lex Iulia de maritandis ordinibus* le ha permitido a la mujer que está en la tutela legítima de un pupilo,

pedir un tutor al pretor urbano a efectos de constituir la dote".

[178] En el mismo sentido, Gai. 1, 183.

[179] Similar criterio aparece en Gai. 1, 180.

[180] Gayo (1, 173) agrega esta aclaración: "hecha la petición, cesa el primero en sus funciones, sin interesar la duración de la ausencia".

[181] Gayo aclara esta frase: "la liberta no puede pedir un tutor en reemplazo de su patrón ausente" (Gai. 1, 174).

[182] En idéntico sentido, Gai. 1, 176.

[183] Similar disposición hallamos en Gai. 1, 177.
La reconstrucción del pasaje es de Huschke, quien suplió la partícula *ta*, generalmente aceptada como abreviatura de *tutore auctore*, por "a li*ber(ta tutor)*", considerando que en el pasaje se sobreentiende que patrón de la liberta es el tutor. Por otro lado, la palabra *permissum* es una modificación necesaria del vocablo *permisit* que aparece en el texto Vaticano, y que se repite en Gai. 1, 177. Krüger opta por reconstruir dicha frase como *alter peti non potest* (no puede solicitarse otro...)

[184] Versión ligeramente diversa hallamos en Gai. 1, 182: "el senado ha decidido que si el tutor del pupilo o de la pupila ha sido removido por sospechoso, o ha sido excusado por causa justa, le debe ser dado otro tutor en su lugar, perdiendo el primer tutor la tutela".
Huschke y Krüger agregan la palabra *detur* en el texto latino con base en el pasaje gayano citado anteriormente.

[185] Contemplemos algunos detalles leyendo este pasaje de Gayo: "en otro tiempo cuando las acciones de la ley estaban en uso, se daba también tutor si entre el tutor y la pupila o el pupilo se intentaba alguna de aquellas acciones; en efecto, como el tutor no podía dar su *auctoritas* en un asunto que le concernía personalmente, era dado otro, con cuya *auctoritas* el proceso podía continuarse. A este tutor se le llamaba 'tutor pretoriano', pues era dado por el pretor urbano. Pero después de la supresión de las acciones de la ley esta manera de dar tutor, según opinión de algunos, cayó en desuso, mientras que otros piensan que está en vigor, empleándose en el caso de juicio legítimo" (Gai. 1, 184).
Ya en época justinianea, un curador ha sustituido al tutor pretoriano: "si entre el tutor y el pupilo se promueve un juicio, no pudiendo el tutor ser actor contra sí mismo, no se nombra como en otro tiempo un tutor pretoriano, sino, en su lugar, un curador que interviene en el juicio, y que terminado éste, deja de ser curador" (Inst. 1, 21, 3).

[186] Las razones se hallan en Gai. 1, 189: "la tutela de los impúberes ha sido establecida por el derecho de todas las naciones, ya que es acorde a la razón natural que quien no ha alcanzado la perfección de edad esté regido por la tutela de un tercero, y casi no hay nación que no permita a los ascendientes dar tutor por testamento a sus hijos impúberes, si bien sólo los ciudadanos romanos reconocen tener sobre sus hijos la *potestas*".

[187] Sobre la *tutela mulierum*, *vid. supra* 11, 1 *in fine* y nota respectiva.

[188] El vocablo es una adición necesaria que realizaron Huschke y Krüger.

[189] Aparte de los citados por Ulpiano, podemos agregar la posibilidad de realizar

testamento sin la *coemptio* siempre que no sean menores de doce años, de lo contrario deben hacerlo con la *auctoritas* del tutor (Gai. 2, 112) pues se corre el riesgo de considerar a dicho testamento *inutile* para efectos de *ius civile* (Gai. 2, 118).

[190] Analicemos este fragmento del pasaje con un ejemplo gayano: "se puede pagar regularmente a una mujer sin la *auctoritas* del tutor, quedando quien paga liberado de la obligación, ya que como lo dijimos recientemente (Gai. 2, 80), la mujer puede deshacerse de las *res nec mancipi* sin la *auctoritas* del tutor. Esto es lo que sucede cuando ella recibe el dinero; pero si ella no lo recibe, pero dice haberlo recibido y quiere liberar al deudor, no puede hacerlo sin la *auctoritas* del tutor por medio de la *acceptilatio*".

[191] Un ejemplo clarificador lo encontramos dado por Paulo en Fr. Vat. 45: "aunque el usufructo de un fundo no sea <parte de los bienes que sean del régimen> del mancipio, sin embargo, la mujer no puede enajenarlo sin la autorización del tutor, ya que no puede hacerlo de otro modo que en cesión <de derechos> ante el pretor, y la cesión ante el pretor no puede hacerse sin autorización tutorial. Y lo mismo es en las servidumbres de predios urbanos".

A su vez, Papinano completa este ejemplo con un nuevo caso: "una mujer sin autorización del tutor había donado a latino, no por causa de muerte, un predio dispuesto como estipendiario. Apareció que la donación era perfecta para el predio y para las demás *res nec mancipi*, pero que los esclavos y los ganados que se doman por el cuello y por el dorso no se adquieren por usucapión. Sin embargo, respondí que si la mujer no hubiera cambiado su voluntad, la duplicación del dolo aprovecharía también al latino; pues no adquiere por causa de muerte lo que fue donado de otro modo, ya que con la muerte la ley Cincia se anula" (Fr. Vat. 259).

[192] Sobre *contubernium*, *vid. supra*, Ulp. 5, 5 y nota respectiva.

[193] Sobre *res mancipi*, *vid. infra*, Ulp. 19, 1 y notas respectivas.

La *auctoritas* para enajenar *res mancipi* es también indispensable en el caso del pupilo (Gai. 2, 80).

Por el contrario, no se requiere la *auctoritas tutoris* cuando la mujer se deshace de *res nec mancipi*, por ejemplo, cuando se le paga regularmente dinero adeudado (Gai. 2, 85).

[194] *Contrario sensu*, la mujer puede enajenar libremente *res nec mancipi* (Gai. 2, 80 *in fine*).

Gayo matiza la capacidad jurídica del pupilo en esta forma: "el pupilo puede realizar toda clase de negocios, pero cuando sea necesaria la *auctoritas* del tutor, ésta debe ser interpuesta, lo cual sucede cuando el pupilo se obliga por sí mismo, ya que si un tercero se obliga hacia él, lo puede hacer sin la *auctoritas* del tutor" (Gai. 3, 107). Por otro lado, "igual régimen jurídico se observa respecto de las mujeres que están en tutela" (Gai. 3, 108).

[195] Escuela de pensamiento jurídico de la etapa clásica central (30 a. C. – 130 d. C.). Siendo discípulo de Masurio Sabino, Cayo Casio Longino comparte el honor de darle nombre a la escuela que también se conoce como 'sabiniana', y de la cual fue sucesor. De cuna muy ilustre y con enorme influencia política, Casio descendía del asesino de César y, al mismo tiempo (por línea materna) del gran jurista republicano Servio Sulpicio Rufo. Fue pretor urbano en el 27 d. C., cónsul sufecto en el año 30, gobernador de Asia en 40-41 y legado en Siria del 47 al 49. Implicado en la conspiración de los Pisones, Nerón lo desterró en el 65; poco antes de morir Vespasiano (79 d. C.) se le concedió el perdón y pudo volver del exilio. Es conocido por su obra sobre *ius civile* que, con anotaciones de Javoleno, era frecuentemente citado en el periodo clásico.

[196] Esta certificación se realizaba a través de un examen físico (*inspectio habitudinis corporis*) practicado por el *paterfamilias* o, como en el caso que plantea el pasaje a estudio, por el tutor.

[197] Escuela fundada por Marco Antistio Labeón, coetáneo de Augusto, de quien repudia el nuevo paradigma político debido a sus ideas republicanas. Labeón forma parte de los juristas de la primera etapa clásica del Derecho Romano (130 a. C. – 30 d. C.); uno de sus discípulos es un tal Sempronio Próculo, del cual se desconocen sus circunstancias personales, incluido su apellido, salvo que fue un maestro de derecho nacido entre el 12 y el 2 a. C. y fallecido hacia el 66 d. C. Posiblemente de origen hispano, otorga el nombre a la escuela de Labeón. Es conocido por sus once libro de *epistulae* (libro de texto destinado a la enseñanza) que fueron altamente apreciados. Se le reconoce como el primer jurista que usó el término *epistula* en tal sentido.

[198] Lucio Neracio Prisco, contemporáneo del jurista Lucio Javoleno Prisco, procedía de una familia campesina noble afincada en la ciudad samnítica de Saepinum. Fue cónsul sufecto en el 97 d. C. y luego gobernador de la Baja Germania y Panonia hacia el 100 d. C. Tras su regreso inició su carrera como jurista, pasando a formar parte de los consejos imperiales de Trajano y Adriano; llegó a tener tal prestigio que, según cuentan, Trajano pensó, en un principio, en él como sucesor. En sus escritos aparece ya claramente la predilección altoposclásica por la consideración del caso concreto. Entre sus obras se cuentan una colección de notas, *responsa* y *regulae* (como apoyo didáctico) así como una monografía sobre nupcias. El jurista Paulo escribió un comentario sobre sus obras.

[199] Esta práctica finaliza en época de Justiniano (529 d. C.), cuando en una constitución imperial decreta: "aboliendo la indecorosa práctica observada para examinar la pubertad de los varones, mandamos que así somo se juzga que las mujeres son en todos casos púberes después de cumplidos los doce años, así también se consideren púberes los varones después de transcurridos los catorce años, desapareciendo la deshonesta inspección de su cuerpo" (C. 5, 60, 3). Posteriormente, retoma el criterio en Inst. 1, 22 pr.

[200] Huschke hizo la reconstrucción con base en Gai. 1, 194, mientras que Krüger solamente remite al pasaje.

Existe una excepción en el pasaje gayano: "solamente [se piden] tres [hijos] cuando tienen un tutor de otro género, como por ejemplo, el Atiliano o el fiduciario". Según Ulp. 29, 3 la disposición emanó de la *Lex Papia Popea* (vid supra, nota 176).

[201] La *cura* o *curatio* aparece como término técnico en el derecho público (administrativo) y privado. En la primera esfera, *cura* implica los deberes de los funcionarios relacionados con las diversas ramas de la administración; en la segunda acepción implica los deberes de determinados ciudadanos para proteger los intereses de aquellos que, debido a mermas físicas o mentales, a la juventud o a la ausencia, no pueden encargarse personalmente de sus asuntos. La *cura* en derecho privado, ya conocida desde las Doce Tablas, es similar a la *tutela*.

Las diferencias que originalmente existían entre ambas instituciones, así como los derechos y obligaciones de tutores y curadores, fueron aboliéndose gradualmente; en derecho postclásico y justinianeo culmina la igualación, en gran medida a través de la inserción de la *cura* en textos que originalmente trataban sobre *tutela*.

[202] El principio de derecho que sustenta a la institución jurídica lo señala Juliano: "con el consejo y cuidado del curador debe protegerse no solamente el patrimonio sino también el cuerpo y la salud del demente" (D. 27, 10, 7 pr.)

[203] Huschke considera que tal vez se omitió después de esta palabra la frase *paternis et avitis* (paternos y del abuelo), según PS 3, 4a, 7.

[204] Huschke resalta que en este punto Ulpiano omitió a los gentiles (*vid. infra*, Ulp. 26, 1a y nota respectiva) como agnados próximos.

[205] El *curator prodigi* se nombraba entre los parientes más cercanos con objeto de salvar sus bienes de los presuntos herederos. Los derechos de este *curator* eran similares a los del *curator furiosi*, excepto hacia el cuidado de la persona del *prodigus*. La designación de curador iba precedida por un decreto del pretor (*interdictio bonorum*) que excluía al dilapidador de la administración de sus propiedades. Para transacciones en las que el pródigo asumía deberes o enajenaba algo de su patrimonio se necesitaba el consentimiento del *curator*, no pudiendo por otro lado realizar testamento.

Ulpiano reflexiona con mayor puntualidad sobre esta institución jurídica en otro punto (D. 27, 10, 1 pr.): "suelen hoy los pretores o los gobernadores, si hubieren hallado un hombre tal, que no tiene ni tiempo ni fin para los gastos, pero que consume sus bienes destrozándolos y disipándolos, darle un curador a la manera del demente; y ambos estarán bajo curatela hasta que el loco hubiese recobrado la salud o aquél las buenas costumbres; y si esto sucediere, por derecho dejan de estar bajo la potestad de los curadores".

[206] Huschke reconstruyó la frase a partir de la partícula *L. PL.* que aparece en el texto Vaticano, y que los exégetas erróneamente han traducido como *locus publicus* (lugar público) o *lex plebeya* (ley plebeya).

Originalmente llamada *Lex Laetoria*, fue un plebiscito votado siendo tribuno de la plebe Marco Letorio Plaucio (hacia el 227 a. C.). Negaba acción al que prestase dinero a los menores; mandaba dar curador a todos los dementes y pródigos cuando lo pidieran y sin esperar este caso; concedía la *restitutio in integrum* a los propios menores siempre que fuesen perjudicados con dolo malo; les vedaba estipular, quitando su fuerza a la promesa, fijando la mayoría de edad en veinticinco años, por lo que se llamó *quinavicenaria*, y debido a ello también se nombraba curador.

[207] Se refiere a la *Lex Iulia de maritandis ordinibus. Vid. supra*, nota 176.

[208] Esta disposición desaparece en época de Justiniano (530 d. C.) al señalarse en una constitución imperial: "nosotros, siguiendo la voluntad de Dios, no permitimos que en un solo y mismo matrimonio se convierta la felicidad del marido en infortunio para la mujer, de modo que cuanto el marido sea elevado otro tanto se rebaje también su cónyuge, y aun más, que desaparezca por completo. Desaparezca pues de nuestro tiempo semejante aspereza, y permanezca firme el matrimonio, y elévese la mujer con el marido, y disfrute del esplendor de éste, y subsista estable el matrimonio, de ninguna manera menoscabado por semejante accidente. Y del mismo modo, si la hija de un hombre privado se casase con un liberto, y después el padre de la mujer hubiere sido elevado a la dignidad de senador, enmudezca la cruelísima sanción de la Ley Papia <Popea> y no se disuelva de este modo el matrimonio entre la hija del que fue hecho senador y el liberto, para que la prosperidad del suegro no sea hallada sin el yerno. Porque es mejor en ambos casos mitigar la severidad de la Ley Papia que no disolver, por seguirla, los matrimonios de los hombres, no por vicio de la mujer y del marido, sino por razón de la próspera fortuna de una u otra parte; porque como el vicio nace de esta sola raíz, es consiguiente que sea suprimido por una ley" (C. 5, 4, 28).

[209] Se le consideraba *femina famosa* (mal reputada) o *probrosa* (ignominiosa). Aquéllos que ejercitaban el *ludicra ars* (arte escénico) estaban tachados de *infamia*, de ahí la disposición señalada en el pasaje a estudio.

[210] *Vid. infra*, Ulp. 16, 2.

Paulo transmite el texto de la ley que se refiere a tal disposición: "Se dispone de esta forma en la Ley Julia: 'ninguno que es senador, o el que es o fuese su hijo, o nieto habido de un hijo, o bisnieto habido de un hijo nacido de cualquiera de ellos, tenga a sabiendas y con dolo malo por esposa o mujer a una libertina, o a la que ella misma, o su padre o madre, representa, o hubiere representado en las diversiones públicas; ni la hija de un senador, o la nieta nacida de un hijo, o la bisnieta habida de un nieto nacido de un hijo, se considere desposada o casada a sabiendas y con dolo malo con un libertino, o con el que él mismo o su padre o madre representa, o hubiere representado en las diversiones públicas; y ninguno de estos la tenga con dolo malo y a sabiendas por esposa o por mujer'" (D. 23, 2, 44 pr.)

[211] La última frase está tomada de la versión de Krüger, siguiendo el texto Vaticano; Huschke solamente agrega *relegatam sibi* (dada nuevamente a ella).

[212] Huschke reconstruye la frase siguiendo el criterio de Mommsen, colocándola al inicio del pasaje para efectos de coherencia, y no como aparece en el documento Vaticano, al final del párrafo anterior, según la versión de Krüger.

Ulpiano señala en sus comentarios a la Ley Julia y Papia Popea que se entiende "públicamente" no sólo a la que se prostituye en un lupanar, sino también en una taberna u otro lugar de tránsito cotidiano (D. 23, 2, 43 pr.), como un balneario termal; además, de forma indistinta, es decir, sin elección, haciendo las veces de prostituta (*h. t.*, 43, 1).

Según Octaveno, no importa si la mujer no obtiene ganancia alguna al prostituirse (*h. t.*, 43, 3), pues basta que públicamente realice intercambio carnal.

[213] *Lena* es la persona que ejerce el oficio de explotar sexualmente a otra (*lenocinium*), bien concertando, facilitando o encubriendo una relación amorosa con ánimo de obtener ganancia de dicho comercio ilícito, o bien poseyendo una casa de mala fama. Jurídicamente, una *lena* que negocia con la prostitución de otras mujeres se denomina *meretrix* (del verbo *mereo*, ganar un sueldo; la forma sustantivada puede significar "la que obtiene provecho económico"; *h. t.*, 43, 7), tal como lo haría de manera personal. El marido de la *lena* que se aprovecha del oficio de su esposa o de la conducta adúltera de su esposa, sin tomar medidas para el divorcio, se denomina *leno* (lenón) (*h. t.*, 43, 8).

Ulpiano reflexiona a partir del edicto del pretor las diversas formas de *lenocinium*: "el que hubiese tenido esclavos para lucrar con su prostitución; y en la misma condición se halla también el que ejerce este comercio con personas libres. Mas ya haga este negocio directamente, ya se valga para él del ejercicio de otra industria – por ejemplo, si fue bodeguero o mesonero y tuvo tales esclavos para el servicio y los que con ocasión del mismo hicieren aquel comercio, o si hubiese sido bañero (*balneator*), como sucede en algunas provincias, que tuviere en los baños para la custodia de los vestidos esclavos alquilados que se dedicasen en el establecimiento a este tipo de tráfico- está sujeto a la pena de lenocinio" (D. 3, 2, 4, 2). Igualmente, la mujer que explotase sexualmente a otras en una hostería (D. 23, 2, 43, 9).

Los hallados culpables de *lenocinium* eran señalado con la nota de *infamia* y castigados severamente.

[214] Ulpiano reflexiona al respecto en otro punto: "la que ha sido hallada en adulterio es condenada como en juicio público. Por lo que si se dijera que fue condenada por adulterio, estará tachada no solamente porque fue hallada en él, sino también porque fue condenada en juicio público" (D. 23, 2, 43, 12).

Contrario sensu, quien, ignorando la disposición legal se casa con mujer adúltera, es considerado *leno* (lenón).

[215] En idéntico sentido se manifiesta Ulpiano al señalar en otro punto: "determinó el senado que no era conveniente a ningún senador tomar por mujer o retener<la como tal> a la condenada en juicio público" (D. 23, 2, 43, 10).

[216] Sobre esta hipótesis, *vid. supra*, nota 209.

Paulo incluye en esta disposición a la clase senatoria: "los senadores no tomarán por mujer a aquéllas que a los demás ingenuos se les prohíbe tomar por mujer" (D. 23, 2, 44, 8).

[217] Jurista poco conocido que escribió un comentario en seis libros sobre la *Lex Pappia Poppaea*.

[218] *Vid. supra*, nota 214.

Huschke opta por esta frase inspirándose en D. 23, 2, 43, 10, a pesar de que el documento Vaticano se refiere a un tal *Mauricianus*, jurista poco conocido de época clásica famoso por una obra en seis libros que comentaba la *Lex Pappia*

Poppaea. Krüger se apega a la segunda versión.

[219] Sobre la *Lex Iulia* y la *Lex Pappia Poppaea*, *vid. supra*, nota 176.
Falta un fragmento que posiblemente señalaba otros rubros sobre la citada ley; podemos reconstruir los siguientes: se prohíbe tener esposa menor de diez años; el esposo debe conducir a la desposada a casa en un plazo de dos años, de lo contrario no goza de los privilegios de marido; no deben reputarse marido y mujer los que se unan con dolo a sabiendas de la disposición, ni parentesco alguno por afinidad, mientras que los hijos no serán legítimos ni herederos suyos; dicho enlace tampoco debe aprovechar a los padres, por lo que los cónyuges no percibirán herencia que les venga de la ley o por legado, ni pueden darse cosa alguna entre sí, por lo que muerta la mujer la dote caduca; si el marido después de los veinticinco años y la mujer pasados los veinte no tuviesen hijos, adquieren solamente la mitad de los bienes que se les dejase en herencia, y ello solamente de los parientes inmediatos.

[220] La *decima* era la décima parte de bienes que, según las *Leges Iulia et Papia Poppaea* (*vid. supra*, nota 176), le correspondía a un cónyuge cuando el otro moría intestado.
Esta disposición quedó abolida en el año 410 d. C. a través de una constitución de los emperadores Honorio y Teodosio: "decretamos que desaparezca entre marido y mujer la cuenta de las décimas procedente de la Ley Papia, y que aunque no medien hijos también ellos adquieran en virtud de sus propios testamentos la totalidad de sus bienes, a no ser acaso que otra ley pesare sobre los dejados. Y así, después de estas disposiciones déjense recíprocamente el marido o la mujer tanto cuanto requiriere el amor del sobreviviente" (C. 8, 58 [57], 2).

[221] El *dies nominum*, también conocido como *dies lustricus* y *dies nominalia*, es la fecha en que se otorga con gran solemnidad el *praenomen* al recién nacido, comúnmente al noveno día los varones, octavo para las mujeres, cuando ha caído el cordón umbilical. En medio de gran solemnidad, se ofrece un sacrificio y se realiza la ceremonia de purificación, siendo un acto altamente privado que, una vez realizado, permite ya la fiesta pública. Al parecer, inicialmente estas ceremonias no anuncian el momento en que se presentará al hijo en el *templum*, como lo hacen los judíos, o que se incluirá el nombre en una lista oficial. Marco Aurelio exige el registro de nacimientos, ordenando al padre registrar la fecha de nacimiento y el nombre del hijo en un plazo de treinta días ante el *praefectus aerarii* en Roma y ante los *tabularii publici* en las provincias.

[222] Hemos elegido la versión de Huschke para esta sección del fragmento, quien lee en las letras *bonorū* del documento Vaticano la frase *bonorum vir* y en el vocablo *etue* observa *et uxor*; Krüger opta por agregar simplemente *eius* (suya), según el texto original y omitiendo las adiciones de Huschke.

[223] *Vid. supra*, nota 176.

[224] La versión de Krüger agrega la siguiente frase contenida en el texto Vaticano: *aut si vir absit, et donec abest et intra annum postquam abesse desierit* (o si el marido está ausente, mientras dura la ausencia y hasta un año después de haber regresado).

[225] Huschke inserta esta frase a partir de una abreviatura borroneada (*r.p.c.*) en el

220

manuscrito original. Krüger omite esta segunda hipótesis.

En otro sitio (D. 4, 6, 36) Ulpiano define la ausencia por causa de la república: "entendemos que están ausentes por causas de la República solamente aquellos que están ausentes no por su conveniencia, sino por su obligación". En tal sentido, señala que esta ausencia dura el tiempo que se requiere para desempeñar el cargo conferido, y concluido el mismo también finaliza la ausencia. Sin embargo, el tiempo se extiende al plazo que tarde la persona en volver a su lugar de origen; se exceptúa el caso del que desviándose atiende un asunto personal: en este caso se considera finalizado el plazo para volver y fenece la ausencia por causa de la república. Ahora bien, por razón de *humanitas* se tendrán en cuenta casos fortuitos que impiden continuar el camino: enfermedad, tempestad, hundimiento del barco, etc. (*h. t.*, 38).

Los ejemplos son variados, en opinión de Paulo (*h. t.*, 35): los comisionados para llevar o traer soldados, o para cuidar de los futuros reclutas; los enviados de alguna provincia a felicitar o presentar sus respetos al Príncipe; el procurador del César enviado a cierta región como su representante en funciones administrativas, ya fuera fiscales o militares; el prefecto (gobernador) de Egipto, por ser representante personal del Emperador; los soldados de la guarnición de Roma, según Antonino Pío; el comisionado para reprimir a malhechores y bandoleros; el civil enviado a una expedición militar por designación consular; el provinciano enviado en misión pública a Roma, o el que hubiese dejado su patria por cuestiones públicas y tan sólo pasase por Roma; el que dejando su lugar de origen partió a gobernar o administrar una provincia; el militar que se dirige al campamento asignado y vuelve de él, o bien el militar franco que se dirige a casa y posteriormente vuelve al cuartel, según opinión de Próculo, no así mientras permanece en el hogar.

[226] *Vid. supra*, nota 220.

[227] *Vid. supra*, nota 176.

[228] Cfr. Ulp. 13 y las respectivas notas.

[229] El *senatusconsultum Pernicianum* fue emitido durante el consulado de Lucio Vitelio Nieto y Paulo Fabio Pérsico (34 d. C.), de cuyo último nombre (*cognomen*) se considera fue tomado el nombre del senadoconsulto, originalmente llamado *Persicianum*, no el de *Pernicianum* que se le ha dado posteriormente por la corrupción de la voz o error de los copistas. En dicha disposición legal se extendían las penas de las leyes *Iulia et Papia* a las personas maduras que no se hubiesen casado ni tenido hijos: no poder adquirir por testamento o bien sólo adquirir la mitad de lo dejado.

[230] No haber engendrado familia ni haberse casado.

²³¹ El *senatusconsultum Claudianum de nuptiis sexagenarii*, emitido el año 52 d. C. durante el principado de Claudio, consideraba legítimos estos matrimonios. Suetonio (*Claud.*, 23) brinda el trasfondo histórico: "derogó el artículo añadido a la Ley Papia Popea por el emperador Tiberio y que suponía a los sexagenarios incapaces de engendrar". Siendo ya de bastante edad, Claudio se indignó viéndose legalmente proclamado incapaz de tener hijos; al parecer, deroga tal disposición antes de casarse con Agripina, pues de lo contrario no habría podido unirse.

²³² Una constitución emitida por Justiniano en el 532 d. C. reconoce los derechos sucesorios de los hijos habidos en este matrimonio: "sancionamos que, aunque semejante parto es considerado digno de admiración y acontece varias veces, no se rechace, sin embargo, nada de lo que se conoce que probablemente ha sido producido por la naturaleza, sino que a tales hijos o hijas se les conserve en todas las sucesiones, ya sean testamentarias, ya intestadas, íntegro e inalterable todo el derecho que por cualquier ley fue concedido a los hijos. Y en suma, no sean considerados desiguales a otros los que la naturaleza hizo semejantes, mayormente cuando también por una ley anterior nuestra hemos permitido tales nupcias, sin conceder en manera alguna que fueran consideradas desiguales a las otras" (C. 6, 58, 12).

²³³ El *senatusconsultum Calvisianum*, emitido entre los años 41 y 54 d. C. Hay incertidumbre sobre su fecha de expedición.

²³⁴ Esto debido a que con la muerte de la esposa, la dote revierte al *paterfamilias* si vive, al marido si el primero ha fallecido también (*vid. supra*, Ulp. 6, 4 *in fine*), o bien al pueblo cuando ninguno de ellos vive.

²³⁵ Es decir, cuando no quede ningún pariente agnado o consanguíneo del difunto, según Ulp. 28, 7.

²³⁶ Sin importar si es *res mancipi* o *nec mancipi*. Cfr. Ulp. 19, 17.

²³⁷ Se refiere a la *Lex Papia Poppaea*. Cfr. nota 176. En el mismo sentido Gai. 2, 111, aunque el fragmento está muy corrompido.

Una constitución de Justiniano del 534 d. C. deroga estas disposiciones papianas: "hemos considerado necesario desterrar del orbe romano en los pacíficos tiempos de nuestro imperio así el nombre como la materia de bienes caducos, nacida y fomentada por virtud de las guerras civiles que contra sí promovía el pueblo romano, para que lo que la calamidad de la guerra introdujo lo calmase la dulzura de la paz. Y así como la Ley Papia fue enmendada en muchos capítulos por anteriores príncipes, y fue abolida por el desuso, así también pierda por nosotros su odiado vigor respecto a la observancia de la caducidad, que desagradó a los más instruidos jurisconsultos, los cuales inventaban muchos caminos para que no se llegase a la condición de caducidad. Y como la Ley Papia que con sus artificios y restricciones limitaba el antiguo derecho, que antes de ella se refería simplemente a todos, solamente se avergonzó de imponer su yugo a los ascendientes y descendientes del testador hasta el tercer grado, si hubieran sido instituidos herederos, conservándoles intacto el derecho antiguo, nosotros se lo concedemos a todos nuestros súbditos, sin diferencia de personas" (C. 6, 51, 1, 1).

[238] *Vid. supra*, nota 54. Cfr. Ulp. 22, 3.

[239] Esta última situación se da en el caso de la *capitis deminutio media* o bien en el caso de los dediticios. *Vid. supra*, Ulp. 11, 12 y 10, 3.

Huschke considera que la parte faltante del texto era un comentario a la *Lex Papia* sobre el destino de los bienes caducos en tiempos más antiguos. Así, propone el siguiente texto: *caduca iure antiquo quidem ad coheredes vel collegatarios pertinebant iure accrescendi, aut legata in hereditate remanebant. Ex lege Papia autem translata sunt ad heredes patres vel legatarios patres certo ordine in caducis vindicandis constituto, ut si heres vel legatarius pater non esset vel non vindicaret, caducum ad populum deferretur. Et eiusdem esse bona iubentur, si nemo defuncto heres factus sit* (en el derecho antiguo los bienes caducos pertenecían por derecho de acreción a los coherederos o colegatarios, o bien los legados se quedaban en la herencia. Pero desde la <promulgación de la> Ley Papia, por orden consecutivo en la reclamación de bienes caducos son transferidos a los herederos jefes de familia [*sui iuris*] o a los legatarios jefes de familia, de modo tal que si no existiese <ningún> heredero o legatario jefe de familia que <los> reclamase, se entrega el bien caduco al pueblo <romano>. Lo mismo se dispone en aquellos bienes en donde el difunto no hubiese dejado heredero alguno). Lo anterior inspirado en Ulp. 28, 7.

[240] Se refiere al emperador Septimio Severo.

[241] Paulo expresa las condiciones en que el fisco debe adquirir dichos bienes: "el fisco debe cumplir las mismas condiciones que la persona de quien va a él lo que se dejó, así como también reivindica esto mismo con su propia carga" (D. 35, 1, 60, 1).

[242] A su vez, Paulo comenta: "si a la fidelidad del que cometió dolo se encomendó que restituyese la herencia, esta herencia se hará caduca con sus gravámenes, de modo que el fisco experimente el beneficio de la Ley Falcidia, y el fideicomisario el de las tres cuartas partes" (D. 19, 7, 2, 2). La consecuencia de esto será que pierda la cuarta parte que le corresponde y no pueda reclamar la parte sin dueño del testamento, salvo que tenga hijos, como se observa en Ulp. 25, 17.

[243] *Vid. supra*, Ulp. 1, 21.

Lo afirmado en este párrafo tiene una explicación en Gayo: "se dice que cuando el fisco hubiese reivindicado en virtud del senadoconsulto Silaniano herencias en su totalidad, no ampara ni las manumisiones ni los legados; lo que claramente no tiene razón alguna porque, reivindicadas para el fisco las herencias por virtud de otras causas cualesquiera, subsisten las manumisiones y los legados" (D. 49, 14, 14). El mismo Gayo señala en otro pasaje: "cuando se adjudican al fisco como caducos los bienes del difunto por no haberse vengado la muerte, se da contra él la acción de los legados, y en consecuencia son válidas las libertades de aquéllos exceptuados por el senadoconsulto <Silaniano>" (D. 29, 5, 9).

[244] *Vid. supra*, Ulp. 1, 21; 25, 17.

[245] Esta *summa divisio* es la clasificación por excelencia de los bienes privados *in commercio*, es decir, de aquellos que son susceptibles de adquirirse o no por *mancipatio* (*vid. infra, h. t.* 3).

Ahora bien, bienes *extra commercium* (*o extra patrimonium*) no susceptibles de adquirirse por *mancipatio* son las cosas *divini iuris* (de derecho divino; cfr. Gai. 2, 9), que se dividen en *sacrae* (consagradas a los dioses superiores, como el suelo, el templo, el altar, la imagen, los bienes, los vasos, los ornamentos sacerdotales y todo aquellos dedicado a la divinidad, como las ofrendas, según Gai. 2, 4; en época justinianea, las dedicadas solemnemente a Dios por los pontífices, como los edificios consagrados y las donaciones dedicadas al culto de Dios; cfr. Inst. 2, 1, 8); *religiosae* (bienes consagrados al culto de los *manes* o *lares*, es decir los antepasados, según Gai. 2, 4; adquiere dicha categoría al enterrar en ese terreno a un muerto cuyas ceremonias funerarias está obligado el heredero, como señala Gai. 2, 6; debe inhumarse el cuerpo en un sepulcro, pues el cenotafio, es decir, el monumento funerario elevado a la memoria de alguien pero sin contener el cuerpo o sus cenizas, no es *res religiosa*, según D. 11, 7, 42); por último, *res sanctae* (aquel bien "defendido y protegido contra la injuria de los hombres", D. 1, 8, 8 pr.; ejemplos de estas cosas son los muros y las puertas de la ciudad; cfr. Gai. 2, 8 e Inst. 2, 1, 10).

También *extra commercium* son los bienes públicos (*res publicae*) *humani iuris* (de derecho humano). En tal clasificación encontramos los objetos que se hallan en las ciudades para uso de todos los habitantes, como teatros, estadios, calles, fuentes, etc. (Gai. 2, 11; Inst. 2, 6, 10). Igualmente, los hombres libres y los esclavos fugitivos (Inst. 2, 6, 1).

[246] Es necesario reflexionar sobre estos últimos bienes. En época clásica se habla de bienes corporales, es decir, aquellos que pueden tocarse y afectar nuestros sentidos, como un fundo, un esclavo, un vestido, el oro, la plata, etc. (Gai. 2, 13; Inst. 2, 2, 1); por otro lado, están los incorporales, que no pueden tocarse ni afectan nuestros sentidos pero que tienen su existencia en el *ius*, como la herencia, el usufructo, las obligaciones en general: consisten en un derecho (Gai. 2, 14, Inst. 2, 2, 2).

En esta segunda clasificación hallamos las servidumbres urbanas y rústicas; sobre las primeras diremos que son las propias de edificios, teniendo como ejemplos el derecho de goteo y agua corriente, por el cual un vecino recibe agua que corre por goteras o canales en su terreno o casa, así como el paso de cloacas y el permiso para colocar luces nocturnas; permitir la carga de la casa contigua, o el derecho del vecino para apoyar las vigas en muro ajeno (Gai. 2, 14; Inst. 2, 3, 1). Las otras servidumbres, es decir, las rústicas, son las que se mencionan en el pasaje a estudio.

[247] El derecho de vía o camino (*via*) consiste en ir, conducir y pasar, comprendiendo el pasaje y la conducción; el derecho de paso o pasaje (*iter*) es la capacidad que tiene un hombre de ir y de pasar, pero no de conducir ganado o carruajes; el derecho de conducción (*actus*) es la posibilidad de pasar ganado, carruajes y personas, mientras que el derecho a pasar agua (*aquaeductus*) es el derecho de atravesar agua por el fundo de otro (Inst. 2, 3, pr)

[248] En el mismo sentido, Gai. 2, 14 y 14a.

[249] Una clasificación doctrinal se requiere para este pasaje.

La investigación romanista ha distinguido tres tipos de animales susceptibles de propiedad. En primer lugar tenemos a las *ferae bestiae*, las bestias citadas en esta parte final del párrafo, extendiendo Gayo los ejemplos a osos y leones (Gai. 2, 16), o bien a todos aquellos que no nacieron entre humanos, poseyendo absoluto instinto salvaje.

En segundo lugar están las *mansuetae bestiae*, los animales salvajes que han aceptado finalmente ser domesticados y dominados por el Hombre, aunque al respecto existe controversia; Gayo la expone de este modo: "respecto de lo que dijimos *acerca de que los animales que suelen ser domados* son *mancipi*, se ha *cuestionado sobre aquellos que no han sido domados desde el momento mismo de su nacimiento. Y los autores de nuestra escuela, sin dudas, han opinado que* son reputados *mancipi* desde su nacimiento; en cambio, Nerva, Próculo y los otros autores de la escuela contraria, piensan que no son *mancipi* sino después que han sido domados; y si se muestran díscolos para el adiestramiento, sólo serán *mancipi* cuando hayan llegado a la edad en que suelen ser domados" (Gai. 2, 15). En esta categoría encontramos a las palomas, las abejas, los ciervos, las aves exóticas como loros, los peces, etc. Sin embargo, los juristas han señalado ciertas cuestiones respecto a la naturaleza de estas dos clases de animales. Así, "si aprehendemos una bestia feroz, o un ave, o un pez, no importa de qué manera fue capturado, desde ese instante se hace nuestro, y se considera nuestro mientras esté sometido a nuestra custodia, ya que si se evade de la misma y recupera la libertad natural, será de nuevo de quien lo ocupe, ya que ha dejado de ser nuestro. Se considera que recupera la libertad cuando se ha evadido de nuestra vista, o cuando aún estando en nuestra presencia resulte difícil perseguirlo" (Gai. 2, 67); Justiniano señala que "lo que no es de nadie, la razón natural lo concede al primer ocupante" (Inst. 2, 1, 12). Sin embargo, Gayo resalta que "respecto a los animales que tienen la costumbre de irse y regresar, como las palomas y las abejas, así como los ciervos, que suelen ir y volver de los bosques, tenemos una regla que nos ha sido transmitida: desde que han perdido el hábito de regresar cesan de ser nuestros y pertenecen al que los ocupe; y se considera que han perdido dicho hábito cuando ya no acostumbran regresar" (Gai. 2, 68; cfr. Inst. 2, 1, 15).
Por último, tenemos las *domesticae bestiae*, como las gallinas, los ánades y aquellos animales que, habiendo ya nacido entre los humanos, están habituados a

su compañía, no pudiendo ser apropiados por nadie, pues de lo contrario se comete *furtum*: "si tus gallinas o tus ánades, asombrados por algún accidente, huyen volando, aunque hayan desaparecido de tu vista y en cualquier lugar que se hallen, son tuyos y te pertenecen, y el que retenga dichos animales para apropiárselos, se entiende que comete un hurto" (Inst. 2, 1, 16; D. 41, 1, 5, 6).

[250] Huschke y Krüger señalan que en el documento Vaticano aparecía originalmente el vocablo *usucapione* (por usucapión), pero viene a ser una redundancia por error del copista; la sustitución se realiza siguiendo el orden de exposición de los modos formales de atribuir la propiedad en el texto ulpianeo. Cfr. pasaje 16 para dar cuenta de lo dicho.

[251] Gayo señala que debido a la *mancipatio* se les denomina *res mancipi* (Gai. 2, 22).

El mismo Gayo nos transmite con detalle la solemnidad que esboza Ulpiano en el pasaje a estudio: "es una especie de venta imaginaria y se trata de un acto que es propio de los ciudadanos romanos. El procedimiento es así: en presencia de no menos de cinco testigos ciudadanos romanos púberes y de otro de similar condición que debe sostener una balanza de bronce y es llamado *libripens*, aquél que recibe *in mancipio*, dice sosteniendo la cosa: AFIRMO QUE ESTE ESCLAVO ES MIO DE ACUERDO CON EL DERECHO DE LOS QUIRITES Y QUE ME LO HE COMPRADO CON ESTE COBRE Y ESTA BALANZA DE BRONCE. Luego golpea con el cobre la balanza y se lo da a aquel de quien recibe *in mancipio* como si fuera el precio" (Gai. 1, 119).

En este ritual se observa el origen antiquísimo de la institución, cuando el *aes rude* (pieza de cobre) era un lingote grabado con una res para representar el valor de la transacción realizada, mientras que la balanza representa el peso del metal entregado para pagar un precio cierto, donde intervenía el portabalanza (*libripens*).

[252] Sean cabezas de familia (*sui iuris*) o nacidos de justo matrimonio entre ciudadanos que poseen el conubio. Cfr. Ulp. 4, 1; 5, 1 y 2.

[253] *Vid. supra*, Ulp. 5, 4 y nota respectiva.

[254] *Vid. supra*, Ulp. 1, 10 y notas respectivas.

[255] El *commercium* es la capacidad legal de concluir transacciones válidas con objeto de adquirir o vender bienes. El *ius commercii*, a su vez, es el privilegio otorgado a las colonias latinas para llevar a cabo relaciones comerciales, para comerciar con ciudadanos romanos en igualdad de condiciones y para usar las formas contractuales propias del ciudadano romano. Por un acto especial, el *ius commercii* podía concederse a otras categorías de extranjeros, a comunidades e incluso a personas específicas.

[256] Gayo brinda una explicación de índole didáctica: "la *mancipatio* de los predios sólo difiere de las otras mancipaciones en que los esclavos y las personas libres, lo

mismo que los animales que son *mancipi*, no pueden ser mancipados sino en presencia de los mismos, ya que aquel que recibe *in mancipio* debe aprehender la cosa misma que le ha sido dada en ese acto; es por esto que se llama *mancipatio*, porque la cosa es tomada por la mano. Por el contrario, los predios suelen ser mancipados aun en ausencia de los mismos" (Gai. 1, 121).

[257] Entrega lisa y llana de la cosa.

[258] Gayo lo explica de este modo: "en efecto, las *res nec mancipi* se enajen de pleno derecho a un tercero por la simple tradición, toda vez que sean cosas corporales y por ello susceptibles de tradición" (Gai. 2, 19).

Justiniano elabora un paradigma más completo cuando afirma: "según el derecho natural adquirimos las cosas por tradición. En efecto, que la voluntad del propietario que quiere transferir su cosa a otro reciba su ejecución, nada es más conforme a la equidad natural. Así, la tradición puede aplicarse a toda cosa corpórea; y hecha por el propietario produce enajenación. Por este medio se enajenan los fundos estipendiarios o tributarios, que así se llaman los fundos situados en las provincias. Pero entre ellos y los de Italia no existe, según nuestra constitución, ninguna diferencia. La tradición que se hace por donación, por dote o por cualquier otra causa, sin duda alguna transfiere la propiedad" (Inst. 2, 1, 40).

[259] Paulo coincide al señalar: "la nuda tradición nunca transfiere el dominio, si no hubiere precedido venta, o alguna justa causa por la cual siguiese la entrega" (D. 41, 1, 31 pr).

Gayo brinda el siguiente ejemplo donde se señalan algunas *iustae cause traditionis*: "así, si a ti te hago tradición de un vestido, o de oro, o de plata, sea a título de venta o donación o por cualquiera otra causa, la cosa es inmediatamente tuya, siempre y cuando yo sea el dueño de ella" (Gai. 2, 20).

La diferencia fundamental entre *mancipatio* y *traditio* la ofrece Gayo de este modo: "de esto que llevamos dicho resulta entonces que la propiedad se puede enajenar ya por el derecho natural como sucede con la tradición, ya por el derecho civil como en efecto ocurre con la *mancipatio*, la *in iure cessio* y la *usucapio* que corresponden al derecho propio de los ciudadanos romanos" (Gai. 2, 65).

[260] Modestino brinda la siguiente definición de esta figura jurídica: "la usucapión es la adquisición de la propiedad por la posesión continuada durante el tiempo fijado por la ley" (D. 41, 3, 3).

Gayo matiza la noción de *usucapio* en esta forma: "hay también otras cosas respecto de las cuales nos compete la usucapión: aquellas que nos han sido dadas por *traditio* por un 'no dueño', sean *mancipi* o *nec mancipi*, siempre que las recibamos de buena fe, creyendo que aquel que nos hiciera la tradición era el verdadero dueño" (Gai. 2, 43).

Podemos mencionar los siguientes requisitos para lograr la usucapión:

a) ser una *res habilis*, esto es, disponible para adquisición según el *ius civile*; no pueden usucapirse cosas robadas o poseídas por la violencia (Inst. 2, 6, 2; cfr. Gai. 2, 45); las *res mancipi* enajenadas por la mujer sin la *auctoritas* del tutor (Gai. 2, 47); las *res extra patriomonium* (Inst. 2, 6, 1; cfr. Gai. 2, 48; sobre *res extra patrimonium*, cfr. nota 243 *in fine*); las *res fiscales*, a menos que sean entregadas directamente por el Estado (Inst. 2, 6, 14); lo que es propiedad del emperador (C. 7, 38) o de los menores (C. 7, 35, 3); por influencia del cristianismo, las cosas de las iglesias y obras pías (Nov. 111, 1; 131, 6), y en general todo bien cuya enajenación esté prohibida.

b) Poseer un *iustus titulus* o una *iusta causa*: "no precediendo verdaderto título no puede ser procedente la usucapión, ni puede aprovechar al tenedor o a su heredero, ni so pretexto, por ejemplo, de tener por herencia lo que fue de otro, se le quita al dueño por ningún espacio de largo tiempo su demanda" (C. 7, 29, 4).

c) *Fides*: "parece ser 'comprador de buena fe' el que ignoró que la cosa era ajena o pensó que el que vendió tenía derecho de vender; por ejemplo, <si pensó> que era procurador o tenedor"; dicho principio se aplica a la especie en estudio. Basta tener la *fides* al principio de la posesión. El principio no procede en el caso de los frutos, "porque esto se refiere al derecho, esto es a la usucapión, y aquello [los frutos] a un hecho, para que uno posea de buena o de mala fe" (D. 41, 1, 48, 1), extendiéndose al caso del esclavo y las adquisiciones que realice para su amo (D. 41, 1, 23, 1), debiendo señalar, sin embargo, que si dentro del plazo no se conoce de quién es el bien, o conociéndolo no es posible poner en conocimiento al dueño, o bien se le hace del conocimiento, procede la usucapión, pero de saberlo y poder hacerlo no se entera al dueño, se considera posesión clandestina (D. 41, 10 , 4).

d) *possessio*, poder de hecho sobre el bien durante el plazo señalado; se debe tener la cosa con ánimo de apropiación (*animus possidendi*) y no por simple *detentio*, detentación a nombre de otro, según el principio "sin la posesión no puede tener lugar la usucapión" (D. 41, 3, 25). Los requisitos de la posesión los ofrece Paulo: "alcanzamos la posesión con el cuerpo y con el ánimo, y no solamente con el ánimo o con el cuerpo. Mas lo que hemos dicho que debemos adquirir la posesión con el cuerpo y con el ánimo, no se ha de entender ciertamente de modo que el que quiera poseer un fundo haya de andar por toda su tierra; sino que basta que entre en cualquier parte de este fundo, con tal que sea con la intención y el designio de querer poseer todo el fundo hasta su término" (D. 41, 2, 3, 1).

[261] La disposición citada se reconoce de origen decemviral: "la usucapión de las cosas muebles se cumple al año; en cambio la de los fundos y la de los edificios, al segundo año. Así está dispuesto en la Ley de las Doce Tablas" (Gai. 2, 42).

Con Justiniano hallamos ciertas modificaciones respecto al plazo para usucapir: "adoptando como un parecer más sabio que no se debe despojar con demasiada prontitud a los propietarios, ni encerrar este beneficio en una sola localidad, hemos promulgado sobre este particular una constitución que manda que las cosas muebles sean adquiridas por el uso de tres años, y las inmuebles por la posesión de largo tiempo; es decir, de diez años entre presentes y veinte entre ausentes; y que estos medios de adquirir el dominio por la posesión, fundada en una causa justa, tenga en aplicación, no sólo en Italia, sino en todos los pasíes de nuestro imperio" (Inst. 3, 6 pr).

[262] Gayo brinda un ejemplo clarificador de este acto solemne: "la *in iure cessio* se hace del siguiente modo: ante el magistrado del pueblo romano, por ejemplo ante el pretor, aquel a quien la cosa es cedida *in iure*, teniendo la cosa en la mano dice así: 'YO DIGO QUE ESTE ESCLAVO ES MÍO DE ACUERDO CON EL DERECHO DE LOS QUIRITES'. En seguida, después que éste ha hecho su *vindicatio*, el pretor pregunta a aquel que cede si hace la *contravindicatio*; si él niega o se calla, el pretor efectúa la *addictio* (entrega) de la cosa a aquel que ha hecho la *vindicatio*. Esta es llamada una acción de la ley. Puede también realizarse este procedimiento en las provincias ante el gobernador" (Gai. 2, 24).

[263] Gayo ofrece el siguiente concepto: "son incorporales aquellas cosas que no se pueden tocar, tales como las que tienen su existencia en el derecho, como una herencia, un usufructo, las obligaciones de cualquier modo que se hayan contraído" (Gai. 2, 14).

[264] Gayo amplia este rubro de la siguiente manera: "el usufructo no admite sino la cesión de derechos (*in iure cessio*); en efecto, el dueño de una propiedad puede ceder a alguien el usufructo, de tal modo que éste último tenga el usufructo y aquél retenga la nuda propiedad. El mismo usufructuario puede ceder *in iure* su usufructo al propietario produciendo este efecto: que el usufructo se acaba y se confunde con la propiedad. En cambio, si lo cede a un tercero, no obstante ello continúa conservando su situación, ya que se considera que esta cesión no tiene ningún efecto" (Gai. 2, 30).

Ejemplos de estas cesiones las hallamos en el legado que se reserva, por otro lado, la propiedad: "si un fundo es legado, deducido el usufructo, entonces tiene el legatario la simple propiedad, y el heredero el usufructo. También se puede legar a uno el usufructo y a otro la propiedad, deducido aquel usufructo" (Inst.2, 4, 1). Exceptuados de la *in iure cessio* están los usufructos sobre predios provinciales, sobre los cuales se pueden constituir usufructo a través de pactos y estipulaciones (Gai. 2, 31; cfr. Inst. 2, 3, 4; 2, 4, 1).

El usufructo no se consituye solamente sobre inmuebles, "sino también sobre esclavos, bestias de carga y demás cosas, exceptuándose las que se consumen con el uso; pues éstas ni por su naturaleza ni por el derecho civil son susceptibles de usufructo. En el número de estas cosas se hallan el vino, el aceite, el trigo, los vestidos, a los cuales puede asimilarse la plata acuñada, que en cierto modo se consume con el uso diario del cambio. Pero el Senado ha decidido con objeto de utilidad que el usufructo pueda establecerse aun sobre estos objetos, con tal de que el heredero reciba una suficiente caución. Si, pues se ha legado en usufructo una suma de dinero, se le da en toda propiedad al legatario; pero éste da satisfacción al heredero de la restitución de igual suma a su muerte o a su disminución de cabeza (*capitis deminutio*; vid. supra, Ulp. 10, 11-12). Las demás cosas se dan del mismo modo en propiedad al legatario que, en vista de tasación, presta satisfacción de que a su muerte o por su disminución de cabeza, restituirá una suma igual a su tasación. El Senado no ha creado sobre estas cosas un usufructo, porque era imposible, sino que por medio de una caución ha constituido un cuasiusufructo" (Inst. 2, 4, 2). Cfr. Gai. 2, 32 y 33.

[265] Gayo señala el principio universal: "la herencia sólo admite la *in iure cessio*" (Gai. 2, 34).

[266] Sobre cesión de tutela, *vid. supra*, Ulp. 11, 6-8 y notas respectivas.

[267] En el mismo sentido, Gai. 2, 36.

[268] Krüger coloca esta última frase al inicio del siguiente párrafo, siguiendo el orden del texto Vaticano; sin embargo, Huschke lo sitúa en este punto para efectos de coherencia entre pasajes.

[269] Los dos pasajes anteriores los confronta Gayo respecto a los herederos *ab intestato*: "si a aquel al cual le corresponde por legítimo derecho una herencia *ab intestato* la cede *in iure* antes de la aceptación de la misma, es decir, antes de que se le considere como heredero, pasa a ser tal aquel a quien la cedió *in iure*, como si éste fuera llamado a la herencia por <disposición de> la ley; pero si en cambio la cede después de haberse obligado, permanece como heredero, y en tal carácter será tenido por los acreedores; en cambio, las deudas de la herencia se extinguen y de esta manera los deudores hereditarios se benefician enriqueciéndose; en cuanto a las cosas corporales de la herencia, las mismas pasan a aquel a quien se haya cedido la herencia, como si le fuesen cedidas *in iure* una por una" (Gai. 2, 35).

[270] "La *adiudicatio* es la parte de la fórmula por la cual se permite al juez que adjudique una cosa cualquiera de los litigantes, como por ejemplo, si se acciona entre herederos por la *actio familiae erciscundae*, o entre socios por la *actio communi dividendo* o entre vecinos por la *actio finium regundorum*, y ella es así: QUE EL JUEZ ADJUDIQUE A TICIO CUANTO DEBA SERLE ADJUDICADO" (Gai. 4, 42).

[271] La *formula* es un pequeño escrito que fija los términos de la controversia entre partes. En su edicto, el pretor expone una lista de esquemas que corresponden a diversas situaciones en las que asegura tutela jurídica: son esquemas que describen temas de posibles controversias, y son precisamente unas "fórmulas" preconcebidas. El ciudadano que pretenda accionar busca y encuentra el esquema apropiado a su caso; pide al pretor el recurso, y su solicitud es al mismo tiempo

solicitud de actuar e indicación del esquema que intenta poner en marcha. Así, la fórmula es el vehículo necesario de la acción, y que viene a sustituir, con la *Lex Aebutia* del siglo II a. C., y las leyes *Iulia de iudiciis privatis* y *Iulia municipales* de finales del siglo I a. C., al esquema de las antiguas *legis actiones*.

[272] "Si se trata de la *actio familiae erciscundae*, téngase presente que por ella debe adjudicarse cada cosa a cada cual de los herederos, y si la adjudicación parece más considerable respecto de uno, debe, como ya hemos dicho, el juez establecer compensación entre los coherederos por medio de una suma cierta. Igual sentencia debe recaer contra cada heredero respecto de su coheredero al repartirse los frutos percibidos de la herencia por uno de ellos, y para las cosas deterioradas o destruidas. Y estas reglas son las mismas aunque haya más de dos herederos" (Inst. 4, 17, 4).

[273] "Lo mismo sucede en la *actio communi dividendo* cuando se trata de repartir muchas cosas. Pero cuando es una sola, como un fundo, en este caso, si puede dividirse cómodamente, el juez debe adjudicar las partes a cada uno en particular, y si le parece mayor la de uno, para la compensación, lo obligará a que dé una suma cierta. Pero si la cosa no puede dividirse, como un esclavo o un mulo, entonces a uno solo se le concede el todo, y éste, para compensar a su copropietario, debe pagar una suma cierta" (Inst. 4, 17, 5).

[274] "En la *actio finium regundorum*, el juez debe examinar si es necesaria la adjudicación, y sólo es en un caso: si acomoda distinguir los campos con límites más evidentes que los que antes tenían. Entonces, en efecto, es necesario adjudicar a uno una parte del campo del otro; y, por consiguiente, el beneficiado en este caso debe ser condenado en una suma cierta, que percibirá el otro. También por esta acción será condenado igualmente el que fraudulentamente hubiese atentado contra los límites; por ejemplo, arrancando los mojones o cortando los árboles que marcan aquéllos. En fin, sufrirá pena por contumacia el que, a pesar de la orden del juez, se oponga a que se midan los campos" (Inst. 4, 17, 6).

[275] Justiniano concuerda diciendo: "todo lo que adjudicaba por estas acciones se hacía inmediatamente propio de aquel a quien se adjudicaba" (Inst. 4, 17, 7).

[276] Sobre bienes caducos, *vid. supra*, Título XVII.

[277] Sobre la *Lex Pappia Poppaea*, *vid. supra*, nota 176.

[278] Sobre legados, *vid. infra*, Título XXIV.

[279] También puede adquirirse la posesión, como aclara Gayo: "no sólo adquirimos la propiedad por medio de aquellos que están sometidos a nuestra potestad, sino también la posesión, ya que cualquier cosa cuya posesión hayan tenido, se considera poseída por nosotros, y es por esto que podemos usucapir por medio de ellos" (Gai. 2, 88).

[280] Gayo agrega: "[adquirimos la propiedad] también por los esclavos cuyo usufructo tenemos y por los hombres libres y esclavos que poseamos de buena fe" (Gai. 2, 86).

En época justinianea el principio se ha modificado: "no sólo adquirís por vosotros mismos, sino también por aquellos que tenéis bajo vuestra potestad; por los esclavos sobre los cuales tenéis un derecho de usufructo, y por los hombres libres y los esclavos de otro, que poseéis de buena fe" (Inst. 2, 9 pr.); por ser ya obsoletas para ese momento histórico, han desaparecido las situaciones de la *manus* y de los que están *in mancipio*.

Justiniano explica otros detalles relacionados con el pasaje ulpianeo a estudio: "de la misma manera, lo que vuestros esclavos adquieran por tradición, ya a consecuencia de una estipulación, ya por otra causa cualquiera, lo adquirís vosotros; y esto se verifica sin saberlo vosotros y a pesar vuestro; porque el esclavo, sujeto a la propiedad de otro, no puede tener nada en propiedad por sí mismo. Sin embargo, si ha sido instituido heredero, puede hacer adición de la herencia por orden vuestra; pero habiendo él hecho esta adición por orden vuestra, habéis adquirido la herencia como si hubieseis sido instituido personalmente heredero. Adquirís también por vuestros esclavos los legados que les han sido hechos. No sólo adquirís la propiedad por medio de las personas sometidas a vuestro poder, sino también la posesión. Se juzga que poseéis todo aquello de que tienen la posesión; por lo tanto, la usucapión o la posesión de largo tiempo se realiza por los esclavos en beneficio vuestro" (Inst. 2, 9, 3).

[281] Cfr. Gai. 2, 88.

He aquí el fundamento de la afirmación ulpianea: "como entre los ciudadanos romanos el *dominium* (propiedad) tiene un doble aspecto (ya que, en efecto, un esclavo puede ser considerado como comprendido *in bonis* de una persona o estar en el *dominium ex iure Quiritium* o en ambas situaciones a la vez), decimos que un esclavo está sometido a la *potestas* de su amo si éste lo tiene *in bonis*, aun cuando no lo tenga a dicho esclavo *ex iure Quiritium*, pues aquel que sólo tiene al esclavo conforme con el nudo *ius Quiritium* se entiende que no tiene sobre él la *potestas*" (Gai. 1, 54).

Sobre casos de propiedad bonitaria, vid. supra, Ulp. 1, 16.

[282] Gayo resume de este modo: "Adquirimos también por medio de los hombres libres o los esclavos ajenos que poseamos de buena fe, pero sólo por estas dos causas: por lo que resulte de sus trabajos o por lo que adquieran en virtud de nuestras cosas" (Gai. 3, 164). Cfr. Inst. 3, 28, 1.

[283] En el mismo sentido, Gai. 2, 92.

El supuesto del hombre libre se da cuando dicho individuo por error servía de buena fe como esclavo (*homo liber bona fide serviens*). El principio generó debates entre juristas; Pomponio lo plantea de este modo: "Dice Aristón que todo lo que un hombre libre que me sirve de buena fe adquiriese con su trabajo o con cosa mía, me pertenece sin duda; porque lo que cualquiera le hubiere donado o él hubiere adquirido por la gestión de un negocio, le pertenece al mismo. Mas por medio de él no se adquiere para mí una herencia o un legado, porque esto no proviene ni de cosa mía ni de su trabajo, ni en el legado hay trabajo alguno suyo; en la herencia hasta cierto punto, porque haya sido adida por medio de él; lo que alguna vez puso en duda también Vario Lúculo; pero es más verdadero que no se adquiere, aunque el testador hubiese querido que me perteneciera. Mas aunque de ninguna manera adquiere para él, sin embargo, si apareciera evidente la voluntad del testador, se le ha de restituir a él la herencia. Pero Trebacio dice, que si un hombre libre, que sirve de buena fe, hubiese adido una herencia por mandato de aquel a quien le sirviera, él mismo se hace heredero, y que no importa cuál haya sido su intención, sino qué es lo que haya hecho. Labeón dice lo contrario, si esto lo hubiese hecho por necesidad; pero que si porque él también lo quisiera, él mismo se hace heredero" (D. 41, 1, 19).

[284] En consonancia, Gai. 3, 165. Justiniano (Inst. 3, 28, 2) agrega el esclavo que se tiene en uso.

Gayo brinda algunas reflexiones sobre esta última frase ulpianea: "en lo que concierne a los esclavos que tenemos en usufructo, se ha decidido que todo lo que ellos adquieran con la ayuda de cosas nuestras o de obras suyas, es adquirido por nosotros; pero, en cambio, lo que ellos aquieran por otras causas, pertenece al nudo propietario. En consecuencia, si este esclavo fue instituido heredero o le fue dado un legado (*o una donación*), no es para mí lo adquirido, sino para el nudo propietario" (Gai. 2, 91).

Justiniano unifica criterios y amplia de este modo la versión ulpianea: "respecto de los esclavos, sobre los que sólo tenéis un derecho de usufructo, todas las adquisiciones que obtienen de vuestra cosa o de su trabajo os pertenecen; todas las que proceden de cualquier otra causa pertenecen al dueño de la propiedad. Si este esclavo ha recibido una herencia, un legado o una donación, no la adquiere para el usufructuario, sino para el propietario. Lo mismo sucede con el que poseéis de buena fe, ya sea un hombre libre, ya el esclavo de otro, porque la regla establecida para el usufructuario se aplica también al poseedor de buena fe; todo lo que este hombre adquiere por otros medios que no sean los dos que acabamos de mencionar, lo adquiere para sí mismo si es libre, o para su amo, si es esclavo. Pero hay la diferencia de que el poseedor de buena fe, cuando ha poseído al esclavo durante el tiempo de la usucapión, y habiéndose hecho por esto solo propietario de este esclavo, obtendrá para él toda adquisición, cualquiera que sea la causa de que provenga, mientras que el usufructuario no puede por usucapión hacerse propietario del esclavo: lo primero, porque no teniendo más que el uso de él y los frutos, no lo posee; y lo segundo, porque sabe que este esclavo pertenece a otro. Por lo demás, no sólo adquirís la propiedad por los esclavos de quienes tenéis el usufructo o posesión de buena fe y por las personas libres que de buena fe os están sometidas, sino que también adquirís la posesión; debiendo siempre entenderse respecto de cada una de estas personas dentro de los límites que ya hemos señalado, esto es, si la posesión que han recibido proviene de vuestra cosa o de su trabajo" (Inst. 2, 9, 4).

[285] La etimología de la palabra la señala de este modo Justiniano: "la palabra 'testamento' toma su origen de *testatio mentis*: testimonio de nuestra voluntad" (Inst. 2, 10 pr). Cfr. D. 28, 1, 1.

El testamento es un acto solemne por medio del cual un *testator* instituye uno o más herederos para sucederle en su propiedad tras la muerte. Pueden agregarse otras disposiciones menores, ya de contenido patrimonial (como el legado), ya de contenido personal (como la *tutoris datio* o la manumisión). Es un acto unilateral, revocable y personal. Siempre se requieren determinadas formalidades, aunque van cambiando con el paso del tiempo. La unilateralidad existe no obstante la forma mancipatoria, que es sólo un elemente exterior. La revocabilidad significa que el testador puede siempre cambiar su última voluntad. La connotación de personal excluye la posibilidad de un testamento conjuntivo o recíproco. Se da el primero cuando en el mismo acto se reunen más testamentos, por ejemplo, cuando dos personas escriben sus testamentos en un solo documento, y luego buscan perfeccionarlo de manera única y simultánea; a su vez, el testamento recíproco es el ya citado conjuntivo en el que los testadores (por ejemplo, los cónyuges) se instituyen herederos.

[286] Sobre los orígenes de estos tipos de testamento, Gayo señala: "en un principio, sólo hubo dos clases de testamento, ya que o se hacía testamento en los comicios calados (*calata comitia*), los cuales sólo dos veces por año eran destinados a la celebración de los testamentos, o se hacía *in procinctu*, es decir, cuando se tomaban las armas por causa de guerra, ya que se llama *procinctus* a un ejército ya armado y pronto a partir. Es por esto que uno se hacía en la paz y en el ocio y el otro en el acto de salir en campaña" (Gai. 2, 101). Cfr. Inst. 2, 10, 1; Isidoro, *Orig.* 10, 218.

Los *comitia calata* eran una de las formas antiguas de reuniones ciudadanas convocadas (*calata*) por el *pontifex maximus* con propósitos religiosos; en dichas asambleas se brindaba la oportunidad a los ciudadanos de manifestar su voluntad testamentaria.

El testamento *in procinctu* estaba reservado a los que formaban parte del ejército; quedaban exentos los mayores de 46 años (*seniores*) que estaban licenciados de las legiones. Al parecer, ya en época de Cicerón había caído en desuso (cfr. *De nat. deor.*, 2, 3, 9).

[287] Al respecto, Gayo clarifica con mayores detalles: "vino enseguida a agregarse una tercera clase de testamento, el cual se hacía por medio del cobre y la balanza. Aquél que no había hecho testamento en los comicios calados ni *in procinctu* y se encontraba amenazado de una muerte súbita, daba *in mancipio* a un amigo suyo su *familia*, esto es, su patrimonio, rogándole que luego de su muerte lo repartiera en la forma por él querida. Este testamente es llamada *per aes et libram* porque se celebraba por medio de una *mancipatio*" (Gai. 2, 102).

[288] Gayo señala al respecto: "aquellas dos clases de testamento cayeron en desuso y sólo se ha conservado el que se hace *per aes et libram*, pero ahora ha cambiado la forma como solía hacerse antes. En efecto, antes el *familiae emptor*, es decir, el

234

que recibía *in mancipio* la *familia* (masa de bienes) del testador, obtenía el lugar de heredero y el testador le mandaba realizar la partición, luego de su muerte, en la forma por él querida. Ahora, por el contrario, se instituye por el testamento un heredero encargado de distribuir los legados, quedando el otro por mera fórmula, por imitación del viejo derecho, para ser tenido como adquirente del patrimonio" (Gai. 2, 103). Así, es pertinente resaltar que el *familiae emptor* no es el heredero, sino que *loco heredis* se encargaba de la repartición de los bienes.

[289] Sobre la formalidad que reviste, *vid. infra*, pasaje 9 de este título.

[290] La última frase, *et domestici testes adhibendi non sunt*, significa literalmente "y los testigos domésticos no han de ser presentados".

Gayo señala otras circunstancias: "aquel que está sometido a la *potestas* del adquirente (*familiae emptor*) o del mismo testador no puede servir de testigos, pues para imitar en un todo al derecho antiguo en las formalidades que se practican para hacer testamento, sólo se consideran parte del negocio al testador y al *familiae emptor* y como antiguamente, según dijimos más arriba (cfr. pasaje 2 de este título y la respectiva nota), quien compraba el patrimonio tomaba el lugar del heredero, es por ello que en este acto no se admite al testigo doméstico" (Gai. 2, 105).

[291] El mismo pasaje, con ligerísimas modificaciones, se encuentra en D. 22, 5, 17. Cfr. Inst. 2, 10, 8.

[292] En el mismo sentido, Inst. 2, 10, 6.

Huschke se pregunta si en estas prohibiciones se omitieron en el caso del esclavo y el extranjero.

La razón de tal prohibición se debe a que poseen incapacidad legal para realizar actos jurídicos, a menos que intervenga el tutor o curador.

[293] Sobre el latino juniano, *vid. supra*, Ulp. 1, 10 y notas respectivas.

[294] He aquí con mayor detalle esta formalidad: "quien hace *el testamento*, en presencia, como en las otras emancipaciones, de cinco testigos ciudadanos romanos libres y un *libripens* (portabalanza), después de haber escrito las tablas del testamento, mancipa a un tercero –por mera formalidad- su patrimonio (*famlia*) y en tal circunstancia son usadas estas palabras por el adquirente (*familiae emptor*): "YO ME ENCARGO POR MANDATO TUYO DE CUSTODIAR TU FAMILIA, TU FORTUNA, Y A FIN DE QUE TÚ PUEDAS EN DERECHO HACER TU TESTAMENTO DE ACUERDO CON LA LEY PÚBLICA, SEAN POR MÍ COMPRADAS POR ESTA MONEDA DE COBRE" (y algunos agregan) "Y POR ESTA BALANZA DE BRONCE"; golpea entonces con el cobre la balanza y se lo da al testador en lugar del precio. Luego el testador, teniendo las tablas del testamento dice así: "DE ACUERDO CON LO QUE ESTÁ ESCRITO EN ESTAS TABLAS Y EN ESTA CERA, YO DOY, LEGO Y TESTO, Y POR LO TANTO, VOSOTROS, QUIRITES, DADME TESTIMONIO DE ESTO". Esto es lo que se llama 'declaración' (*nuncupatio*) porque *nuncupare* quiere decir nombrar públicamente y confirmar de una manera general aquello que se ha escrito detalladamente en las tablas del testamento" (Gai. 2, 104).

Sin embargo, tan rigurosas formalidades se van atenuando con el paso del tiempo.

Así lo reconoce el propio Gayo: "para que el testamento valga en el *ius civile* no es suficiente observar las formalidades a las que nos hemos referido ya sobre la venta de la *familia*, los testigos y la declaración (*nuncupatio*)" (Gai. 2, 115).

Justiniano acota dichas reformas: "el derecho honorario no exigía ninguna emancipación, pues bastaba que se pusiesen los sellos de los siete testigos, formalidad que no era necesaria según el derecho civil. Poer poco a poco las costumbres y las constituciones imperiales conformaron el derecho civil y el pretoriano, y se estableció que el testamento se hiciese en un solo transcurso del tiempo, con asistencia de siete testigos (lo que en cierto testigo se exigía por derecho civil), con la suscripción de estos testigos (formalidad introducida por las constituciones) y la fijación de sus sellos, conforma al edicto del pretor. De tal modo que este derecho tuvo un triple origen. La necesidad de los testigos y su presencia en un solo contexto que procedía del derecho civil: las suscripciones del testador y de los testigos, de las constituciones sagradas; y en fin, los sellos y el número de los testigos, del edicto del pretor" (Inst. 2, 10, 3 y 4).

[295] "Es peculio castrense el que por los padres o los cognados fue donado al que vive en la milicia, o el que el mismo hijo de familia adquirió en la milicia, que no habría adquirido si no fuera militar; porque el que había de haber adquirido aun sin estar en la milicia no es peculio castrense suyo" (D. 49, 17, 11). Dicho peculio incluye bienes adquiridos en campaña (sueldo, botín, etc.), esclavos que puedan manumitirse para transformarlos en libertos hábiles para la milicia (*h. t.*, 6), donaciones recibidas por ingresar al ejército (*h. t.*, 4 pr.; incluyendo dinero para comprar objetos militares, *h. t.*, 3), herencias de los compañeros de armas (*h. t.*, 5) y herencia de la esposa (*h. t.*, 13).

Justiniano brinda una descripción detallada de esta figura jurídica: "no es permitido a todos hacer testamento. Y desde luego, los que se hallan sometidos a la potestad de otro no tienen este derecho, de tal manera que no pueden legalmente testar ni aun con permiso de los jefes de la familia; es preciso exceptuar a los que antes hemos mencionado, y particularmente a los hijos de familia militares, a quienes han permitido las constituciones imperiales disponer por testamento de las cosas adquiridas por ellos en campaña. Al principio este derecho, otorgado sucesivamente por el divino Augusto, por Nerva, y por el esclarecido príncipe Trajanao, lo fue sólo a favor de los que se hallaban en el servicio. Pero posteriormente lo extendió el divino Adriano a los que había obtenido su licencia, es decir, a los veteranos. Si, pues, éstos han dispuesto por testamento de su peculio castrense, este peculio corresponderá a aquel a quien hayan instituido heredero: pero si han muerto *ab intestato*, sin dejar hijos ni hermanos, su peculio corresponderá al jefe de familia, según el derecho común. Por esto podemos conocer que el peculio castrense del soldado que se halla bajo la patria potestad no puede quitársele por parte del padre, ni ser vendido ni embargado por los acreedores del mismo, y que a la muerte de dicho padre, su propiedad no es común a los hermanos, sino que exclusivamente corresponde al que la ha adquirido en campaña; aunque, según el derecho civil, los peculios de todos los que se hallan bajo la patria potestad se cuenten en el número de los bienes del jefe de familia, como lo son los peculios de los esclavos en el número de los bienes de su señor: a excepción, sin embargo, de los bienes que las constituciones imeriales, y especialmente las nuestras, han sustraído, por diversas causas, a la adquisición del padre de familia. Fuera de los que tienen un peculio castrense o cuasicastrense, si cualquier otro hijo de familia hace testamento, ejecuta un acto inútil, aun cuando el testador antes de su muerte llegase a ser jefe de familia" (Inst. 2, 12, pr).

[296] La disposición surge en época de Antonino Pío (D. 28, 1, 15). Se extiende a los esclavos que ignoran la muerte de su amo (*h. t.*, 14).

[297] Gayo lo compara con la situación de la mujer y señala: "se ve por ello que las mujeres están en mejor condición que los varones, ya que el varón menor de catorce años no puede hacer testamento, ni aún si quiere hacerlo con la *auctoritas* de su tutor; a la mujer, en cambio, después de los doce años le nace el derecho de poder disponer por testamento" (Gai 2, 112). La regla se confirma en PS 3, 4a, 1. Cfr. Inst. 2, 12, 1.

Se necesita la autorización de su tutor (Ulp. 20, 16), de lo contrario el testamento será inválido (*inutile*; cfr. Gai. 2, 118).

[298] Sobre estas dos hipótesis, leamos la observación de Justiniano: "el sordo y el mudo no pueden siempre hacer testamento. Por sordo entendemos el que no puede absolutamente oír nada, y no el que oye con dificultad; por mudo, el que no puede hablar de ningún modo, y no el que habla difícilmente. Pero suele suceder que algunos hombres, aun letrados y eruditos, pierden por diversos accidentes la facultad de oír y de hablar, por lo que una de nuestras constituciones ha subvenido a esta necesidad, con el fin de que en ciertos casos y con ciertas formas, según las reglas en aquéllas establecidas, puedan estar y ejecutar otros actos, que les son permitidios. Mas si alguno después de haber hecho su testamento ha quedado sordo o mudo por efecto de una enfermedad, o de cualquier otro accidente, su testamento no por eso es menos válido" (Inst. 2, 12, 3).

[299] Justiniano señala una condición beneficiosa: "el testamento hecho por el loco en un intervalo lúcido se reputa válido, y con mayor razón el que hubiese hecho antes de su locura. Porque la locura que sobreviene no puede hacer nulo ni el testamento ni ningún otro acto ejecutado antes válidamente" (Inst. 2, 12, 1).

[300] Igualmente, Justiniano señala un beneficio para estas personas: "pero es válido el que haya ejecutado antes de su interdicción o declaración legal" (Inst. 2, 12, 2).

[301] Krüger unifica este pasaje y el siguiente, por lo que su versión cuenta diez y seis párrafos en este título.

[302] Sobre la *Lex Iunia Norbana*, *vid. supra*, nota 16.

Gayo agrega que tampoco pueden "adquirir por testamento de tercero, ni tampoco ser designados como tutores en un testamento" (Gai. 1, 23).

[303] Sobre los dediticios, *vid. supra*, Ulp. 1, 11 y nota respectiva.

En el mismo sentido, Gai. 1, 25.

[304] Cfr. pasaje 12 de este título y nota respectiva.

[305] En el documento Vaticano aparece la palabra *ptoriani* (pretorianos), con trazas de mutilación; sin embargo, al no existir tal categoría de esclavos, Huschke y Krüger optan por insertar la frase que aparece en el texto.

El *servus publicus* es un esclavo poseído por el Estado (el pueblo romano). Se les empleaba en las oficinas de los magistrados, en Roma y en los municipios, en templos, oficinas pontificales y similares, ya sea en trabajos auxiliares menores o en labores serviles. Se les concedían ciertos privilegios personales y, en caso de poseer un *peculium*, podían disponer parcialmente de él. Los esclavos mejor capacitados se empleaban en el servicio contable y secretarial; a veces obtenían posiciones de influencia y sus amos los premiaban con la libertad. En el Bajo Imperio se dio la tendencia de excluir a los esclavos del servicio civil. La manumisión de un *servus publicus* se realizaba con la declaración pertinente del magistrado previa autorización del senado; en época imperial el Príncipe otorgaba la libertad a dicho esclavo. En los municipios el consejo municipal decretaba la manumisión.

[306] Al respecto, Papiniano ilustra lo siguiente: "el esclavo de una ciudad legalmente manumitido retiene el peculio del que no se le privó; y, por lo tanto, pagándole se libra el deudor" (D. 40, 3, 3).

[307] En el mismo sentido, Gai. 2, 117 e Inst. 2, 20, 24.

[308] Pomponio indica quiénes son: "se dice que el hijo de familia, el esclavo ajeno, el <hijo> póstumo y el sordo tienen capacidad testamentaria; porque aunque no pueden hacer testamento, pueden, sin embargo, adquirir por testamento para sí o para otros. Observa Marcelo: también el demente tiene capacidad testamentaria, aunque no puede hacer testamento. Mas tiene la capacidad testamentaria por esto, porque pueden adquirir un legado o un fideicomiso; pues también para los que están en su cabal juicio se adquieren acciones personales, aun ignorándolo ellos" (D. 28, 1, 16).

[309] En el mismo sentido, Gai. 1, 25.

Gayo acota en otro punto lo siguiente: "un legado no es válido por un vicio de la persona sino solamente cuando esta persona no puede adquirir de ningún modo dicho legado, como por ejemplo un extranjero que no tenga la capacidad testamentaria, siendo evidente en tal caso que el senadoconsulto [Neroniano] no tiene lugar".

[310] La restitución es de Huschke; Krüger solamente inserta *latinus iunianus*.

[311] *Vid. supra*, Ulp. 17, 1 y nota respectiva.

Igualmente, pueden lograr obtener herencia si se les deja por medio de fideicomiso (Gai. 2, 275). Idéntica situación es posible para los célibes (Gai. 2, 286).

[312] Sobre la *Lex Iunia Norbana*, *vid. supra*, nota 16.

Gayo amplia la prohibición norbana diciendo: "la ley Junia no les permite ni hace su propio testamento, ni adquirir por testamento de tercero, ni tampoco ser designados como tutores en un testamento" (Gai. 1, 23).

[313] Gayo señala el origen de la prohibición: "antes, se podía igualmente dejar fideicomiso a una persona incierta o al <hijo> póstumo ajeno, si bien ni uno ni otro podían ser instituidos herederos o legatarios; pero en virtud de un senadoconsulto debido a la instigación del divino Adriano, la misma regla que se aplica a los legados y a las herencias, es aplicable a los fideicomisos" (Gai. 2, 287).

[314] En determinadas circunstancias, un municipio puede adquirir los bienes de sus libertos, es decir, de los *servi publici* (*vid. supra*, nota 305) manumitidos (D. 38, 3 pr.); igualmente, pueden adquirir la posesión de bienes pretoria por medio de otra persona, comúnmente sus libertos, por medio del senadoconsulto Trebeliano (*h. t.*, 1).

La capacidad patrimonial quedó definida en una constitución de León del 469 d. C.: "pueden ir a la propiedad de la ínclita ciudad o de otra cualquiera por título de herencia, o de legado, o de fideicomiso, o de donación, casas o rentas civiles, o cualesquiera edificios, o esclavos" (C. 6, 24, 12).

[315] Se refiere al *senatusconsultum Trebellianum*; vid. infra, nota 457.

[316] Júpiter era el rey de los dioses. En el culto primitivo era el dios del cielo, el espíritu del trueno y el relámpago, que habla en la tempestad; presidía los festivales del vino y estaba asociado al roble sagrado del Capitolio, pero después se le fueron dando nombres y funciones especiales. Como Júpiter *Stator*, protegía los ejércitos y les daba el poder de resistir. Como Júpiter *Victor*, otorgaba la victoria. Como Júpiter *Fidius*, era guardián de la ley, la fidelidad a los juramentos y la verdad. Sin embargo, su título principal era Júpiter *Optimus Maximus*, "el mejor y el más grande". Tanto los poetas como los escultores se esforzaron por hacer justicia al ideal majestuoso del Rey de los dioses y de los hombres. En Roma, poseía un soberbio templo colocado en la colina del Capitolio, de cara al Foro Romano; dicha colina se denominaba antiguamente *mons tarpeius*, y en ella el rey Tarquino Prisco levantó dicho templo en el siglo VI a. C. A esta advocación se refiere el pasaje.

[317] Dios griego del sol y de la luz, de la música, la profecía, la medicina, la arquería y muchas otras actividades y dones intelectuales y físicos. Sin embargo, era también la temible deidad que hería a jóvenes y doncellas en la flor de la edad, y que hacía morir a jóvenes y viejos por la peste u otras enfermedades. Se le representaba como un hermoso joven en la plenitud de su fuerza. La principal de las *apolonias*, o fiestas en su honor, eran las *targelias* celebradas en Atenas durante el mes de mayo. Originalmente, los romanos adoptaron a Apolo como dios de la salud, pero muy pronto le rindieron culto como dispensador de los oráculos y profecías. La sibila de Cumas era su sacerdotisa y en toda Roma se levantaron templos en su honor.

El templo al que se refiere el pasaje se ubicaba en la minúscula península de Mileto, quizá la más importante de las ciudades griegas del Asia Menor (moderna Turquía). Sus dimensiones eran vastas; su antigüedad, venerable; y muy grandes su riqueza e influencia. Se conservan monumentos de todos los períodos de la historia, levantándose un templo de tipo dórico en una población ligeramente al sur de esta ciudad, Didima, dedicado a Apolo.

[318] Dios romano de la guerra, identificado con el Ares griego. Según la leyenda, fue el padre de Rómulo y, por ello, de todos los romanos, que lo llamaban *Pater* equiparándolo a Júpiter; es probable que Marte fuera originalmente el dios supremo y que perdiera esta posición por influencia griega. Su animal sagrado era el lobo, posiblemente a causa de su rapacidad. En marzo, mes que le estaba consagrado y que tomó su nombre, sus sacerdotes, los salios, llevaban los escudos sagrados en procesión por toda la ciudad. Los soldados romanos se ejercitaban en el *Campus Martius* (Campo de Marte), donde se levantaba su altar.

El templo al que se refiere el pasaje probablemente fue levantado en la colonia de *Augusta Rauricorum*, la moderna Augst, al este de Francia, fundada en el 44 a. C. por un lugarteniente de Julio César, en parte para asegurar las recientes conquistas de César en la Galia. Modernas excavaciones han revelado una ciudad variada y bien equipada con calles porticadas, teatro y senado, fuentes, templos, dos espacios termales y establecimientos comerciales, incluyendo un mercado de embutidos.

[319] Minerva Iliense Diosa romana de probable origen etrusco, que fue identificada más tarde con la Atenea griega. Era una diosa de la guerra, pero su papel más importante era el de protectora de las artes y oficios, e inspiradora de toda acción sabia o valiente. Formaba, con Júpiter y Juno, la gran tríada divina de Roma.

El templo al que se refiere el pasaje se levantaba en la zona de la antigua Ilión (*Ilium* en latín), la legendaria Troya cantada en el poema homérico, en la zona noroeste de Asia Menor (moderna Turquía).

[320] El más popular y venerado de los héroes griegos. Identificado con el Heracles griego, a veces se le considera como dios, aunque su mismo nombre ("Gloria de Hera") atestigua la existencia de un prototipo humano detrás de la leyenda, quizá el héroe de un pueblo que rendía culto a Hera, diosa prehelénica relacionada con el matrimonio y la vida sexual de las mujeres. Célebre por sus 'doce trabajos', tres de ellos le dieron el carácter de salvador; el culto a Heracles penetró en Roma en condiciones de culto extranjero, recibiendo el hombre de Hércules.

El templo al que se refiere el pasaje se ubicaba en *Gades*, la moderna Cádiz, ciudad isleña al sur de España, cercana al célebre espolón de tierra que se conoce como "Estrecho de Gibraltar", y donde la tradición coloca una de las siete maravillas del mundo antiguo, las Columnas de Hércules.

[321] Diosa que se identifica con la Artemisa griega. Era la diosa de la luna, los bosques y la naturaleza salvaje. Vivía entregada a la caza y, aunque virgen, concedía partos felices a quienes la invocaban. Bajo su advocación de Diana *Nemorensis* fue adorada en Aricia, cerca del lago Nemi (los modernos Montes Albanos).

El templo al que se refiere el pasaje se ubica en la antigua ciudad de Éfeso, una de las ciudades fecundas, parcialmente griega, de la costa asiática menor (moderna Turquía). Rivalizaba en importancia y dimensiones con Mileto y, más tarde, con Alejandría, en Egipto. Éfeso fue la gran ciudad del Asia romana y casi todos los restos excavados son de tiempos romanos. Su decadencia se produjo cuando el estuario del río se llenó de sedimentos. La antigua diosa madre local era identificada con Artemisa, deidad cubierta de pechos con apariencia de huevos. Su gran santuario tenía 117 columnas que sobrepasaban los 18 metros de altura.

[322] Se refiere a Cibeles, gran diosa frigia de la fertilidad, venerada en toda Asia y cuyo culto fue adoptado por los romanos en el año 204 a. C., hacia el final de la lucha con Aníbal, cuando se dijo que en los libros sibilinos se afirmaba que el invasor sería arrojado de Italia una vez que la gran diosa oriental llegase a Roma. Cibeles era llamada *Magna Mater* ("gran madre") o "madre de los dioses", y era una diosa de la Naturaleza cuyo culto iba acompañado de orgías sexuales que se creían necesarias para la fertilidad de la tierra. Según la leyenda, fue madre o amante de Atis y ambos estaban asociados en el culto. Sus sacerdotes, los galos (*galli*) o coribantes, se castraban a sí mismos siguiendo el ejemplo de Atis. Pessinos, ciudad de Frigia, era la sede principal de su culto. Y en esta ciudad estuvo la pequeña piedra negra que la encarnaba y que fue llevada a Roma. Las ceremonias en su honor eran celebradas en marzo (el día 24 era el "Día de la sangre", pues ese día sus sacerdotres se herían a sí mismos para ofrecerle su sangre).

El templo al que se refiere el pasaje se ubicaba en la antigua Izmir, *Smyrna* en latín, ciudad ubicada al oeste de Asía Menor (moderna Turquía), cercana a Eritrea, Pérgamo y Éfeso.

[323] Diosa griega de la luna, hija de los titanes Hiperión y Teia, hermana de Helios (el sol) y Eos (la aurora). A veces es identificada con Artemisa.

El templo a que se refiere el pasaje se ubicaba en la célebre Cartago, ciudad fundada por los fenicios y que a mediados del siglo III a. C. pretendió buscar la hegemonía marítima en el Mediterráneo occidental. Enfrentada con Roma del 246 al 202 a. C., se involucra en las Guerras Púnicas, siendo derrotada Cartago y quedando sometida finalmente al naciente Imperio.

[324] La formalidad la señala Gayo de esta forma: "nuestro esclavo se debe ver ordenado al mismo tiempo libre y como heredero, de este modo: 'QUE MI ESCLAVO ESTICO SEA LIBRE Y HEREDERO' o 'QUE SEA HEREDERO Y LIBRE' " (Gai. 2, 186).

El principio se suaviza con Justiniano, quien señala: "hoy, según nuestra constitución, se puede instituirlos herederos aun sin expresar que se los manumite. Lo que no es una innovación de nuestra parte, pues Paulo en sus libros a Masurio Sabino y a Plaucio, refiere que tal era la opinión de Atilicino, que nos hemos seguido como la más equitativa. Por lo demás, por su esclavo propio [nuestro] se entiende aun a aquel del cual sólo tiene el testador la sola propiedad, teniendo otro el usufructo" (Inst. 2, 14 pr).

[325] "Por esclavo de otro (ajeno) se entiende aun aquel de quien el testador tiene el usufructo" (Inst. 2, 14 pr).

326 Cfr. los pasajes 7 a 13 de este título y las respectivas notas.

327 Cfr. el pasaje 3 de este título y las respectivas notas.

328 Hallamos el mismo principio aunque con ligeras modificaciones sintácticas en D, 28, 5, 31 pr.

A su vez, Paulo refiere que "puede ser instituido heredero un esclavo de la herencia, si hubo capacidad testamentaria con el difunto, aunque no la haya con el heredero instituido" (*h. t.*, 52).

329 Cfr. D. 28, 5, 6, 3; *h. t.*, 8.

330 En el mismo sentido, Gai. 2, 188. Cfr. Inst. 2, 14, 1.
Gayo brinda esta definición del heredero necesario: "el esclavo a quien se instituye heredero dándole conjuntamente la libertad, y es llamado así porque inmediatamente después de la muerte del testador, quiera o no quiera, es libre y heredero" (Gai. 2, 153).
Siguiendo a Justiniano, quien a su vez se inspira en Gayo (2, 154 y 155), estas son las funciones de un heredero necesario: "por eso, aquellos cuya solvencia es sospechosa, acostumbran instituir con él su esclavo por heredero, en primero, en segundo y aun en último grado, con el fin de que si no satisface a los acreedores, sea bajo el nombre de este heredero y no bajo el del testador, bajo el que tenga lugar la posesión, venta o distribución de los bienes por los acreedores. En compensación de este perjuicio, se le concede la ventaja de que le sean reservados los bienes que adquiera con posterioridad a la muerte de su patrón, y a pesar de la insuficiencia de los bienes del difunto, no podrán vender los acreedores lo que haya adquirido por cualquier otra causa" (Inst. 2, 19, 1).
331 En el mismo sentido, Gai. 2, 188, pero agrega: "es por esta razón que dicho amo se hace heredero por intermedio de él, siendo que dicho esclavo no puede ser ni heredero ni libre".
Justiniano agrega esta razón: "... porque no es heredero necesario, pues la libertad y la herencia no las adquiere una y otra por el testamento de su señor" (Inst. 2, 14, 1).
332 Gayo señala otras circunstancias al respecto: "si el esclavo es instituido heredero sin la libertad, aun cuando fuera después manumitido por el amo, no puede ser heredero por cuanto la institución de tal no recae sobre su persona, por lo que si fuera enajenado, no podría aceptar la herencia ni aun por orden de su nuevo amo" (Gai. 2, 187).

Sin embargo, el principio se suaviza con Justiniano, quien para justificar su decisión de que la institución de heredero del esclavo presupone su libertad, señala: "porque en una constitución dictada por un nuevo motivo de humanidad hemos establecido, no sólo respecto del señor insolvente, sino en general para todos, que por el hecho solo de ser un esclavo instituido heredero queda libre, pues no es verosímil que el señor, eligiendo un esclavo por heredero, haya querido, olvidándose de manumitirlo, dejarlo en la servidumbre y quedar sin heredero" (Inst. 1, 6, 2).

[333] En el mismo sentido, Gai. 2, 189, pero agrega: "en caso de que fuera manumitido, queda a su arbitrio el aceptar o no la herencia".
Justiniano resume de esta forma las hipótesis planteadas en los dos pasajes anteriores: "si ha sido enajenado, debe hacer adición, según le ordene su nuevo señor, que por él se hace de este modo heredero. En efecto, en cuanto a aquél, una vez enajenado, no puede ser ni libre ni heredero, aun cuando hubiese sido instituido por manumisión; porque el señor, por la enajenación que de él ha hecho, ha mostrado que se separaba de la dación de la libertad. El esclavo de otro, instituido heredero, si ha permanecido en la misma condición, debe también hacer adición de la herencia por orden de su señor. Mas si ha sido enajenado por él, ya en vida del testador, ya después de su muerte, pero antes de la adición, no deberá hacer dicha adición sino por orden de su nuevo señor. Si ha sido manumitido en vida del testador, o después de su muerte, pero antes de la adición, podrá hacer ésta según su voluntad" (Inst. 2, 14, 1).
[334] Siguiendo a Justiniano, quien a su vez se inspira en Gayo (2, 156 y 157), "los herederos suyos [propios] y necesarios son, por ejemplo, el hijo, la hija, el nieto y la nieta nacidos de hijo, y los demás descendientes de ellos, suponiéndose que estuviesen bajo la potestad del que había muerto. Pero para que el nieto y la nieta sean herederos suyos [propios], no basta que hayan estado bajo la potestad del abuelo en el momento de su muerte, sino que es preciso, además, que su padre en vida del abuelo haya cesado de ser heredero suyo y ser arrebatado a su familia, ya por la muerte, ya por cualquier otra causa de las que libran de la patria potestad: entonces, en efecto, el nieto o la nieta ocupan el lugar de su padre. Estos herederos se llaman suyos [propios] porque son herederos domésticos, considerados, aun en vida del padre, como en cierto modo propietarios; de donde se deduce que en caso de muerte intestada, ante todo se presenta la sucesión de los hijos; se les llama necesarios, porque de cualquier otra manera, quieran o no, sea *ab intestato* o sea por testamento, se hacen herederos" (Inst. 2, 19, 2).
[335] Este derecho de agnación puede romperse; cfr. Ulp. 23, 3 y nota respectiva.
[336] Gayo señala al respecto la polémica suscitada entre sabinianos y proculeyanos: "aquel que tiene su hijo bajo su potestad debe cuidar o de instituirlo heredero o de desheredarlo nominativamente, ya que si lo pretiriese (ignorase) en silencio el testamento serían tan inválido que según nuestros maestros, si estando vivo el padre muriese el hijo, ninguno de los herederos designados por el testamento podrían existir pues desde el comienzo no ha existido tal institución. Pero los autores de la escuela contraria, reconocen que si el hijo vive al tiempo de la muerte del padre, reconocen que si el hijo vive al tiempo de la muerte del padre, ello constituye un obstáculo respecto de los herederos inscritos, ya que llega a ser heredero *ab intestato*; pero si por el contrario la muerte del hijo se produce antes que la del padre, los herederos testamentarios pueden tomar la herencia sin que el

hijo sea ningún obstáculo, puesto que estiman que el solo hecho de haber preterido al hijo no alcanza a invalidar el testamento desde su origen" (Gai. 2, 123). Puede observarse, a la luz del pasaje ulpianeo, que la opinión sabiniana prevaleció. Cfr. Inst. 2, 13 pr.; Ulp. 20, 20 y notas respectivas; D. 28, 2, 7.

[337] Gayo explica esta regla ulpianea con algunos ejemplos ilustrativos: "si alguien ha instituido herederos a tres hijos y preterido una hija, ésta se hace heredera concurriendo con una cuarta parte, y por esta razón consigue lo que habría obtenido si su padre hubiera muerto *ab intestato*. Pero si ha instituido herederos a extraños y preterido la hija, ésta se hace heredera concurriendo con la mitad. Y lo que decimos de la hija, lo entendemos dicho también del nieto y de todos los otros descendientes, sean del sexo masculino o femenino" (Gai. 2, 124). Cfr. Inst. 2, 13 pr.

El pretor concedía a los herederos preteridos la *bonorum possessio contra tabulas* para adquirir la totalidad de la herencia y convertir a los herederos en herederos nominales (*sine re*; Gai. 2, 125), siendo limitada esta facultad por un rescripto de Antonino Pío por el cual las mujeres no obtendrían por la *bonorum possessio* más de lo que les correspondería por el derecho de acrecer (*ius adcrescendi*), incluyendo a las libertas (Gai. 2, 126).

[338] Gayo abunda al respecto diciendo: "la condición de todos ellos [los descendientes póstumos] es semejante en cuanto que la preterición [ser pasados por alto] de un hijo póstumo lo mismo que la de los otros descendientes sean del sexo femenino o masculino, no es óbice para que el testamento no valga, pero luego se rompe por la agnación del póstumo o de la póstuma, y por ello es completamente anulado. De esto resulta que si una mujer de la cual se esperaba un póstumo o una póstuma abortase, nada impide que los herederos inscritos recojan la herencia" (Gai. 2, 131). Cfr. Inst. 2, 13, 1.

[339] Se refiere a la *Lex Iunia Velleia*, promulgada al parecer en el año 27 d. C. durante el consulado de Marco Junio Silano y Cayo Veleyo Tutor, siendo emperador Tiberio. Se conocen dos capítulos; el primero permitía instituir a los nietos por nacer después de la muerte del hijo en vida del abuelo, para evitar que rompiesen el testamento encontrándose preteridos (pasados por alto). El segundo capítulo mandaba instituir o desheredar nominalmente a los nietos nacidos en vida del abuelo y del hijo, a fin de que no llegara a invalidarse el testamento en caso de fallecer el hijo antes que el abuelo. Cfr. Gai. 2, 134; Inst. 2, 13, 2.

[340] Gayo explica la formalidad respectiva: "toda vez que un hijo sea desheredado por el padre debe serlo nominativamente; de otro modo no podría ser desheredado. Se deshereda nominativamente así: 'QUE MI HIJO TICIO SEA DESHEREDADO', o así: 'QUE MI HIJO SEA DESHEREDADO' sin agregar el nombre propio" (Gai. 2, 127). Justiniano (Inst. 2, 13 pr. *in fine*) agrega: "con tal que no haya otro hijo".

[341] Puede ser la esposa *in manu*, las hijas, los nietos de ambos sexos y demás descendientes.

[342] Gayo brinda el ejemplo de esta manera: "respecto de los otros descendientes, sean del sexo femenino o masculino, basta desheredarlos colectivamente (*inter ceteros*) con estas palabras: 'QUE TODOS LOS OTROS SEAN DESHEREDADOS', las cuales se suelen agregar después de la institución de herederos" (Gai. 2, 128).

[343] Gayo señala: "los descendientes póstumos deben también ser nominativamente instituidos herederos o desheredados" (Gai. 2, 130) y expone el modo: "los varones [póstumos] no pueden ser desheredados sino cuando lo son nominativamente del siguiente modo: 'CUALQUIER HIJO MÍO QUE ME NACIERA, SEA DESHEREDADO' " (Gai. 132). Sobre los hijos póstumos, vid. supra, Ulp. 20, 15 y nota respectiva.

[344] Gayo agrega una razón: "con el fin de que no pareciesen omitidos por olvido" (Gai. 2, 132). Cfr. Inst. 2, 13, 1.

[345] La disposición fue instituida por el pretor, según Gai. 2, 129.

[346] Huschke señala que suplió esta frase ante una laguna en el documento Vaticano de aproximadamente quince letras ilegibles. Krüger no inserta ninguna corrección.

[347] La inserción es de Krüger con base en Gai. 2, 135.

[348] En el mismo sentido, Gai. 2, 135. Cfr. Inst. 2, 13, 3. *Vid. infra*, Ulp. 28, 2-4.

[349] Sobre la definición de heredero necesario, *vid. supra*, 20, 11 y nota respectiva.

[350] Sobre la definición, vid. supra, pasaje 14 y nota respectiva.

[351] La versión de Gayo del último párrafo es la siguiente: "más aún, igual *potestas abstinendi* extiende el pretor a aquel que está emancipado y que sea instituido libre y heredero, a pesar de que no sea heredero propio sino necesario, igual que el esclavo" (Gai. 2, 160). Cfr. Inst. 2, 19, 2 *in fine*.

[352] Huschke señala que esta frase insertada, referente al heredero necesario emancipado, aparece suprimida en el documento Vaticano, pero que se conserva un vestigio en los fragmentos 22 y 23 de este título a estudio. En el texto Vaticano se conservan solamente las palabras *mancipatos liberos... qui in re civili...*; dos frases podían adecuarse para el inicio: una era *emancipatos liberos utriusque sexus quis iure civili* (a los hijos emancipados de uno u otro sexo que por derecho civil), otra *mancipatos liberos ab eo c' in m⁻cipio s⁻ it. Qui in re / mancipatione sunt* (a los hijos mancipados de aquél b<ajo el cual> e<st>án en m<an>cipio. Que estan en remancipación; ésta basada en Ulp. 23, 3 y *Coll.* 16, 9, 2). En la reconstrucción intervienen los pasajes gayanos que habla sobre los herederos "extraños": "los otros herederos que no están sujetos al derecho del testador, son llamados

herederos extraños [ajenos]. Es por esto que también nuestros descendientes que no están sometidos a potestad y son instituidos herederos por nosotros, son considerados herederos extraños. Y es por esta causa que los herederos que son institudios por lamadre están en esta categoría, puesto que las mujeres no tienen la potestad sobre sus descendientes. E igualmente, los esclavos que con la libertad han sido instituidos herederos y luego manumitidos por el amo se cuentan en la misma clase de herederos. A los herederos extraños les es dada la potestad de deliberar sobre si han de aceptar o no la herencia" (Gai. 2, 161 y 162). Cfr. Inst. 2, 19, 3.

Krüger no ofrece reconstrucción alguna.

[353] Sobre el concepto de *cretio*, vid. infra, pasaje 27 y nota respectiva.

La *cretio* se consideró de tal importancia para efectos de sucesión, que una constitución de Teodosio del 409 d. C. declara: "mandamos que en absoluto sea suprimida por esta ley la escrupulosa solemnidad de los días concedidos para la adición" (C. 6, 30, 17).

[354] Gayo lo explica de la siguiente manera: "aquél que es instituido heredero sin la *cretio* o que es llamado a una herencia *ab intestato* por el derecho legítimo puede llegar a ser heredero, ya por medio de la *cretio*, ya comportándose como si fuera heredero o aún por la simple voluntad de apoderarse de la herencia, pero en todos los casos es libre de aceptar laherencia en el tiempo que quiera. Sin embargo, el pretor, a pedido de los acreedores, suele señalar un plazo para que dentro del mismo, si él quiere, acepte la herencia, y si ello no ocurriera, entonces les es lícito a los acreedores vender los bienes del difunto" (Gai. 2, 167). Cfr. Inst. 2, 19, 7.

[355] Justiniano brinda otros detalles en relación con este pasje ulpianeo: "ejercer acto de heredero es usar de los bienes hereditarios como haría un heredero, por ejemplo, vendiéndolos, cultivando los fundos de tierra, o dándolos en arrendamiento; en una palabra, es manifestar por sus actos o por sus palabras la voluntad en que se está de hacer la adición de la herencia con tal, sin embargo, que se sepa que aquel sobre cuyos bienes se ejecutan actos de herederos ha muerto testado o intestado, y que uno es su heredero. Porque ejecutar acto de heredero es ejecutar acto de propietario. [...] El sordo o mudo de nacimiento o por accidente puede ejecutar acto de heredero y adquirir la herencia: nada se opone a esto, con tal de que comprenda lo que hace". (Inst. 2, 19, 7). Cfr. PS, 4, 8, 25.

[356] El ejemplo ulpianeo se desarrolla de este modo en Gayo: "y así, cuando se escriba 'TICIO, SÉ HEREDERO', debemos agregar 'Y ACEPTA SOLEMNEMENTE DENTRO DE LOS CIEN DÍAS SIGUIENTES A AQUEL EN QUE TENGAS CONOCIMIENTO Y PUEDAS HACERLO: SI NO LO HICIERAS ASÍ, QUEDAS DESHEREDADO' " (Gai. 2, 165). Vid. infra, Ulp. 22, 33 y nota respectiva.

Gayo brinda el siguiente concepto: "a los herederos ajenos se les suele dar la *cretio*, es decir, cierto plazo de deliberación a fin de que dentro de ese tiempo acepten la herencia, o si no lo hacen, sean separados de ella una vez expirado el plazo. Es llamada *cretio* porque *cernere* (decidir) es aproximadamente un sinónimo de *decernere* (examinar) y de *constituere* (determinar)" (Gai. 2, 164).

Sin embargo, dicho plazo puede variar. Gayo señala: "toda *cretio* está limitada a un cierto tiempo: el plazo que se ha considerado como más tolerable es el de cien días. Sin embargo, por el derecho civil se puede dar un tiempo más largo o más breve, y también el pretor puede acortar un plazo más largo" (Gai. 2, 170). Efectivamente, el edicto del pretor sancionaba "si pidiere tiempo para deliberar, se lo daré" (D. 28, 8, 1, 1), no pudiéndose dar menos de cien días (*h .t.*, 2), y brindándose más de un plazo de gracia cuando se convence al pretor con una causa poderosa que el primer periodo no fue suficiente (*h. t.*, 3 y 4). Igualmente, el pretor concede la posibilidad, durante el plazo establecido, de inspeccionar documentos a los acreedores y herederos para poder decidir si aceptan la herencia (*h .t.*, 5 pr.), facultando a vender bienes que por el paso del tiempo se deterioran, o los que son demasiado costosos, por ejemplo, "caballerías o esclavos que estaban por ser vendidos", o bien vigilar que se paguen las deudas sujetas a prenda o pena convencional (*h. t.*, 5, 1).

Sin duda que esta concesión de tiempo fue usada de forma abusiva, pues Justiniano, en una constitución del 531 d. C., declara: "mas como alguno, o por vano temor, o por astuta maquinación, estiman que es necesario suplicarnos para deliberar, supuesto que les es lícito vacilar el tiempo de un año, e inspeccionan la herencia, e imaginan contra ella otras maquinaciones, y obtener muchas veces con repetidas súplicas de lacrimosas afirmaciones esta misma deliberación; para que no piense alguno que en absoluto somos menospreciadores de la antigüedad, les concedemos ciertamente que pidan la liberación, o a nosotros o a nuestros jueces, pero a la alteza imperial no más que por un año y a nuestros jueces por nueve meses, de suerte que ni por liberalidad imperial se les conceda otro término, sino que, aun cuando se les hubiere dado, sea considerado nulo. Porque concedemos que sea pedida una sola vez y no muchas" (C. 6, 30, 22, 13).

[357] Gayo explica de manera didáctica este concretísimo pasaje: "y si el heredero que ha sido instituido quiere ser tal, deberá dentro del plazo de la *cretio* decidirse, esto es, decir las siguientes palabras: 'PUESTO QUE PUBLIO TICIO ME HA INSTITUIDO SU HEREDERO EN TESTAMENTO, YO DECIDO ACEPTAR LA HERENCIA'. Si no se decide de esta manera, terminado el tiempo de la *cretio* queda excluido y nada le aprovechará que se comporte como si fuera heredero, es decir, si usa las cosas hereditarias como heredero" (Gai. 2, 166).

[358] En relación con este pasaje, cfr. Ulp. 22, 25 y nota respectiva.

Gayo brinda una doble hipótesis: "el que ha sido instituido heredero sin la *cretio*, lo mismo que el que es llamado por la ley a la herencia *ab intestato*, así como se hacen herederos por su mera voluntad, también quedan excluidos tan pronto como declaran su voluntad de no aceptarla" (Gai. 2, 169).

[359] En el mismo sentido, Gai. 2, 168. Cfr. Inst. 2, 17, 9.

[360] En el mismo sentido, Gai. 2, 171. A la *cretio* continua Gayo le llama *certorum dierum* (a término fijo).

[361] Gayo agrega a esta distinción: "y con mayor razón respecto de aquél que ha sido instituido heredero bajo condición. Por todo ello, es mejor y más conveniente usar la *cretio* general" (Gai. 2, 172).

[362] En el mismo sentido, D. 28, 6, 1 pr.

[363] En el mismo sentido, Gai. 2, 174. Gayo agrega al respecto: "nos es lícito

substituir a uno en lugar de otro o de varios otros, así como por el contrario substituir a varios en lugar de uno o de varios otros" (Gai. 2, 175; D. 28, 6, 36, 1). Sobre esta última cita, cfr. Inst. 2, 15 pr.
Marciano opina que puede instituirse subsidiariamente a un esclavo como heredero necesario (D. 28, 6, 36 pr).
[364] El emperador Marco Aurelio (161-180 d. C.).
[365] Esto se hace a través del plazo de la *cretio*; vid. supra, pasaje 27 de este título y nota respectiva.
[366] Este pasaje, magistralmente sintetizado, fue desglosado de manera detallada por Gayo (2, 176 y 177). A su vez, resalta la controversia sabiniana y proculeyana respecto al concurso de herederos durante el periodo de la *cretio*: "según la opinión de Sabino, en tanto que el instituido en primer lugar esté en el tiempo de la *cretio*, y de este modo de poder ser heredero, el sustituto no puede ser admitido como tal, aún si el primero ha actuado *pro herede*; en cambio, si el plazo de la *cretio* se ha terminado, entonces el sustituto se hace heredero, si el primer instituido ha actuado *pro herede*. Para otros, por el contrario, aún cuando no hubiese finalizado el plazo de la *cretio*, hay concurso entre aquél que actúa por la *pro herede gestio* y el sustituto, y entonces, la *cretio* no puede tener lugar" (Gai. 2, 178).
[367] En el mismo sentido, Inst. 2, 17 pr.
Papiniano señala las diversas formas en que un testamento puede ser invalidado: "se dice que un testamento o no fue hecho con arreglo a derecho, cuando faltaron las solemnidades de ley, o no es de valor alguno, cuando fue preterido el hijo que estaba bajo la potestad del padre, o se rompe por otro testamento, en virtud del cual podrá haber heredero, o por la agnación de un heredero suyo, o se hace irrito no habiendo sido adida la herencia" (D. 28, 3, 1).
[368] Al respecto, *vid. supra*, Ulp. 22, 14-18.
Un complemento didáctico importante lo brinda Gayo: "un testamento es también roto por un testamento posterior, hecho de acuerdo a derecho, sin interesar si en este último existe o no existe alguien que sea heredero, con tal de que haya podido haberse esperado la existencia aunque fuere de uno solo. Así, si el heredero designado en el testamento posterior hecho conforme a derecho, rehusare ser heredero, o si muriera estando vivo el testador, o si ello ocurriera después de la muerte de éste pero antes de haberse aceptado la herencia, o si está excluido por habérsele vencido el plazo de opción (*cretio*), o si no se cumpliere la condición bajo la cual fue instituido heredero, o si por causa del celibato fuera excluido de la herencia de acuerdo con la Ley Julia <de ordenanzas matrimoniales> (*vid. supra*, nota 174), en todos estos casos el *paterfamilias* muere intestado, ya que el primer tetamento no vale a causa de haber sido roto por el posterior, y éste queda igualmente sin fuerza, puesto que no existe ningún heredero" (Gai. 2, 144). Cfr. Inst. 2, 17, 2.
[369] *Vid. supra*, Ulp. 22, 19.
[370] Gayo amplia de forma didáctica la hipótesis del pasaje ulpianeo: "si después de haber hecho testamento se ha adoptado un hijo, ya por <decisión> del pueblo (*vid. supra*, Ulp. 8, 2) en caso de ser un *sui iuris* (vid. supra, Ulp. 4, 1), ya <por

autorización de> el pretor en el caso de quien estuviera sujeto a la potestad de un ascendiente (*vid. supra*, Ulp. 8, 3), en ambos casos el testamento queda roto por la cuasi agnación de un heredero propio" (Gai. 2, 138). En este supuesto, el testamento se rompe cuando, permaneciendo el testador en el mismo estado, recae el vicio sobre el mismo testamento, según Inst. 2, 17, 1.

[371] Gayo explica de este modo la regla ulpianea: "igual principio se sigue si, después de haber hecho testamento, se conviene la *manus* de la esposa o bien si aquélla que estaba sometida a la *manus* se casare, pues de este modo ella comienza a ocupar el lugar de hija y es asimilada a una heredera propia" (Gai. 2, 139).

[372] Al respecto Gayo señala: "*están igualmente en el rango de los póstumos aquéllos que, tomando el lugar de un heredero propio, llegan a ser por cuasi agnación herederos propios de sus descendientes. Por ejemplo, si yo tuviera bajo mi potestad un hijo y de él un nieto o una nieta, como el hijo los precede en grado, sólo él tiene los derechos de heredero propio, por más que el nieto o la nieta estén bajo la misma potestad, pero si mi hijo, estando yo vivo, muere, o por alguna otra causa sale de mi potestad, el nieto o la nieta comienzan a suceder en el lugar que aquél tenía y de este modo adquieren por cuasi agnación* los derechos de herederos propios" (Gai. 2, 133). Cfr. Inst. 2, 13, 3.

Estamos ante el caso de los *postumi Velleiani*, los nietos que nacerían después de haber hecho testamento, pero antes de la muerte del testador, a los cuales la *Lex Iunia Vallaea* o *Velleia* exige instituirlos herederos o desheredarlos de manera expresa (*vid. supra*, nota 339).

[373] Gayo lo explica de esta forma: "también el hijo que es manumitido luego de una primera o de una segunda emancipación, y por ello vuelto a quedar sujeto a la potestad paterna, rompe el testamento hecho con anterioridad, y poco importa que en dicho testamento haya sido instituido heredero o desheredado" (Gai. 2, 141).

[374] Gayo brinda detalle sobre este tipo de testamento: "decimos que el testamento se hace 'írrito' (sin efectos), aunque también sean írritos aquellos que se han roto y aun los que desde un comienzo no fueron hechos de acuerdo a derecho. Por otra parte, aquellos que han sido hechos de acuerdo a derecho y luego se hacen írritos a causa de una *capitis deminutio*, pueden también ser llamados rotos. Pero como es más práctico distinguir a cada situación por su nombre particular, se dice que ciertos testamentos no son hechos de acuerdo a derecho, que otros –hechos regularmente- se rompen y que otros se vuelven írritos" (Gai. 2, 146). Cfr. Inst. 2, 17, 5.

[375] Gayo señala: "también por otro modo los testamentos hechos de acuerdo a derecho pueden ser invalidados, como por ejemplo si quien hiciera un testamento sufriera una *capitis deminutio*" (Gai. 2, 145). Cfr. Inst. 2, 17, 4.

[376] Sobre esta hipótesis, *vid. supra*, nota 368.

[377] Sobre postliminio, *vid. supra*, nota 142.

Sin embargo, Ulpiano señala que el prisionero de guerra no puede hacer testamento ni aun por derecho militar (D. 29, 1, 10).

[378] Se refiere a la *Lex Cornelia de captivis*, emitida entre los años 82-79 a. C.; mandó llevar a efecto los testamentos de los militares que, después de haberlos hecho en el goce de la ciudadanía y la capacidad de testar, morían cautivos o

prisioneros en otra nación, suponiéndoseles fallecidos en Roma, consistiendo en ello la llamda *fictio legis Corneliae*. Al parecer, también trató del número de testigos necesarios en las últimas voluntades. Se le atribuye al dictador Sila, pero si se considera que con ella procuró evitarse la injusticia y los inconvenientes de anular los testamentos y los hechos por la multitud de prisioneros hechos durante las Guerras Púnicas, en cuya época no se había introducido áun el intercambio de prisioneros o el rescate, no será tan infundada la opinión de los que la creen anterior a Sila.

[379] En el mismo sentido, PS. 3, 4ª, 8; Inst. 2, 12, 5.

Juliano recuerda una serie de variables a tener en cuenta: "La Ley Cornelia, que confirma los testamentos de los que murieron en poder de los enemigos, se refiere no solamente a la herencia de los mismos que hicieron testamento, sino a todas las herencias que habrían podido pertenecer a cualquiera en virtud del testamento de ellos si no hubiesen caído en poder de los enemigos. Por lo cual, cuando el padre falleció en poder de los enemigos habiendo dejado en la ciudadanía a su hijo impúbero, y éste hubiere fallecido dentro del tiempo de la pubertad, la herencia pertenece al sustituto, lo mismo que si el padre no hubiese caído en poder de los enemigos. Pero si el padre falleció en la ciudad, y el hijo impúbero en poder de los enemigos, no inconvenientemente se dice que su herencia pertenece en virtud de esta ley a los sustitutos; mas si en vida del padre hubiere caído el hijo en poder de los enemigos, no creo que tiene lugar la Ley Cornelia, porque no se hace por ella que tenga herederos el que no dejó bienes en la ciudad. Por lo cual, aunque púbero hubiere sido hecho prisionero el hijo viviendo el padre, y después de haber fallecido el padre en la ciudad hubiere muerto él en poder de los enemigos, le pertenece al próximo agnado la herencia del padre en virtud de la Ley de las Doce Tablas, no la del hijo en virtud de la Ley Cornelia" (D. 28, 6, 28).

[380] Esta forma de validar un testamento es instituida por el pretor, con objeto de suplir la complejidad de las formas civiles para otorgar testamento (vid. supra, Ulp. 20, 2 y notas respectivas), no exigiéndose ninguna *mancipatio* (Inst. 2, 10, 2), y estableciendo "que el testamento se hiciese en un solo acto, asistiendo los siete testigos (lo que en cierto modo se exigía por derecho civil), con la suscripción de estos testigos (formalidad introducida por las constituciones) y la fijación de sus sellos, conforme al edicto del pretor" (*h. t.*, 3).

[381] Gayo añade algunas causas de nulidad: "pero si el testamento se hace írrito, ya por haber perdido el testador la ciudadanía o más aún la libertad, o ya por haberse dado en adopción y estar en el momento de su muerte bajo la potestad del padre adoptivo, el heredero inscrito no puede pedir la *bonorum possessio secundum tabulas*" (Gai. 2, 147). Cfr. Inst. 2, 17, 6.

[382] Gayo señala como requisitos para esta adjudicación no haber vendido el patrimonio o que el testador no hubiese pronunciado las palabras de la *nuncupatio* (Gai. 2, 119; *vid. supra*, Ulp. 20, 9 y nota respectiva).

[383] Véase la vasta casuística que al respecto se contiene en D. 28, 6.

[384] Gayo señala las palabras solemnes que ejemplifican esta hipótesis: "QUE MI HIJO TICIO SEA MI HEREDERO. EN CASO DE QUE MI HIJO NO SEA MI HEREDERO O DE QUE SIÉNDOLO MURIERA ANTES DE HABER

CONCLUIDO SU TUTELA, ENTONCES QUE EL HEREDERO SEA SEYO"
(Gai. 2, 179).

Ulpiano profundiza en otro punto sobre esta regla: "se introdujo por las costumbres que cualquiera puede hacer testamento por los descendientes impúberes hasta que los varones lleguen a los catorce años y las hembras a los doce; lo cual habrá de entenderse de este modo: si estuvieran bajo potestad. Pero no podemos por los emancipados, mas podemos por los póstumos, y también podemos por los nietos y los demás descendientes, si no han de recaer en la potestad del padre. Pero si a ellos les precedieran los padres, solamente se les puede subtituir si hubieran sido instituidos herederos o desheredados. Porque sucediendo así, después de la ley Veleya (*vid. supra*, nota 318) no rompen el testamento; pues si se hubiera roto el testamento principal se invalida también el pupilar. Pero si alguno hubiere instituido heredero a un extraño impúbero, le podrá nombrar sustituto si lo hubiere adoptado en calidad de nieto, o lo hubiere arrogado precediendo un hijo" (D. 28, 6, 2 pr).

Justiniano agrega como explicación didáctica a la cita gayana el siguiente pasaje: "si el hijo no es heredero, el sustituto se hace heredero del padre; pero si el hijo, después de haberlo sido, muere siendo aún impúbero, el sustituto se hace heredero del hijo. Porque es uso introducido por las costumbres que los jefes de familia hagan el testamento de sus hijos, cuando éstos no se hallan todavía en edad de hacerlo por sí mismos" (Inst. 2, 16 pr).

[385] Gayo amplia didácticamente este pasaje: "y no solamente podemos substituir a nuestros descendientes impúberes instituidos herederos, a fin de que si murieran antes de llegar a la pubertad, sea heredero aquel que nosotros queríamos, sino también a los desheredados. Y en este caso, todo lo que fuera adquirido por el pupilo de herencias, legados o donaciones de sus allegados, todo pertenece al sustituto" (Gai. 2, 182).

La regla se aplica igualmente a los hijos póstumos (Gai. 2, 183; Inst. 2, 16, 4). Florentino indica una regla distributiva en el caso de la sustitución: "se puede sustituir heredero o a cada hijo o al último que de ellos muriese; a cada uno, si quisiera que ninguno de ellos muera intestado; al último, si quisiera que el derecho de las herencias legítimas se conserve íntegro entre ellos" (D. 28, 6, 37).

[386] Relacionado con la substitución vulgar y pupilar, el pasaje puede contextualizarse con dos pasajes del jurista Modestino: "podemos substituir a los descendientes tanto habiéndolos instituido herederos, como habiéndolos desheredado, y tanto al que instituimos heredero como al otro. El padre no puede substituir a sus descendientes, a menos que hubiere instituido heredero para sí; porque sin la institución de heredero nada vale lo escrito en el testamento" (D. 28, 6, 1, 2 y 3).

[387] Esto implica que no se requiere formalidad alguna: "si un militar dejase un testamento imperfecto, la escritura que se produce alcanza fuerza de testamento perfecto, porque el testamento de un militar se perfecciona por su sola voluntad" (D. 29, 1, 35); tampoco se requiere una forma específica para hacerlo: "de cualquier modo que hubiere hecho testamento, se rescindirá por última voluntad, porque también la voluntad del militar es una especie de testamento" (D. 29, 1, 34,

2). Gayo señala como razón de estas concesiones (Gai. 2, 109 y 114) la ignorancia (*imperitia*) y gran inexperiencia del soldado.

Justiniano agrega lo siguiente: "aunque no hayan empleado ni el número legal de testigos, ni las demás solemnidades que se requieren, no deja por eso de ser válido su testamento; sin embargo, sólo en el tiempo que se hallen ocupados en alguna expedición, como con razón lo ha introducido nuestra constitución [...] En los intervalos que pasan fuera de toda expedición, ya en sus hogares, ya en otra parte, no les es permitido de algún modo reclamar tal privilegio. Si son hijos de familia, obtendrán por el servicio militar la capacidad de testar; pero con las formas del derecho común, observando todo lo que se haya prescrito para los demás ciudadanos" (Inst. 2, 11, pr).

[388] Al respecto, el propio Ulpiano brinda el trasfondo histórico: "el Divino Julio César fue ciertamente el primero que les concedió a los militares la libre facultad de hacer testamento; pero esta concesión era temporal; mas después fue el divino Tito el primero que la dio; luego Domiciano y posteriormente el divino Nerva concedió a los militares plenísima facultad, y Trajano la matuvo, y desde entonces comenzó a insertarse este capítulo en los mandatos. Capítulo de los mandatos: 'habiéndose puesto en mi conocimiento que de vez en cuando se presentaban testamentos dejados por los militares, que podían ser llevados a controversia, si fueran sujetados a la escrupulosidad y a la observancia de las leyes, habiendo seguido la integridad de mi ánimo hacia mis buenos y fidelísimos colegas militares, he creído que se debía atender a la sencillez (*simplicitas*) de los mismos, a fin que, de cualquier modo que hubiesen testado, sea válida su voluntad. Hagan, pues, sus testamentos del modo que quieran, o de la manera que pudieren, y baste para hacer la división de los bienes la nuda voluntad del testador' " (D. 29, 1, 1, pr).

Justiniano, retomando una cita de Florentino (D. 29, 1, 24), recuerda una constitución imperial de Trajano dirigida a un tal Estatilio Severo donde acota adecuadamente el alcance de este derecho: "el privilegio concedido a los soldados de no estar obligados a ninguna formalidad en la formación de sus testamentos, debe entenderse en este sentido, de que ante todo debe ser comprobada que ha sido hecho un testamento; pero este acto puede hacerse sin escrito y aun por no militares. Si, pues, el soldado sobre cuyos bienes se ha suscitado litigio ante vos, después de haber convocado testigos para manifestarles su voluntad, les hubiese hablado de modo que declarase que quería por su heredero aquel a quien concedía la libertad, puede ser considerado por esto solo como habiendo hecho un testamento sin escrito, y su voluntad debe ser respetada. Si por el contrario, como sucede diariamente en las conversaciones, ha dicho alguno: TE HAGO MI HEREDERO o TE DEJO MIS BIENES, esto no se ha de mirar como un testamento. Nadie es más interesado que aquellos mismos que gozan del privilegio militar en que no se admita un ejemplo de semejante naturaleza, pues de otro modo no sería difícil que a la muerte de un soldado se hallasen testigos que asegurasen haberlo oído decir que dejaba sus bienes a tal o cual persona, según su antojo; y que de este modo se suplantasen las verdaderas intenciones del testador" (Inst. 2, 11, 1).

[389] Por ejemplo, el testamento realizado por un militar mudo o sordo (D. 29, 1, 4; Inst. 2, 11, 2).

[390] Justiniano aclara esta parte del pasaje: "pero las constituciones imperiales no conceden este privilegio a los soldados, sino mientras están en el servicio y en los campamentos; así, pues, los veteranos, después de tomada su licencia, y los soldados en activo servicio, pero que no están en campaña, no pueden hacer su testamento sino con arreglo a las formas del derecho común a todos los ciudadanos. El testamento que hubiesen hecho en campaña, no según el derecho común, sino por sola su voluntad, no será válido después de su licenciamiento, sino durante un año. ¿Qué sucederá, pues, si el testador muere en el año, pero con la condición impuesta al heredero de que se cumpla únicamente transcurrido este plazo? ¿El testamento será válido como testamento de un soldado? Se decide que será válido en calidad de tal" (Inst. 2, 11, 3).

Algunos privilegios son: instituir como herederos a los que no tienen *testamenti factio pasiva*; desheredar o preterir tácitamente a sus hijos y nietos (Inst. 2, 13, 6); morir en parte testados y en parte intestados (D. 29, 1, 19 pr.); legar más de lo que permite la Ley Falcidia (*h. t.*, 17, 4); instituir herederos en codicilos (*h. t.*, 36 pr.); evitar la nulidad del testamento por agnación de hijos o nietos (*h. t.*, 1-8); no admitir contra ellos la querella *de inofficioso testamento* (D. 5, 2, 27, 2), o bien otorgar manumisiones (Ulp. 1, 20).

[391] Una definición concretísima la brinda Justiniano: "el legado es una especie de donación dejada por un difunto" (Inst. 2, 20, 1).

Florentino brinda un concepto elegante y didáctico: "legado es la separación de alguna cosa de la herencia, por la que el testador quiere que, de aquello que será por entero para el heredero, algo se atribuya a alguien" (D. 30, 116 pr).

Generalmente el legado consiste en una cantidad de dinero o en uno o más objetos designados individualmente (*res singulae*). Un legado bajo esta forma puede realizarse solamente a través de testamento, y tras la institución de heredero (*heredis institutio*), pues éste tiene el encargo de pagar el legado, siendo nula toda disposición previa a la institución.

[392] *Vid. infra*, Ulp. 25, 1 y nota respectiva.

Con Justiniano la diferencia desaparece, pues declara para su época: "observando, en efecto, que en la antigüedad se hallaban los legados comprendidos dentro de estrechos límites, mientras que los fideicomisos, que tomaban más su origen de la voluntad de los moribundos, obtenían más indulgencia y latitud; hemos creído necesario igualar a los fideicomisos todos los legados sin que haya diferencia entre ellos; de tal manera que lo que falte a los legados lo tomen de los fideicomisos, y que si tienen alguna cosa de más, que se la comuniquen a éstos" (Inst. 2, 20, 3).

[393] En el mismo sentido, Gai. 2, 192; cfr. Inst. 2, 20, 2.

La división ulpianea, de fuerte cuño clásico, pierde importancia con el paso del tiempo. Así, una constitución del emperador Constancio del año 339 d. C. señala: "en los legados o en los fideicomisos no sea necesario el empleo de determinadas palabras, de tal suerte que no importe nada absolutamente qué tipo de palabras haya expresado tal voluntad, o que uno haya descuidado el uso del lenguaje" (C. 6, 37, 21).

En época justinianea encontramos modificaciones sustanciales a la división que señala Ulpiano: "esta solemnidad de palabras desapareció enteramente por las constituciones imperiales. Y deseando nosotros, por fin, dar más fuerza a la voluntad de los moribundos, y más respeto a su intención que a las palabras, hemos mandado en una constitución formada con esmero que todos los legados sean de una misma naturaleza; que todo legatario, cualesquiera que sean los términos empleados por el testador, tenga en la persecusión de su legado no sólo las acciones personales, sino también la acción real y la acción hipotecaria" (Inst. 2, 20, 2). Cfr. C. 6, 43, 1.

[394] Gayo amplia didácticamente las hipótesis: "se lega *per vindicationem* de este modo: DOY, LEGO A TICIO –por ejemplo- MI ESCLAVO ESTICO; pero si se emplea uno cualquiera de los dos verbos, es decir DOY o LEGO, lo mismo se ha legado *per vindicationem*; igualmente, se considera aprobado por la mayoría si se ha legado así: TOMA, o así: QUE TENGA PARA SÍ, o de este otro modo: APREHENDE, lo mismo se ha legado *per vindicationem*" (Gai. 2, 193).
Se denomina *per vindicationem* porque se debe reclamar la cosa (*vindicatio*) como si fuera propiedad civil (*ex iure Quiritium*) del reclamante (Gai. 2, 194), siendo a su vez dicho bien reclamado propiedad civil del difunto (Gai. 2, 196). *Vid. infra*, Ulp. 24, 7.

[395] En el mismo sentido, Gai. 2, 201.

[396] En el mismo sentido, Gai. 2, 209.

[397] En el mismo sentido, Gai. 2, 216.

[398] *Vid. supra*, Ulp. 24, 7.
Gayo señala que salvo el caso de los bienes fungibles, los que son propiedad *ex iure Quiritium* deben serlo "al tiempo de la confección del testamento y al tiempo de la muerte; de otro modo el legado es inútil" (Gai. 2, 196).

[399] Es decir, darse por medio de la *traditio. Vid. supra*, Ulp. 19, 7.
Pueden serlo también los bienes que, según disposición del senadoconsulto Neroniano (*vid. infra*, nota 401), no han sido nunca propiedad de alguien, pero que se consideran legados *optimo iure* (de pleno derecho) (Gai. 2, 197); sin embargo, el heredero debe primero comprarla y entregarla o bien dar el valor estimado de ella (Gai. 2, 202).
Incluso puede legarse de este modo algo que no exista pero que puede existir en el futuro, como señala Gayo en un ejemplo: "LOS FRUTOS QUE NACERÁN EN TAL FUNDO" o "EL HIJO QUE NACERÁ DE TAL ESCLAVA" (Gai. 2, 203). Cfr. 2, 20, 7.
Justiniano brinda detalles adicionales en relación con este pasaje ulpianeo: "si se trata de una cosa que no se halle en el comercio, como el campo de Marte, los templos, las basílicas o cualquier otra cosa destinada al uso público, el heredero ni aun estará obligado a su precio, porque el legado es nulo. Cuando decimos que puede ser legada la cosa de otro debe suponerse si el testador sabía que era de otro, y no si lo ignoraba, porque si lo hubiese sabido, quizá no la habría legado. Así lo establece un rescripto de Antonino Pío, que decide al mismo tiempo que al demandante, es decir, al legatario, toca probar que el testador lo sabía, y no al heredero probar que ignoraba legar la cosa de otro. En efecto, la obligación de la

prueba incumbe siempre al que demanda" (Inst. 2, 20, 4). Puede extenderse a bienes dados en garantía, por lo que el heredero se obliga a recuperarlos y entregarlos al legatario (*h .t.*, 5).

[400] La prohibición deriva, por un lado, en que la primera no puede enajenarse por ser de la comunidad (*universitatis res*), mientras que las siguientes dos por ser *divini iuris res* (cosas de derecho divino). *Vid. supra*, nota 245.

[401] Cfr. Gai. 2, 210.

Igualmente, pueden legarse de este modo cosas corporales o derechos (PS 3, 6, 11).

[402] Gayo brinda un ejemplo al respecto: "reconocen <los de la escuela sabiniana> que en algún caso se puede hacer legado *per praeceptionem* aun de una cosa ajena, lo que ocurre por ejemplo si alguien ha legado una cosa que ha cedido por la *mancipatio* a un acreedor por causa de fiducia, puesto que estiman que el juez es competente para constreñir a los coherederos a que, pagando la deuda, desempeñen la cosa a fin de que el legatario pueda hacer efectivo el beneficio del legado *per praeceptionem*" (Gai. 2, 220). La escuela proculeyana considera que puede legarse de tal modo a un extraño, como cuando se dice: QUE TICIO TOME A MI ESCLAVO ESTICO, aunque Gayo reconoce que esa forma es cercana al legado *per vindicationem*, según una constitución de Adriano (Gai. 2, 221).

Bajo tal opinión, si el bien se encuentra en propiedad bonitaria (*in bonis*) del testador, el senadoconsulto reconocerá el legado hecho al extraño y no se considerará más como bien del heredero; si por ningún derecho fuera del testador, será válido el legado tanto para el extraño como para el heredero (Gai. 2, 222); pero siempre que dos o más personas sean herederos, según la escuela sabiniana, o bien extraños, según la proculeyana, cada uno debe tener una parte alicuota (Gai. 2, 223).

[403] El *senatusconsultum Neronianum de legatis*, emitido durante el principado de Nerón (entre el 54 y el 68 d. C.) señalaba que cualquier legado dejado sin cumplir con alguna de las cuatro formas conocidas, fuese validado como si hubiese sido hecho por obligación (*per damnationem*). Cfr. Gai. 2, 197.

[404] La palabra *ratis* es una interpretación de Huschke inspirándose en Gai. 2, 249.

Señala el primero que en el texto Vaticano sólo aparece la partícula *tis*, siendo interpretada por diversos investigadores como *rectis*, *iustis*, *probatis*, *perfectis*, *pactis* o, como lo hace Krüger, *aptis*. Así, considera que *rata verba*, el nominativo de *ratis verbis*, es una frase conveniente y segura que posee un efecto jurídico real mayor.

405 La disposición provocó ciertas discusiones doctrinarias, como resalta Gayo: "si el legado fuera hecho a un extraño, no tendría valor alguno; Sabino incluso ha estimado que ni aún puede ser convalidado por el senadoconsulto Neroniano, ya que –dice él- por este senadoconsulto sólo puede ser confirmados aquellos legados que no valen según el derecho civil por vicio de las palabras, pero no aquellos que no se deben por causa de la persona misma del legatario. Pero <Salvio> Juliano y Sexto <Pomponio o Africano> opinan que áun en este caso se puede confirmar el legado por efecto del senadoconsulto, pues es en razón de las palabras empleadas que el legado es nulo en el derecho civil, siendo como es manifiesto que se hubiera podido legar válidamente por otras palabras, como por ejemplo, *per vindicationem*, *per damnationem* o *sinendi modo*. Por lo tanto, un legado no es válido por un vicio de la persona sino solamente cuando esta persona no puede adquirir de ningún modo dicho legado, como por ejemplo, un extranjero que no tenga la capacidad para testar (*testamento factio*), siendo evidente en tal caso que el senadoconsulto no tiene lugar" (Gai. 2, 218).

406 Huschke agrega este fragmento con base en Gai. 2, 199.

407 El agregado se realiza con base en el texto de Krüger, quien en este punto inserta la frase *iure civili* según el texto Vaticano, aunque Huschke la omite por considerarlo que esto no sucedía precisamente por derecho civil.

408 En el mismo sentido, Gai. 2, 199; Inst. 2, 20, 8.

409 Sobre la *Lex Pappia Poppaea*, *vid. supra*, nota 176.

410 Cfr. Gai. 2, 205.

411 Huschke reconstruye la frase basado en los estudios de Lachmann, pues en el texto Vaticano aparecen cuatro lagunas que vuelven ilegible esta parte. Krüger no hace ninguna corrección, optando mejor por dejar los espacios, pero sugiere que la propuesta de Lachmann es correcta.

412 Cfr. Inst. 2, 20, 22; D. 33, 5 con su variada casuística; C. 6, 43, 3.

El principio ulpianeo se ve modificado en época justinianea: "el legado de opción, es decir, aquel por el cual el testador ordena que el legatario elegirá uno de sus esclavos u otra cosa, en otro tiempo comprendía en sí una condición: si el legatario moría sin haber optado, no transmitía el legado a sus herederos. Pero por nuestra constitución hemos reformado este punto: el heredero del legatario tendrá el derecho de optar, si el legatario no lo ha hecho en vida suya. Extendiendo nuestra previsión, hemos añadido que en el caso en que existiesen ya muchos colegatarios de opción, ya muchos herederos de un solo legatario, y hubiese entre ellos disentimiento sobre el objeto que debía elegirse, pera evitar que el legado perezca (según la decisión poco favorable de la mayor parte de los jurisprudentes), el azar será el juez, y prevalecerá la opinión del que sea designado por la suerte" (Inst. 2, 20, 23).

[413] Cfr. Gai. 2, 229.

La rigidez de la regla que señala Ulpiano se fue atenuando con el paso del tiempo. Así, en el siglo IV d. C. se autoriza ya el legado constituido entre la institución de herederos, estando uno o ambos ausentes (PS 3, 6, 2); posteriormente, Justiniano deroga tal normatividad diciendo: "pero no pareciendo conforme a razón (lo que ya había parecido vituperable en la antigüedad) de dar tanto poder a la orden de la escritura, con desprecio de la voluntad del testador, hemos reformado por medio de nuestra constitución este vicio. Cualesquiera legados, y con mayor razón los de libertad, serán válidos, ya se hallen colocados antes, entre o después de la institución de heredero" (Inst. 2, 20, 34).

[414] Cfr. PS 3, 6, 5.

[415] Gayo explica didácticamente este pasaje: "también el legado hecho para después de la muerte del heredero es inútil, como por ejemplo de este modo: CUANDO MI HEREDERO HAYA MUERTO, DOY, LEGO o QUE ÉL DÉ. Por el contrario, si se lega así es válido: CUANDO MI HEREDERO SE MUERA, ya que en este caso no se deja para después de la muerte del heredero, sino para su última hora. Tampoco puede legarse así: LA VÍSPERA DEL DÍA EN QUE MUERA MI HEREDERO, si bien no se ve ninguna razón valedera a favor de tal solución" (Gai. 2, 232).

Justiniano reforma tal disposición prohibitiva: "hemos igualmente corregido esto, dando fuerza a semejantes legados, a ejemplo de los fideicomisos, con el fin de que la condición de los legados no sea en esta parte inferior a la de los fideicomisos" (Inst. 2, 20, 35).

[416] Gayo amplia didácticamente el pasaje a estudio diciendo: "o también así: SI NO DIERA TU HIJA EN MATRIMONIO A TICIO, QUE LE SEAN DADOS DIEZ MIL A TICIO. Y lo mismo es 'legado a título de pena' en el caso de que el testador dispusiera que si dentro del término de dos años, por ejemplo, el heredero no le hiciera un monumento, deberá darle diez mil a Ticio; y de este modo, partiendo de la misma definición podemos obtener numerosas especies análogas" (Gai. 2, 235).

Justiniano recapitula los diversos momentos en que tal disposición se vio atenuada hasta que él la deroga totalmente: "esta regla era tan rigurosamente observada, que muchas constituciones imperiales refieren que el mismo emperador no aceptará legados que se le hagan a título de pena. Tales legados eran nulos aun en los testamentos militares, a pesar del favor otorgado a las demás disposiciones testamentarias de los soldados. Además, ni la libertad podía dejarse de esta manera: y Sabino juzgaba que no se podía tampoco hacer una adjunción o asociación de heredero a título de pena, por ejemplo: QUE TICIO SEA MI HEREDERO: SI DA SU HIJA EN MATRIMONIO A SEYO, QUE SEYO SEA TAMBIÉN MI HEREDERO. ¿Qué importa, en efecto, el medio de coacción empleado contra Ticio, y que sea ya la dación de un legado o la adjunción de un coheredero? Tales escrúpulos nos han disgustado. Según nuestro mandato, para toda disposición, ya sean legados, revocaciones o traslaciones de legados, no se distinguirá ya si se hace o no a título de pena; salvo, sin embargo, las que tuviesen por objeto obligar a cosas imposibles, prohibidas por leyes o deshonestas; porque las costumbres de mi siglo no toleran la validez de semejantes disposiciones" (Inst. 2, 20, 36).

[417] Gayo explica que persona incierta es la que "el testador somete a un conocimiento incierto de parte suya, como por ejemplo cuando el legado es así: A QUIEN PRIMERO VINIERA A OFRECERME LAS HONRAS FÚNEBRES, QUE MI HEREDERO LE DÉ DIEZ MIL, ocurriendo lo mismo si se hubiera legado a todos de una manera general: A CUALQUIERA QUE VINIERA A OFRECERME LAS HONRAS FÚNEBRES. Y lo mismo se considera que un legado es hecho a persona incierta cuando se deja así: A LOS PRIMEROS QUE SEAN DESIGNADOS CÓNSULES DESPUÉS DE MI TESTAMENTO" (Gai. 2, 238).

Justiniano, explicando que por persona incierta se entiende "aquella que el testador no tenía presente en la memoria de una manera precisa" (Inst. 2, 20, 25), ratifica tal prohibición, argumentando que "con juicio cierto debe proveerse a la tutela de su posteridad" (*h. t.*, 27 *in fine*).

[418] Justiniano defiende el precepto con esta regla de derecho: "una falsa designación no hace nulo el legado" (Inst. 2, 20, 30). Luego, agrega ejemplos clarificadores: "si por ejemplo, el testador ha dicho: LEGO A ESTICO, NACIDO DE MI ESCLAVA, aunque Estico no haya nacido en su casa, sino que lo haya comprado, no hay duda acerca de la identidad, el legado es válido. Del mismo modo por esta designación: EL ESCLAVO ESTICO, QUE HE COMPRADO A SEYO, cuando lo ha comprado a otro; con tal de que se acredite de qué esclavo se trata, el legado es válido" (*idem*).

[419] Justiniano agrega casos ejemplificativos: "LEGO <EL ESCLAVO> ESTICO A TICIO, PORQUE HA ADMINISTRADO MIS NEGOCIOS DURANTE MI AUSENCIA; o bien: LEGO <EL ESCLAVO> ESTICO A TICIO, PORQUE EN VIRTUD DE SU DEFENSA HA HECHO QUE SEA ABSUELTO DE UNA ACUSACIÓN CAPITAL, aunque Ticio no haya prestado ningún servicio al testado, el legado es válido. Otra cosa sería si la causa fuese expresada bajo forma de condición; por ejemplo, LEGO TAL FUNDO A TICIO SI HA CUIDADO DE MIS NEGOCIOS" (Inst. 2, 20, 31).

[420] El principio ya se vio atenuado desde la época de Gayo, pues éste señala: "también se pueden dejar por fideicomiso cosas singulares, por ejemplo, un

esclavo, un vestido, plata, dinero en moneda, ordenando al mismo heredero o al legatario transferir la cosa a un tercero, aun cuando la misma no pueda ser legada por el legatario" (Gai. 2, 260). Cfr. Gai. 2, 271; Inst. 2, 24 pr.

[421] *Vid. infra*, Ulp. 25, 10.

[422] Gayo resalta la discusión que al respecto se generó entre sabinianos y proculeyanos, prevaleciendo, por lo visto, la opinión de la primera escuela (Gai. 2, 244), pues Justiniano la resume en sus Instituciones: "es constante que, hecho pura y simplemente, es nulo tal legado, y que aun para nada serviría que en vida del testador hubiese salido el esclavo de la potestad del heredero, porque un legado que habría sido nulo si el testador hubiese muerto inmediatamente después de la formación del testamento, no puede valer porque el testador haya vivido más tiempo. Pero bajo condición puede hacerse el legado, y será preciso averiguar si en el día de la fijación del derecho cesó el esclavo de estar en poder del heredero" (Inst. 2, 20, 32).

[423] La razón es dada por Gayo: "pues tú no podrías deberte a ti mismo un legado" (cfr. Gai. 2, 245). La restitución en cursiva es de Huschke.

[424] Esto con las salvedades del senadoconsulto Pegasiano (*vid. infra*, Ulp. 25, 15 y nota 458).

[425] Huschke señala que el copista anónimo colocó erróneamente esta frase al final del pasaje, por lo que se le restituye en el lugar adecuado inspirándose en Gai. 2, 254. De hecho, la oración aparece en el texto original como *quae species par Titio* (cuya especie par a Ticio), siendo, a simple vista, ilegible. Por ello, Huschke recoloca la frase en el sitio que leemos y agrega la palabra *appellatur*, mientras que *Titio* la ubica como forma ejemplificada al final del texto a estudio. Krüger la conserva en su sitio original pero corrigiéndola del mismo modo que Huschke.

[426] En el marco del fideicomiso, Gayo retoma la hipótesis legataria: "en virtud de este senadoconsulto <Pegasiano>, es el propio heredero quien debe soportar las cargas hereditarias, y en cuanto a aquel que en virtud del fideicomiso reciba la parte restante de la herencia está en la misma situación que el legatario parciario, es decir, del legatario al cual se le deja una fracción de los bienes; esta especie de legado es llamada *partitio* porque el legatario comparte la herencia con el heredero. Y de esto resulta que las mismas estipulaciones que se suelen interponer entre el heredero y el legatario parciario se interponen entre el heredero y quien recibe la herencia por causa de un fideicomiso, es decir, que los beneficios y las pérdidas son comunes y se reparten a prorrata" (Gai. 2, 254).

[427] Justiniano brinda la siguiente definición de usufructo: "es el derecho a usar las cosas de otro y de percibir sus frutos sin alterar la sustancia de ellos; porque es un derecho sobre un cuerpo, y si el cuerpo se destruye, queda necesariamente destruido el derecho" (Inst. 2, 4, pr).

A su vez, recuerda que "el usufructo está separado de la propiedad; y esta desmembración se hace de muchas maneras: por ejemplo, si el usufrcuto está legado a alguno, porque el heredero tiene la simple propiedad, y el legatario el usufructo. Y recíprocamente, si un fundo es legado, deducido el usufructo, entonces tiene el legatario la simple propiedad, y el heredero el usufructo. También se puede legar a uno el usufructo, y a otro la propiedad, deducido aquel usufructo. Si alguno quiere, sin testamento, establecer un usufructo, es preciso que lo haga por pactos y estipulaciones. Pero como la propiedad habría sido completamente inútil si el usufructo se segregase siempre, se ha querido que el usufructo se extinga y que se reúna de muchos modos a la propiedad" (*h. t.*, 1).

[428] Justiniano amplia la hipótesis planteada por Ulpiano de este modo: "el usufructo puede constituirse no sólo sobre fundos y edificios, sino también sobre esclavos, bestias de carga y demás cosas, exceptuándose las que se consumen con el uso; pues éstas ni por su naturaleza ni por el derecho civil son susceptibles de usufructo. En el número de estas cosas se hallan el vino, el aceite, el trigo, los vestidos, a los cuales puede asimilarse la plata acuñada, que en cierto modo se consume con el uso diario del cambio. Pero el Senado ha decidido con objeto de utilidad que el usufructo pueda establecerse aun sobre estos objetos, con tal de que el heredero reciba una suficiente caución. Si, pues, ha sido legada en usufructo una suma de dinero, se le da en toda propiedad al legatario; pero éste da satisfacción al heredero de la restitución de igual suma a su muerte o a su disminución de cabeza (*capitis deminutio*). Las demás cosas se dan del mismo modo en propiedad al legatario que, en vista de tasación, presta satisfacción de que a su muerte o por su disminución de cabeza, restituirá una suma igual a su tasación. El Senado no ha creado sobre estas cosas un usufructo, porque era imposible, sino que por medio de una caución ha constituido un cuasiusufructo" (Inst. 2, 4, 2).

[429] Marciano señala las razones por las que puede realizarse este tipo de legado: "para distribuir, para una obra, para alimentos, para la enseñanza de niños" (D. 30, 117).
Paulo también reconoce algunos fines a que puede destinarse un legado: "se puede legar a las ciudades también lo que corresponde a honor y ornato de la ciudad; para ornato, por ejemplo, lo que se hubiere legado para construir un foro, un teatro, un estadio; para honor, por ejemplo, lo que se hubiere dejado para hacer una fiesta, o una cacería, o para juegos escénicos, o juegos circenses, o lo que se hubiere dejado para repartirlo entre los ciudadanos, o para banquetes. Además de esto, se responde que pertenece a honor de la ciudad lo que se hubiere dejado para alimento de los débiles por su edad, por ejemplo, a los más ancianos, o a los niños y a las niñas" (*h. t.*, 122 pr). Cfr. *h. t.*, 32, 2.

[430] Cfr. Inst. 2, 21, pr.; *vid. supra*, Ulp. 2, 12.

[431] En idéntica línea, Ulpiano comenta en otra obra: "si el legatario hubiere fallecido después que corriese el término del legado, transfiere el legado a su heredero" (D. 36, 2, 5 pr).

[432] Cfr. D. 36, 2, 5, 1.

[433] Sobre la Ley Papia Popea, vid. supra, nota 176.

[434] Cfr. D. 36, 2, 5, 2; C. 6, 51, 1 y 5.

[435] La *Lex Falcidia de legatis* fue un plebiscito votado en el año 40 a. C. a ruego del tribuno de la plebe Falcidio, siendo cónsules Cneo Domicio Calvino y Cayo Asinio Polión. Viene a regular una serie de situaciones negativas que generaron dos leyes previas, la *Furia testamentaria* (votada a petición del tribuno de la plebe Cayo Furio o Fusio, hacia el año 200 a. C.) y la *Voconia* (votada durante el tribunado de Quinto Voconio Saxo, durante el consulado de Quinto Marcio Filipo

y Cneo Servilio Cepión, en el año 169 a. C.)

El antecedente histórico de la Ley Falcidia es interesante. Gayo señala que "antiguamente, era por cierto lícito gastar todo el patrimonio en legados y en manumisiones, de tal modo que al heredero sólo le quedaba el nombre de tal. Así parecía permitirlo la ley de las Doce Tablas, que disponía que cualquier cláusula testamentaria relativa a las cosas del testador debía ser respetada: éstas eran las palabras de la ley: ASÍ COMO DISPUSIERA DE SUS COSAS, TAL SERA EL DERECHO. De ello resultaba que los que eran instituidos herederos generalmente se abstenían de la herencia y por esta razón la mayoría moría generalmente intestada" (Gai. 2, 224).

En tal medida, "apareció la Ley Furia <testamentaria>, según la cual se prohibió, salvo a ciertas personas, adquirir por legados o por causa de muerte de mil ases. Pero esta ley no alcanzó a cumplir el objetivo propuesto, ya que por ejemplo, quien tenía un patrimonio de cinco mil ases, podía dilapidarlo todo legando separadamente a cinco personas, a razón de mil ases para cada una de ellas" (Gai. 2, 225).

Ante tal situación, "apareció más tarde la Ley Voconia que dispuso que a nadie, ya fuera a título de legado o por causa de muerte, le era lícito adquirir más de lo que adquirían los herederos. En virtud de esta ley parecía favorecerse a los herederos, pero sin embargo se presentaba un inconveniente semejante al anterior, ya que el testador podía distribuir su patrimonio en muchos legados a distintas personas, de tal modo que al heredero se le dejaba tan poco que no le convenía, por esta reducida ventaja, tener que soportar las cargas de la herencia" (Gai. 2, 226). En tal medida, se buscó evitar que las riquezas de una familia pasasen a otra, extinguiéndose la primera y aumentándose con daño de la plebe la influencia y poder de la otra, y a fin de evitar que los testamentos quedasen inválidos. Dentro de sus disposiciones, vedaba al que estuviese inscrito en el censo (*qui census esset*), después de la censura de Aulo Portunio y Quinto Fulvio, instituir por heredera a una mujer o virgen; dejarle más de 25,000 ases, inhabilitándola para suceder *ab intestato* a todo el que no fuera pariente suyo; y a realizar en favor de persona alguna legado de una suma mayor que la dejada al heredero. Algunos estudiosos consideran que respecto de las mujeres se les prohibía dejarles más de la cuarta parte de los bienes, y otros más de la mitad. Al imponer su prohibición sólo al que estuviese censado, se recurrió al medio de no inscribirse para poder eludirla y poder nombrar heredera universal a una mujer, y aun el dejarla como heredera por fideicomiso. Poco tiempo estuvo en vigor esta ley, pensándose en establecer otra que, coartando los fraudes introducidos, chocase menos de frente con el aumento de la riqueza pública y con la libertad de testar.

Por todo ello, "se aprobó la Ley Falcidia que dispuso que no le es lícito al testador legar más de las tres cuartas partes de su patrimonio, de lo que se deduce que resulta necesario que el heredero tenga una cuarta parte de la herencia. Y este es el derecho que observamos en la actualidad" (Gai. 2, 227). Por lo visto, la medida se mantenía vigente en época de Ulpiano. Cfr. Inst. 2, 22 pr.

[436] Cfr. Gai. 2, 283; Inst. 2, 20, 25 *in fine*.

Justiniano incluye en tal prohibición a los legados y fideicomisos dejados por espíritu de religion o piedad a iglesias y lugares de veneración (Inst. 3, 27, 7 *in fine*).

[437] La inserción es de Huschke. Krüger opta por la versión *legatorum perperam solutorum repetitio non est.*

[438] Según Justiniano, la costumbre brindó fuerza legal al cumplimiento de un fideicomiso: "al principio los fideicomisos se hallaban todos sin fuerza, pues ninguno era obligado a cumplir aquello que se había rogado. En efecto, si se quería dejar la herencia o algunos legados a personas incapaces de recibirlos, se encomendaban a la buena fe de personas capaces. Y a estas disposiciones se llamaban fideicomisos, precisamente porque no se apoyaban en ningún motivo de derecho, sino sólo en la buena fe de los que eran rogados. Después, en dos o tres casos, ya por consideración a las personas, ya que se dijese que el moribundo había hecho que se le prestase juramento de restituirlo por la salud del emperador, ya, en fin, a causa de la insigne perfidia de ciertas personas, ordenó a los cónsules el divino Augusto que interpusiesen su autoridad. Como esto pareciese justo, y fuese popular, poco a poco se convirtió esta intervención en jurisdicción permanente; y fue tal el favor que obtuvieron los fideicomisos, que se llegó a crear un pretor especial, exclusivamente encargado de esta jurisdicción, llamado fideicomisario" (Inst. 2, 23, 1).

[439] Gayo agrega: "cada una de estas palabras empleadas separadamente tienen el mismo valor que si se las emplea a todas ellas juntas" (Gai. 2, 249). Cfr. PS 4, 1, 5.

También pueden usarse las palabras *ROGO* (ruego), *PETO* (pido), *VOLO* (quiero), *MANDO* (encargo), *DEPRECOR* (suplico), *CUPIO* (deseo), *INIUNGO* (encargo), *DESIDERO* (deseo), *IMPERO* (dispongo), no así *RELINQUO* (dejo) y *COMMENDO* (encomiendo) (PS 4, 1, 6).

Justiniano brinda el procedimiento para consumar un fideicomiso: "es preciso cuidar primero de instituir un heredero directamente en su testamento; después se confía en su buena fe la restitución de la herencia a otro; porque el testamento en que ninguno es instituido heredero es nulo. Así, cuando un testador ha escrito: QUE LUCIO TICIO SEA MI HEREDERO podrá añadir: TE RUEGO, LUCIO TICIO, QUE RESTITUYAS ESTA HERENCIA A GAYO SEYO, DESDE QUE PUEDAS HACER ADICIÓN DE ELLA. Se puede también ecargar a su heredero que restituya sólo una parte de la herencia; y el fideicomiso puede hacerse o puramente, o bajo condición, o por término" (Inst. 2, 23, 2). Cfr. Gai. 2, 248-250.

[440] La inserción es de Huschke, quien señala que en texto Vaticano aparece el vocablo *relinquere* derivado de la forma *relinqui p'e.*

[441] Una constitución de Diocleciano y Maximiano emitida entre los años 293 y 304 d. C. confirma la forma que señala Ulpiano y agrega algunas más: "no hay duda alguna que, habiendo sido presentados los testigos, se puede dejar un fideicomiso también en carta, o en memorial, o sin escritura y aun por seña" (C. 6, 42, 22).

[442] Justiniano, insipirado a su vez en Gayo (Gai. 2, 270), explica didácticamente el pasaje a estudio: "también se puede, en caso de muerte sin testamento, rogar a aquel a quien deban pasar los bienes según el derecho civil o pretorio, que restituyendo a otro, ya la herencia en todo o en parte, ya un objeto determinado, como un fundo, un esclavo o una suma de dinero: cuando por otra parte no puede haber legado si no hay un testamento" (Inst. 2, 23, 10).

[443] *Vid. supra*, Ulp. 24, 8 y 25, así como las notas respectivas.

Justiniano, inspirado en Gayo (Gai. 2, 260), describe los bienes que pueden ser dejados en fideicomiso: "se pueden también dejar por fideicomiso objetos particulares, como un fundo, un esclavo, un vestido, oro, plata y moneda acuñada, y rogar acerca de tales restituciones, ya al mismo heredero, ya a un legatario, aunque no se pueda encomendar ningún legado a un legatario" (Inst. 2, 24 pr).
Por otro lado, Gayo recuerda que "puede ser dejada por fideicomiso no solamente la cosa propia del testador sino también la del heredero o la del legatario o aun la de un tercero cualquiera. Por ello, se puede encomendar al legatario que restituya al fideicomisario, no solamente lo que le ha sido legado, sino también otras cosas del legatario o de un tercero. Solamente hay que tener en cuenta que no puede ordenarse a uno que restituya más de lo que él mismo ha recibido por testamento, pues, en la parte que excede, la disposición es inválida" (Gai. 2, 261). Cfr. Inst. 2, 24, 1.
Igualmente, "cuando una cosa ajena es dejada por fideicomiso, es necesario que aquel que ha sido rogado adquiera y entregue la cosa o bien pague la estimación de su valor, tal como si fuere una cosa ajena legada por obligación" (Gai. 2, 262). Cfr. Inst. 2, 24, 1 *in fine*; PS. 4, 1, 7. El propio Gayo señala como causas para entregar la estimación del valor la falta de voluntad del dueño del bien para venderlo, o bien un precio excesivo (D. 32, 14, 2).
[444] La disposición que señala Ulpiano sufrió algunas limitaciones. Así, Gayo recuerda un senadoconsulto motivado por Adriano en el que se prohibe a los extranjeros dar y recibir fideicomisos, siendo tales bienes caducos vindicados por el fisco (Gai. 2, 285). La disposición se extendió a los *caelibes* y a los que la ley Julia sobre ordenanzas matrimoniales prohibía recoger herencias y legados (Gai. 2, 286), así como a los *orbi*, según disposición de la Ley Papia Popea (vid. supra, nota 176) y del senadoconsulto Pegasiano (*vid. infra*, nota 458).
[445] En el mismo sentido, Gai. 2, 275. Sobre latinos junianos, *vid.supra*, Ulp. 3.
[446] El principio se ve ya modificado en época justinianea junto a los legados: "no se podía hacer un legado útil después de la muerte del heredero o del legatario; por ejemplo: LEGO CUANDO MI HEREDERO HAYA MUERTO; o bien: PARA LA VÍSPERA DE LA MUERTE DE MI HEREDERO O DEL LEGATARIO. Pero hemos igualmente corregido esto, dando fuerza a semejantes legados, a ejemplo de los fideicomisos, con el fin de que la condición de los legados no sea en esta parte inferior a la de los legados" (Inst. 2, 20, 35).
[447] Al respecto, Gayo afirma: "lo que ha sido legado en codicilos no es válido

salvo que los mismos fueran confirmados por el testamento, es decir, solamente si éste en el testamento previno que se debería tener en cuenta lo que estuviera escrito en los codicilos. En cambio, se puede dejar por fideicomiso aún en codicilos no confirmados" (Gai. 2, 270a). Por su parte, Papiniano afirma: "los codicilos hechos antes de las tablas del testamento no son válidos de otro modo que al ser confirmados en el testamento que se hizo después, o en codicilos, o si la voluntad de los mismos resulta de otro cualquier indicio; pero no se observarán aquellas disposiciones sobre las que el difunto resolvió últimamente de otro modo" (D. 29, 7, 5).

Los codicilos (*codicilli*) son un documento escrito que contiene las disposiciones de un testador que posee capacidad para testar (D. 29, 7, 6, 3) para hacer valer tras su muerte (*mortis causa*), no así la institución de un heredero, la cual sólo se admite por medio de testamento. El reconocimiento de los codicilos se relaciona en cierta forma con la institución de los *fideicomissa* con Augusto. Justiniano señala al respecto: "antes de Augusto no se hallaba en uso el derecho de los codicilos: Lucio Léntulo, el mismo que dio origen a los fideicomisos, fue el primero que introdujo los codicilos. En efecto, estando próximo a morir en África, escribió codicilos, que su testamento confirmaba, en los cuales rogaba a Augusto por medio de fideicomiso que hiciese alguna cosa. Augusto llenó sus deseos, y en seguida los demás, imitando su ejemplo, ejecutaron también los fideicomisos, y la hija de Léntulo pagó legados que no debía según todo el rigor del derecho. Se dice que Augusto convocó a varones sabios, entre los cuales se halló Trebacio, que gozaba entonces de gran autoridad; y les preguntó si podía adoptarse esta innovación, si el uso de los codicilos se hallaba en armonía con los principios del derecho, y Trebacio aconsejó a Augusto admitirlo como muy útil y necesario para los ciudadanos, a causa de las grandes y prolongadas peregrinaciones que hacían entonces, durante las cuales, si había imposibilidad de hacer un testamento, al menos podrían hacerse codicilos. En adelante, habiendo hecho codicilos el mismo Labeón, nadie dudó desde entonces de que fuesen perfectamente admitidos en derecho" (Inst. 2, 25 pr).

Como se verá, existe la diferencia entre *codicilli testamento confirmati* (codicilos confirmados por testamento previo o posterior) y *non confirmati* (no mencionados en el testamento, pero que reciben fuerza de éste; cfr. D. 29, 7, 3, 2). Mientras que los primeros podían contener diversas disposiciones (legados, manumisiones, nombramiento de tutor) y era considerado parte del testamento (*pars testamenti*; cfr. D. 29, 7, 2, 2), los segundos se reservaban solamente a los *fideicommissa*. También existían los *codicilli ab intestato*, esto es, codicilos en los que el testador encargaba *fideicommissa* a sus herederos intestados (cfr. D. 29, 7, 3 pr.; Inst. 2, 25, 1).

En época clásica no existía formalidad específica para los *codicilli*, pudiendo realizarse incluso muchos, sin necesidad de escribirlos de propia mano o sellarlos (D. 29, 7, 6, 1; Inst. 2, 25, 3), pero no así por carta en la que se sólo promete una herencia o en la que se expresa el afecto del ánimo (D. 29, 7, 17). Posteriormente, la legislación imperial requirió la presencia de testigos (C. 6, 36, 8, 3). Justiniano introdujo incluso los codicilos orales. Un testador podía disponer en su testamento que, en caso de invalidez por carecer de formalidad, se le considerase codicilo (D. 29, 7, 1).

[448] En el mismo sentido, Gai. 2, 269.

[449] En el mismo sentido, Gai. 2, 281.
El principio se ve atenuado en época de Teodosio II, pues una constitución del año 439 d. C. señala: "también hemos considerado que se debía añadir esto en la ley: que a todos les sea lícito testar también en griego" (C. 6, 23, 21, 6; cfr. Nov. Theod. 16).

[450] La inserción es de Huschke, quien señala que en el texto Vaticano el copista omitió una frase sin la cual se vuelve ininteligible el sentido del texto. Se inspira a su vez en Ulp. 24, 20. 21 y Gai. 2, 271.

[451] En el mismo sentido, Gai. 2, 273.

Justiniano brinda de manera didáctica una explicación: "se puede, en caso de muerte sin testamento, rogar a aquél a quien deban pasar los bienes según el derecho civil o pretorio, que restituyendo a otro, ya la herencia en todo o en parte, ya un objeto determinado, como un fundo, un esclavo o una suma de dinero: cuando por otra parte no puede haber legado si no hay un testamento" (Inst. 2, 23, 10).

A su vez, señala que "no se puede por codicilos hacer donación, ni quitar la herencia (cfr. C. 6, 36, 2), pues esto hubiera sido confundir el derecho de testamento con el de los codicilos; ni por consiguiente desheredar tampoco. Sin embargo, directamente no puede la herencia ser ni dada ni revocada en los codicilos; porque por fideicomiso puede dejarse válidamente en aquéllos. No se puede tampoco en los codicilos añadir una condición a la institución de heredero, ni hacer directamente una sustitución (Inst. 2, 25, 2).

[452] En el mismo sentido, Gai. 2, 278. Cfr. PS 4, 1, 18.

[453] Gayo lo confirma en 2, 288. Cfr. Ulp. 24, 17 y nota respectiva.

[454] Gayo lo amplia de esta manera: "antes, se podía igualmente dejar fideicomiso a una persona incierta o al póstumo ajeno, si bien ni uno ni otro podían ser instituidos herederos o legatarios; pero en virtud de un senadoconsulto debido a la instigación del divino Adriano, la misma regla que se aplica a los legados y a las herencias, es aplicable a los fideicomisos" (Gai. 2, 287).

[455] El agregado es de Huschke, quien señala que en el documento Vaticano aparecen seis letras apocopadas de las que se infiere el vocablo.

Sobre la prohibición a los extranjeros, Gayo señala: "los extranjeros podían dar y recibir misiones de confianza y tal fue el origen de los fideicomisos. Pero luego les fue prohibido y ahora, debido a un discurso del divino Adriano se aprobó un senadoconsulto por el cual estos fideicomisos son vindicados por el fisco" (Gai. 2, 285).

[456] *Vid. supra*, nota 435.

[457] El *senatusconsultum Trebellianum*, expedido durante el principado de Nerón (56 d. C.), siendo cónsules suplentes Lucio Áneo Séneca y Trebelio Máximo, dispuso que, con objeto de que los testamentos no se invalidasen por la renuncia de los herederos instituidos y rogados a restituir la herencia a otros que realizaban frecuentemente, para liberarse de las cargas y responsabilidades, una vez restituida la herencia por el fiduciario, se diesen en favor y en contra del fideicomisario todas las acciones que por derecho civil correspondían al primero y contra él. Gayo agrega: "después de este senadoconsulto, cesaron las cauciones que se usaban habitualmente y el pretor comenzó a otorgar acciones útiles a favor y en contra de aquél que recibía la herencia, como si fuera heredero, y estas acciones eran propuestas en el edicto" (Gai. 2, 253). Cfr. Inst. 2, 23, 4; PS 4, 2, 1.

[458] El *senatusconsultum Pegasianum*, expedido durante el principado de Vespasiano (75 d. C.) siendo cónsules suplentes Pegaso y Pusio, vino a enmendar una serie de situaciones negativas que generó el *senatusconsultum Trebellianum*; mandó que el fiduciario, a quien no le quedase salva la cuarta parte de la herencia, le fuese lícito tomarla, con objeto de que fuera compelido a aceptar la herencia y de ese modo el testamento no se invalidase. El mismo fiduciario deduce también la cuarta parte de los legados hechos. Justiniano, inspirado en Gayo (Gai. 2, 254) agrega lo siguiente: "la misma retención fue concedida en objetos particulares dejados en fideicomiso. Según este senadoconsulto, el heredero quedaba sometido a las cargas hereditarias; y en cuanto al fideicomisario que recibía una parte de la herencia, era asimilado a un legatario parciario, es decir, a aquel a quien había sido legada una parte de la herencia. Esta especie de legado se llama partición, porque el legatario partía la herencia con el heredero. Así, las estipulaciones usadas entre el heredero y el legatario parciario fueron empleadas entonces entre el heredero y el fideicomisario: estipulaciones en que se establecía que los beneficios y las cargas de la herencia serían comunes entre ellos, en proporción a la parte de cada uno" (Inst. 2, 23, 5).

[459] *Vid. supra*, Ulp. 24, 25 y nota respectiva.

[460] *Vid. supra*, nota 457.

Gayo brinda una versión didácticamente elaborada del pasaje ulpianeo y agrega: "en este caso no es necesario hacer ninguna estipulación, puesto que simultáneamente a aquel que restituya la herencia le es dada una seguridad y a aquel que reciba la herencia le son transferidas las acciones hereditarias en su favor y en su contra" (Gai. 2, 258). Cfr. Inst. 2, 23, 6.

[461] *Vid. supra*, nota 458.

[462] Gayo señala al respecto: "presta su fidelidad en fraude de la ley el que promete tácitamente que restituirá o lo que se deja, u otra cosa, a persona a quien por las leyes se prohíbe adquirir por testamento, ya hubiere dado con tal motivo un quirógrafo, ya hubiere prometido con simple promesa" (D. 34, 9, 10 pr). Cfr. D. 49, 14, 48 pr.

[463] Papiniano señala al respecto: "el heredero, que prestó su tácita fidelidad contra las leyes, no disfruta de la <parte> Falcidia en aquella parte en que cometió fraude; y así lo dispuso el Senado. Pero si la cuantía de la institución fue mayor que la del fraude, por lo que atañe a la Falcidia, la cuarta parte se retendrá de lo que excede" (D. 34, 9, 11). Cfr. D. 35, 2, 59, 1; D. 49, 14, 49.

[464] *Vid. supra*, Ulp. 2, 7-12.

Hubo sin embargo algunas limitaciones al principio que señala Ulpiano. Así, una constitución de Severo (213 d. C.) declara: "no habiéndose dado la libertad a los esclavos en el testamento de sus señores, no es válido el legado o el fideicomiso que se les dejó, y no puede convalidarse aunque por alguna razón hayan conseguido la libertad después de la muerte del testador" (C. 6, 37, 4).

[465] Voci (*op. cit.*, p. 84, nota 4) señala que esta clasificación no debe mover a engaño respecto a quienes son reconocidos como agnados, pues es sólo para efectos de reconocer a los herederos legítimos no consanguíneos, que son exclusivamente varones. *Vid. infra*, nota 474.

[466] En el mismo sentido, Coll. 16, 4, 1. Cfr. Coll. 16, 3, 3: "Desde la Ley de las Doce Tablas la herencia de los <que morían> intestados se otorgaban primero a los herederos, luego a los agnados y algunas veces también a los gentiles. <Pero> de manera sana los consanguíneos, a quienes la ley no contempló, recibieron el primer lugar entre los agnados por interpretación de los prudentes".

[467] Es decir, miembros de una *gens* o linaje de familia.

[468] Huschke y Krüger insertan este pasaje, no existente en el documento Vaticano, inspirado en Coll. 16, 4, 2, el cual aparece bajo la rúbrica *Ulpianus Libro regularum* (Ulpiano en el Libro de las Reglas). Igualmente, fundan dicha inserción en el orden de asignación de la *bonorum possessio* tal como se expone en Ulp. 28, 7-9.

[469] El principio se rompe en el caso de las libertas; cfr. Ulp. 27, 2.

Justiniano, inspirado a su vez en Gayo (Gai. 3, 7-8) detalla en esta forma el pasaje a estudio: "cuando existe un hijo o una hija, con un nieto o una nieta habidos de otro hijo, son llamados juntamente a la herencia del abuelo, y el más próximo en grado no excluye al más distante. La equidad aconseja, en efecto, que los nietos y las nietas sucedan en el lugar de su padre. Por la misma razón, si existen un nieto o una nieta habidos de un hijo, con un bisnieto o una bisnieta habidos de un nieto, son llamados conjuntamente. Una vez admitido que los nietos, nietas, bisnietos y bisnietas sucedan en lugar de su padre, ha parecido consiguiente que la herencia se divida no por cabezas, sino por estirpes; así el hijo tendrá la mitad de la herencia, y los descendiente de otro hijo, sean dos o más, tendrán la otra mitad. De la misma manera si no quedan más que nietos o nietas habidos de dos hijos, como, por ejemplo, uno o dos por una parte y tres o cuatro por otra, aquéllos, sean uno o dos, tendrán la mitad; y éstos, sean tres o cuatro, la otra mitad" (Inst. 3, 1, 6). Cfr. Coll. 16, 3, 9.

[470] En otro punto Ulpiano profundiza sobre esta regla: "lo que se dice: 'el heredero próximo al hijo póstumo no puede adir la herencia mientras la mujer está embarazada, o se considera que lo está, pero si sabe que no está embarazada puede adirla', entiéndelo así: el próximo al vientre, que ha de dar a luz a un herededro suyo. Y estas palabras se refieren no sólo a los herederos por testamento, sino también a los *ab intestato*. Y entiende lo mismo respecto al vientre, que debe dar a luz a un heredero legítimo o consanguíneo, porque el que está en el vientre al tiempo de la muerte, es considerado como ya nacido en cuanto a causar mora a los herederos posteriores, y en cuanto a hacerse para sí lugar, si hubiere sido dado a luz. Y lo mismo también respecto a la posesión de los bienes del edicto. Finalmente, el pretor pone al vientre en posesión" (D. 29, 2, 30, 1).

Paulo recuerda los dilemas a que se enfrenta el jurista cuando dos o más hijos se encuentran en el vientre y se busca saber qué porción les corresponderá, especialmente al no saber cuántos podrían nacer. Rememorando ejemplos asombrosos de nacimientos múltiples, declara: "prudentísimamente siguieron los autores de derecho cierto término medio, para atender a lo que no precisamente rara vez puede suceder, esto es, que porque podía acontecer que nacieran tres mellizos, asignaron la cuarta parte al hijo que sobrevive; porque, como dice Teofrasto, los legisladores prescinden de lo que una o dos veces sucede. Y por esto, aunque haya de dar a luz sólo uno, entre tanto el heredero lo será no de la mitad, sino de la cuarta parte" (D. 5, 4, 3).

[471] Gayo explica didácticamente el pasaje en comento: "si no existiese ningún hermano del difunto, pero hay hijos de los hermanos, la herencia pertenece a todos. Sin embargo, se ha cuestionado si, en caso de que los hijos de los hermanos hayan nacido en número desigual, como por ejemplo, uno o dos de un lado y tres o cuatro del otro, la herencia debe dividirse por estirpes tal como ocurre entre los

herederos propios, o más bien por personas. Y al respecto, desde hace mucho tiempo se decidió que la herencia fuere dividida por personas, y por ello tantas cuantas fueren los miembros de cada rama, tantas serán las porciones de la herencia que se dividan, de tal modo que a cada uno le toque una parte" (Gai. 3, 16).

Con Justiniano hallamos reformas importantes al principio: "hemos también creído deber añadir a nuestra constitución que todo un grado, pero uno solo, fuese transferido de la línea de los cognados a la sucesión legítima: de tal manera que no sólo el hijo y la hija de un hermano se presentarán según lo que ya hemos dicho, a la sucesión de su tío paterno, sino que además el hijo o la hija de una hermana consanguínea o uterina llegarán, pero sólo ellos, y nadie más allá de este grado, en concurrencia con los precedentes, a la sucesión de su tío materno. Así, a la muerte de aquel que con relación a los hijos de su hermano es tío paterno, las dos ramas sucederán igualmente, como si descendiendo ambas de varones, tuviesen derecho legítimo a la sucesión, con tal de que no haya ni hermano ni hermana superviviente. Porque interviniendo estos últimos y aceptando la sucesión, los grados inferiores quedan absolutamente excluidos, porque aquí la herencia no se parte por estirpes, sino por cabezas" (Inst. 3, 2, 4).

[472] Gayo lo explica del siguiente modo: "en esta materia no hay derecho sucesivo, de tal modo que si el agnado más próximo ha rehusado la herencia, o ha muerto antes de aceptarla, a los agnados de los grados siguientes no les corresponde por ley ningún derecho" (Gai. 3, 12). Cfr. PS 4, 8, 26.

[473] Gayo señala al respecto: "también si el agnado más próximo no acepta la herencia, resulta de ello que al siguiente no se le admite por derecho legítimo a la herencia" (Gai. 3, 22).

El principio se vio gradualmente modificado, haciendo decir a Justiniano: "se había querido que en este orden de suceder no hubiese devolución; es decir, que el más próximo que fuese llamado, según lo que hemos dicho, a la herencia, llegando a repudiarla o a morir antes de haber hecho adición, los del grado subsecuente no eran admitidos por el derecho civil. Los pretores, introduciendo aquí una corrupción todavía imperfecta, no dejaban a estos agnados sin ningún auxilio, pues cerrándoseles el derecho de agnación, los llaman en el orden de los cognados. Pero nosotros, deseando no dejar ninguna imperfección en la legislación, hemos ordenado por nuestra constitución, publicada acerca del derecho de patronato y dictada por un sentimiento de humanidad, que la devolución en la herencia de los agnados no les fuese negada; porque sería absurdo que un derecho abierto por el pretor a los cognados quedase cerrado a los agnados; sobre todo cuando para la carga de las tutelas, cuando faltaba el grado más próximo, se pasaba al siguiente, por manera que se admitía la devolución para las cargas, y no para los beneficios" (Inst. 3, 2, 7).

474 Huschke agrega la parte final con base en Gai. 3, 14: "en lo que concierne a las mujeres, el régimen es diferente según que se trate de la adquisición de las herencias de ellas, o de la adquisición por ellas de los bienes de otros. En efecto, las herencias de las mujeres nos vienen por la situación de la agnación como la de los varones, mientras que por el contrario nuestras herencias no van a las mujeres más allá del grado de consanguinidad. De este modo, una hermana es heredera legítima de su hermano o de su hermana; en cambio, una tía paterna o una hija del hermano no pueden ser herederas. Está considerada como nuestra hermana, o como nuestra madre, o como nuestra madrastra aquella mujer que por una *conventio in manu* ha adquirido ante nuestro padre la situación de una hija". La regla se confirma en Gai. 3, 23.

Justiniano, brindando varios precedentes, reforma el principio: "entre los hombres, la agnación hasta el grado más distante da un derecho recíproco a la herencia. Pero en cuanto a las mujeres se quería que no pudiesen adquirir la herencia sino por derecho de consanguinidad, si eran hermanas y no más adelante; mientras que sus agnados varones eran admitidos a la herencia hasta el grado más distante. Así, sucedes tú a la hija de tu hermano, o de tu tío paterno, o a tu tía paterna; pero ellas no te suceden a ti. Se había así establecido, porque parecía ventajoso concentrar por punto general las herencias en los varones. Mas como era inicuo que fuesen universalmente excluidas como extrañas, el pretor las admite por medio de su edicto, a aquella posesión de bienes que da a la proximidad de la sangre; en cuyo orden no son admitidas sino en el caso que no existan ningún agnado ni ningún cognado más próximo que ellas. Por lo demás, la Ley de las Doce Tablas no había introducido ninguna de estas distinciones; pero inclinándose a una sencillez amiga de las leyes, llamaba indistintamente a todos los agnados, varones o hembras, cualquiera que fuese su grado, a la sucesión unos de otros. Fue ésta una jurisprudencia intermedia, posterior a la Ley de las Doce Tablas, pero anterior a la legislación imperial, que por medio de ideas sutiles introdujo esta diferencia, y rechazó completamente a las mujeres de la sucesión de los agnados, no existiendo entonces ningún otro orden de sucesión; hasta que los pretores, corrigiendo, poco a poco, el rigor del derecho civil, o llenando sus lagunas, hubieron, por una disposición de humanidad, añadido un nuevo orden en sus edictos. Entonces, hallándose introducida la línea de los cognados según el grado de proximidad, venía en auxilio de las mujeres por la posesión de los bienes, y les daba la que se llamaba *unde cognati*. Mas nos, volviendo a la Ley de las Doce Tablas, y restableciendo en este punto estas disposiciones, aplaudiendo la humanidad de los pretores, juzgamos que no han aplicado al mal un remedio eficaz. Porque, en efecto, en el caso de que el grado de parentesco y el título de agnación sean los mismos entre varones y hembras, ¿por qué se ha de dar a los primeros el derecho de llegar a la sucesión de todos los agnados, y se ha de negar absolutamente, entre esos agnados, a las mujeres, a no ser únicamente a la hermana? Por esto, derogando completamente tales disposiciones y reduciéndolas al derecho de las Doce Tablas, hemos ordenado por nuestra constitución que todas las personas legítimas, es decir, unidos por la descendencia masculina, varones o hembras, sean igualmente llamadas, según su grado, a la sucesión legítima *ab intestato*, y que las hembras no sean excluidas por no tener, como las hermanas, los derechos de consanguinidad" (Inst. 3, 3, 3-3b).

[475] Krüger coloca la frase *sine in manu conventione* al final del pasaje.

[476] Para la época de Gayo (mediados del siglo II d. C.), al parecer el principio seguía vigente: "no son admitidos los cognados, es decir, aquellos que están undios por medio de personas del sexo femenino. Y a tanto llega esta regla que el derecho de toma una hernica no le compete entre la madre y el hijo o la hija salvo que esta relación de consanguinidad se hubiera constituido entre ellos por un matrimonio bajo poder marital (*conventio in manu*)" (Gai. 3, 24). Sin embargo, el pretor corrige esas deficiencias del derecho civil, llamando a la sucesión a todos los descendientes descartados por legítimo derecho, tal como si hubieran estado bajo la potestad paterna al tiempo de la muerte de éste, ya sea que estén solos o que concurran con los herederos propios, es decir, con aquellos que estuvieron bajo la potestad paterna (Gai. 3, 26).

[477] Ulpiano se refiere al *senatusconsultum Orphitianum* del año 178 d. C., emitido bajo el imperio de Marco Aurelio y Cómodo, siendo cónsules Cornelio Escipión Orfito y Vecio Juliano Rufo; disponía que la herencia de la madre ingenua o liberta se difiriese a sus hijos legítimos o espurios, con preferencia a los demás consanguíneos o agnados de la propia madre difunta (Inst. 3, 4 pr). Posteriormente se corrige y amplia el derecho de sucesión en favor de nietos y nietas (*h. t.*, 1), e incluso de hijos nacidos de padre incierto (*h. t.*, 3). Llegó a proteger incluso a los que sufrían pérdida de capacidad jurídica (*capitis deminutio*; *h. t.*, 2).

[478] Cfr. Inst. 3, 3 pr.

[479] Dicho privilegio fue reconocido en época de Claudio (41-54 d. C.), cuando autorizó diferir a una madre la herencia legítima de sus hijos como un consuelo por su pérdida (Inst. 3, 3, 1).

[480] Sobre el *senatusconsultum Tertullianum*, *vid. supra*, nota 54.

[481] Como herederos propios más próximos estaban estaban los nietos de hijos o hijas difuntos, los hermanos carnales y consanguíneos, así como las hermanas que entrasen en unión de la madre y hermanos consanguíneos y carnales.

[482] Concedida por el pretor de manera definitiva.

[483] Justiniano brinda detalles didácticos sobre este pasaje ulpianeo: "son preferidos a la madre los hijos del hijo difunto, herederos suyos, o considerados como tales, ya en primer grado, ya en cualquier otro. Y si la muerta es una hija fuera de potestad, su hijo o su hija serán preferidos por las constituciones a la madre de la

difunta, es decir, a su abuela. Igualmente en uno y en otro caso el padre, pero no el abuelo ni el bisabuelo, es preferido a la madre, con tal, sin embargo, de que sólo entre ellos se dispute la herencia. El hermano consanguíneo del hijo o de la hija excluía a la madre; la hermana consanguínea era admitida con ella; pero si había un hermano o una hermana consanguínea, y la madre tuviese el derecho de hijos, ésta era excluida por el hermano, y la herencia se distribuía entre el hermano y la hermana" (Inst. 3, 3, 3).

El principio se ve enormemente atenuado con Justiniano, pues este señala: "considerando los vínculos de la naturaleza, la crianza y sus peligros, y la muerte que frecuentemente ocasiona, hemos discurrido que era preciso auxiliar a la madre, y que sería impío convertir contra ella un caso puramente fortuito. En efecto, una mujer ingenua, por no haber tenido tres partos, o una manumitida cuatro, era injustamente privada de la herencia de sus hijos. ¿Tiene ella culpa de no haber tenido muchos, sino pocos hijo? En consecuencia, hemos dado a las madres un derecho pleno y legítimo, ya sean ingenuas o manumitidas, ya hayan tenido tres o cuatro hijos, o sólo el que la muerte acaba de arrebatarles; y de esta manera serán llamadas a la sucesión legítima de sus hijos" (*h. t.*, 4). La concesión se amplia a los hijos ilegítimos: "poco importa si el hijo o la hija hayan nacido de padre incierto: no por eso es menos admisible la madre a la sucesión de sus bienes, en virtud del senadoconsulto Tertuliano" (*h. t.*, 7).

Incluso la madre adquiere preferencia en los derechos de sucesión: "hemos querido que la madre fuese pura y simplemente preferida a todos los herederos legítimos, y recibiese sin ninguna disminución la sucesión de los hijos, a excepción de los hermanos y hermanas, ya consanguíneos, ya simplemente cognados. Así, a la manera que la llamamos antes de todo el orden de los herederos legítimos, del mismo modo llamamos con ella a todos los hermanos y hermanas, agnados o no, para percibir juntos la herencia, aunque en la proporción siguiente. Si no quedan, con la madre del difunto o la difunta, más que hermanas agnadas o cognadas, la madre tendrá la mitad, y las hermanas la otra mitad entre todas. Mas si con la madre sobrevive un hermano, o hermanos solos, o con ellos hermanas agnadas, o simplemente cognadas, la herencia *ab intestato* se distribuirá por cabezas" (*h. t.*, 5). Sin embargo, también opone una limitación al abuso de este derecho: "pero si hemos atendido a los intereses de la madre, es preciso que ellas atiendan a los de sus hijos. Que sepan, pues, que si descuidan pedir dentro del año, ya el nombramiento de un tutor a sus hijos, ya su reemplazo en caso de exclusión o de excusa, serán con razón rechazadas de la sucesión de estos hijos que mueren impúberos" (*h. t.*, 6).

[484] En el mismo sentido, D. 38, 16, 3 pr.

[485] Sin embargo, el principio no era tan riguroso para este fragmento y el anterior, ya que Gayo señala: "también ocurre que en la herencia de un ciudadano romano liberto el patrono excluye al hijo de otro patrono. Por el contrario, los bienes de los

latinos pertenecen simultáneamente al primero patrono y al heredero del otro patrono, en proporción a la parte que correspondería al propio manumitente" (Gai. 3, 60).

Juliano matiza el precepto de la siguiente forma: "si el liberto hubiere fallecido intestado, dejando un hijo del patrono, y de otro hijo dos nietos, los nietos no serán admitidos mientras vive el hijo, porque es manifiesto que a la herencia del liberto es llamado el más próximo" (D. 38, 2, 23, 1). Cfr. PS 3, 2, 1.

Justiniano reforma este principio a través de una constitución que establecía las siguientes reglas: "si el liberto o la liberta es menos que centenaria, es decir, si tiene menos de cien sueldos de oro de patrimonio (porque de esta manera valuamos la suma de la Ley Papia: un sueldo de oro es mil sestercios), el patrono no tendrá ningún derecho a su sucesión, si es que han dispuesto de ella por testamento; porque si han muerto intestados, el derecho de patrono permanece íntegro, tal como se hallaba fijado por la Ley de las Doce Tablas. Pero cuando son más que centenarios, si tienen hijos herederos o poseedores de bienes, ya uno, ya muchos, de cualquier sexo o grado que sean, son estos hijos a los que llamamos a la herencia paterna, con exclusión total del patrono y de su descendencia. Si mueren sin hijos, entonces, si no han dejado testamento, llamamos a los patronos o patronas a la totalidad de la herencia; pero si han hecho un testamento, y en él han omitido a su patrono o patrona, no teniendo hijos, o habiendo desheredado a los que tenían o si se trata de una madre o de un abuelo materno, habiéndolos pasado en silencio, de modo que su testamento no pueda ser acusado como inoficioso, en este caso el patrón, según nuestra constitución, obtendrá por la posesión de bienes *contra tabulas*, no ya como en otro tiempo la mitad, o el complemento de este tercio, si el liberto o la liberta les han dejado menos del tercio; y esto sin cargas: de tal modo que aun los legados o fideicomisos dejados a los hijos del liberto o de la liberta no deberán ser pagados de dicho tercio; pero la carga de ellos recaerá exclusivamente sobre los coherederos del patrón" (Inst. 3, 7, 3).

[486] Gayo lo explica didácticamente: "si un patrono tiene tres hijos y otro patrono tiene uno solo, la herencia de un ciudadano romano liberto se divide por personas, de tal modo que los tres hermanos recogen tres porciones y el descendiente único de la otra rama recoge una cuarta. En cambio, los bienes de los latinos corresponden a los sucesores en la proporción que correspondería al propio manumitente" (Gai. 3, 61). Cfr. D. 38, 2, 32, 2; PS 3, 2, 3.

Justiniano reforma este principio del sigueinte modo: "En la misma constitución hemos reunido otras muchas reglas, que juzgamos necesarias para completar este derecho. Así es como son llamados a la sucesión de los libertos, no sólo el patrón, la patrona y sus hijos, sino también sus parientes colaterales hasta el quinto grado, como puede verse en el texto de esta constitución. Mas en el caso de muchos hijos, de uno, de dos o de muchos patronos o patronas, el más próximo es llamado a la herencia del liberto o de la liberta, y la herencia se divide por cabezas, y no por estirpes. Lo mismo sucede con los colaterales. Hemos casi reducido a la identidad el derecho de sucesión, tanto en relación con los libertos, cuanto en relación con los ingenuos" (Inst. 3, 7, 3).

[487] Gayo brinda una explicación didáctica en dos vertientes. La primera tiene que ver con el derecho de los agnados: "a los agnados que han sufrido pérdida de capacidad jurídica (*capitis deminutio*) no los llama en segundo grado después de los herederos propios, es decir, no en el grado en el cual serían llamados por la ley si no hubiesen sufrido la *capitis deminutio*, sino en el tercer rango de proximidad. En efecto, si bien ellos han perdido el derecho legítimo a causa de la *capitis deminutio*, no es menos cierto que conservan la situación de cognados. De este modo, si hubiera otro agnado que tuviera íntegro su derecho de agnación, éste será preferido aun cuando fuera de un grado más lejano" (Gai. 3, 27).

La segunda se refiere al derecho de la patrona sobre la liberta: "pero en lo que se relaciona con los bienes de las libertas que murieron intestadas, nada nuevo ha sido establecido por la Ley Papia para las patronas honradas a causa de sus hijos. Por lo tanto, si ni la patrona misma ni su liberta han perdido su capacidad jurídica (*capitis deminutio*), la patrona recibe la herencia de acuerdo con la Ley de las Doce Tablas y excluye a los hijos de la liberta; este derecho lo tiene la patrona aunque no esté honrada a causa de sus hijos, ya que según dijimos más arriba, las mujeres no pueden nunca tener herederos propios. Por el contrario, si la patrona o la liberta han visto disminuida su capacidad jurídica (*capitis deminutio*), en ese caso los hijos de la liberta excluyen a la patrona, pues encontrándose extinguido el derecho legítimo por la *capitis deminutio* ocurre que los hijos de la liberta son preferidos por el derecho de la consanguinidad" (Gai. 3, 51).

[488] La *bonorum possessio* es el derecho de sucesión introducido por los pretores como sistema de herencia paralelo al del *ius civile*, con objeto de corregir ciertas iniquidades del segundo. Literalmente, *bonorum possessio* significa la posesión de bienes dados por el pretor a una persona sin considerar si tiene o no el derecho de sucesión según el derecho civil.

Ulpiano brinda en otro sitio una definición del tema que nos ocupa: "el derecho de perseguir y de retener el patrimonio, o la cosa que fue de alguno cuando muere" (D. 37, 1, 3, 2); pero aclara: "mas aquí bienes, como solemos decir de ordinario, se han de entender de este modo: la sucesión de una universalidad cualquiera, por la cual se sucede en el derecho del difunto, y se aceptan las ventajas y los inconvenientes de esta cosa; porque ya si son solventes los bienes, ya si no lo son, ya si producen daño, ya si lucro, ora si consisten en cosas corporales, ora si en acciones, en este lugar se llamarán propiamente bienes" (*h. t.*, 3 pr). Sin embargo, debe entenderse, según Labeón, como posesión de un derecho, más que de la cosa corpórea (*h. t.*, 3, 1).

El *bonorum possessor* tiene prácticamente una posición similar a la del sucesor

274

universal sin llamársele *heres* (heredero), ya que dicho término se reserva a los que sucedieron en la plena propiedad del fallecido según el *ius civile*. De ahí el principio que sienta Ulpiano: "la posesión de los bienes que ha sido admitida atribuye las ventajas y los inconvenientes de la herencia, y también el dominio de las cosas que se hallan en estos bienes, porque todo esto está conjunto con los bienes, pues en todo son considerados los poseedores de los bienes en calidad de herederos" (*h. t.*, 1 y 2).

Si bien una regla declaraba que "el pretor no puede hacer herederos *ya que solo se hacen herederos por la ley o por una constitución imperial equivalente* tal como por un senadoconsulto o por una constitución imperial" (Gai. 3, 32; Inst. 3, 9, 2), podía sin embargo darle a una persona la posesión factual de la herencia y así crear una situación similar a la del heredero civil (*vid. infra*, Ulp. 28, 12).

[489] Paulo explica la división de esta forma: "el beneficio de la posesión de los bienes es de muchas clases; porque algunas posesiones de bienes competen contra la voluntad (*contra tabulas*), y otras conforme a la voluntad de los difuntos (*secundum tabulas*), y también *ab intestato* a los que tienen el derecho legítimo, o a los que no lo tienen por causa de *capitis deminutio*. Porque aunque por derecho civil falten los hijos, que por razón de la disminución de cabeza dejaron de ser herederos suyos, sin embargo, el pretor rescinde por equidad la disminución de cabeza de ellos. Y también por defender las leyes da la posesión de los bienes" (D. 37, 1, 6, 1).

Justiniano recuerda el origen de la *bonorum possessio*: "a veces, sin embargo, no es para corregir, ni para contradecir el antiguo derecho, sino más bien para confirmarlo, para lo que el pretor promete la posesión de bienes; porque da también a los herederos instituidos por un testamento regular la posesión de bienes *secundum tabulas* (según las tablillas). Del mismo modo, en el caso de *ab intestato*, llama a la posesión de bienes a los herederos suyos y a los agnados, aunque sin el auxilio de esta posesión de bienes les pertenezca la herencia según el derecho civil" (Inst. 3, 9, 1).

[490] En otro punto, Ulpiano amplia este pasaje: "el pretor pone en posesión de los bienes también a los hijos que se volvieron independientes de la potestad paterna (*sui iuris*). Así, pues, ora si fueran emancipados, ora si de otro modo salieran de la potestad del padre, son admitidos a la posesión de los bienes; pero no pueden serlo a la de los bienes del padre adoptivo, porque para que pueda ser admitido debe ser del número de los hijos" (D. 37, 4, 1, 6). El privilegio se extiende a los hijos nacidos de tales emancipados (*h. t.*, 3 pr).

Justiniano contextualiza de esta forma el principio ulpianeo: "el cuanto a los hijos emancipados, el derecho civil no impone ninguna necesidad ni de instituirlos herederos ni de desheredarlos, porque no son herederos propios. Pero el pretor ordena que todos, sin distinción de sexo, si no son instituidos, sean desheredados;

los varones nominalmente, y las hembras conjuntamente; y si no han sido instituidos ni desheredados, como acabamos de decir, el pretor les concede la posesión de los bienes *contra tabulas*" (Inst. 2, 13, 2).

[491] En otro punto, Ulpiano recuerda que como requisito de procedibilidad no debieron ser ni instituidos ni desheredados (D. 37, 4, 1 pr).

[492] *Vid. supra*, Ulp. 28, 2 y nota respectiva.

Ulpiano extiende el beneficio a los hijos retenidos en cautiverio: "aunque por derecho de postliminio los hijos hubieren vuelto del poder de los enemigos, opina Pomponio que son ellos admitidos a la posesión de los bienes contra el testamento" (D. 37, 4, 1, 3). Y así, "si de tres hijos uno hubiera sido tomado por los enemigos, a los dos que se hallan en la ciudad les compete la posesión de los dos tercios de los bienes" (*h. t.*, 1, 4), ampliándose este derecho a los hijos póstumos (*h. t.*, 1, 5).

[493] Ulpiano brinda en otro punto la razón: "porque con la emancipación se disolvieron los derechos de adopción" (D. 38, 6, 1, 6), e incluso "pierden después de la emancipación hasta el nombre de descendientes" (*h. t.*, 4).

Al respecto, Justiniano señala: "los hijos adoptivos, mientras se hallan bajo la potestad del adoptante, están bajo la misma condición que los hijos habidos de justas nupcias: deben, pues, ser instituidos o desheredados por él, como hemos expuesto respecto de los hijos naturales; pero si han sido emancipados por el adoptante, no se cuentan ya entre sus hijos, ni según el derecho civil, ni según el derecho establecido por el edicto del pretor. En consecuencia, por reciprocidad y respecto de su padre natural, mientras que se halla en la familia adoptiva son considerados como extraños, a quienes no hay obligación de instituir ni desheredar. Pero desde que han sido emancipados por el padre adoptivo, entran en la misma condición que habrían tenido si hubiesen sido emancipados por el padre natural" (Inst. 2, 13, 4).

[494] Ulpiano brinda una razón esclarecedora para dicha disposición: "porque consideró justísimo que los que están libres de potestad no descuidasen los bienes paternos, ni que tuviesen los bienes principales como <exclusivamente> propios, quitando así la parte respectiva a los <otros> herederos legítimos" (Coll. 16, 7, 2).

En caso de no poder brindar la protección, se les debe obligar bajo su fe a unificar los bienes, con la excepción del peculio castrense que se tuviere (PS 5, 9, 4).

[495] Comentando el edicto del pretor, Ulpiano declara: "el pretor siguió un orden muy justo; porque quiso que en primer lugar les pertenciera a los hijos la posesión de los bienes contra el testamento, y que después, si de este modo no hubiera sido ocupada, se haya de cumplir la disposición del difunto. Así, pues, habrán de ser

esperados los hijos mientras pueden pedir la posesión de los bienes; pero si hubiere finido el término, o hubieren fallecido antes, o hubieren repudiado, o hubieren perdido el derecho de pedir la posesión de los bienes, entonces la posesión de los bienes vuelve a los instituidos" (D. 37, 11, 2 pr).

[496] Gayo lo explica de manera didáctica: "si el testamento está firmado por siete testigos, el pretor ofrece a los herederos inscritos conforme a las tablas del testamento la posesión de los bienes, y si nadie a quien le correspondiera la sucesión *ab intestato* por derecho legitimo se presenta, como por ejemplo, un hermano nacido del mismo padre o un tío paterno o el hijo de un hermano, los herederos inscritos podrán retener la herencia. Y el mismo derecho existe si el testamento no vale, si no se ha vendido el patrimonio o el testador no ha pronunciado las palabras de la *nuncupatio* (vid. supra, Ulp. 20, 9 y nota respectiva) (Gai. 2, 119). Cfr. Ulp. 23, 6 y notas respectivas; Inst. 2, 10, 2.

[497] Basada en el orden que el edicto pretorio tomó a su vez de la Ley de las Doce Tablas respecto a la posesión de bienes del que testó y del intestado (D. 38, 6, 1 pr.), Justiniano aclara: "el pretor ha establecido además otros muchos grados de posesiones de bienes, siendo su objeto proveer a que no se muera sin sucesor. También el derecho de percibir las herencias, limitado por la Ley de las Doce Tablas a los términos más estrechos, se ha extendido por él de un modo equitativo" (Inst. 3, 9, 2).

[498] Juliano detalla esta hipotesis de la siguiente manera: "estas palabras del edicto: 'entonces el que debiere ser heredero de éste, si hubiere muerto intestado', se entienden amplia y extensamente, y con cierto espacio de tiempo, y no se refieren al tiempo de la muerte del testador, sino a aquél en que se pidiese la posesión de los bienes; y por lo tanto es manifiesto que si el legítimo heredero hubiere perdido su capacidad jurídica (*capitis deminutio*), es excluido de esta posesión de los bienes" (D. 38, 7, 1). *Vid. infra*, Ulp. 28, 9; cfr. la vasta casuística contenida en D. 38, 7.

[499] Justiniano contextualiza esta hipótesis de la siguiente forma: "aquellos que se hallan unidos por hembras en línea colateral, son llamados por el pretor en el tercer orden de sucesión en su grado de proximidad" (Inst. 3, 5, 2).

[500] La versión que ofrece Ulpiano se aplica a los bienes de los libertos, por ello mencionará al patrón, la patrona, a sus descendientes y al manumisor.

[501] Al respecto, cfr. Coll. 16, 9, 1: "después de la familia del patrón, el pretor llama al patrón o la patrona, así como a los hijos y parientes de uno u otra, luego al esposo y a la esposa, luego a los parientes consanguíneos del patrón o la patrona <esto es, del manumisor>".

[502] Según Ulpiano, y refiriéndose exclusivamente a los ingenuos, el marido y la

mujer se colocan en cuarto lugar, inmediatamente después de los cognados (D. 38, 6, 1, 1).

[503] Justiniano presenta una variación respecto al orden que señala Ulpiano; tras reconocer que se debe llamar primero la *bonorum possessio contra tabulas* y después la *bonorum possessio secundum tabulas*, señala: "después de haber tratado de los testados, \<el pretor\> pasa a los intestados. Y da la posesión de bienes: primeramente a los herederos propios, y a todos aquellos que el edicto cuenta en el número de los herederos suyos: esta se llama *unde liberi*; en segundo lugar, a los herederos legítimos; en tercer lugar, a las diez personas que prefiriese al manumiso extraño, a saber: el padre y la madre, el abuelo y la abuela, tanto paternos cuanto maternos; el hijo y la hija, el nieto y la nieta habidos de un hijo o de una hija, el hermano y la hermana, consanguíneos o uterinos (aquí Ulpiano se refiere a los parientes consanguíneos próximos); en cuarto lugar, a los cognados más próximos (Ulpiano se refiere a la familia del patrón); en quinto lugar, al individuo más próximo de la familia del liberto (Ulpiano coloca en este lugar al patrón, la patrona y los hijos o parientes del primero y la segunda); en sexto lugar, al patrón y a la patrona, a sus descendientes y ascendientes (Ulpiano habla aquí del marido y la esposa); en el séptimo, al esposo y la esposa (Ulpiano alude aquí a los consanguíneos del manumisor), y por último, en el octavo a los cognados del manumisor" (Inst. 3, 9, 3).

Por alguna razón desconocida, Ulpiano deja de mencionar a los diez parientes más cercanos que Justiniano coloca en el tercer grado. De hecho, el segundo corrige a través de constituciones esta disparidad, aceptando el criterio ulpianeo, desapareciendo al que se halla en quinto lugar (aquí Justiniano comete un error, pues en realidad se trata del tercer grado), "por una determinación piadosa y en pocas palabras", dando su lugar a quienes antes estaban en sexto (en realidad la cuarta para Justiniano y tercera para Ulpiano), es decir, los cognados más próximos (Inst. 3, 9, 4). Igualmente, desaparece a los colocados en séptimo y octavo lugar (en realidad quinto y sexto, sexto y séptimo para Ulpiano), imitando las sucesiones de los ingenuos (*h. t.*, 5); sin embargo, conserva la sucesión del esposa y la esposa, originalmente colocada en noveno lugar (en realidad el séptimo, sexto para ulpiano), al reubicarla en el sexto (*h. t.*, 6).

En el séptimo lugar, Justiniano se refiere de manera abstracta a todos los que una ley, senadoconsulto o constitución imperial ordenen otorgar los bienes, ya por testamento, ya por sucesión intestamentaria (*h. t.*, 7), y que Ulpiano materializa en los consanguíneos del manumisor.

[504] Ulpiano se refiere a la *Lex Furia testamentaria*; *vid. supra*, nota 435.

[505] La *lex Iulia caducaria* es en realidad una "segunda parte" de la Ley Julia sobre ordenanzas matrimoniales (*lex Iulia de maritandis ordinibus*; *vid. supra*, nota 176), referente a la manera de disponer todos los bienes que han quedado sin

sucesor que los reclame (*vid. supra*, Ulp. 17).

Llamada por algunos Ley Julia sobre el matrimonio de las diversas clases y Ley Julia viseminaria, señalaba una serie de grados parentales que tenían el derecho de reclamar los bienes hereditarios antes de ser tomados por el fisco.

Al respecto, Gayo señala: "*de acuerdo* con la Ley Julia *los herederos inscritos no son privados de la herencia, si son constituidos* poseedores *por el edicto del pretor. En efecto, precisamente* por esta ley los bienes se hacen caducos y se ordena abandonar en provecho del pueblo si respecto del difunto *no existiera* ningún *heredero o poseedor de los bienes*" (Gai. 2, 150).

[506] Modestino coincide al decir: "la posesión de los bienes del padre que falleció intestado se les da a los hijos, no solamente a los que estuvieron bajo la potestad de su ascendiente hasta el tiempo de la muerte, sino también a los emancipados" (D. 38, 15, 1, 2). Cfr. Gai. 3, 26.

[507] Justiniano detalla este aspecto: "los hijos emancipados, según el derecho civil, no tienen ningún derecho: no son, en efecto, ni herederos propios, pues han salido de la patria potestad, ni llamados con ningún otro título por la Ley de las Doce Tablas. Mas el pretor, movido por la equidad natural, les da la posesión de los bienes *unde liberi*, como si hubiesen estado bajo la potestad del ascendiente al tiempo de su muerte, y esto, ya sean solos, o ya concurran con herederos suyos. Así, si existen dos hijos, el uno emancipado y el otro sometido al difunto en el día de su muerte, este último ciertamente es el solo heredero por el derecho civil, es decir, solo heredero suyo. Mas como el emancipado es admitido por el beneficio del pretor a tomar parte, resulta de aquí que el heredero suyo no es ya heredero sino en parte" (Inst. 3, 1, 9). Cfr. D. 38, 6, 5.

[508] Ulpiano aclara lo que debe entenderse por descendientes o hijos naturales (*liberi*): "los que dijimos que deben ser admitidos a la posesión de los bienes contra el testamento, tanto naturales como adoptivos" (D. 38, 6, 1, 6; vid. supra, Ulp. 28, 3). Sobre los segundos, les reconoce el derecho a la posesión de bienes en caso de ser emancipados, adoptados y vueltos a emancipar, pues en este último caso salen de la potestad del padre adoptivo y recaen nuevamente en la potestad del padre natural (D. 38, 6, 4). Cfr. Ulp. 28, 3, así como la rica casuística que al respecto se contiene en D. 38, 6.

[509] Ante la sucesión civil que solamente reconoce a los agnados, es decir, parientes por línea masculina, Ulpiano recuerda sobre la posesión de bienes reservada a los consanguíneos: "esta posesión de bienes cuenta con la sola indulgencia del pretor, y no tiene origen en el derecho civil; porque invita a la posesión de los bienes a los que por derecho civil no pueden ser admitidos a la sucesión, esto es, a los cognados" (D. 38, 8, 1 pr), que Labeón define "como si hubieren tenido común origen al nacer" (*h. t.*, 1, 1): los nacidos por vía materna, como señala Gayo: "en

dicho mismo grado son llamadas también las personas cuyos vínculos de parentesco están establecidos por personas del sexo femnino" (Gai. 3, 30).

Tal derecho comprende, según lo dispuesto por el edicto, seis grados de cognación y a dos personas del séptimo: al hijo y a la hija del sobrino y de la sobrina (*h. t.*, 1, 3); se extiende también a los hijos adoptivos, pues adquieren simultáneamente agnación y cognación (*h. t.*, 1, 4). Cfr. la amplia casuística contenida en D. 38, 8.

[510] Gayo lo explica didácticamente: "a los agnados que han sufrido una *capitis deminutio* <el pretor> no los llama en segundo grado después de los heredero propios, es decir, no en el grado en el cual serían llamados por la ley si no hubiesen sufrido la *capitis deminutio*, sino en el tercer rango de proximidad. En efecto, si bien ellos han perdido el derecho legítimo a causa de la *capitis deminutio*, no es menos cierto que conservan la situación de cognados. De este modo, si hubiera otro agnado que tuviera íntegro su derecho de agnación, éste será preferido, aun cuando fuera de un grado más lejano" (Gai. 3, 27). Cfr. Inst. 3, 5, 1.

[511] Al respecto, Gayo comenta didácticamente: "a aquellos a los cuales el pretor llama a la herencia, no los hace sin embargo herederos por propio derecho (*ipso iure*). En efecto, el pretor no puede hacer heredero *ya que sólo se hacen herederos por la ley o por una constitución jurídica equivalente*, tal como por un senadoconsulto o por una constitución imperial. Pero como el pretor les da la *bonorum possessio resultan establecidos* en el lugar de los herederos" (Gai. 3, 32). Cfr. Inst. 3, 9, 2, a partir del cual el pasaje gayano fue reconstruido.

[512] La razón es que el sujeto colocado *loco heredis* (en lugar del heredero) adquiere solamente la propiedad bonitaria (*in bonis*), reconocida por el magistrado como un poder de hecho (Gai. 3, 32), pudiendo sin embargo obtener la propiedad *ex iure Quiritium*, es decir, la civil (Gai. 3, 80). Dichas acciones ficticias concedidas por el pretor pueden ser:

a) Una *usucapio pro herede*, por medio de la cual el aspirante a heredero detentaba los bienes por el plazo de un año para después solicitar la propiedad civil (Gai 2, 54). La razón que esgrime el jurista del siglo II d. C. es la continuación del culto doméstico observado entonces rigurosamente y la existencia de una persona que respondiese ante los posibles acreedores del difunto (Gai. 2, 55); dicha *usucapio* "lucrativa" (Gai. 2, 56) se mantuvo hasta un senadoconsulto motivado por Adriano (Gai. 2, 57). Tal ficción jurídica se vio apuntalada y secundada, debido a su novedad jurídica, por disposiciones imperiales de Claudio (Inst. 3, 3, 1), Adriano (*h. t.*, 2) y Justiniano (*h. t.*, 4 - 5).

b) Una acción reivindicatoria ficticia para que el que se considere heredero reclame en lugar del que pudo ser legítimo pero ha fallecido. Gayo señala la fórmula de la acción: "de acuerdo con esto reclama hacer la ficción de heredero de este modo: QUE HAYA UN JUEZ. SUPONIENDO QUE AULO AGERIO

280

FUERA EL HEREDERO DE LUCIO TICIO, EL FUNDO POR EL CUAL SE ACCIONA DEBERÍA SER SUYO POR DERECHO DE LOS QUIRITES" (Gai. 4, 34).

[513] Gayo lo explica de esta manera: "aquellos que reciben la *bonorum possessio secundum tabulas* por un testamento que, o bien era irregular desde su origen, o bien que habiendo sido hecho de acuerdo a derecho fue posteriormente roto o írrito, con tal de que luego puedan obtener la herencia, consiguen una posesión efectiva de los bienes (*cum re*); pero si por el contrario pueden ser privados de ella, entonces sólo tendrán una posesión ilusoria de los bienes *(sine re)*" (Gai. 2, 148).

[514] *Vid. supra*, Ulp. 23, 6. 26, 2.

Gayo matiza el principio ulpianeo de este modo: "en efecto, el que haya sido instituido heredero por el derecho civil, ya sea por el primer testamento, o ya sea por uno posterior o incluso el heredero legítimo *ab intestato*, puede arrebatarles la herencia. Por el contrario, si no existe ningún otro heredero de derecho civil pueden ellos retener la herencia y los cognados, que no tienen derecho legítimo, no pueden oponerles ningún título contra ellos" (Gai. 2, 149).

No obstante, señala ciertas variantes: "supongamos que alguien pidiera la posesión de los bienes *ab intestato*, y que quien es heredero testamentario reclamase la herencia, *entonces éste es repelido por la excepción de dolo malo; y si ninguno pidiera la posesión de bienes ab intestato, entonces considerándose como indigno al heredero inscrito, a quien de ningún modo el testador ha querido tenerlo como heredero, es el pueblo quien* obtiene la herencia. Esto es lo que se ha dicho en el rescripto del emperador Antonino" (Gai. 2, 151a). Cfr. D. 38, 9, 1 pr.

[515] Gayo agrega: "resultaba entonces abiertamente inequitativo que no se le diera ninguna ubicación jurídica al patrón" (Gai. 3, 40). Cfr. Inst. 3, 7, pr.

[516] Gayo agrega entre los parientes a la nuera que estuviese bajo el poder marital (*manus*) de su hijo.

Por otro lado, agrega: "los descendientes sanguíneos del liberto pueden excluir al patrono, entendiendo por tales no sólo a aquellos que el liberto tenía bajo potestad paterna al tiempo de su muerte, sino también a los emancipados y a los dados en adopción, siempre que hubieran sido inscritos por una parte cualquiera en el testamento o que habiendo sido preteridos hubieran pedido la *bonorum possessio contra tabulas* de acuerdo con el edicto, por cuanto los desheredados de ningún modo excluyen al patrón" (Gai. 3, 41). Cfr. Inst. 3, 7, 1.

Respecto al orden de sucesión para los libertos, se sigue la regla establecida en Ulp. 28, 7.

La *Lex Pappia Poppaea* (*vid. supra*, nota 176) mejoró la situación de los patrones de libertos opulentos: "se ordenó que cuando un liberto dejase un patrimonio de cien mil sestercios o más y tuviese menos de tres hijos –ya sea que hubiese hecho testamento o que muriera intestado-, de esos bienes le era debida al patrono una parte viril. Así, si el liberto ha dejado por heredero solamente un hijo o una hija, la mitad de la herencia le es debida al patrón como si el liberto hubiese muerto sin dejar hijo o hija; si en cambio dejase dos hijos o dos hijas, entonces le es debida al patrono una tercera parte; y si dejara tres, el patrono queda excluido" (Gai. 3, 42). Cfr. Inst. 3, 7, 2.

El principio recibe modificaciones sustanciales con Justiniano: "si el liberto o la liberta es menos que centenaria, es decir, si tiene menos de cien sueldos de oro de patrimonio (porque de esta manera valuamos la suma de la Ley Papia: un sueldo de oro es mil sestercios), el patrono no tendrá ningún derecho a la sucesión, si es que han dispuesto de ella por testamento; porque si han muerto intestados, el derecho de patrón permanece íntegro, tal como se hallaba fijado por la Ley de las Doce Tablas. Pero cuando son más que centenarios, si tienen hijos herederos o poseedores de bienes, ya uno, ya muchos, de cualquier sexo o grado que sean, son estos hijos a los que llamamos a la herencia paterna, con exclusión total del patrono y de su descendencia. Si mueren sin hijos, entonces, si no han dejado testamento, llamamos a los patrones o patronas a la totalidad de la herencia; pero si han hecho un testamento, y en él han omitido a su hijo o patrona, no teniendo hijos, o habiendo desheredado a los que tenían, o si se trata de una madre o de un abuelo materno, habiéndolos pasado en silencio, de modo que su testamento no pueda ser acusado como inoficioso, en este caso el patrono, según nuestra constitución, obtendrá por la posesión de bienes *contra tabulas*, no ya como en otro tiempo la mitad, sino el tercio de los bienes de liberto, o el complemento de este tercio, si el liberto o la liberta les han dejado menos del tercio, y esto sin cargas: de tal modo que aun los legados o fideicomisos dejados a los hijos del liberto o de la liberta no deberán ser pagados de dicho tercio; pero la carga de ellos recaerá exclusivamente sobre los coherederos del patrono. En la misma constitución hemos reunido muchas otras reglas, que juzgamos necesarias para completar este derecho. Así es como son llamados a la sucesión de los libertos no sólo el patrono, la patrona y sus hijos, sino también sus parientes colaterales hasta el quinto grado, como puede verse en el texto de esta constitución. Mas en el caso de muchos hijos, de uno, de dos o de muchos patronos o patronas, el más próximo es llamado a la herencia del liberto o de la liberta, y la herencia se divide por cabezas, no por estirpes. Lo mismos sucede con los colaterales. Hemos casi reducido a la identidad el derecho de sucesión, tanto en relación con los libertos, cuanto en relación con los ingenuos" (Inst. 3, 7, 3).

[517] Ello se debe, según Gayo, a que ya la Ley de las Doce Tablas garantizaba ese derecho (Gai. 3, 43).

[518] Gayo agrega: "*o ya fuere que le acusara de no haberle dejado como heredero,*

o que por el mismo testamento lo dejara como heredero, la herencia le venía al patrono. Si en cambio el testamento no era hecho con su autorización (*auctoritas*) y entonces la liberta moría intestada, lo mismo la herencia le pertenecía al patrono, *ya que la mujer no puede tener herederos propios*, de acuerdo con ello antiguamente no había nadie, *ya fuere heredero* o *bonorum possessor* que pudiera excluir al patrono de los bienes de la familia intestada" (Gai. 3, 43).

La reconstrucción es de Huschke. Krüger propone la siguiente frase en esta laguna: *seu testari voluerit liberta, in patroni potestate erat, ne testamento auctor fieret, in quo ipse heres institutus non esset, seu...* (ya sea que la liberta bajo potestad del patrón quisiera recibir por testamento, y el autor no lo expresase en el testamento, en el cual no se ha instituido propiamente un heredero, o ya sea...).

[519] *Vid. supra*, nota 176.

[520] Gayo agrega al respecto: "de este modo, si una liberta les deja sus bienes *a sus cuatro* hijos, todos ellos vivos, *la quinta parte le es debida al patrón, pero si ella sobreviviera a todos sus hijos, entonces la herencia* pertenece al patrón" (Gai. 3, 44).

[521] Gayo lo explica de esta forma: "lo que hemos dicho del patrono, lo entendemos también del hijo del patrón, lo mismo que del nieto nacido del hijo y del bisnieto nacido del nieto nacido del hijo" (Gai. 3, 45). Cfr. Inst. 3, 8 pr.

[522] Gayo explica didácticamente esta parte del pasaje ulpianeo: "si bien antiguamente la hija del patrón, la nieta nacida del hijo y la bisnieta del nieto nacido del hijo *tenían el mismo derecho* que le fue dado al patrón por la Ley de las Doce Tablas, el pretor *llama solamente a* los descendientes de los patronos del sexo viril. *Pero si una hija pide la bonorum possessio contra tabulas* del testamento del liberto o la *bonorum possessio ab intestato* contra el hijo adoptivo o la esposa o la nuera que estuviera bajo poder marital, la misma es conseguida de acuerdo con el derecho de los tres hijos en virtud de la Ley Papia; de otro modo, ella no tiene este derecho" (Gai.3, 46).

[523] Gayo explica de esta forma la parte final del pasaje ulpianeo: "aunque ella se beneficie del *ius liberorum*, ella no podría, como lo piensan algunos, pretender una parte viril en los bienes de la liberta que tiene cuatro hijos y ha muerto testada. Sin embargo, si la liberta ha muerto intestada, resulta de las palabras de la Ley Papia (vid. supra, nota 174) que le es debida una parte viril. Por el contrario, si la liberta muere habiendo hecho testamento, entonces le es dado (a la hija del patrono) el mismo derecho concedido contra las tablas del testamento del liberto, es decir el mismo derecho que los descendientes del sexo viril de los patronos tienen contra las tablas del testamento del liberto, aunque esta parte de la ley ha sido redactada con muy poca diligencia" (Gai. 3, 47).

[524] Gayo agrega al respecto: "por consiguiente, en el caso de que ellas pidieran la *bonorum possessio* por la mitad de los bienes, ya fuera en contra de las tablillas del testamento de un liberto ingrato o siendo intestado contra el hijo adoptivo o la esposa o la nuera, el pretor no las protege de una manera similar a la del patrono y sus descendientes" (Gai. 3, 49).

[525] Realizamos esta inserción entre corchetes con base en Gai. 3, 50.

[526] En el mismo sentido, Gai. 3, 50.

[527] El pasaje reproducido a continuación se ubica en *Collatio legum Mosaicarum et Romanarum*, 2, 2, siguiendo el orden que proponen Huschke y Krüger. No existe en otras versiones, salvo en la obra citada, y se especula que la sección faltante después del pasaje anterior contenía efectivamente este título, mucho más extenso pero hoy tan sólo conocido por uno de sus fragmentos.

[528] La *iniuria* significa acto ilegal o ilícito. En sentido general, "significa todo acto contra derecho" (Inst. 4, 4, pr.), porque "no se hace con derecho" (D. 47, 10, 1, pr.); en sentido específico, abarca delitos particulares, tanto lesiones corporales (*iniuria re facta*) como ofensas hechas a la reputación de un sujeto (D. 47, 10, 1, 1), definidas en la Ley de las Doce Tablas, en el edicto del pretor, en la *Lex Cornelia de iniuriis*, y posteriormente en las constituciones imperiales. Particularmente, el edicto del pretor defiende con eficacia la dignidad del ciudadano romano contra la difamación a través de una acción especial, la *actio inriuriarum*.

La *iniuria* es un delito privado (*delictum*), perseguido sólo a petición de la parte ofendida, pues como advierte Paulo, "no puede parecer que recibe ningún daño injusto el que una vez lo consintió" (D. 39, 3, 9, 1). Las penas variaron con el transcurso del tiempo: desde la Ley del Talión, pasando por reparación pecuniaria (multas fijadas ya en la Ley de las Doce Tablas; cfr. Gai. 2, 223) –cuya cantidad era impuesta por el juez, investido de gran discrecionalidad para estimar el daño provocado a la reputación, el rango social y la dignidad de la persona injuriada- a penas más duras, como los azotes o el exilio, dependiendo de la gravedad de la injuria y el rango social del injuriante (Inst. 4, 4, 7).

En el año 81 a. C., durante la dictadura de Lucio Cornelio Sila, se emite la *Lex Cornelia de iniuriis*, que concede acción al injuriado de palabra o hecho (*pulsare, verberare*), o al que sufra un allanamiento (*domum introire*), ya siendo propietario o arrendatario de un inmueble, ya ocupándolo gratuitamente o por hospitalidad (Inst. 4, 4, 8); a su vez, incapacita para realizar testamento al que sea autor doloso de un libelo o inscripción infamante, aunque lo publique sin nombre o con seudónimo, o bien que realice inscripciones difamatorias por la calle. Cfr. D. 47, 10, 5.

Ya en época imperial el pretor instituye la *actio iniuriarum* (cfr. D. 47, 10, 7), por medio de la cual el querellante solicita una indemnización ante daños por medio de una suma de dinero y el juez sentencia al culpable a lo que le considere *bonum et aequum* (bueno y equitativo), pero no mayor a lo pedido por el denunciante (Gai. 3, 224). Cfr. la casuística contenida en C. 9, 35.

En otro punto, Ulpiano señala una división de las injurias atendiendo a su destino: "toda injuria o es inferida al cuerpo, o se refiere a la dignidad o a infamia; se le hace al cuerpo cuando alguien es golpeado; a la dignidad, cuando a una matrona se le quita su acompañante; y a la infamia, cuando se atenta a la honestidad" (D. 47, 10, 1, 2).

Inspirado en Gayo (3, 220), Justiniano muestra la hipótesis clásica de *iniuria*: "se comete una injuria, no sólo dando a alguno de golpes con el puño, con varas, o azotándolo de cualquier otro modo, sino también promoviendo contra él un alboroto, y tomando posesión de sus bienes, suponiéndolo su deudor, aunque sepa bien que nada debe; escribiendo, componiendo, publicando un libelo o versos infamantes, o haciendo que alguno haga esto malamente; siguiendo a una madre de familia, a un joven o a una joven; atentando al pudor de alguno, y en fin, por una multitud de otras acciones" (Inst. 4, 4, 1). Cfr. la rica casuística contenida en D. 47, 10.

Sin embargo, también puede ser indirecta: "se recibe una injuria, no sólo por sí mismo, sino también por los hijos que se tienen bajo potestad, y aun por su esposa; y esta opinión ha prevalecido. Si, pues, injurias a una joven que se halla bajo la potestad de su padre y casada con Ticio, podrá ejercitarse contra ti la acción de injuria, no sólo a nombre de la joven, sino también de su padre o de su marido. Por el contrario, si se ha hecho una injuria al marido, no puede la mujer ejercitar la acción. La justicia constituye al marido defensor de su mujer, pero no la mujer de su marido. El suegro puede igualmente perseguir por injuria al que se le haya causado a su nuera, cuyo marido se halla bajo su potestad" (Inst. 4, 4, 2). Cfr. Gai. 3, 221; D. 47, 10, 1, 3 y 9; *h. t.*, 2; PS 5, 4, 3; C. 9, 35, 2.

Ahora bien, no se realiza injuria contra el esclavo, pero se considera tal en caso de que a través del esclavo se ultraje gravemente a su amo (Gai. 3, 222; Inst. 4, 4, 3).

Exentos de *iniuria* se consideran al demente y al impúber, porque se considera de ellos que actúan sin dolo (D. 47, 10, 3, 1).

[529] El propio Ulpiano la define así: "entendemos por atroz la injuria que es como más afrentosa y mayor" (D. 47, 10, 7, 7).

[530] Gayo sienta el principio general que Ulpiano ha resumido magistralmente: "se considera injuria atroz ya sea por razón del hecho: por ejemplo, si alguien hubiera sido herido o flagelado o apaleado, ya sea por razón del lugar: por ejemplo si ha

ocurrido en el teatro o en el foro, ya sea por razón de la persona: por ejemplo, si fuera infligida una injuria a un magistrado o se cometiera contra un senador por una persona de condición humilde" (Gai. 3, 225).

Según Ulpiano, quien brinda nuevos ejemplos, dicha clasificación la sentó originalmente Labeón: "se hace más atroz la injuria por razón de la persona, como cuando se le infiere a un magistrado, o a un ascendiente, o al patrón; por razón del tiempo, si en los juegos y a la vista de los demás; porque dice que hay mucha diferencia si la injuria hubiere sido hecha a la vista del pretor o a solas, pues es más atroz la que se hace a la vista; dice Labeón, que por razón de la cosa es considera atroz la injuria, por ejemplo, si se hubiera inferido una herida o dado un bofetón a alguien" (D. 44, 7, 7, 8). En ocasiones, la atrocidad tiene que ver con el lugar del cuerpo lesionado, por ejemplo, un ojo (*h. t.*, 8). Cfr. Inst. 4, 4, 9.

[531] El pasaje reproducido a continuación se ubica en D. 44, 7, 25, siguiendo el orden que proponen Huschke y Krüger. No existe en otras versiones, salvo en la obra citada, y se especula que la parte faltante después de Ulp. 29, 7 contenía efectivamente este título, mucho más extenso pero hoy tan sólo conocido por uno de sus fragmentos.

[532] Celso brinda el concepto clásico de acción: "la acción no es otra cosa que el derecho a perseguir en juicio lo que a uno le es debido" (D. 44, 7, 51). Cfr. Inst. 4, 6 pr. Sin embargo, de ella se ha señalado que es postclásica (no propia de la producción jurídica de la alta época), incompleta (tan sólo se refiere a las acciones que amparan derechos de crédito) y sujeta a interpolaciones (manipulada en su redacción original).

La palabra *actio* deriva del verbo *agere*, "actuar, obrar"; tiene, por tanto, el sentido de un acto; pero técnicamente se refiere al procedimiento judicial, es decir, a la manera en que una persona (actor) puede desenvolverse ante el magistrado y el juez (*iudex*) por lo que reclama. En sentido formal, *actio* se refiere a la acción de un sujeto por medio de la cual comienza un juicio (*actione experiri, actionem exercere*), así como los procedimientos o la fórmula propia de una pretensión. En este último significado, *actio* es sinónimo de *iudicium*, aplicados ambos a *formulae* particulares. De ahí la afirmación que hace Ulpiano: "en la palabra 'acción' se comprende la real, la personal, la útil y la prejudicial, según dice Pomponio; también las estipulaciones, que son pretorias, porque tienen semejanza con las acciones, como la de daño que amenaza, la de legados y otras que hay semejantes. También se comprenden en la palabra 'acción' los interdictos" (D. 44, 7, 37).

Por ello, Álvaro D'Ors brinda una noción integradora y, al mismo tiempo, abierta, de *actio*: "la actuación enderezada a resolver una controversia mediante una decisión definitiva (*iudicatum*) fundada en la opinión (*sententia*) de un juez privado" (*Derecho Privado Romano*, Navarra, 2005, Ed. EUNSA, 10ª edición, §

69).

[533] Cfr. Gai. 4, 5. Sobre la restitución (*condictio*), Justiniano brinda su etimología: "en efecto, *condicere* en el antiguo lenguaje significa denunciar, pero hoy hablamos impropiamente cuando llamamos *condictio* a esta especie de acción, porque ya no se hace denuncia" (Inst. 4, 6, 15).

En otro punto, al referirse al concepto de acción, Ulpiano diferencia esta palabra de otras comunes en derecho procesal: "la palabra 'acción' tiene un significado especial y otro general, pues se llama así tanto la personal como la real, pero generalmente solemos llamar 'acciones' a las personales. La palabra 'petición' parece referirse a las acciones reales, y 'persecución' creo que hace referencia a las acciones extraordinarias, como la de fideicomiso y otras semejantes, que no tienen un trámite de derecho ordinario" (D. 50, 16, 178, 2). Sin embargo, Papiniano aclara esta clasificación al decir: "la acción se dirige a la persona, la petición a la cosa, la persecución a la cosa o a la persona para perseguir la cosa" (D. 44, 7, 28).

[534] Gayo, en su estilo didáctico, dice de la acción real: "es aquella por la cual reclamamos que una cosa corporal es nuestra, o que nos compete un derecho determinado, como por ejemplo, el de uso, el de usufructo, el de paso, el de conducir ganado, el de acueducto, el de edificar más alto o el de vistas. El adversario tiene una acción contraria que es la *actio negativa*" (Gai. 4, 3).

Justiniano amplia la definición: "es igualmente real la acción del que sostiene pertenecerle el derecho de usufructo de un fundo o de un edificio, el derecho de pasar por el fundo del vecino, o de conducir por él agua. De la misma naturaleza es la acción relativa a las servidumbres urbanas; como si uno dijese tener derecho de levantar su casa por cima de una altura dada, el derecho de vista o de voladizo, de meter una viga en el edificio del vecino. También existen relativamente a los derechos de usufructo y de servidumbres rústicas y urbanas, acciones en sentido contrario a las que preceden, como si afirmamos que nuestro adversario no tiene derecho de usufructo, de pasaje, de acueducto, de levantar más alto, de vista, de voladizo, o de apoyar una viga. Estas acciones son también reales, pero negativas: no existiendo este género de acción en las contiendas de propiedad de cosas corpóreas, porque en esta mteria el que no posee es el actor, y en cuanto al poseedor, no tienen ninguna acción para negar que la cosa sea del demandante" (Inst. 4, 6, 2).

Sobre estas acciones reales de índole negativa, Ulpiano brinda su distingo en otro punto: "respecto a las servidumbres nos competen, a ejemplo de las que pertenecen al usufructo, las acciones reales, tanto la confesoria como la negatoria; la confesoria, al que pretende que a él le competen las servidumbres, la negatoria la dueño que lo niega" (D. 8, 5, 2 pr).

En las fórmulas de las *actiones in rem* el nombre del demandado no aparece en la *intentio*, sino hasta la *condemnatio*, ya que se dirige contra cualquier persona que perturbe el derecho del demandante, como señala Gayo: "SI APARECE QUE EL ESCLAVO PERTENECE A AULO AGERIO POR EL DERECHO DE LOS QUIRITES" (Gai. 4, 41). Por ello, como señala Di Pietro (*Institutas de Gayo*, Buenos Aires, 1997, Ed. Abeledo Perrot, 5ª edición, p. 623, nota 2-3, a, i), a través de esta acción se busca declarar algo respecto de una cosa del actor que es suya y, como consecuencia, que aquél que la está poseyendo la deba entregar al actor, pudiendo intentarse contra el que dolosamente ha dejado de poseer la cosa (D. 50, 17, 131; *h. t.*, 157, 1; D. 6, 1, 27).

[535] Gayo brinda una definición más amplia: "la *actio in personam* es aquella por la cual accionamos contra alguien que está obligado hacia nosotros ya en virtud de un contrato, ya en virtud de un delito, es decir, cuando reclamamos que se nos deba dar, hacer o garantizar algo" (Gai. 3, 2). La *intentio* de la fórmula contiene desde el inicio el nombre de la persona contra quien se reclama algo: "SI APARECE QUE NUMERO NEGIDIO DEBE DAR DIEZ MIL SESTERCIOS A AULO AGERIO" (Gai. 4, 41).

Según la definición gayana, y como señala Di Pietro (*op. cit.*, p. 623, nota 2-3, a, ii), el hecho de haber intentado por una de esas causas no imposibilita que luego pueda reclamársela por otra distinta.

[536] Justiniano brinda un enfoque didáctico a la clasificación ulpianea: "la división principal de todas las acciones deducidas, ya ante jueces, ya ante árbitros, por cualquier objeto que sea, las distingue en dos clases, a saber: reales o personales. En efecto, u obramos contra alguno, que ya por contrato, ya por delito, ya de otro modo, está obligado para con nosotros, y para esto tenemos acciones personales, cuya conclusión es que es preciso que el adversario nos dé lugar o haga por nosotros alguna cosa, o algunas cosas semejantes; o bien obramos contra alguno que de ningún modo no está obligado, pero contra el cual suscitamos una controversia relativa a una cosa, y para este caso se han establecido las acciones reales; por ejemplo, si uno posee una cosa corpórea que Ticio pretende suya, mientras el poseedor sostiene ser él propietario de ella, siendo las conclusiones de Ticio que la cosa es suya, su acción es real" (Inst. 4, 6, 1).

[537] La acción civil es aquella reconocida y protegia por el *ius civile*, de ahí que la *intentio* de su fórmula es *in ius conceptae* (fundada en derecho). Su origen se retrotrae a la Ley de las Doce Tablas, a diversas determinaciones o a la actividad creadora de los juristas.

Gayo señala que "a las fórmulas en las que se trata de una cuestión de derecho, las llamamos *formulae in ius conceptae*, las cuales son aquellas por las que reclamamos QUE ALGO SEA NUESTRO *EX IURE QUIRITIUM* o QUE SE NOS DEBA DAR o QUE SE DECIDA QUE DEBA SER CONDENADO POR LADRÓN. Y hay otras más en las cuales la *intentio* es del *ius civile*" (Gai. 4, 45).

Así, la *actio legis Aquiliae* es una acción civil instituida gracias a la *Lex Aquilia de damno*; la *actio furti* viene avalada desde la época decemviral por la Ley de las Doce Tablas, etc.

La acción honoraria es la que concede el magistrado en ejercicio de su *iurisdictio*. Podían contener una ampliación de las acciones civiles para casos análogos novedosos u ofrecía protección a las transacciones comerciales o situaciones no reconocidas por el derecho civil. Las innovaciones más creativas entre las *actiones pretoriae* son:

a) *actiones in factum*, concedidas por el pretor con base en un hecho, sancionando así situaciones no contempladas por el *ius civile*. La *intentio* menciona la conducta por medio de la cual el demandante ejecuta su actuar, autorizando al juez a condenar al demandado en caso de probarse el acto. La *formula* se adapta a las circunstancias particulares del caso, por ejemplo, cuando un liberto demanda al patrón, o bien cuando la persona citada a juicio no comparece o no brinda una garantía. La razón por la que las fórmulas de las *acciones in factum* sólo describen los hechos, es que el pretor, como puede crear instituciones civiles, no puede equiparar éstas con las pretorias: por ello deja sólo las primeras la referencia explícita y formal al derecho del actor.

La condena está relacionada con un hecho a partir del cual se deriva la responsabilidad. Otorgada inicialmente en casos específicos, la *formula in factum* ingresó gradualmente en el edicto pretorio bajo la forma de un anuncio del pretor por medio del cual concedería acción en determinadas circunstacias no amparadas por el *ius civile*, siendo un factor importante en la evolución del derecho honorario. Gayo las define y ejemplifica de este modo: "aquellas en las cuales no hay redacción de la *intentio*, sino que al comienzo de la fórmula, después de que se ha expresado el hecho ocurrido, se agregan palabras por las cuales es dada al juez la potestad de condenar o de absolver. Tal es la fórmula que es usada por el patrón respecto del liberto que en contra del edicto del pretor lo ha compelido por la *in ius vocatio*, la cual es así: QUE HAYAN RECUPERADORES. SI APARECE QUE ESTE PATRONO HUBIERA SIDO CITADO EN JUICIO POR ESTE LIBERTO DEL PATRONO EN CONTRA DEL PRETOR, ENTONCES, RECUPERADORES, CONDENAD A ESTE LIBERTO A DAR DIEZ MIL SESTERCIOS A ESTE PATRONO. SI NO APARECE ASÍ, ABSOLVEDLO. También otras fórmulas que sehan propuesto bajo el título *de in ius vocando* son *in factum conceptae*, como por ejemplo, contra aquel a quien habiéndose dirigido la *in ius vocatio* no se presentase ni diera un representante; lo mismo, contra aquél que por la fuerza impidiera presentarse a otro a quien se ha dirigido la *in ius vocatio*. Y de este modo, innumerables otras fórmulas son propuestas en el álbum edictal" (Gai. 4, 46).

b) *actiones ficticiae*, adaptadas por el pretor para usarse como ficción en la *formula* ante situaciones legales no protegidas por la fórmula original: se finge existente una situación, de hecho o de derecho, en realidad inexistente. Ello acaece porque la tutela civil es de ámbito restringido; de ahí que el pretor extiende su esfera de protección, simulando que existen los presupuestos de las acciones civiles. Por ejemplo, algunas acciones se aplicaban a los extranjeros bajo la ficción "como si fuesen ciudadanos romanos"; en la *actio publiciana*, la pretensión de recuperar un bien se basaba en la ficción de que la *usucapio* se había cumplido, como en este ejemplo gayano: "la acción es dada a aquel que habiéndosele hecho la *traditio* de una cosa en virtud de una *iusta causa*, pero que aún no ha usucapido, reclama la misma cosa por haber perdido la posesión. En efecto, como no puede pretender que la cosa sea suya *ex iure Quiritium*, se finge que ha usucapido la cosa y la reclama como si se hubiera hecho propietario *ex iure Quiritium*, como en esta forma: QUE HAYA UN JUEZ. SUPONIENDO QUE AULO AGERIO HUBIESE POSEÍDO DURANTE UN AÑO EL ESCLAVO QUE COMPRÓ Y DEL CUAL SE LE HIZO LA *TRADITIO*, ENTONCES ESE ESCLAVO POR EL QUE SE ACCIONA DEBERÍA SER SUYO *EX IURE QUIRITIUM*" (Gai. 4, 36); las acciones a favor o en contra de un sucesor por medio del derecho honorario contenían la ficción "como si fuera heredero".

c) *actiones utiles*, introducidas a través de la actividad pretoria y jurídica, modificaban una *formula* ya existente para cubrir situaciones y transacciones legales para las cuales la fórmula original no era ya suficiente. Como las acciones anteriores, las *utiles* contribuyeron enormemente al avance del derecho.